“十二五”职业教育国家规划教材配套教材
全国高职高专保险实务专业项目课程系列教材

U1012172

社会保险理论与实务

SHEHUIBAOXIANLILUNYUSHIWU

（第2版）

主　编　李　丽
副主编　马丽华　李一鸣　吴新建
主　审　田建湘　黄　素

中国财经出版传媒集团
中国财政经济出版社

图书在版编目（CIP）数据

社会保险理论与实务／李丽主编．—2版．—北京：中国财政经济出版社，2019.8
（2022.7重印）
“十二五”职业教育国家规划教材配套教材
ISBN 978－7－5095－9123－9

Ⅰ．①社…　Ⅱ．①李…　Ⅲ．①社会保险－高等职业教育－教材　Ⅳ．①F840.61

中国版本图书馆CIP数据核字（2019）第162178号

责任编辑：田明晖　　　　责任校对：徐艳丽
封面设计：华乐功

中国财政经济出版社出版
URL：http：//www.cfeph.cn
E－mail：jiaoyu@cfeph.cn

社址：北京市海淀区阜成路甲28号　邮政编码：100142
营销中心电话：010－88190406　编辑部门电话：010－88190683
北京时捷印刷有限公司印刷　各地新华书店经销
787×1092毫米　16开　21.5印张　499 000字
2019年8月第2版　2022年7月北京第3次印刷
定价：47.00元
ISBN 978－7－5095－9123－9
（图书出现印装问题，本社负责调换）
本社质量投诉电话：88190744
打击盗版举报热线：010－88190492、QQ：634579818

第2版前言

社会保险在社会保障体系中居于核心地位，它是社会保障体系的重要组成部分。近年来，我国社会保险事业发展迅速。至2018年年末，全国参加城镇职工基本养老保险人数41 848万人，比上年末增加1 555万人。参加城乡居民基本养老保险人数52 392万人，增加1 137万人。参加基本医疗保险人数134 452万人，增加16 771万人。参加失业保险人数19 643万人，增加859万人。参加工伤保险人数23 868万人，增加1 145万人，参加生育保险人数20 435万人，增加1 135万人。近年来，我国社会保险法制建设也迈入新台阶，2010年《中华人民共和国社会保险法》的出台，对于建立覆盖城乡居民的社会保障体系，更好地维护公民参加社会保险和享受社会保险待遇的合法权益，使公民共享发展成果，促进社会主义和谐社会建设，具有十分重要的意义，是我国人力资源社会保障法制建设中的又一个里程碑。社会保险的教育教学必须与时俱进，紧跟我国社会保险发展的时代需要。社会保险课程是人力资源管理、社会保障、公共事业管理、金融保险、投资理财、保险营销策划等专业的专业核心课或专业基础课，其在专业职业能力培养中的地位与作用突出。

当前大多数社会保险教材偏重于社会保险基本原理与基础理论知识的编写，缺乏社会保险实务和课堂实训环节的内容，不能满足高职院校社会保险课程的教学需要，同时市面上的教材大部分适合公共事业管理、人力资源管理、社会保险经办机构人员使用，难以满足金融保险类学生的专业学习需要，为金融保险类专业、投资理财类专业量身定做的教材几乎没有。本书的编写正是基于满足高职院校社会保险课程教学需要，尤其是金融保险类、投资理财类专业的教学需要，弥补了当前教材的不足。本书以社会保险现行制度为核心，详细、深入地介绍我国社会保险最新政策和实务，结合保险公司实际需要，为保险类专业、理财类专业量身定做，具有一定特色。同时引入保险公司养老保险、医疗保险等实际案例，基于商业保险和理财规划的角度，引导学生利用社会保险知识解决实务中的工作问题。用专业的思维分析商业保险与社会保险在实践中的不同。为学生利用社会保险知识从事商业保险的销售、承保、理赔、客户服务工作打下良好的基础。

本书以教育部《教育部关于深化职业教育教学改革全面提高人才培养质量的若干意见》（教职成［2015］6号）为依据，以工学结合，突出实践能力培养，改革人才培养模式为目标，着力突出以下几个特色：

1. 理实一体，量身定做

本书以“理论够用，实务为重”的原则，把社会保险理论与实务有序地结合在一起，改变了社会保险理论知识抽象难懂的状况，安排了实务环节“工作实例”“想一想”“做一做”“拓展阅读”“案例分析”等栏目，以学生为中心，提高了学生的学习兴趣和效率，最大程度地满足了工作的需要。

2. 项目教学，任务驱动

本书以项目任务为主线，以学生工作后的岗位任务要求为依据，以任务驱动为导向，教师为引导、学生为主体的项目式编写模式。具体教学项目的选择基于社会保险险种的设置实施项目教学，调动学生学习主动性和自主学习的能力，强调“教、学、做、练一体化，理实一体化”的课程设计理念。以学生为中心，便于教师开展项目教学、案例教学、情景教学、工作过程导向教学。本书广泛运用启发式、探究式、讨论式、参与式教学模式，体例新颖、活泼，尽可能增加其可读性。

3. 校企合作，工学结合

本书配合保险职业学院与企业订单式培养工作，与企业共同编写开发教材。加快了保险专业的专业改革，课程改革的进程，促进产学研的深度合作。

本书具有较大适用范围，可供大中专院校学生、保险实务界工作人员、人力资源工作者及社会各界人士学习社会保险理论与实务之用。

本书在第 1 版的基础上修订而成。第 1 版于 2015 年出版，凭借其全面丰富的知识体系和独特项目安排受到广大师生的青睐，本书共分为 7 个项目，项目一由张维林修订，项目二、项目三由李丽修订，项目四由马丽华修订，项目五由李一鸣修订，项目六由马柯夫修订，项目七由吴新建修订。全书由李丽负责总纂，田建湘副教授、黄素教授担任主审。

再版过程中，我们力图保留和延续第 1 版的精华，本书改动主要体现在以下几个方面：一是对部分模块进行了删减和整合，使语言更加精炼严谨，提高本书的可读性；二是根据社会保险政策变化增加了新的内容，力求体现最新的改革动态，与时俱进；三是增设“模块练习”“习题与实训”，学生可加深和巩固对项目内容的理解。总的来看，第 2 版更加注重社会保险的实践性和时效性，力求做到理论与实践密切结合。

本书在内容选取、素材收集及整体编写上，有幸得到中国人寿长沙市分公司银行保险部赵凡经理、新华人寿湖南省分公司运营部胡炼经理、华泰人寿湖南分公司周以珂总经理等业内专家的参与和指导。还得到了中国财政经济出版社编辑的鼎力支持，此外，我们还参考了不少学者的论文和著作，在此，对他们衷心地表示感谢！

在编写过程中，受编者水平和掌握的资料所限，难免存在疏漏和不足之处，恳请读者指正，以便不断修正和完善。

李　丽

2019 年 7 月

目 录

1 项目一 初识社会保险

学习目标

知识学习目标：

- □ 理解经济风险与社会风险
- □ 掌握社会保险的概念、特点、原则、项目、功能
- □ 了解社会保险的历史演进
- □ 掌握社会保险与商业人身保险的区别

技能训练目标：

- □ 能分析经济与社会风险
- □ 能比较社会保险与商业人身保险

工作任务

1. 感知风险，认识社会保险，比较社会保险与相关经济行为
2. 了解社会保险的起源和发展以及我国社会保险的发展
3. 比较社会保险与商业人身保险，认识两者的关系

案例导入

马先生的迷惑

马先生是今年刚毕业到上海来工作的，由于条件限制没有取得上海市户口，在单位的帮助下他办好了上海市居住证。但马先生老家在山东，作为一个土生土长的北方人，企业为员工购买了人身意外保险，同时，企业还要为马先生办理社会保险，可是企业为职工参保时，作为外地职工的马先生不予以配合，不愿参保。马先生认为，自己是外地人，在上海这样的大城市打拼磨砺之后回到家乡创业是他的夙愿，况且自己已经有了商业人身意外伤害保险，不再需要社会保险。

马先生的迷惘归根到底是他对社会保险的不了解。

模块一 了解社会保险

任务描述

郑龙于2018年12月16日到某公司工作，担任五金仓库主管，基本工资为2720元，另社会保险补贴以现金方式发放280元，未缴纳社会保险费。

问题：

1. 郑龙人身面临哪些风险？
2. 为什么说社会保险是“稳定器”？它起到了什么作用？
3. 社会保险与社会保障等相关概念有何区别？

任务一　感知经济风险与社会风险

☞ 业务描述

在现代社会，一旦发生特殊状况，无论是意外事故还是疾病都有可能使刘先生丧失工作能力，失去职业，中断收入，使生活陷入困境。刘先生个人和家庭很可能会因为没有收入来源陷入瘫痪状态。

问题：

要使收入得到保障，需要对哪些危险进行抵御才能保护刘先生及其家庭成员？

一、经济风险与社会风险

风险是指损失的不确定性。在人们的日常生活中，各种风险随时随地都可能发生，如天灾、地震、车船碰撞、人身意外伤亡等。社会保险主要是处置现代社会的经济风险和社会风险，特别是其中直接或间接影响劳动者经济保障和收入的那些风险。

归纳起来，影响劳动者经济保障和收入的经济风险和社会风险主要有以下几种：

（一）老年风险

老年的概念在生物学、人口学和社会学上均不相同，世界卫生组织对老年人的定义为60周岁以上的人群。现代社会中，人到老年后将出现的经济问题主要表现在以下几个方面：

1. 就业机会减少，以至完全丧失就业机会，致使收入来源锐减

在工业化国家，劳动者进入法定的年龄必须退休，已成为一种制度。这种制度实施后，老年人的基本生活将依靠退休金来维持，因而收入来源锐减，收入水平比退休前的在业期间减少许多，个人储蓄率降低，退休后支出水平仍高。一般以为，劳动者退休后的生活费用开支将会大幅度减少，其实不然，退休后的确有一些开支会减少，但有一些开支不但不会降低，反而会增加，因而生活费开支仍居高不下。例如，日本厚生省年金局1977年的调查表明，男性劳动者退休后的生活费用占到退休前的84%，生命科学的研究成果证明，人类的平均寿命有延长的趋势，这就使得劳动者退休后的余命越来越长，并且所需生活费用也必然相应增多。另外，在现代市场经济条件下，通货膨胀不可避免，物价高涨也使得各项费用支出增加。收入在减少，储蓄率偏低，而退休后的生活费用开支增加，凡此种种，都给老年人生活带来不利影响。

2. 家庭养老制度受到严重冲击

家庭养老是农业社会的传统观念，但进入工业社会后，这种传统观念逐渐减弱，以至于对老年人安度晚年起不了重要作用。费孝通先生在比较中西方养老模式时曾提出，西方社会的养老模式是一种“接力模式”，其公式是 F1→F2→F3→……Fn（F代表世代，→代表抚育，←代表赡养），即甲代抚育乙代，乙代抚育丙代，父母养育子女，而子女不必赡养父母；中国社会的养老模式是一种“反馈模式”，其公式是 F1⇆F2⇆F3⇆…⇆Fn，即甲代抚育乙代，乙代赡养甲代，乙代抚养丙代，丙代又赡养乙代……”①，父母养育子女，而子女亦赡养父母。中西方这两种养老模式其实是两个不同历史时期的养老模式，随着工业化的到来，后一种养老模式会逐渐转化为前一种养老模式。这是因为：第一，随着工业化的冲击，传统的大家庭会逐渐解体，从而被以小家庭为主的家庭核心所取代，家庭的保障能力大大削弱，无力承担养老重担；第二，工业社会的自力更生观念将逐渐取代农业社会的养儿防老观念，人类的自尊与自立精神为大家普遍接受，晚辈养老的意识淡漠，而老辈也不愿求助晚辈的供养，所以，传统家庭的养老职能受工业化的冲击会逐渐削弱。

① 费孝通：《社会学的探索》，86页，天津，天津人民出版社，1985年

(二) 生育风险

从生物学的观点来看，生育是人类生殖过程的最后阶段，也是一个婴儿脱离母体降临人世成为社会一员的开始。通常，妇女从怀孕一段时间后到生育、抚养孩子，期间无法从事工作，导致收入损失。现代社会，妇女走出家门，从事经济活动是一个大趋势，但妇女从事经济活动后，必然遇到一个大问题：如何解决生儿育女与从事经济活动两者之间的矛盾。放弃经济活动，重新回到家庭，从事生儿育女活动，意味着倒退，妇女不能接受，社会也不能苟同；抛弃生儿育女活动，让妇女一心一意从事经济活动，也绝对行不通，因为人类要不断延续自己的后代，人类社会要永续存在和发展下去。举办生育保险是解决这个问题的有效途径之一。

(三) 疾病风险

疾病是指人身体的全部或一部分的正常状态或功能受到损害的情形。导致疾病的原因很多，如传染性、遗传性因素和环境污染等。工业革命以后，人类对抗疾病的能力大大增强，一些长期严重影响人类生存的疾病得到有效的控制，人类的寿命大大延长。但是，现代化的生活也导致了许多新的“现代病”，如高血压、高血脂、癌症、糖尿病、冠心病等，这些疾病对人类危害极大。劳动者罹患疾病，不但正常的收入受到损失，而且还要花费巨额的医疗费用，若无健康保险或其他的收入来源支付这些费用，会给劳动者本人及其家人的生活带来很大困难。

(四) 死亡风险

社会保险中的死亡是指所谓“早死”，即是指社会劳动者在劳动年龄期间内的死亡。现代社会，大多数的劳动者都是依靠工资收入来维持本人及家人的生活。劳动者的早死，中断了正常的收入来源，家人的生活费、子女的教育费等都会发生困难。一旦发生早死，还会带来相当大的额外开支，如丧葬费等。如果还有未偿还的分期付款，情形将会更糟。

(五) 工伤和残疾风险

工伤是指劳动者在生产过程中由于外来的力量而对身体造成的损伤。工伤往往造成残障。残障是指劳动者因身体或心理上的损伤，导致在一般正常环境中无法从事一般人所能做到的工作状态。但从社会保险的观点来看，心理上的损害难以测定，无法依此判断收入损失程度，故残障通常是指生理上或身体上的功能障碍。现代社会，人类的技术手段不断更新，新的工业产品层出不穷，生产的规模和社会劳动者的队伍都在不断扩大，这一切都大大地促进了人类社会的繁荣与进步，丰富了人们的社会生活。但“利之所在，害亦随之。”伴随着这些物质财富的增长，也产生了一系列的问题和矛盾，工业伤残和职业病就是其中最突出的问题之一。尽管人们在不断地改用新的生产工艺和方法，发明新的医疗卫生技术，以防范工伤事故的发生和预防职业病的产生，并且也确实消灭了一些旧的职业病，减少了一些工伤事故的发生，但是，总的来说，导致职业病和工伤事故发生的因素不是在减少，而是在不断增多，特别是在现代工业采用先进能源、新的化学物品和自动化生产的条件下，一旦发生意外事故，其规模和带来的灾难性后果比传统工业要严重得多。国际劳工局资料表明，全世界每年发生职业伤害事故超过10万起，致使2 000多万人受到伤害。因此，从全球范围来看，工伤和职业病仍然是危害劳动者人身生命安全的主要风险之一。

（六）失业风险

失业是现代社会不可避免的现象。从经济学的观点看，失业在性质上可分为自愿性失业和非自愿性失业，在产生失业的原因上可分为季节性失业、摩擦性失业、技术性失业、周期性失业、结构性失业。劳动者失业后，失去收入来源，除非有足够的储蓄或其他收入来源可以利用，否则，劳动者本人及其家属的生活将会出现困难。

二、经济风险与社会风险的化解方式

化解方式概括起来，可以分为三类：一类是个人措施，一类是集体措施，一类是政府措施。在这些措施中，有些是用来降低或消除造成经济无保障的因素，有些则是用来减轻风险发生后可能造成的不可预期的收入损失。

1. 个人的风险化解方式

（1）个人及家庭成员的收入，这是基本的化解方式。

（2）储蓄。将平时收入的一部分用于储蓄，以备收入中断时所急需。

（3）个人积累财产。财产可以出售或者用作抵押、担保。

（4）家庭其他成员从物质上给予的帮助。

（5）亲朋好友或者其他福利机构的救助。

2. 集体的风险化解方式

这里所说的集体是指企业、社区和互助组织。他们提供的化解方式主要有：

（1）为本企业职工提供企业年金计划。

（2）提供工资收入。

（3）为本企业职工提供退职金、补充的失业给付、就业稳定措施、员工福利计划等。

（4）各类互助保险组织。以职工“自愿参加、自筹资金、自我服务、互助共济”为原则的职工互助保险会，作为一种社会保障的补充形式，已经被越来越多的工会基层组织所接受。

3. 市场的风险化解方式

市场的风险化解方式包括养老金公司、各类商业保险公司提供的各类养老、健康及年金保险产品。

4. 政府的经济保障措施

在公民遭受风险，暂时或永远丧失劳动能力、中断收入时，政府有责任为他们提供各种形式的帮助。政府可以采取的公共保障措施有：

（1）社会保险。如生育保险、老年保险、疾病医疗保险、失业保险、遗属保险等，为被保险人提供基本经济保障。

（2）社会救济。为生活在贫困线以下的公民提供最低经济保障，如孤老救济、困难户救济等等。

(3) 政府有关政策。如实行充分就业政策、最低收入保障政策、相关货币政策和财政政策等，以刺激经济增长，维持充分就业。

(4) 政府有关立法。如残疾人保障法、老年人保护法等。

任务二　认识社会保险

业务描述

2019年4月，刘先生应聘到某公司，要求公司提供基本工资+五险一金待遇。公司在待遇方面提出，如果员工坚持要求办理社会保险的话，将从本人每月工资中扣除300元。如果不办理社会保险，则可以多发一些工资。

问题：

什么是社会保险？公司和刘先生可否双方协商不办理社会保险？

一、社会保险的概念

社会保险是国家通过立法建立的一种社会保障制度，目的在于使被保险人因为年老、患病、生育、伤残、死亡以及失业等原因，本人和家属失去生活收入时，能够通过社会保险获得物质帮助。这些物质帮助既包括保险金，也包括保险服务和预防措施等。

从理论上说，社会保险是对被保险人在特定情况下分配个人消费品的一种形式。这种分配是社会通过立法，采取强制手段对国民收入进行的再分配，进而形成一种专门的消费基金。当被保险人丧失劳动能力和失业时对其基本生活需要在物质上给予帮助。被保险人享有社会保险的权利，是以对社会保险履行了社会义务为前提的。

国家发展社会保险事业，是国家履行的社会责任，也是劳动者应享有的法定权利。社会保险是以社会保险费为物质基础的。社会保险费主要来源于用人单位和劳动者。有时政府也介入其中。保险费是强制用人单位和劳动者缴纳的。它是为劳动者的切身利益而设计征收的，并且符合用人单位的利益。应从以下几方面理解：

一是社会保险是一种社会保障制度。

二是社会保险对象通常是社会劳动者（少数国家除外），而且社会保险实行的是强制保险，被保险人没有选择的余地。

三是社会保险承保的风险是社会劳动者暂时或永远丧失劳动能力，或失业带来收入减少的风险，即劳动者由于年老、患病、工伤、失业、生育带来经济损失的风险。

四是社会保险的保障标准是保障社会劳动者暂时或永远丧失劳动能力，或失业带来收入减少时的基本生活。

五是社会保险是强制保险。它通过国家立法强制实施。获得社会保险是每个社会劳动者的权利，而缴纳社会保险费则是其义务。

二、社会保险的特征

（一）普遍性

有风险才有保险，社会保险是因为人们普遍存在生育、死亡、年老等风险，这些风险的发生不是主观制造的，不是人为的，而是一种客观存在。工伤、失业也是一种客观存在。社会保险的各个险种，如生育、死亡、工伤、残疾、失业、年老、疾病等，对一个人口群体或一个劳动群体来说，都带有必然性和可能性。例如，就个别劳动者来说，工伤、失业不一定是一种普遍性的客观存在，但总是有发生的可能。劳动者一生可能遇到的各种风险带有普遍性。所以，承担各种风险的社会保险也就具有普遍的意义。社会保险的普遍性还表现在，只要国家的商品经济发展到一定程度。随着工业化社会的到来，劳动群体中必将发生这样或那样的风险，从而必然引起社会保险事业的发展。社会保险普及到劳动群体中，使劳动者享有安定的生活、这也是社会保险的主要功能。

（二）强制性

社会保险是通过立法强制实施的，社会保障的内容和实施都是通过法律进行的，凡是属于法律规定范围内的社会成员同社会保障机构之间就建立了社会保险关系，不必事先订立契约认可。强制性计划可以使公众在面临某些社会风险时比较容易得到保护，通过强制性可以减少随机性和偶然性波动带来的影响。

（三）互济性

社会保险通过法律的形式向社会有缴纳义务的单位和个人收取社会保险费，建立社会保险基金，并在全社会统一用于帮助被保险对象，同时各项社会保险基金可以从统一基金中互相调节。这主要表现为被保险人缴纳的保险费在保险范围内进行地区之间、企业之间、强者与弱者之间、老年人与青年人之间的调剂。

（四）补偿性

社会保险的补偿性主要表现在以下几个方面：

1. 劳动力再生产方面

在生产领域为了保障物质资料的再生产，就必须确保劳动力的再生产，而为了保障劳动力再生产的正常运行，就必须保障劳动者及其供养人口的基本生活需要，即保障劳动者本人的工资收入不能中断。但劳动者的工资收入带有中断的可能，生育要歇工，工资收入就有可能中断；失业，有可能拿不到任何工资；退休，也会失去收入来源。为保障劳动者的工资收入不致中断，使劳动者工资中断时能立即获得一定比例的补偿，就必需实行强制性的社会保险。这样，劳动者就不会担心遇到风险时而失去收入来源，从而使劳动力的再生产得以继续。所以，在实行社会保险的条件下，各种风险得到补偿，也就使社会保险具有鲜明的补偿性。这是保障劳动力正常进行再生产所必需的。

2. 收入方面

社会保险的法定补偿是指补偿劳动者因受风险而导致的直接损失，是劳动者的主要工资性收入，劳动者因风险发生而酿成的直接损失以外的其他经济损失，则不在保险范围之内。这体现了社会保险的补偿性是有限的，只补偿法定的收入损失。劳动者从其他方面得到的收入，即便是劳动收入，也不在保险之内。

3. 生活需要方面

社会保障体系中的社会救济承担的是劳动者丧失劳动能力时的最低收入，很难说能完全保障劳动力简单再生产的进行。社会福利保障劳动力的扩大再生产，因为劳动者一方面获得自己的工资收入，另一方面，国家、企业还提供了各种各样的生活福利。社会保险则负责保障劳动者的最基本的生活需要，即本人和其供养的直系亲属在内的全部基本生活需要，以达到维护劳动力顺利进行再生产的目标。正因为社会保险具有补偿性，所以把社会保险待遇规定得过低或过高都是不合理、不正确的。规定得过低，与社会救助差不多，保证不了劳动力再生产正常运行所需的资金；规定得过高，近似于社会福利，只能助长懒惰思想，造成一些人依赖社会保险而不愿积极从事劳动活动；规定得和原工资标准一样也不合理，因为其不能体现在业和暂时不在业的区别，不利于生产发展。

（五）储蓄性

社会保险的劳动者自愿参加法定范围内的社会劳动时便开始缴纳社会保险费，为一旦发生风险所需的费用进行强制性储蓄，为各种风险开支提供了基金来源。例如养老保险，劳动者自参加法定范围内的社会劳动起便开始缴纳保险费，一旦年老退休，便开始陆续支用。退休基金的积累储存显然与退休金的使用在时间上是分开的：一是使国家得以建立起独立的养老保险基金；二是避免了由于种种意外引发的退休基金缺口。

（六）保障性

所谓保障性，是指通过社会保险的形式，使广大劳动者一旦失去劳动能力或工作机会时，其基本生活能够得到保障，从而安定社会秩序。同时，这种保障还应对工资、物价、社会生活水平的变化作出反应，以避免通货膨胀的过大影响，在有条件的情况下，还要使劳动者能够分享经济和社会发展的成果。

（七）预防性

社会保险的预防性特点表现在社会保险基金的建立上。因为通过各方筹措而建立起来的保险基金可由国家用于每个投保者身上，防范其由于生育、失业、年老或者患病、负伤致残、死亡而带来的收入风险。这种通过投保而实行的保险制度比社会救助更具有预防性。

三、社会保险的原则

（一）共同承担社会风险的原则

就整个社会而言，承担社会风险，意味着所有参加社会保险的人们，将每个人遇到的生、老、病、死等风险集中在一起，大家共同来承担，这也是社会保险存在和发展的基础。没有这个基础，社会保险就很难发挥社会安全网的作用。

（二）权利与义务一致性的原则

权利与义务一致性的原则是指被保险人及其单位必须先尽缴纳费用的义务，然后被保险人才能享受保险给付的权利。社会保险是在权利义务相一致的社会保险原则基础上建立起来的，而不是在福利原则的基础上建立的。所以，被保险人及其单位必须先尽缴纳保险费的义务，而后被保险人才有享受给付的权利。如养老保险、失业保险等社会保险项目，要建立专门的基金。参加这两项保险的单位向社会保险机构缴纳的保险费，都要纳入基金，支付给被保险人的养老金和失业救济金，在基金项下列支。只有缴纳了保险费的人才能享受保险待遇。也就是说，参加保险者或其所服务的单位为其缴纳了保险费，当参加保险者符合规定条件时才能享受保险待遇。

（三）对社会风险采取预防与善后处理相结合的原则

预防，是防患于未然，是将社会风险可能造成的损害和损失控制在最小范围和最低限度以内。控制，就是控制社会风险的起因，对疾病、工伤和失业事故尤其如此。就疾病和工伤而言，甚至可以说预防重于治疗。怎样才能控制风险呢？这里举两个简单的例子：比如，为了控制工伤事故和职业病，政府可以制定安全卫生条例，使工作场所较为安全，劳动条件得到改善，将有助于降低事故发生频率并提高劳动效率。又如，在经济繁荣时期，失业人数相对减少，工资或失业造成的不安全因素也相对降低时，政府可以从财政金融政策上采取措施，保持经济活力和市场机制的正常运转，对季节性的行业亦可寻求多种就业渠道，使季节性失业减少。所有这些措施，都是为控制社会风险所采取的，使损失的范围和规模缩小到最低限度的手段。善后处理，就是在事故发生后，根据社会保障提供补助金和社会服务，恢复被保险者的身体健康和工作能力。

（四）依据“大数法则”的原则

大数法则是在随机事件的大量出现中往往呈现几乎一致的规律。大数法则是概率论的法则之一，是保险的数理基础。保险人对任何一个风险损失的概率做出比较精确的估算时，都需要根据大数法则，通过大量的观察和统计，得出损失概率。根据大数法则，承保的风险单位越多，损失概率的偏差越小，反之则越大；而保险费率的大小又是以损失率的大小为依据，损失概率大的风险，费率就高，损失概率小的风险，费率就低。

大数法则是社会保险赖以建立的基础。社会保险是集合社会力量保障社会安全，只有集合社会上大多数人和大多数单位组合成较大的社会保险集团后，才能根据危险分散的法则，将发生于少数人和少数单位的危险转由多数人和大多数单位共同分担，只有这样才能形成社会保险活动。集中的人数和单位越多，越能发挥分散危险的作用。大数法则可使保险危险分担达到最大限度的均衡，统筹面越大，保险费率就越低。

（五）坚持“待遇均等化”的原则

社会保险属于国民收入再分配。有些项目的分配虽与劳动者个人的劳绩有一定的联系，但不完全是投保多少，返还多少，社会保险机构要进行一定的调剂后，再统一进行分配。保险收入要适当均等化，在一定程度上要照顾低收入者的实际需要。

四、社会保险的项目

从任务一我们了解到造成劳动者失去收入来源的风险有多种，即：老年风险、生育风险、疾病风险、死亡风险、工伤与残疾风险、失业风险。因而收入补偿也有多项，社会保险项目设计的客观依据，就是劳动者一生中不可规避的、夺走其经济收入的风险种类。社会保险实际上就是收入保险，社会保险的直接功能就是对劳动者在其生命周期遇到各种失去收入的风险后进行的一种补偿，以保证其基本生活需要。据此，从理论上讲社会保险项目包括：生育社会保险、疾病社会保险、工伤社会保险、残障社会保险、老年社会保险、死亡社会保险、失业社会保险。

（一）老年社会保险

老年社会保险是国家依法强制实施、专门面向劳动者并通过向企业、个人征收养老保险费形成养老基金，用以解决劳动者退休后的生活保障问题的一项社会保险制度。其基本待遇是养老保险金的支付，它既是各国社会保险制度中的主体项目，也是各国社会保障制度中最重要的保障项目。

（二）失业社会保险

失业社会保险是国家依法强制实施、专门面向劳动者并通过筹集失业保险基金，用以解决符合规定条件的失业者的生活保障问题的一项社会保险制度。其基本待遇是支付失业保险金及失业医疗救助等，它是市场经济条件下适应劳动力市场化发展需要，并缓和失业现象可能带来的严重社会问题的不可或缺的稳定和保障机制。

（三）疾病社会保险

劳动者患病后，从社会群体（企业、社区）和国家获得医疗服务、假期和收入补偿，构成疾病社会保险的内涵。补偿金额至少可以抵补劳动者病假期间的生活开销，以期享有正常的营养摄取，而有利于劳动能力的恢复。疾病津贴与患者个人的工资收入呈正相关，工资收入越高，得到的疾病津贴也越多。这体现了一种贡献大，收入补偿多的原则。当然，疾病津贴的发放不是无限期的，超出规定期限则不能继续享受疾病社会保险待遇，而是转而领取社会救助金。

（四）工伤社会保险

工伤社会保险是国家依法强制实施、面向企业或用人单位筹集工伤保险基金，用以补偿职工因工伤事故而导致的收入丧失和医疗保障待遇的一种社会保险制度，其实质是建立在民法基础上的一种用工单位对本单位职工工伤事故进行赔偿的制度。其基本待遇包括工伤期间的收入保障、工伤抚恤、工伤医疗保障等。

（五）残疾社会保险

因病或因工负伤致残的劳动者，可以享受残疾社会保险待遇，包括经常性补偿和一次性赔偿，还包括医疗服务、假期以至休养、疗养、康复，目的是尽可能使残者恢复部分劳动机能，重新走上工作岗位，使永久失去劳动能力的劳动者能够获得稳定的经济保障。

（六）生育社会保险

生育社会保险是国家依法强制实施，面向用工单位及个人筹集生育保险基金，用以解决生育妇女孕产哺乳期间的收入和生活保障问题的一种社会保险制度。其基本待遇是提供生育医疗保障、产假及产假工资等。

（七）死亡社会保险

死亡是人类生命周期的终结，是一种不可避免的自然规律。因此，对于个人而言，正确对待死亡十分重要。对于社会和国家而言，劳动者为社会贡献了毕生，为了缅怀逝者劳绩，理应对他们的丧葬、遗属给予一定的关怀和物质帮助。其中，物质上的帮助便构成死亡社会保险的内涵。一般死亡社会保险待遇包括两类：一类是死者的丧事办理和安葬费用；另一类是死者遗属享有的恤金和一次性补助。

从理论上讲，社会保险项目应包括上述七项。但在实际生活中，纵观世界各国实行的社会保险，都未把这七个项目一一单独列出和付诸实施，而是根据自己国家的国情，把若干险种合并一起推出。例如，各国几乎都把疾病风险与生育风险合并一起，称为“疾病和生育社会保险”或“医疗社会保险”，这是由于这两个险种都与医疗服务密切相关。另外，各国还把工伤险种与残疾险种合并，通称“工伤社会保险”。至于死亡（遗属）社会保险，也不单独列出，而是分别属于老年、疾病、工伤等社会保险项目之中。在我国，社会保险项目包括：养老保险、医疗保险、工伤保险、生育保险、失业保险。也就是我们常说的“五险”，如图 1－1 所示。

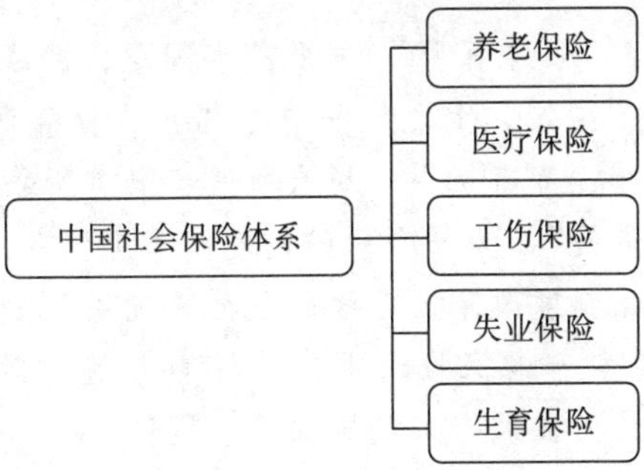

图 1－1　我国社会保险体系

五、社会保险的功能

社会保险作为国民收入再分配的社会消费基金的一部分，是国家用来分配给暂时或永久丧失劳动能力者基本生活必需的一种特殊形式。社会保险的功能，主要表现在以下五个方面：

1. 保证劳动力再生产的基本职能

人作为生产力的主要因素，对生产起着决定性作用。当劳动者在丧失劳动能力时获得物质帮助，维持劳动者及其家属的基本生活，使其身体很快得到恢复，保护了社会生产力，对于调动广大劳动者的生产积极性，巩固社会安定团结等方面起到了积极作用。

2. 提高劳动生产率的有利因素

实行社会保险制度，劳动者的特殊困难得到了解决，劳动者在个人安全和健康方面无后顾之忧，有利于提高劳动者的劳动热情，提高劳动生产率，促进生产发展。

3. 社会保险统筹均衡了企业负担

社会保险统筹对企业改善经营管理和搞好劳动保护工作提出了统一的规范，均衡了企业负担。如大中型国有企业老职工较多，发放养老金压力大，社会保险统筹使养老风险在全社会均摊，大中型企业负担减少。

4. 为解决社会问题创造了条件

发展养老事业，为降低我国人口出生率提供了客观条件。发展失业保险事业，有利于劳动力的合理流动和促进劳动制度的配套改革。

5. 促进精神文明建设的发展

在以公有制为基础的社会主义制度下，社会保险体现了劳动者之间互助互济的关系。社会保险事业的发展，有助于劳动者发扬“我为人人、人人为我”的“助人为乐，同舟共济”精神。有利于社会主义道德和共产主义精神的建立。

任务三　社会保险与社会保障、储蓄、员工福利

☞ 业务描述

近年来，“社会保障”关乎民生国运，已成为社会广泛关注的焦点。习近平总书记在党的十九大报告中指出，保障和改善民生要“在幼有所育、学有所教、劳有所得、病有所医、老有所养、住有所居、弱有所扶上不断取得新进展”，为社会保障制度改革定调。

对于社保制度改革，“养老金全国统筹”成为网民最为关注的焦点，“继续提高基本养老保险水平”的呼声紧随其后。同时，根据调查显示，逾四成网民认为孤寡老人最缺保障。网民表示，当前我国养老服务业发展中主要存在的问题是“养老服务设施供不应求”和“养老服务机构费用过高、质量偏低”。此外，如何提高“对失能失智高龄老人的优先保障和专业护理”也是当下亟待解决的难题。

问题：

“社会保险”与“社会保障”一字之差，两者有什么区别呢？

一、社会保险与社会保障

社会保险与社会保障是相互联系的。社会保障包括社会保险，而社会保险是社会保障的核心内容。两者都是通过国民收入再分配保证居民最低收入的生活水平，增加平均购买力，促进经济稳定发展和社会的安定。虽然社会保险是社会保障的主体，但不是社会保障的全部。社会保障的含义更为广泛，如图 1－2 所示。

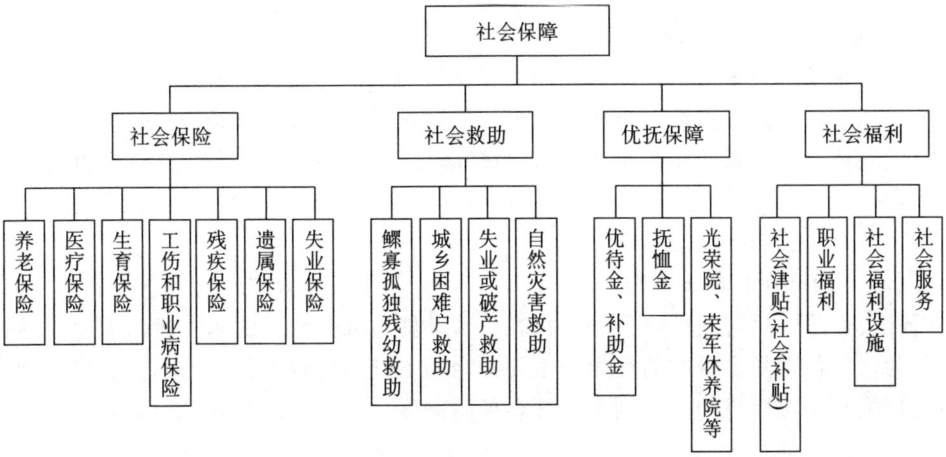

图 1－2　中国社会保障体系

社会保障是国家依法采取强制手段对国民收入进行再分配，建立防范国民经济风险的保障制度的统称。目前，我国的社会保障主要包括社会保险、社会救济、社会优抚和社会福利等内容。一般而言，它是指一种公共福利计划，它是以全体国民为对象，借助整个社会的力量，对每个国民一生中所遭遇的各种损失给予保障或救助，以保证其最低限度的生活水平，并在此基础上通过增加各种公益性服务和津贴，提高整个社会的福利水平。

社会保险和社会保障虽然在客观上都具有对基本生活的保障功能，都是国民收入再分配的手段，但两者在许多方面存在着区别，具体表现在：

1. 保障对象不同

社会保障的对象为全体国民。社会保障对所有国民可能遇到的普遍危险、困难和损失提供保障，除此之外，社会保障还对社会发展的诸多方面负有责任，如免费教育、卫生保健等。社会保障是保障整个社会正常运行，协调社会各方面关系的手段。社会保险只对暂时丧失劳动能力或永久丧失劳动能力以及失去工作机会的劳动者承担生活保障责任，补偿其因劳动危险事故造成的直接收入损失，是维持劳动力再生产的特定手段。

2. 体现的权利和义务关系不同

社会保险的给付与劳动者对保险基金的贡献直接相关，实行权利和义务基本对等的原则；社会保障则是社会对国民的单方面的援助，无权利和义务对等的要求，而且在有关社会发展方面多以机会均等和大体平均的原则进行分配。

3. 保障基金的来源不同

社会保险基金主要来源于个人和企业（雇主），政府也给予必要的帮助；而社会保障基金的来源主要是由政府财政拨款和社会捐款。

二、社会保险与储蓄

储蓄是个人或独立经济单位将暂时闲置的资金积存起来以备后用的一种经济行为。社会保险对补偿准备金的积聚与积累手段，与储蓄相比，都体现了有备无患的思想，都可以起到补救经济收入损失、维持生活安定的客观作用。但两者属于不同的范畴，其区别表现在以下几个方面：

（一）两者在基金的性质上不同

社会保险基金是由全体成员共同出资积聚的财产，属社会所有并专款专用，可以在短期内依据法律强制性地大量积聚起来。储蓄则是个人或独立经济单位的财产，属个人私有或集体所有，其使用方向由储蓄人根据自己意愿决定，只能在较长期内逐渐积聚而成。

（二）两者在目的上不同

社会保险的目的是保障劳动者在丧失劳动能力或失业时的基本生活需要，是特定目的行为。储蓄则是多目的的行为，主要是为满足计划内较大款项的消费支出，预防意外事故损失只是次要目的，特别是在社会保险制度比较普遍的时候，更是如此。

（三）两者在权利与义务对等关系上表现不同

社会保险具有明显的福利性质，权利与义务只要求基本对等。在互助共济原则下，社会保险是用全体成员的共同储蓄，补偿少数遇险成员的经济收入损失。因此，每一成员一生所尽的缴费义务和所享受的待遇给付，在绝大多数情况下都是不相等的。储蓄则是私有财产的积蓄行为，不具有互助共济的福利性质，而是一种自助性的行为。它的存储和支付使用不涉及权利与义务的对等关系，储蓄本金加上利息之和，与储蓄人所拥有的提款权是永远完全相等的。从以上比较可见，储蓄对于劳动危险损失的补偿和基本生活的保障能力是十分有限的，它只能作为社会保险的一种补充。

三、社会保险与员工福利

员工福利一般是指用人单位根据国家规定及自身情况，通过建立各种补贴制度和举办集体、福利事业，解决职工个人难以解决的生活困难，方便、改善职工生活，保证职工身体健康和正常工作的一种社会福利。其可划分为法定的员工福利和企业自定义的员工福利。法定的员工福利包括社会保险与住房公积金、其他法定员工权益。企业自定义的员工福利包括：冬季取暖补贴，探亲假、路费补贴、上下班交通费补贴、职工生活困难补助、职工正常死亡丧葬补助费等福利性补贴，以及职工遗属待遇、供养亲属半费医疗待遇、带薪假期、企业年金、补充医疗保险、各种商业保险等。可以说社会保险只是员工福利的一部分。社会保险与员工福利两者之间有着密切的联系，具体体现在以下几个方面：

（1）向职工支付的形式有相同之处。一部分员工福利与社会保险一样，都不是以货币形式由用人单位直接向职工支付。

（2）同属于薪酬的范畴。社会保险与员工福利均属于薪酬的范畴。

（3）政策制定与项目名称相互联系。例如，职工遗属待遇、供养亲属半费医疗待遇、丧葬补助费、供养直系亲属抚恤费等职工福利性待遇，均在1953年政务院颁布的《中华人民共和国劳动保险条例》和中央劳动部颁布的《〈劳动保险条例〉实施细则》中作了规定。又比如：企业年金又称补充养老保险、补充医疗保险等项目、从本质上说是属于员工福利，但名称却又称为“保险”。

社会保险与员工福利之间的区别主要有以下两方面：

（1）两者的强制性不同。社会保险具有强制性、互济性、普遍性等。而职工个人福利待遇，只有少数项目由国家强令用人单位向员工支付，大多由企业根据自身状况自行决定是否设立并支付，具有较强的灵活性，因而它不具有社会保险的互济性和普遍性。

（2）两者的作用不同。社会保险属于社会保障的范围，是对职工出现年老、失业、患病、工伤、生育等特定状况时，国家予以物质帮助的一种基本的社会保障制度。而员工福利，是由用人单位为解决职工的生活困难、改善其工作条件、生活条件、保证其身体和健康等而建立的各种补贴性制度。

社会保险与员工福利之间的关系如图1－3所示。

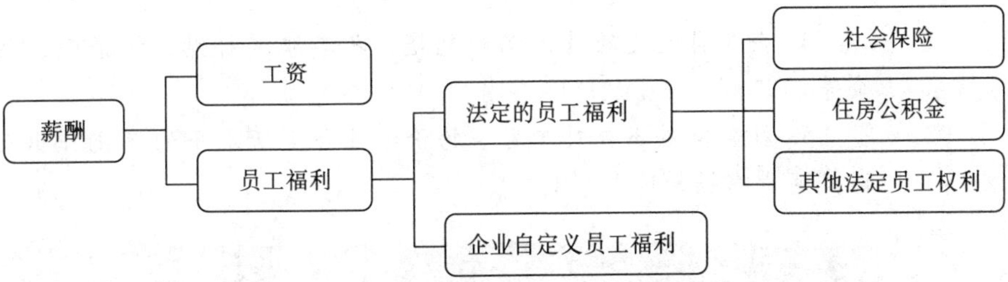

图1－3　社会保险与员工福利关系

模块练习

一、单选题

1. 费孝通先生在比较中西养老模式时曾提出，中国的养老是一种（　　）模式。

A. 抚育　　B. 世代

C. 接力　　D. 反馈

2. 社会保险是通过立法实施的，社会保障的内容和实施都是通过法律进行的。这是在描述社会保险特征中的（　　）。

A. 普遍性　　B. 保障性

C. 预防性　　D. 强制性

3. 以下哪一项是社会保险与员工福利之间的区别（　　）。

A. 强制性不同

B. 基金的性质上不同

C. 权利与义务对等关系上表现不同

D. 经营的模式不同

4. 优待金、补助金属于以下社会保障体系中的哪一类(　　)。

A. 社会保险　　B. 社会救助

C. 优抚保障　　D. 社会福利

5. 住房公积金属于(　　)。

A. 社会保险　　B. 法定员工福利

C. 企业自定员工福利　　D. 其他法定员工权益

二、判断题

1. 社会保险的保险费是用人单位和劳动者自愿缴纳的。它是为劳动者的切身利益而设计征收的,并且符合用人单位的利益。(　　)

2. 社会保险的法定补偿是指补偿劳动者因受风险而导致的间接损失。(　　)

3. 社会保障包括社会保险,而社会保险是社会保障的核心内容。(　　)

4. 企业自定义的员工福利包括:冬季取暖补贴,探亲假、住房公积金等。(　　)

5. 社会保险还应对工资、物价、社会生活水平的变化作出反映,以避免通货膨胀的过大影响。(　　)

模块二 社会保险的历史演进

任务描述

克服人生中无法避免的衰老、疾病、伤残、失业、贫困、死亡等风险,过上稳定、体面而有尊严的生活,是人类社会共同的追求。

“原始工业化”圈地运动带来的“羊吃人”的残酷现实,加上空想社会主义者对未来和谐社会“乌托邦”的憧憬,从正反两个方面促进了1536年英国政府颁布世界上首部《济贫法》。1601年伊丽莎白一世在位时，对《济贫法》进行了重大修正、补充。《济贫法》在形式上被称为“最完美的法律”，在英国实施近300年而无大变化，是社会保障制度化的最初典范，也为后世社会保障文化的形成奠定了法律基础。

自有文字记载的历史以来，我国一些伟大思想家都十分关注人类自身的保障问题，如在《礼记·礼运》篇中，我国古圣先贤很早就给出了有关社会保障的经典论述：“使老有所终，壮有所用，幼有所长，矜寡孤独废疾者皆有所养。”

问题：

1. 社会保险何时产生，经历了怎样的过程？
2. 我国社会保险发展经历了怎样的过程？

任务一　了解社会保险的起源和发展

☞ 业务描述

案例一：19世纪末，素有“铁血宰相”之称的俾斯麦对工人阶级实行了“胡萝卜加大棒”的政策，一方面残酷镇压工人运动，另一方面进行安抚，主要措施就是建立社会保险。他宣称：“社会保险是一种消除革命的投资，一个期待养老金的人是最安分守己的，也是最容易被统治的。”社会保险为德国经济发展营造了稳定的社会环境，使工农业增长速度很快超过了英、法，成为新的世界列强之一。

案例二：20世纪30年代，美国总统的罗斯福采取了以扩大有效需求为核心的一系列“新政”措施，刺激国内经济发展。新政的主要内容之一，就是建立统一的社会保障制度，实行社会救济。1936年，凯恩斯发表《就业、利息和货币通论》，掀起了一场政府干预经济的凯恩斯革命。罗斯福新政和凯恩斯理论，不仅挽救了风雨飘摇的美国经济，而且几乎是挽救了垂死的资本主义世界。

案例三：“二战”结束后至20世纪70年代期间，是社会保障制度发展的鼎盛时期。英国、瑞典等欧美国家，竞相自诩建成了“福利国家”，资本主义进入了一个相对稳定繁荣的时期，而所谓“从摇篮到坟墓”的社会保障制度，也成为资本主义炫耀于世界的橱窗。

问题：

从以上案例可见，社会保险起始于德国，形成于美国，发展于“第二次世界大战”以后的市场经济国家。社会保险的发展经历了怎样的一个过程？

现代意义的社会保险是资本主义发展到一定阶段的产物。社会保险现已经成为世界各国普遍实行的一种社会政策和社会机制。

一、社会保险的萌芽

社会保险始于18世纪60年代的欧洲工业革命，使资本主义机器大工业代替工厂手工业，它促进了资本主义生产力的迅速发展，提高了生产的社会化程度，建立在机器大工业物质技术基础上的资本主义制度战胜了以自然经济为主体的封建社会制度，使欧洲各国率先进入工业化社会。工业社会对以自然经济为主体的传统农业社会的取代，造成了大量的农村人口向城市转移，成为城市居民和产业后备军，不得不依靠工薪收入维持生存。而新兴的资产阶级出于资本原始积累的需要，用延长工作日，降低工人工资，强迫工人在恶劣条件下劳动等各种残酷手段对工人进行剥削，工伤事故问题严重，工人的收入微薄，生活条件和生存环境恶劣。而此时传统的家庭结构已开始解体，家庭已无力再对劳动者遇到的各种劳动和社会风险提供保障。在这种背景之下，工人开始自发组织私人保险和互助制度，以解决生活中的困难以及意外事故给自身及家庭带来的不幸。早在17、18世纪，英国就出现了由工人自己举办的“友谊社”和“工会俱乐部”等自助机构。在欧洲许多城市和乡村出现各种互助组织如“共同救济会”、“扶助社”和“矿工共济团”当会员遭到疾病、死亡、灾难等意外事故时开展互助互济。基金主要来源于工人自己缴纳的互助金。所有这些团体，由于组织松散、范围狭窄，不具有强制性，因而只能视其为现代社会保险的雏形。但是这种工人之间的互助组织对现代社会保险制度的形成产生了重大影响。

二、现代社会保险的产生

19世纪后半叶，欧洲各国相继完成了工业革命，并确立了资本主义的社会政治经济新秩序。资本主义开始从自由竞争阶段过渡到垄断资本主义阶段，资本主义的基本矛盾开始日益暴露。工人阶级与资产阶级的斗争日益尖锐化，工人阶级为了维护自身的利益与资产阶级展开了激烈的斗争，如捣毁机器、怠工、罢工等。随着斗争的不断深入，工人力量开始发展壮大，逐渐走上了政治舞台，阶级关系开始发生变化，加之劳动者的健康和生活保障问题日益得到社会各阶层人士的关注，这样就迫使资产阶级政府在对工人运动进行镇压的同时，不得不考虑建立一种社会化的保护体系，来安抚工人阶级，现代意义上的社会保险得以产生。

现代社会保险最早产生于德国。1871年，德意志帝国建立，在历史上第一次实现了统一。统一后的德意志帝国雄心勃勃，同时又由于刚刚取得了普法战争的胜利，获得了战争赔款，决心加快国内经济发展，扩大殖民势力。时任德意志帝国首相的奥托·冯·俾斯麦很清楚，要想取得对内对外政策的胜利，关键在于安抚工人，调和劳资关系，给工人以更多的生存和发展的权利。俾斯麦通过德皇威廉一世于1881年11月17日发表《黄金诏书》，宣布要建立“社会保险基本法”，声称“社会弊病的医治，一定不能仅仅靠对社会民主党进行过火行为的镇压，同时也要积极促进工人阶级的福利”。在这种思想指导下，德国开始设计并颁布一套新的社会政策，其中就包括社会保险政策。1883年，德国首先颁布了《疾病社会保险法案》，这是世界上第一部社会保险法规。它标志着现代社会保险制度的诞生。随后，德国于1884年和1889年又分别颁布了《工伤保险法》、《养老、残疾、死亡保险法》，1911年德国政府又颁布了《社会保险法》（共185条），将以前的社会保险条例合并，并增加了遗属保险。至此，德国的社会保险体系已初步形成。

德国的社会保险政策的出台，顺应了当时工业生产加速发展的客观需要。虽然俾斯麦把实行社会保险看作是“一种消除革命的投资”，甚至明确表示“一个期待着养老金的人，是最守本分的，也是最容易统治的”，这体现了他建立社会保险的实质，但从客观效果来看，它对改善劳资关系，解除劳动者对各种劳动与社会风险的担忧，促进德国经济发展确实起到了一定的积极作用。

德国建立社会保险制度后，与其面临同样处境的其他资本主义国家纷纷仿效。奥地利于1887年建立了工伤保险制度，1888年建立了疾病保险制度，1906年建立了老年保险制度，1920年建立了失业保险制度；法国于1898年实施了工伤保险制度，1950年实施了失业保险制度，1910年实施了养老保险制度；英国于1908年实施了养老保险制度，1911年实施了失业和疾病保险制度；瑞典于1891年实施了疾病保险制度，1901年实施了工业伤害保险制度，1913年实施了养老保险制度，荷兰于1913年建立了老年保险制度，1916年建立了工伤保险制度等。到20世纪20年代，大多数资本主义国家都相继建立了各种社会保险制度，至此，社会保险制度在欧洲国家得以确立，并逐渐形成社会保险体系。

与此同时，苏联作为世界上第一个社会主义国家，从代表广大人民群众的根本利益，把保障群众基本生活视为自己重要职责的角度出发，于1918年颁布了《劳动人民社会保险条例》，提出了社会主义社会的社会保险原则和各项具体制度，对全体劳动者提供普遍的劳动保险，建立了第一个社会主义国家的社会保险制度。

1929年至1933年发生了世界性的经济危机，造成巨大的社会震荡，使大量的工厂倒闭，大批工人失业。为稳定资本主义经济，适应垄断资本主义政治与经济利益的需要，主张国家干预经济生活、实现充分就业的凯恩斯经济学理论出现了，其基本观点是强调国家对社会安全应该负更大的责任，这一理论为社会保险的进一步发展提供了政治、社会和思想基础。美国政府以凯恩斯的经济理论为指导，把发展社会保险作为推行新政的一项内容。1935年8月，美国国会通过以社会保险为主体的《社会保障法案》。该法案提出了雇主、工会和雇员保险的办法，对于劳动者死亡、年老、伤残、失业、职业病等，由政府提供最低生活保障金并确立了由联邦政府、州和地方政府共同参与、分级办理的社会保险体制。这标志着社会保险最终为西方最大的资本主义国家所接受。虽然比起欧洲发达的资本主义国家，美国实施社会保险政策要晚得多，但却是第一个制定社会保障法案的国家。《社会保障法案》的颁布，意味着社会保险开始进入了一个新阶段。

三、现代社会保险的发展

从第二次世界大战结束到1973年第一次中东石油危机爆发的多年间，是社会保险制度蓬勃发展的时期。其主要标志：一是“福利国家”的诞生。1945年英国工党执政后，先后通过了《国民保障法》、《国民健康法》等一系列法案。随着这些法案的实施，英国宣布建成了“从摇篮到坟墓”均有保障的“福利国家”。随后，瑞典、挪威、丹麦、芬兰四国放弃了社会保险和社会扶助方式，实行普遍年金制度，建成了“福利国家”式的社会保险体系，其他西欧国家、北美洲国家、大洋洲国家、亚洲发达国家和地区，也相继宣布实施“普遍福利”政策。二是实行各种社会保险的国家从50多个增加到140多个。

这一时期，社会保险制度的蓬勃发展，有其深刻的政治、经济原因：第一，第二次世界大战后，随着第三次技术革命的出现，生产力得到了巨大的发展，西方各主要资本主义国家从自由竞争的资本主义发展到垄断资本主义，社会化大生产的范围更加扩大。为了缓和国内的阶级矛盾、维持资本主义的统治，很多资本主义国家鼓吹所谓的“福利国家”政策，大规模地发展社会保险事业；第二，一大批亚非拉国家摆脱了殖民主义的统治，获得了民族的独立。新兴国家的大量出现，为社会保险的实行创造了客观条件；第三，第二次世界大战后，社会主义制度在许多国家确立，为了维护人民的根本利益，社会主义国家相继实行了新型的社会保险制度；第四，这一时期，从世界总体范围看属于相对和平时期，大多数国家都抓紧经济建设，经济的发展使社会保险制度的建立和完善有了可靠的物质基础，很多国家都在原有的水平上大大地扩展了社会保险的项目和范围，提高了保障的程度；第五，1952年第35届国际劳工大会通过了《社会保障（最低标准）公约》，对各项社会保障的基本准则、最低标准等作了集中的规定，形成了一部社会保障的国际法典，成为各国制定社会保险制度和解释社会保障问题的权威性文件。这是社会保险发展史上的一个重要的里程碑，对世界范围内的社会保险制度的发展与完善起到了极大的促进作用。

四、现代社会保险制度的改革调整

20世纪70年代以后，世界范围内的世纪社会保险制度转入一个放慢速度的调整改革时期。经过50～60年的迅速发展，一方面使社会保险制度更加完善，另一方面也出现了不少弊端。特别是这一时期的世界性的经济危机、通货膨胀以及人口老龄化等带来的社会保险资金入不敷出，这使高保障、高消费的“福利国家”政策已难以为继，迫使大多数资本主义国家不得不采取紧缩措施，放慢社会保险的发展速度而进行一系列的调整改革。对于社会主义国家来说，过去那种适应计划经济的国家一包到底的社会保险方式也已不能适应发展市场经济的需要，也存在着一个进一步改革完善的问题。

例如，一向以“福利国家”自诩的英国，害了“英国病”；被誉为“福利国家橱窗”的瑞典，也患上了“瑞典病”，并且成了连续执政数十年的瑞典社会民主党两度下台的重要原因。西方国家苦心构筑几十年的“福利大厦”的根基已开始动摇，一些经济专家大声疾呼“福利国家的末日已到”。针对上述问题，许多国家不得不对本国的社会保险制度进行调整改革。改革的思路有两种：一是开源节流，即一方面通过开征社会保险收入所得税，提高投保费率，增加社会保险费收入。另一方面，改革养老金制度，提高退休年龄，改革原有的医疗保险制度和失业保险制度，实行社会保险项目的给付标准随物价变动而不是随工资变动的新措施等，来减少社会保险费用的开支。另一种思路是实行社会保险私有化。有人主张国家应大大减少对经济生活的干预，不再以国家为主体实施社会保险制度，建议把已经社会化了的社会保险制度再私有化，以便发挥个人和私营组织的积极性，最终消除“普遍福利”的种种弊端。

任务二　了解我国社会保险的发展

☞ 业务描述

早在 1994 年，《社会保险法》的立法工作即已提上议事日程，第八届全国人民代表大会曾将其列入立法计划。1995 年至 2001 年，《社会保险法》草案曾两度上报国务院，由于各方利益和观念冲突，最终没有得以通过和实施。

一审：2007 年 12 月 23 日至 29 日，召开的十届全国人大常委会第三十一次会议上，《社会保险法》草案首次提交审议。历时 13 载的社会保险立法正式破题。

二审：2008 年 12 月 22 日，全国人大常委会二审社会保险法草案，设立了五个专门章节，分别详细规定了养老、医疗、工伤、失业和生育保险。

三审：2009 年 12 月 22 日，十一届全国人大常委会第十二次会议在京开幕，三审社会保险法草案。社会保险费实行统一征收，增加“新农保”和城镇养老规定，明确医保基金先行支付义务。

四审：2010 年 12 月，《社会保险法》通过四审五稿，以赞成票 144 票、反对票 5 票、弃权票 9 票的绝对优势最终出台。

问题：

我国的社会保险经历了怎样的发展历程？

新中国成立后，我国社会保险经历了坎坷的发展历程，也在历史教训中总结出了宝贵的经验。总体来讲，我国社会保险制度大体经历了四个发展时期：初创时期、调整和发展时期、停滞时期、重建和改革时期。

一、初创时期（1951 年～1957 年）

1951 年～1957 年是我国社会保险制度的第一个时期，称为初创时期。这段时间内，我国构建了一个社会保险体系。1951 年 2 月 26 日，国务院颁布了《中华人民共和国劳动保险条例》，简称劳保条例。这是我国第一部社会保险法律，也是社会保险制度在我国开始实施的起点。条例规定，当员工发生疾病、工伤、生育、年老时，劳动者应该享受的劳动保险待遇全部由用人单位承担。比如，职工在一个企业里连续工作 8 年，休病假时就不会被扣太多工资，甚至一分钱都不扣，这就是所谓的“病假待遇”。按照劳保条例规定，企业要负担员工的医药费，所以很多企业跟大医院签订了合作协议，被称为“合同医院”，员工拿着医院和单位共同出具的三联单到医院看病时，只需支付挂号费，看完病之后企业会和医院结账。职工发生工伤以后，在休工伤假期间，企业全额支付职工上班期间的工资和工伤医疗费，即使在此期间调整工资，也不受任何影响。

1953年，我国发布了《关于中华人民共和国劳动保险条例若干修正的决定》和《中华人民共和国劳动保险条例实施细则修正草案》，扩大了实施范围，并适当提高了待遇标准。

1950年，我国发布了《革命工作人员伤亡褒恤暂行条例》，对国家工作人员的伤残和死亡待遇作了规定，后几经修改，待遇标准都有所提高。1952年，我国发布《关于全国各级人民政府、党派、团体及所属事业单位的国家机关工作人员实行公费医疗预防的指示》，规定推行公费医疗制度。同年，又发布了《关于各级人民政府工作人员在患病期间待遇暂行办法》，规定了国家工作人员患病期间的待遇。1955年，发布《关于女工作人员生育假期规定的通知》，规定了国家工作人员生育待遇。同年，发布了《国家机关工作人员退休处理暂行办法》和《国家机关工作人员退职处理暂行办法》，规定了退休退职的条件及待遇。

二、调整和发展时期（1958年~1966年）

1958年~1966年，我国社会保险制度有了一些新的调整和发展，逐步完善了相关内容，包括职工死亡应该享受的丧葬费、直系供养亲属的抚恤金；职工到了退休年龄，可以由所在单位发放退休金直到职工死亡，退休金的多少跟员工连续工龄的长短相关，工龄越长，退休金就越高。

在这段时期内，我国的社会保险制度比较完善，但是员工的待遇相对较低，而且当时没有失业保险，如果员工被企业开除或辞退，其档案就会被退回到街道，员工因此领不到失业金。

1957年，我国发布了《国务院关于工人、职员退职处理的暂行规定（草案)》和《国务院关于工人职员退休处理的暂行规定（草案)》文件，统一了企业和国家机关、事业单位职工的退休、退职条件。1962年，国务院发布了《关于精简职工安置办法的若干规定》，对当时顺利完成精简任务起了积极作用。1965年，卫生部和财政部发布了《关于改进公费医疗管理问题的通知》，对国家工作人员的医疗制度作了适当的改革。1966年，劳动部和中华全国总工会发布了《关于改进企业职工劳保医疗制度几个问题的通知》，规定了企业职工患病或因工负伤的待遇。

三、停滞时期（1967年~1978年）

“文革”时期，社会保险工作受到干扰和破坏。当时，保险管理机构被撤销，日常工作无人管理，致使相当一部分老弱病残职工得不到社会的安置。1969年，财政部发布《关于国营企业财务工作中几项制度的改革意见（草案)》，规定国营企业一律停止提取劳动保险金，企业的退休职工、长期病号工资和其他劳保开支在营业外列支，企业不再按工资总额的一定比例提取劳动保险金。这样，国营企业便失去了统一的保险基金，原来统一的劳动保险变成“企业保险”。

四、重建和改革时期（1978年至今）

1978年以后，我国形成了一套新的以社会统筹为基础的社会保险制度。有两个必要性：第一，我国从计划经济体制过渡到市场经济体制后，老企业背着沉重的包袱，无法与新企业在同一起跑线上竞争，国家建立社会统筹的社会保险制度可以保证企业竞争环境的公平性；第二，在计划经济体制下，员工在企业中是固定工，流动性小，调走时需经单位同意，否则没有工龄，待遇会受影响，以社会统筹为基础的社会保险可以打破这种固定模式。

实行市场经济以后，我国引入了外资企业，开设了一批本土民营企业，各种所有制经济陆续出现，既包括公有制经济，又包括非公有制经济。在这种情况下，企业员工出现了很大的流动性，企业鼓励员工合理流动。国家在此基础上建立了社会统筹的保险制度，使得企业员工的连续工龄概念转变和统一成为缴费工龄。换句话说，企业员工在不同的企业工作，只要企业缴纳保险，员工就有了缴费工龄，即便更换工作单位工龄也不会受到影响。社保经办机构会把员工所有的缴费工龄记录备案，员工到了退休年龄，社保经办机构就会按照员工缴费工龄的长短和缴费额的多少来计算养老金。这样既解决了市场经济企业用人的灵活性、员工的流动性，也解决了老企业的包袱问题。

改革开放以来，我国社会保险制度以养老保险制度改革为突破口，带动失业、工伤、医疗、女职工生育等保险制度改革，取得明显成绩。

（一）修改了退休退职规定，实行了干部离休制度，并建立了离退休职工物价补贴制度

1978 年，国务院发布了《关于安置老弱病残干部的暂行办法》和（关于工人退休、退职的暂行办法》文件，这两个文件规定放宽了职工退休、退职条件，提高了职工待遇。1980 年和 1982 年，国务院又先后发布了《关于老干部离职休养的暂行规定》和《关于老干部离职休养制度的几项规定的通知》，对干部离休作了单独规定。从 1979 年开始，国家在对物价作较大调整和物价上涨幅度较大时，及时给予离退休职工物价补贴和生活补贴。

（二）实行了退休费用社会统筹

从 1984 年开始，在市、县范围内进行退休费用社会统筹试点，现在基本实现了国有和县以上集体企业退休费用社会统筹，有的实行了省市级的退休费用社会统筹。山东省在全部实行了国有和县以上集体企业的退休费用由市地级统筹的基础上，积极推行县以下集体企业、私营企业、工商个体户养老保险，为建立一体化的养老保险体系创造良好的条件。同时在此基础上，部分县、市对离退休职工逐步实行社会化管理，对企业离退休职工的离退休费用，由社会保险机构直接发放或由社会保险机构委托银行代为发放。部分县、市建立了退休职工活动中心，组织离退休职工进行学习、娱乐，方便和丰富了离退休职工的物质、文化生活，减轻了企业大量的事务性工作，也提高了社会保险的社会化程度。

（三）建立职工失业保险制度

使失业职工在失业期间的生活得到保障，并组织失业职工转业训练，进行就业指导和职业介绍，帮助失业职工开展生产自救。失业保险制度改革的深入发展，为劳动制度改革和劳务市场的培育及发展提供了良好的外部环境。

（四）改革工伤保险制度

1987 年，卫生部和劳动人事部重新修订了职业病名单和管理实施办法。1992 年，

我国劳动部、卫生部、中华全国总工会，联合颁布了《职工工伤与职业病致残程度鉴定标准（试行）》，文件中对工伤与职业病致残程度的鉴定标准作出了明确的规定。1996年，劳动部发布了《企业职工工伤保险试行办法》，一些地区积极进行工伤保险改革的试点工作，保障了工伤职工及其家属的生活，促进了企业安全生产。

（五）实行医疗保险制度的改革试点

1995年，山东省人民政府发布了《山东省城镇企业职工医疗保险制度改革试点意见》，对医疗保险制度的改革提出了具体要求，各市地积极进行改革试点，从改革的情况看，减少了医疗费用的支出，初步克服了药品浪费现象，保障了职工的身体健康，缓解了部分企业医疗费用负担沉重的实际问题，取得较好的社会效益。

（六）实行女职工生育基金社会统筹

为维护女职工的合法权益，落实国务院《女职工劳动保护规定》，部分（市）县实行了女职工生育基金社会统筹，保障了女职工生育期间的各项保险福利待遇，均缓解了企业女职工生育费用负担畸轻畸重的矛盾。

2010年10月28日，经全国人大常委会审议通过，我国正式颁布《中华人民共和国社会保险法》，这是我国社会保障体系建设中具有重大意义的一个历史事件。新中国成立以来，我国的社会保险制度，保障了职工在永久或暂时丧失劳动能力时的基本生活，保证了广大职工的身体健康，体现了党对广大职工的关怀，体现了社会主义的优越性。随着以经济建设为中心的改革不断深入，社会保险在促进生产力发展和保障劳动者生活等方面将发挥越来越大的作用。

拓展阅读

全国人民代表大会常务委员会关于修改《中华人民共和国社会保险法》的决定

2018年12月29日，第十三届全国人民代表大会常务委员会第七次会议通过关于修改《中华人民共和国社会保险法》的决定。对《中华人民共和国社会保险法》作如下修改：一、将第五十七条中的“工商行政管理部门”修改为“市场监督管理部门”。二、将第六十四条第一款中的“各项社会保险基金按照社会保险险种分别建账，分账核算，执行国家统一的会计制度”修改为“除基本医疗保险基金与生育保险基金合并建账及核算外，其他各项社会保险基金按照社会保险险种分别建账，分账核算。社会保险基金执行国家统一的会计制度”。三、将第六十六条中的“社会保险基金预算按照社会保险项目分别编制”修改为“除基本医疗保险基金与生育保险基金预算合并编制外，其他社会保险基金预算按照社会保险项目分别编制”。决定自公布之日起施行。

资料来源：全国人民代表大会常务委员会关于修改《中华人民共和国社会保险法》的决定，中国政府网

模块练习

一、单选题

1. 1883 年，德国颁布（　　），是世界上第一部社会保险法规，标志现代社会保险制度的诞生。

A. 《疾病社会保险法案》

B. 《社会保障法》

C. 《劳动人民社会保险条例》

D. 《社会保障（最低标准）公约》

2. 1935 年，美国国会通过（　　），提出雇主、工会和雇员的保险办法，意味着社会保险进入一个新的阶段。

A. 《疾病社会保险法案》

B. 《社会保障法案》

C. 《劳动人民社会保险条例》

D. 《社会保障（最低标准）公约》

3. 新中国成立至今，我国社会保险的发展经历了几个阶段？（　　）

A. 二个　　B. 三个

C. 四个　　D. 五个

4. 哪项不是我国社会保险改革的主要措施（　　）。

A. 提高缴纳保险费的标准　　B. 增加缴费项目

C. 提高待遇水平　　D. 鼓励推迟退休，提倡弹性退休

5. 我国社会保险的重建和改革时期是（　　）。

A. 1951 年～1957 年　　B. 1958 年～1966 年

C. 1967 年～1978 年　　D. 1978 年至今

二、判断题

1. 社会保险制度是资本主义社会经济发展的产物。（　　）

2. 美国国会 1935 年通过的《社会保障法》为 60 岁以上的老人建立了养老金制度，并建立了美国最初的失业保险制度，还系统地建立了美国的社会救济制度，项目涉及老年援助、失业救济、儿童补贴、盲人援助等。（　　）

3. 社会保险在西方国家发展的原因是经济的高速增长和受社会主义思潮的影响。（　　）

4. 我国社会保险的调整和发展阶段，统一了企业和机关、事业单位职工退休、退职制度。（　　）

5. 我国社会保险的重建和改革创新阶段实行了退休费用社会统筹。（　　）

模块三
社会保险与商业保险

任务描述

我们常说：“社会保险是电风扇，商业保险就是空调；社会保险是九年义务教育，商业保险就是高中和大学，甚至是硕士和博士；社会保险是内衣，商业保险就是外套。除了遮羞，还能取暖”。

问题：

1. 社会保险与商业保险的区别与联系是什么?
2. 社会保险与商业保险之间的关系是什么?

任务一　比较社会保险与商业人身保险的异同

业务描述

2013年8月，张先生进入一家公司工作，当时公司并没有为其办理社会保险，半年以后，公司决定与他签订为期3年的劳动合同，张先生提出公司为自己办理社会保险的要求，老板说公司将给予特殊的待遇——为其购买商业保险。张先生不愿意与公司闹僵，又不知道公司的这种做法是否合法。

问题：

商业保险可以替代社会保险吗？两者之间有什么异同?

小提示

商业人身保险是由保险公司经营的商业性保险中的一个重要组成部分。它是以人的生命或身体为保险对象，在被保险人因疾病或遭受意外事故而致伤残、死亡、丧失工作能力、年老退休或保险期满时，保险公司根据合同规定付给医疗费用或保险金补偿的一种制度。商业人身保险主要项目有人寿保险、健康保险和意外伤害保险三大类。

一、社会保险和商业人身保险的共性

社会保险和商业人身保险都基于特定风险事故的共同分担，都是处理偶然性损失，同样进行风险转移，两者都需缴纳足够的保险费来应付保险制度所需费用，都对被保险人的损失进行赔偿。在具体项目和某些客观作用上有类似之处，社会保险与商业人身保险的共性体现在以下几方面：

1. 历史的、天然的联系

从历史上看，社会保险的产生要晚于商业保险，社会保险是一般保险的原始形式向社会保障领域的延伸。正因为如此，社会保险从商业保险中继承了许多，如社会保险的原理、计算和预测方法、有关术语，这些都与商业保险类似或基本相同。

2. 保障功能的同一性

社会保险和商业人身保险都是现代市场经济条件下的两种风险补偿机制。保险标的都是人的生命和身体，提供的是一种人身风险保障。它们对于保证人民生活安定、保证社会再生产顺利进行均发挥着重要作用。实际上，社会保险和商业人身保险都是一种保障机制，只不过是用不同的方式来实施这种功能而已。

3. 资金运动的一致性

社会保险和商业人身保险都需要对积聚的资金进行有效运营使其增值，从而更有效地保障被保险人的利益；两者要提存责任准备金用于今后的支付。

二、社会保险与商业人身保险的区别

社会保险与商业人身保险虽具有一些共性，但是它们之间存在区别，主要表现在以下方面：

1. 基本性质不同

社会保险是国家强制实行的社会保障，凡是法律规定范围内的劳动者和全部企业必须参加，并且不以盈利为目的，具有社会福利性质，是一项公益性事业，也是法定保险。商业人身保险是一种商业性的经营活动，通过投保人与保险人按自愿原则签订契约来实现，是否参加完全取决于被保险人的意愿，是约定保险。

2. 保险的对象和目的不同

社会保险主要以劳动者为对象，其目的在于保障劳动者在丧失劳动能力或暂时失去劳动能力或失去劳动机会时的基本生活需要，商业人身保险则以自然人为对象，其主要目的是在被保险人发生合同约定的人身事故后给予一定的经济补偿，由保险公司为被保险人分担部分或全部经济损失。

3. 管理体制不同

社会保险由中央及地方政府集中领导，社会保险机构专门负责管理。社会保险是政府行为，具有垄断性，商业保险则是企业行为，具有竞争性。社会保险只能由政府来办，政府可以指定一个部门或委托一个机构来经办，而且，只能由一个部门或一个机构统一办理一种或所有险种的社会保险，但不允许有几个部门或几个机构同时办理同一个险种。商业人身保险则是由自主经营的人身保险公司自行经营，属于国民经济的金融体系，它只负责补偿经济损失，不涉及补偿后的社会服务，商业保险公司可以开设任何一个险种，多家保险公司可以经办同一个险种，也可以自行设计和经办任何险种，完全按照市场规则在平等的基础上开展竞争。

4. 立法范畴不同

社会保险是由国家规定，用立法形式加以推行，属于社会劳动立法范畴，社会保险属于国家立法，强制实施，单位和个人必须参加，具有保险性、强制性、互济性、福利性和普遍性。社会保险受《劳动法》和《社会保险法》的法律约束。商业保险是一种金融活动，属于经济立法范畴。商业保险受国家《商业保险法》的法律约束。

5. 权利和义务关系不同

社会保险强调劳动者必须履行为社会作贡献的劳动义务，而后获得享受社会保险福利待遇的权利，以此实现权利和义务基本对等；商业人身保险是以投保人所缴保险费的多少决定风险发生后获得补偿金额的多少，权利和义务的对等关系表现为多投多保，不投不保的关系。

6. 保障水平不同

社会保险从保障基本生活、安定社会出发，着重于长期的基本生活保障，保障水平的确定，既要考虑劳动者原有生产水平，社会平均消费水平以及国家财政的承受能力，还要随着社会平均工资的提高和物价指数的变动而调整；商业人身保险则着重于一次性补偿，给付水平的确定只考虑被保险人投保额的多少，不考虑其他因素。社会保险与商业保险作为整个社会保障体系最重要的两大支柱，发挥着非常重要的作用，两者各有侧重，分工不同，因此两者不可相互替代。正确认识社会保险与商业保险的关系，有利于投保人在选择商业保险时树立一个正确的投保观念。

社会保险与商业保险的区别见表1-1。

表1-1 社会保险与商业保险的区别

比较项目	社会保险	商业保险
性质	依法强制实施的政府行为，体现社会的互济性、补偿性	自愿参加，依照保险合同实施的合同行为
经营主体	政府	保险公司
保障对象	全体公民或劳动者	自愿参加的社会成员
目的	保障社会利益，维护社会稳定	盈利
保险费支付	个人、企业、政府三方合理负担	个人负担
保险金给付原则及标准	强调“社会公平”原则，即权利义务不对等，不强调交费相等，但强调给付相同，给付标准原则上统一	强调“个人公平”原则，即权利义务完全对等，给付标准以投保人支付的保险费来确定，交费多收益高，交费少收益低
保险功能	满足社会成员生、老、病、死方面较低层次的需要，即生存需要	满足人们生活消费的各个层次的需要，与社保配合可使保障水平相对较高
经办机构和经营体制	经办机构为劳动部门，由国家专门设立，各级社会保险局统一管理，对资金的运营不征税	经办机构为商业保险公司，由商业保险公司按企业原则经营管理，国家对其经济活动征收有关税费
采取手段和方法	是一种社会行为，国家强制执行	是一种商业行为，自愿参加
法律基础	《中华人民共和国社会保险法》	《中华人民共和国保险法》

拓展阅读

"金三银四"找工忙，春季是求职的黄金期，也是职场人入职的高峰时期。找到新的工作，大多数职场人都会有"试用期"。

那么，试用期要上社保吗？哪些钱不能少拿？试用期能延长吗？

试用期是指劳动关系当事人双方建立劳动关系时，依照法律规定，在平等自愿、协商一致的基础上订立劳动合同的同时，在劳动合同期限之内特别约定的一个供当事人双方互相考察的、合同解除条件亦无严格限制的期间。

一、试用期的时间有多长？

一些职场人担心，经过较长的试用期后，如果无法转正，会影响自己的职业发展。那么试用期是无限制的吗？

答案是：否！

《中华人民共和国劳动合同法》第 19 条规定：劳动合同期限 3 个月以上不满 1 年的，试用期不得超过 1 个月。劳动合同期限 1 年以上不满 3 年的，试用期不得超过 2 个月；3 年以上固定期限和无固定期限的劳动合同，试用期不得超过 6 个月。同一用人单位与同一劳动者只能约定 1 次试用期。以完成一定工作任务为期限的劳动合同或者劳动合同期限不满 3 个月的，不得约定试用期。

二、试用期能延长吗？

法律明文规定，不得对同一员工两次约定试用期，此时，就可能出现延长试用期的情况。在实际当中，用人单位和劳动者任何一方，认为需要延长试用期的，均可以向对方提出意向、发出要约，对方在接到要约后，作出相关表示，拒绝或同意，或进一步协商期限待遇等。双方均应完全自愿。

特别提醒：延长后的试用期也不得超过法定期限，即《劳动合同法》第 19 条规定（参见本文第一点）。

三、试用期，哪些钱不能少拿？

《中华人民共和国劳动法》第 20 条规定："劳动者在试用期的工资不得低于本单位相同岗位最低档工资或者劳动合同约定工资的 80%，并不得低于用人单位所在地的最低工资标准。"

2018 年 1 月 1 日起，西藏将现行月最低工资标准从 1 400 元调整为 1 650 元；广西宣布自 2018 年 2 月 1 日起，最低工资标准调至最高 1 680 元/月。2018 年 4 月 1 日起，上海市月最低工资标准从 2 300 元调整到 2 420 元。

特别提醒：一些公司给了试用期员工培训，甚至是海外培训，还给予了员工津贴，但还是应该支付劳动报酬。

四、试用期要缴社保吗？

有些单位和员工说，试用期内不缴社保，试用期过后，一次性补缴。但实际上，法律并没有如此规定。我国《劳动法》中明确规定，用人单位和劳动者必须依法参加社会保险。《社会保险法》也规定，中华人民共和国境内的用人单位和个人依法缴纳社会保险费。这些规定都没有特别注明试用期可以不缴纳保险，而根据《劳动合同法》规定，试用期包含在劳动合同期限内，试用期也属于合同期的一个部分。因此，员工在试用期也有权享受各项社会保险，包括养老保险、工伤保险、医疗保险等。

五、非全日制劳动者有试用期吗?

试用期条款的约定，并不是法律强制的，而只是一种可供选择的内容。我国《劳动合同法》第70条规定：“非全日制用工双方当事人不得约定试用期。”非全日制用工，是指以小时计酬为主，劳动者在同一用人单位一般平均每日工作时间不超过4小时，每周工作时间累计不超过24小时的用工形式。

六、试用期转正未通过，员工福利要还给公司吗?

试用期转正未通过，已享受的法定福利，如社会保险等不需要归还给公司。至于非法定福利，如果公司与员工之间事先曾有书面约定，试用期未通过需要将福利退还给公司，应当按约定归还。不过，像补充公积金、旅游这类福利一旦享受，就无法原样返还，公司与员工约定需要返还是不合理的，员工可以拒绝返还。此外，试用期内员工“超额”休了年假，离职时不用折钱赔付给企业。

特别提醒：用人单位违反《劳动合同法》与劳动者约定试用期的，由劳动行政部门责令改正；违法约定的试用期已经履行的，由用人单位以劳动者试用期满月工资为标准，按已经履行的超过法定试用期的期间向劳动者支付赔偿金。

资料来源：中国社保网

任务二　认识社会保险与商业保险的关系

☞ 业务描述

王先生32岁，有“五险一金”，2016年8月在太平人寿为自己投保了10万元保额的福禄双至健康保险并附加真爱健康医疗保险，2018年5月，王先生不幸患肺癌并住院治疗80天，总共花销医药费12万元（其中甲类药2万元，乙类药5万元，自费药5万元）。王先生出院后在社保按比例报销了52 190元，剩余67 810元的医药费由王先生自己支付；而太平人寿在王先生确诊疾病之时立即赔付100 400元重疾金，报销医药费10 000元，并且每天补贴50元（共补贴3 850元），商业保险合计赔付114 250元。

王先生享受到了双保险的“及时雨”，让他在患病早期得到及时的治疗，医药费用不但全部报销，还获得了一笔养病钱。

问题：

社会保险和商业保险两者存在怎样的关系?

在比较社会保险和商业保险之后，我们可以清楚地看到两者的关系。既相互竞争又相互促进、共同成长，两者相互融合，构成国家的经济保障体系。

一、两者之间具有不可替代性、矛盾性

两者虽同属于“保险”，但两者之间具有不可替代性。商业保险和社会保险不能等同，两者也不能相互代替，并且都有存在的必要。从两者的差异性可以看出，社会保险、商业保险属于两种不同性质的保险。它们在保障水平、覆盖面、基金的筹集、立法范畴、舆论监督等方面有着明显区别，各自发挥着不同的作用。社会保险和商业保险其内涵和外延也不相同，两者不能相互替代，它们共同构筑了高层次的保障体系。

商业保险的发展以社会保险只能或不能保障人们的最低生活水平为条件。同样，社会保险的发展以商业保险仅仅保障那些具有投保资格的人们为条件，倘若社会保险的保障水平超过人们最低生活需要的水平，或者商业保险无投保条件的限制，那么，任何一方的“越位”都会给对方造成压力，影响和牵制对方的发展。

二、两者之间相互补充，相互配合

社会保险与商业保险两者之间虽有明确的分工，但并非绝对对立，两者之间可以相互补充、共同发展。

社会保险为人们提供较低层次的基本生活保障，其强制性和福利性可以有效地维护社会和谐和稳定，商业保险则可以提供超过基本水平的保障，能够满足人们的更高层次要求，这是社会保险目前所不能达到的，从上述意义来说，两者存在内在联系，具有互补性。

（一）保障作用和范围的互补性

由于社会保险只能为劳动者提供最基本的生活保障，其保险费用和支付标准都较低，保障作用和范围因此受到了限制。社会保险能够针对生、老、病、死、伤、残、失业七大风险提供保障，对于超出该范围的风险则失去保障作用。商业保险保障作用和范围不受国家法律强制，能够弥补社会保险的不足。例如，低水平、广覆盖的社会医疗保险报销时间长、报销比例低，而且只能提供基本保障，当患者需要支付几万甚至几十万的高额医疗费用时，很难从社会保险中及时得到回馈服务。相反，商业保险则能够提供更高的医疗保障水平。劳动者通过支付较高的保险费用进而获得更高层次的风险保障，同时与社会保险不发生冲突，当遇到风险时可以同时接受社会保险和商业保险的双重保障。

（二）实施形式的互补性

社会保险具有强制性，是国家法律规定范围内的企业和劳动者都必须履行的一种基本权利。商业保险具有“多投多保，少投少保，不投不保”的特点，劳动者自愿缴纳保险费、选择保险项目，获得保险公司有偿服务的权利，没有强制性。两种保险在实施形式上的互补性既能够为社会基本生活水平提供保障，又充分满足和尊重人们的需求和意愿。

模块练习

一、单选题

1. 社会保险满足生存需要，而商业保险满足人们生活消费的（　　）需要。

A. 各个层次　　B. 基本生活

C. 最高层次　　D. 特殊生活

2. 社会保险是一种社会行为，由国家强制执行，而商业保险是一种（　　），自愿参加。

A. 商业行为　　B. 政府行为

C. 公司行为　　D. 个人行为

3. 社会保险与商业保险两者之间的互补性主要体现在（　　）。

A. 保障作用和范围的互补性

B. 权利义务的互补性

C. 经营模式的互补性

D. 涉及风险的互补性

4. 社会保险和商业人身保险的共性不包括（　　）。

A. 商业保险与社会保险都基于相同的风险集中与分散的技术机制

B. 商业保险和社会保险处置的风险类别极其相似，提供的经济保障有很大部分是相互重叠的

C. 商业保险和社会保险都对被保险人的损失进行经济补偿或经济给付

D. 提供的给付都需要进行资产调查

5. 社会保险和商业人身保险的区别不包括（　　）。

A. 基本性质不同

B. 保险对象和目的不同

C. 管理体制不同

D. 保险范畴不同

二、判断题

1. 商业保险和社会保险都需要确定一个合理、充足的缴费率，由此建立保险基金或社会保险基金，实现经济补偿或给付的职能。（　　）

2. 社会保险根据国家的法律而定。（　　）

3. 社会保险和商业保险可以相互替代。（　　）

4. 社会保险的法律基础是《中华人民共和国社会保险法》。（　　）

5. 商业保险满足人们生活消费的最高层次的需要。（　　）

拓展阅读

商业保险如何弥补社会保险的风险缺口

孙先生今年27岁，在上海某重点大学毕业后，于2000年进入浦东一家大型国有企业从事技术工作，月工资收入在3 000元左右。公司不仅为其提供了医疗保险、养老保险等一套完善的福利待遇，而且非常重视员工的个人发展，为其提供了广阔的晋升空间。

参加工作以来，孙先生已经晋升了两级，月工资收入也随之升至6 000元。孙先生平时生活非常节俭，几年下来，手中共有8万余元积蓄。他目前仍然单身一人，在公司附近租房居住，每月房租及其他开销为3 000元左右。以目前的工资水平来计算，每月还有近3 000元的结余，完全有能力购买一些意外、疾病等方面的商业保险。然而，孙先生一直认为自己所拥有的社会医疗保障已经很完善，今后结婚、买房、赡养父母、养育子女需要很多资金，还是应该尽量多积攒些钱，减少些不必要的花销，所以，他始终没将购买商业保险放在心上。

天有不测风云。今年上半年，孙先生突患急性肺炎住院治疗，共花去医疗费用8 000元。祸不单行，时隔三个月，孙先生周末出外散步，过马路时被一辆飞驰而来的摩托车撞伤，导致小腿骨折，共花去医疗费用6 000元。孙先生原以为凭医疗保险卡去医院就医，一切费用都可由医保卡中的个人账户资金和社会统筹资金承担，自己不需要支付太多的费用。而实际情况却让孙先生大为震惊：他一年之内支付的两次医疗费用共计14 000元，其个人医疗保险账户卡中原有的1 500元全部花完后，个人还得另外支付近7 000元的医疗费用，而社会保险统筹部分只承担了5 500元左右。

孙先生的例子说明其并没有全面了解社会医疗保险的功能，更没有充分地认识到商业保险的必要性。

社会保险是“广覆盖、低水平”

首先，社会医疗保险在住院费用的使用方面设立了一条起付线，起付线以内的金额为自付段，起付线以上85%的金额由社会统筹基金支付，其余15%要由个人自付。这说明，即使拥有社会医疗保险保障，有一部分风险还是需要自己去承担的；其次，社会医疗保险对于以下几种情形，规定统筹基金、附加基金及个人账户资金不予支付，如自杀、自残、斗殴、吸毒、医疗事故或因交通事故等所发生的医疗费用。像孙先生这样因发生交通事故所发生的6 000元医疗费用全部要由个人支付，不能用统筹基金、附加基金及个人账户资金来支付。

商业保险是必要的补充

从社会保险的定义来看，社会保险是国家通过立法形式，采取强制手段，对全体公民或劳动者因遭遇年老、疾病、生育、伤残、失业和死亡等社会特定风险而暂时或永久失去劳动能力、失去生活来源或中断劳动收入时的基本生活需要提供经济保障的制度。社会医疗保险作为其中的一个重要组成部分,其特点是低水平、广覆盖。

从孙先生的案例中我们可以看出,社会医疗保险不是免费的午餐,一旦患病就医发生医疗费用,即使符合社会医疗保险的支付规定,个人也需要承担一部分的费用。如果属于社会医疗保险的免支付规定范围,所有的医疗费用将全部由个人承担。一般的小病小灾或是小的意外所发生的门诊费用或许可以忽略不计,一旦患上重大疾病或发生意外,其庞大的费用支出就会对自己的正常生活产生影响。

有资料显示,目前我国住院费用及杂项费平均需要 8 000 元左右并呈上升趋势,如果患上重大疾病,平均需要 8 万元左右的医疗费,而人一生中罹患重大疾病的概率高达 70% 以上。在社会保险不能够完全解决的情况下,为了不影响正常的生活质量,不打乱正常的财务安排,需要购买商业医疗保险对其进行必要的补充。以孙先生目前的工资水平来看,每年拿出一部分钱用来购买意外、疾病方面的商业保险十分必要,可以购买高保额的意外险及意外伤害医疗保险组合、重大疾病保险及住院补贴保险组合等。这样,社会医疗保险不能承担的部分可由商业保险去承担,拥有了完善的医疗保障,才能真正消除后顾之忧。

项目小结

社会保险是国家通过立法建立的一种社会保障制度,目的在于使被保险人因为年老、患病、生育、伤残、死亡以及失业等原因,本人和家属失去生活收入时,能够通过社会保险获得物质帮助。社会保险具有普遍性、强制性、互济性、补偿性、储蓄性、保障性、预防性的特点。我国社会保险项目包括:养老保险、医疗保险、工伤保险、生育保险、失业保险。

社会保险始于 18 世纪 60 年代的欧洲工业革命。现代社会保险最早产生于德国。1883 年,德国颁布《疾病社会保险法》,这是世界上第一部社会保险法案,标志着现代社会保险制度的诞生。1935 年 8 月,美国国会通过并颁布了以社会保险为主体的《社会保障法案》,这意味着社会保险开始进入了一个新阶段。我国建国后的 60 多年来,社会保险制度大体经历了四个发展时期:初创时期、调整和发展时期、停滞时期、重建和改革时期。

社会保险与商业保险既有共性又有区别。社会保险和商业人身保险都基于特定风险事故的共同分担,都是处理偶然性损失,同样进行风险转移,两者都需缴纳足够的保险费来应付保险制度所需费用,都对被保险人的损失进行赔偿。同时,两者的基本性质不同、保险的对象和目的不同、管理体制不同、立法范畴不同、权利和义务关系不同、保障水平不同。

问题讨论

1. 组织学生讨论：人的一生中会有哪些风险？这些风险会给个人和家庭带来了哪些问题？有哪些手段可以对这些风险进行管理？

2. 请查找相关资料，了解不同福利制国家的福利水平及其存在的问题。

3. 组织学生讨论：结合所学知识分析现代社会中社会保险的风险缺口。

4. 组织学生讨论：如何认识社会保险与商业保险关系，并将此运用于商业保险营销中。

推荐阅读

1. 中国社会保障网：http：//www. cnss. cn/

2. 向日葵保险网：http：//www. xiangrikui. com/

3. 《中国社会保障》杂志

4. 中国人力资源与社会保障部 http：//www. mohrss. gov. cn/

5. 中国社保网：http：//www. spicezee. com/

习题与实训

1. 现代社会要使劳动者收入有保障，需要对哪些危险进行抵御？
2. 什么是社会保险？它有哪些特征？
3. 社会保险遵循的原则是什么？
4. 社会保险包括哪些项目？
5. 比较社会保险与社会保障。
6. 比较社会保险与商业人身保险的异同。

2 项目二 社会保险运行机制

学习目标

知识学习目标：

- □ 掌握社会保险的运行的三个环节
- □ 掌握社会保险筹资模式
- □ 掌握社会保险基金的概念、特点、来源
- □ 掌握社会保险基金投资的概念、特点、原则、渠道
- □ 了解社会保险给付的概念、原则、标准形式

技能训练目标：

- □ 能计算社会保险费
- □ 能分析比较薪酬单
- □ 能比较社会保险基金和商业保险基金的区别

工作任务

1. 认识社会保险筹资模式，计算社会保险费
2. 认识社会保险基金及社会保险基金投资
3. 认识社会保险给付及社会保险给付的标准形式

导入案例

庞大的“养命钱”

世界各国社会保险的实践表明，要想保证社会保险制度的正常运转，必须建立雄厚的储备基金。因为它是实现社会保险各项政策目标的物质保证，对社会保险制度具有至关重要的作用。因此，各国政府对于社会保险基金的筹集、给付以及投资经营都予以特别的关注，并制定了相应的政策与法规进行管理。

财政部社会保障司发布《关于2017年全国社会保险基金决算的说明》显示，2017年全国社会保险基金总收入58 437.57亿元，比上年增长16.6%；总支出48 652.99亿元，比上年增长11.6%；本年收支结余9 784.58亿元，年末滚存结余75 348.58亿元。庞大的“养命钱”的管理问题成为舆论焦点。这笔“养命钱”该由谁管理？如何管理？

模块一
社会保险的筹资环节

任务描述

王晓于2018年6月受聘于一家私营企业，担任会计工作。但是工作至今企业都没有给他办理养老保险。王晓很担心，询问同事是否办理了养老保险，大家也都表示企业没有给自己办理。于是，王晓就代表该企业的其他同事向老板提出了希望办理养老保险的要求，但老板说，自己这里是私营企业，不像国有企业，不承担办理养老保险、缴纳相关费用的义务。同时老板还说，如果想上保险，就自己去上，企业不管这件事。王晓听后很疑惑。

问题：

1. 社会保险筹集模式有哪几种？
2. 公司应该为王晓缴纳多少社会保险费？

任务一 认识社会保险的筹资模式

☞ 业务描述

社会保险传统的筹资方式主要有以下两种：

方式一：对于劳动年龄人口来说，大家持续往一个共同的储蓄罐中存钱。劳动者到了退休那一刻，就是可以从储蓄罐里边取钱的时刻。通俗地讲就是下一代人给上一代人养老。

方式二：每个人所缴的养老费都存在自己的账户名下，年轻时为自己攒下资本，年老时自己给自己养老。但是谁也不知道自己的寿命有多长，个体依赖于制度的保障来消除自己的长寿风险。很多人都在质疑，随着物价水平的上涨，现在所缴的这点养老保险费，几十年后还能养活自己吗？

问题：

1. 以上两种筹资方式哪种更好呢？
2. 还有没有更科学合理的筹资方式呢？

社会保险的运行包括三个环节：社会保险的筹资环节、社会保险基金的投资环节、社会保险的给付环节。保持社会保险基金的收支平衡是社会保险基金筹集资金的原则之一。为了保持这种收支平衡关系，国际上形成了三种不同的资金筹集模式，即现收现付模式、完全积累模式和部分积累模式。

一、现收现付筹资模式

这种筹资模式又称为横向平衡模式，是指根据当期支出的需要，组织收入、本期征收、本期使用。这种筹资模式每年筹集的费用和支出的保险金随着人口年龄结构老化而相应地同步增长，没有结余资金，如图2－1所示。

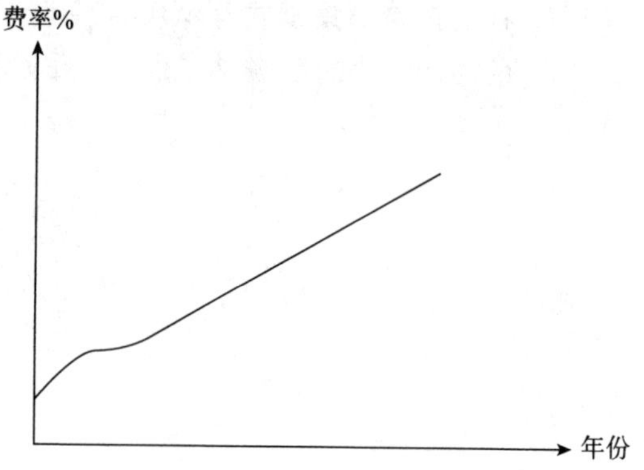

图2－1 现收现付筹资模式

该模式的主要优点是：保险金给付及时，当年建立，当年支付；因平衡财务期间较短，无须考虑利率及复杂的精算技术，简便易行；没有巨额资金积累，可以避免因通货膨胀而导致基金贬值的风险。

该模式的不足之处是：存在养老代际转嫁的矛盾；受人口年龄结构变动的影响较大，随着人口老龄化问题的加重，保险费率会逐步提高，使年轻一代劳动力的负担过重；缺乏资本积累，抵御突发性风险的能力较弱。

二、完全积累筹资模式

完全积累筹资模式又称为基金制或纵向平衡模式。是指对有关人员的健康状况和人口、工资、物价、利率等社会经济发展指标进行长期测算后，确定一个可以保证在相当长的时期内收支平衡的总平均费率，将被保险人应缴的保险费按一定的比例分摊到整个投保期，如图 2－2 所示。这种模式采用平准保险费用，所有的投保人均须提存准备金，使投保人权利和义务对等，较好地体现了社会保险的储蓄职能。

该模式的主要优点是：因采用平准保险费方式，投保者每年负担的保险费均衡，从而减轻了被保险人的负担；能合理地调整消费结构，将劳动者劳动期间的一部分收入延期到退休后消费；巨额保险基金的形成，能有效地发挥资金的使用价值，促进国民经济的发展。

该模式的不足之处是：由于积累的保险基金储蓄时间长，容易受到物价波动和通货膨胀的影响，基金保值的难度较大，易发生贬值；由于许多因素（如死亡率、利率、疾病发生率、工资的变动幅度、被保险人数的变化等）变化的无规律可循，长期有效的预测难以实现，要根据预测的准确性达到预期的收付平衡难度很大；对于过去实行现收现付式筹资模式的国家，在由现收现付模式向完全积累模式转换过程中，转换的难度较大，原因是在于转换初期，被保险人既要负担已进入老年人行列的社会成员所需要的费用，又要负担他们自身进入老年人行列时所需要的费用，企业和雇员的负担较重，这给制度的推行带来一定的难度。

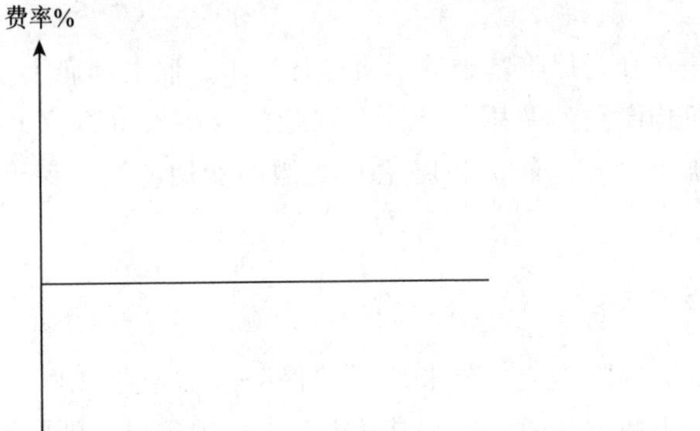

图 2－2　完全积累筹资模式

三、部分积累筹资模式

部分积累筹资模式又称为部分基金制，是一种力图吸收前两种筹资模式的优点而采取的一种折中的筹资模式。它是在综合考虑了近期横向平衡和远期纵向平衡的基础上按照当年的保险费支出加上一定的储备来提取保险基金。现在越来越多的国家开始采用这种筹资模式。但是，部分积累筹资模式也有一个需要解决的难题，即如何合理地确定保险费率，以及筹集到的资金在满足当前的保险费支出之后，留出多少储备才能满足未来的需要。

想一想

我国的社会保险中各险种属于哪种筹资模式?

任务二　缴纳社会保险费

业务描述

小张在一家国有企业工作，合同约定每月工资 8 000 元，享受五险一金，可是小张可支配的实发工资只有 6 000 多元，小张想了解自己和企业各缴纳了多少社会保险费？社会保险费是否在税前列支？

一、社会保险费概念

社会保险费是在社会保险基金的筹集过程当中，雇员和雇主按照规定的数额和期限向社会保险管理机构缴纳的费用，是社会保险的保险人（国家）为了承担法定的社会保险责任，而向被保险人（雇员和雇主）收缴的费用。社会保险费是社会保险基金资金的主要来源。

二、社会保险费的负担方式

一般来说，社会保险基金主要来源于被保险人、企业（雇主）和政府。至于是三方共同负担，还是由两方共同负担，或是由一方单独负担，则要视险种类别、危险程度以及国家的社会保险政策而定。具体说来，社会保险的负担方式主要有以下几种。

1. 企业（雇主）与被保险人共同负担

这种负担方式由来已久，1883 年德国首创社会保险时，疾病保险的保费就规定由被保险人与雇主共同分担。时至今日，世界上绝大多数国家的疾病保险仍采取这种负担方式。

2. 企业（雇主）和政府共同负担

这种保费分担的方式，是政府为减轻被保险人的经济负担，扩大社会保险范围而规定的。苏联和东欧一些社会主义国家、1978 年以前的中国都采用这一方法，基本上是国家包办。

3. 政府和被保险人共同负担

这种保险费的负担方式，一般被保险人只负担少量保费，而绝大部分保险费由政府负担。例如，澳大利亚、法国和瑞士等国的疾病生育社会保险，阿根廷等国的老年、残废、遗嘱保险。

4. 被保险人、企业（雇主）和政府三方共同负担

此种方式最早由德国于1889 年举办的年金保险中实施。现在世界上大多数国家都采用这一负担方式。

5. 政府全部负担

采用这种负担方式的大多是财力充裕的国家，实行的往往是全民保险。如加拿大、丹麦、瑞典、挪威等国的家属津贴、澳大利亚的老年残废死亡保险、疾病生育社会保险、失业保险、家属津贴全部由政府负担。

6. 企业（雇主）全部负担

这种负担方式一般在工伤保险和家庭津贴中采用。在工伤保险中，通行的“无责任补偿”原则，历来规定保险费由企业（雇主）全部负担，以加强企业（雇主）的安全意识和保障工人安全的责任，并为世界各国普遍采用。

7. 被保险人全部负担

这种负担方式只在极少数国家的少数险种上实施。

案例分析

案情介绍

张某是某外资医药器材公司的销售副经理，他和该公司签订了为期三年的劳动合同，合同约定的基本工资是8 000 元，公司也为张某购买了一些商业人寿保险，但没有为张某办理基本养老保险，张某曾向公司领导反映此事，但公司领导却说，张某的工资已经很高了，公司已将养老保险以工资的形式发给了个人，因此不存在再交社保的问题。

问题：

公司领导对张某的答复是否准确？

案情分析

公司领导对张某的答复和做法均不正确。我国《社会保险费征缴条例》第十二条规定：“缴费单位和缴费个人应当以货币形式全额缴纳社会保险费。缴费个人应当缴纳的社会保险费，由所在单位从其本人工资中代扣代缴。社会保险费不得减免。”第十三条规定：“缴费单位未按规定缴纳和代扣代缴社会保险费的，由劳动保障行政部门或者税务机关责令限期缴纳，逾期仍不缴纳的，除补缴欠缴数额外，从欠缴之日起，按日加收千分之二的滞纳金。滞纳金并入社会保险基金。”

三、社会保险费率的确定

社会保险费率计算包括：一是个人投保费率；二是用人单位投保费率；三是总投保费率。

（一）个人投保费率

个人投保费率是劳动者个人对某一险种的基金供款时，所依据的投保费率。其含义是劳动者个人投保费率等于劳动者投保费与其工资总额之比，计算公式是：

$$个人投保费率 = \frac{个人投保费}{个人工资总额} \times 100\%$$

从个人投保费率的计算公式中可以看出，劳动者个人缴纳的保险费多少，取决于两个因素，一个是个人投保费率，它往往由社会保险管理机构确定；另一个是劳动者个人工资收入总额。这里有必要强调，实行社会保险制度的国家，仅仅把劳动者的工资收入作为计算其缴费额的基础，而不考虑劳动者的其他收入项目。

几乎所有实行社会保险制度的国家，都对劳动者缴纳社会保险费的工资规定上限和下限，超过上限的工资部分不作为计算缴费额的基础，而工资低于下限的劳动者则免缴社会保险费。例如，新加坡在20世纪80年代规定，凡是工资收入每月低于200新元的企业雇员，一律免缴保险费，而由其所在企业的雇主代缴。

关于个人投保费率，还需指出一点，有些国家规定劳动者个人投保费率，按累进方式计算，即随劳动者工资收入的提高，投保费率也随之递增。

（二）用人单位投保费率

用人单位投保费率等于用人单位投保费与该单位职工工资总额之比，计算公式是：

$$用人单位投保费率 = \frac{用人单位投保费}{用人单位工资总额} \times 100\%$$

由上面公式可以看出，用人单位缴纳的社会保险费，取决于用人单位的投保费率与其所雇佣劳动者的工资总额。用人单位投保费率由社会保险管理机构规定。用人单位缴纳的社会保险费列入其产品成本，在缴纳所得税前列支。在成本归属上，用人单位缴纳的保险费属于劳动力成本的组成部分。在用人单位投保费率比较高的国家，高社会保险费是促使用人单位用机器代替工人劳动进行生产的一个重要因素。虽然用人单位缴纳的社会保险费可以进入其产品成本最终转嫁给消费者，但产品成本的增加必然要提高产品的销售价格，其结果是降低该产品在市场上的价格竞争能力，从而不利于用人单位的经营发展，因此，用人单位投保费率的提高有一定限度。

（三）总投保费率

总投保费率是个人投保费率与用人单位投保费率之和。总投保费率的高低代表着数额不等的社会保险费缴款，而缴款的多少又关系到各项险种待遇的给付标准。因此，总投保费率高低非常重要。

国家、劳动者和用人单位三方都关注总投保费率，但所持态度各不相同。就国家层面而言，总是希望把投保费率定得高一些，以便征集到数额可观的社会保险费，这样，既有可能提高各险种待遇的给付标准，使劳动者满意，又可减少国家对社会保险事业的财政支出，一举两得。就劳动者而言，一方面希望总投保费率高些，可以获得较多的收入补偿，但另一方面，又希望总投保费率中的个人投保费率低些，以减少对自己的工资扣除。就用人单位而言，一般不希望总投保费率提高，因为这会导致企业产品成本升高，不利于企业产品在市场上的竞争。

相关知识

社会保险税

社会保险税即一般的“工薪税”，是社会保险资金的主要来源，通常由政府颁布社会保险法案，规定由企业和工薪劳动者必须按照工资的一定比例缴纳社会保险税。

美国于1935年开始征收工薪税，当时的目的是为老年人筹措退休金，其后陆续实行残疾人保险、医疗保险等。工薪税收入是联邦政府的重要财政收入。美国工薪税的纳税人是雇主和雇员，征税对象分别为雇主全年对每个雇员支付的薪金工资和雇员全年领取的薪金工资额。第二次世界大战后，伴随着经济的高度发展和政治民主化趋势的加强，西方发达国家如英国、法国、加拿大都实行了“普通福利”政策，纷纷征收社会保障税。1990年世界上大约有80多个国家开征了社会保障税，到1998年，开征社会保障税的国家增加至100多个。据国际货币基金组织（IMF）统计，截至2010年，全世界170多个国家中至少有132个国家实行了社会保障税制度。

拓展阅读

明确税与费的法律界限：税费分明是现代社会保险制度的前提

2019年1月起，社会保险费改由税务机关统一征收，这意味着个人所得税与社会保险费原本就较为模糊的法律界限被进一步消解。之所以采取这一改革措施，其根本原因在于既有的社会保险费征收方式效率较低，无法解决社保资金缺额巨大这一紧迫问题。在实践中，税务机关负责征缴社会保险费这一措施已在多个地方试点，积累了丰富的经验。在学理上，许多学者也长期呼吁“费改税”。他们或主张“社会保险税”，或主张“社会保险并入个人所得税”。

资料来源：刘志鑫．明确税与费的法律界限［J］．中国社会科学报 2019（3）

四、社会保险费的计算方法

（一）薪酬比例制

薪酬比例制是等额费率制或固定比例费率制。是指按被保险人薪资的一定比例计算保险费率，从而征收保险项目应征的保险费。实行这种制度一般是以职工的工资收入作为计算职工个人和企业缴纳社会保险费的基数，即按工资收入的一定百分比征收保险费。我国目前采用的就是薪酬比例制。

以工资作为基准的比例保险费制最大的缺陷是社会保险的负担直接与工资相联系，不管是雇主雇员双方负担社会保险费还是其中一方负担社会保险费，社会保险的负担都表现为劳动力成本的增加，其结果会导致资本排挤劳动，从而引起失业增加。

薪酬比例制具体可以分为：

1. 均一费率制

均一费率制是按照被保险人实际收入或薪资标准征收同一比例的保险费率，被保险人与企业主负担同等比例的保险费。其特点是：不论被保险人工资收入的高低，其保险费率是相同的。采取这种办法可以使保险费与工资收入挂钩，有利于低收入者，也有利于缩小收入差距。

2. 差额费率制

差额费率制是按照被保险人薪资的一定百分比征收保险费，雇主与被保险人负担不同比例的保险费。其特点是按被保险人工资收入的高低划分若干个等级，不同等级规定征收不同百分比的保险费率，一般雇主负担的多一些。

3. 累进费率制

累进费率制的特点是根据被保险人的收入高低来确定不同的保险费率。保险费分档计算，然后加总确定。

（二）绝对金额制

绝对金额制也就是“均等制”。不论被保险人或雇主的收入多少，相同资格条件者按同一绝对金额征收保险费。其特点是：缴纳的保险费与被保险人薪资多少、职位高低没有关系。这一制度的优点是计算简便，易于普遍实施；而且采用此种方法征收保险费的国家，在其给付时，一般也采用均等制，具有收支一律平等的意义。其缺陷是：低收入者与高收入者缴纳相同的保费，在负担能力方面明显不公平。

相关知识

工资总额的有关规定

一、工资总额的组成

工资总额是指各单位在一定时期内直接支付给本单位全部职工的劳动报酬总额。包括计时工资、计件工资、奖金、津贴和补贴、加班加点工资及特殊情况下支付的工资等六部分。

二、工资总额不包括的项目

①根据国务院发布的有关规定颁发的奖金。②有关劳动保险和职工福利方面的各项费用。③有关离休、退休、退职人员待遇的各项支出。④劳动保护的各项支出。⑤稿费、讲课费及其他专门工作报酬。⑥出差伙食补助费、误餐补助、调动工作的旅费和安家费。⑦对自带工具、牲畜来企业工作的职工所支付的工具、牲畜等的补偿费用。⑧实行租赁经营单位的承租人的风险性补偿收入。⑨对购买本企业股票和债券的职工所支付的股票（包括股票分红）和利息。⑩劳动合同制职工解除劳动合同同时由企业支付的医疗补助费、生活补助费等。⑪因录用临时工而在工资以外向提供劳动力单位支付的手续费或管理费。⑫支付给家庭工人的加工费和按加工订货办法支付给承包单位的发包费用。⑬支付给参加企业劳动的在校学生的补贴。⑭计划生育独生子女补贴。

工资薪金所得的个人所得税计算方法

工资、薪金所得是指个人因任职或受雇而取得的工资、薪金、奖金、年终加薪、劳动分红、津贴、补贴以及与任职或受雇有关的其他所得。

个税的计算方法：

本期应预扣预缴税额＝（累计预扣预缴应纳税所得额×预扣率－速算扣除数）－累计减免税额－累计已预扣预缴税额

累计预扣预缴应纳税所得额＝累计收入－累计免税收入－累计减除费用－累计专项扣除－累计专项附加扣除－累计依法确定的其他扣除

累计减除费用＝5 000 元/月×纳税人当年截至本月在本单位的任职受雇月份数

2019 年新增了一些专项扣除项目，主要包括子女教育支出、继续教育支出、大病医疗支出、住房租金支出、住房贷款利息支出、赡养老人支出等六个项目，这些费用都会在税前扣除。

表 2－1　　个人所得税预扣率表

（居民个人工资、薪金所得预扣预缴适用）

级数	累计预扣预缴应纳税所得额	预扣率（%）	速算扣除数
1	不超过 36 000 元的部分	3	0
2	超过 36 000 元至 144 000 元的部分	10	2 520
3	超过 144 000 元至 300 000 元的部分	20	16 920
4	超过 300 000 元至 420 000 元的部分	25	31 920
5	超过 420 000 元至 660 000 元的部分	30	52 920
6	超过 660 000 元至 960 000 元的部分	35	85 920
7	超过 960 000 元的部分	45	181 920

工作实例

张先生在一家工程机械行业的企业工作，1 月份的工资如下：基础工资 2 000 元，职务工资 2 000 元，津贴 2 000 元，月奖金 1 000 元，交通补助 1 000 元，企业为其办理了社会保险，每月为张先生缴存住房公积金 960 元，无专项扣除项目。假设张先生所在单位及个人的缴费比例见表 2－2。当地社会平均工资为 4 500 元。

表 2－2　　某市社会保险缴费比例

险种	养老保险	基本医疗保险	工伤保险	失业保险	生育保险
企业	16%	8%	1%	2%	0.8%
个人	8%	2%	—	1%	—
合计	24%	10%	1%	3%	0.8%

问题：

（1）企业为张先生缴纳了多少社会保险费？

（2）张先生个人缴纳了多少社会保险费？

（3）张先生缴纳了多少个人所得税？

(4) 张先生的实发工资是多少?

张先生的工资总额 =2 000 +2 000 +2 000 +1 000 +1 000 =8 000 (元)

(1) 企业缴纳的社会保险费 =8 000 ×(16% +8% +1% +2% +0.8%)

=2 224 (元)

(2) 个人缴纳的社会保险费 =8 000 ×(8% +2% +1%) =880 (元)

(3) 累计预扣预缴应纳税所得额 =8 000 -5 000 -880 -960 =1 160 (元)

本期应预扣预缴税额 =1 160 ×3% -0 =34.8 (元)

(4) 实发工资 = 应发工资 - 社会保险费 - 住房公积金 - 个人所得税

=8 000 -880 -960 -34.8 =6 125.2 (元)

做一做

求职过程中的收入判断

刚刚大学毕业的小王同时被三家公司录用，待遇如下:

A 公司月薪 6 000 元，为小王缴纳五险一金。

B 公司月薪 6 500 元，为小王提供免费宿舍。

C 公司月薪 7 000 元，无五险一金无住房。

假设当地基本房租为 1 000 元。

问题:

如果你是小王，你会选择哪家公司呢? 哪家公司的收入最高?

拓展阅读

个人税优型健康保险减免个人所得税

2016 年 3 月 4 日，中国人民健康保险公司签发首单个人税收优惠型健康保险。对个人购买符合规定的商业健康保险产品的支出，允许在当年(月)计算应纳税所得额时予以税前扣除，扣除限额为 2 400 元/年(200 元/月)。单位统一为员工购买符合规定的商业健康保险产品的支出，应分别计入员工个人工资薪金，视同个人购买，按上述限额予以扣除。2 400 元/年(200 元/月)的限额扣除为个人所得税法规定减除费用标准之外的扣除。

资料来源:《三部门关于将商业健康保险个人所得税试点政策推广到全国范围实施的通知》，中国政府网.

个人税收递延型商业养老保险在“老有所养”中凸显减税效应

个税递延养老险是指个人购买符合规定的商业养老保险的支出，允许在申报个人所得税时，按一定标准税前扣除，至领取商业养老金时再征收个人所得税的一种商业养老保险。自 2007 年起，上海保监局积极推动个税递延养老险试点，持续开展试点准备工作。2018 年 4 月 12 日，《关于开展个人税收递延型商业养老保险试点的通知》正式出台，要求自2018年5月1日起，在上海市、福建省（含厦门市）和苏州工业园区三个地区开展试点，为期一年。

资料来源：《个税递延养老险试点落地 上海开出全国第一单》，中国政府网

模块练习

一、单选题

1.（　　）这种筹资模式又称为横向平衡式，它是根据当期支出的需要组织收入，本期征收，本期使用。

A. 现收现付　　B. 基金积累

C. 部分基金积累

2. 中华人民共和国（　　）的用人单位和个人依法缴纳社会保险费。

A. 所有　　B. 管辖

C. 境内　　D. 成立

3. 职工应当按照国家规定的（　　）的比例缴纳社会保险费。

A. 单位平均工资　　B. 社会平均工资

C. 用工地最低工资　　D. 本人工资

4.（　　）称为纵向平衡式。是指对有关人员的健康状况和人口、工资、物价、利率等社会经济发展指标进行长期测算后，确定一个可以保证在相当长的时期内收支平衡的总平均费率，将被保险人应缴的保险费按一定的比例分摊到整个投保期。

A. 现收现付　　B. 基金积累

C. 部分基金积累　　D. 统账结合

5. 管理成本低、操作相对简单的社会保险基金筹集模式是（　　）。

A. 现收现付　　B. 预收预付

C. 完全积累　　D. 部分积累

二、判断题

1. 目前我国养老保险筹资模式是现收现付制。（　　）

2. 保持社会保险基金的收支平衡是社会保险基金筹集的原则之一。（　　）

3. 现收现付制下保险基金储蓄时间长，容易受到物价波动和通货膨胀的影响，基金保值的难度较大，易发生贬值。（　　）

4. 社会保险基金主要来源于被保险人、企业（雇主）和政府。（　　）

5. 实行薪酬比例制计算社会保险费一般是以职工的工资收入作为计算职工个人和企业缴纳社会保险费的基数，即按工资收入的一定百分比征收保险费。目前我国采用的就是薪酬比例制。（　　）

模块二
社会保险基金的投资

任务描述

《全国社会保障基金理事会基本养老保险基金受托运营年度报告(2017年度)》，报告显示，全国社会保障基金理事会受委托管理的基本养老保险基金2017年投资收益额为87.83亿元，投资收益率5.23%。其中：已实现收益额76.42亿元(已实现收益率4.55%)，交易类资产公允价值变动额11.41亿元。基本养老保险基金自2016年12月受托运营以来，累计投资收益额88.19亿元(其中：2016年投资收益额0.36亿元)。

问题：

1. 什么是社会保险基金?
2. 社会保险基金该如何投资?

任务一　认识社会保险基金

☞ 业务描述

我国养老保险制度建立以来的最大一次降费将于2019年5月1日启动，下调城镇职工基本养老保险单位缴费比例，各地可从20%降到16%，切实减轻企业社保缴费比例。此次基本养老保险单位缴费率降至16%，不仅是实施供给侧结构性改革以来降费幅度最大的一次，也是自1997年我国城镇职工养老保险制度建立以来最大幅度的一次降费。很多人开始担心缴费比例的下调是否会影响到社会保险基金的规模?

问题：

1. 什么是社会保险基金?
2. 社会保险基金的来源有哪些?

一、社会保险基金的概念

社会保险基金是国家实施各项社会保险计划的专用基金。它是为保障社会劳动者在丧失劳动能力或失业时的基本生活需要，采取在国家法律保证下，在法定范围内向被保险人个人及其所在单位征缴保险费和政府补贴的形式集中起来的、由专门机构掌管的、专款专用的经费。因此，社会保险基金是在社会经济生活中国家为实施各项社会保险计划而预先建立起来的，用以保障受保人在年老、疾病、伤残、生育、失业时需要的专款专用基金，如图 2－3 所示。社会保险基金问题是社会保险的核心问题。事实上，无论是社会保险的立法、管理还是运作，都是围绕社会保险基金进行的。

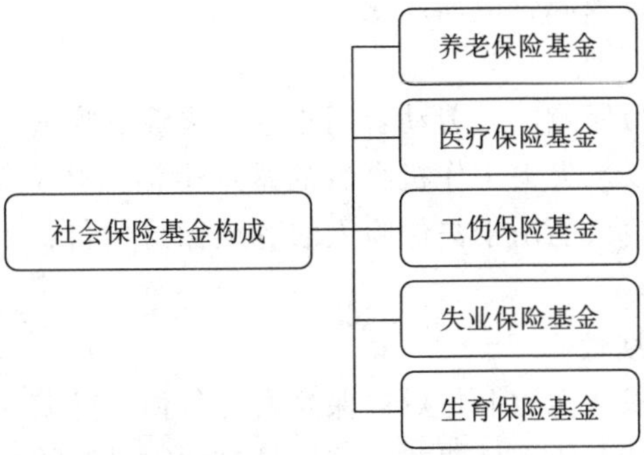

图 2－3　我国社会保险基金构成

我们可以从以下几个方面理解社会保险基金的概念：

（1）社会保险基金是依据法律和国家政策规定设立的。

（2）社会保险基金管理机构必须是某一政府部门或是政府特别授权的专门机构，任何个人或私营机构都不能也无权筹建社会保险基金。

（3）社会保险基金是专项资金、必须专款专用。

（4）社会保险基金是社会保险制度的物质基础。

相关知识

全国社会保障基金于 2000 年 8 月设立，是国家社会保障储备基金，由中央财政预算拨款、国有资本划转、基金投资收益和国务院批准的其他方式筹集的资金构成，专门用于人口老龄化高峰时期的养老保险等社会保障支出的补充、调剂，由全国社会保障基金理事会（简称社保基金会）负责管理运营。全国社会保障基金与地方政府管理的基本养老、基本医疗等社会保险基金是不同的基金，资金来源和运营管理不同，用途也存在区别。

二、社会保险基金的特点

社会保险基金因其自身的规定性，存在着区别于其他基金的许多特点，具体分析可归纳为以下几个方面：

1. 基金建立的强制性

社会保险基金是用立法的方式建立起来的，对于社会保险资金的来源渠道、筹集方式、费率水平以及管理办法等，各国政府一般都会通过相应的法律、法规予以规定，并强制执行。也就是说，政府是用法律的手段来经营社会保险事业，企业和劳动者个人必须依法按时、按规定的保险费率缴纳社会保险费，同时，劳动者个人能够依法按时、定额获得保险给付；基金管理机构对投资营运渠道，投资组合的方式等都必须依法执行。

2. 基金来源的广泛性

社会保险因险种的不同，其基金来源也不同。从各个国家的实际情况来看，除工伤保险完全由企业负担外，其他保险项目的基金，一般均由劳动者个人、用人单位及国家三方共同负担，大体上可分为个人、企业和国家共同负担，国家和企业分担，个人和企业分担这三种形式。在世界上实行社会保险的国家和地区中，有半数以上保险基金的来源上实行三方负担。除国家在财政上予以帮助外，就缴费的单位来说，有工业、交通运输业、服务业及各种事业单位等；就缴费的个人来说，包括从事社会劳动的各种职业各个阶层的劳动者，基金来源分散而广泛。

3. 基金使用的专项性

社会保险基金是为保障广大劳动者因年老、失业、疾病、生育、伤残等原因而暂时或永久丧失劳动能力以及失去工作机会时的基本生活而建立的有专门用途的专项基金。因此，它的本金和收益只能用于被保险人的各项保险给付，不能用来弥补财政赤字，也不能任意挪作他用。

4. 给付责任的长期性

积累起来的保险基金实质上是对被保险人的负债，随着保险事故的发生要逐渐地支付给被保险人，其给付责任是长期的。特别是有的险种其给付责任可能长达几十年的时间。如养老保险，其给付的时间从被保险人开始领取养老保险金直至其死亡为止。

5. 基金的增值性

被保险人领取的保险金，大大多于他所缴纳的社会保险费，其差额除了由企业缴纳和政府资助外，还需要通过社会保险基金投资营运的收益来补充。因为从劳动者开始投保到领取保险金给付，物价在不断上涨，如果基金不通过合理有效的方式进行营运，并获得收益，必然会发生贬值。因此，社会保险基金只有通过合理有效的方式投入营运才能实现保险金增值，才能达到社会保险的目的。

三、社会保险基金的来源

建立社会保险基金，首先要涉及基金来源渠道的问题。综观世界各国社会保险基金的来源渠道，主要包括社会保险费、政府资助或补贴、基金的投资运营收入。

1. 社会保险费

社会保险费是社会保险基金的主要资金来源，是构成社会保险基金的基石。在社会保险制度的初创时期，社会保险费多由被保险人与雇主缴纳，且雇主负担的比例往往又低于雇员，所以雇员的负担十分沉重，使得一部分低收入者因无力缴纳保险费而无法参加保险，没有达到社会保险的目的。但是，自从1935年美国建立社会保险制度，并且规定政府应对低收入者或因工作中断不能维持基本生活的劳动者给予保险以后，各国的社会保险政策都先后做了一些调整：雇主交纳保险费的比例提高，雇员的缴费比例下降，政府也负担一部分社会保险费及全部或部分行政事务费。在整个社会保险基金总额中，社会保险费所占比例最高。发达国家一般比较稳定，维持在全部社会保险基金的一半左右。发展中国家则是明显地逐步增加，特别是进入20世纪80年代以后，所占绝对比例已超过发达国家，不论被保险人本人还是企业都是如此。1985年，社会保险费已占社会保险基金的78.1%，可以说社会保险费正越来越成为发展中国家社会保险基金的主要资金来源。

2. 政府资助或补贴

世界各国采取的政府资助或补贴的形式不同，有些国家按一定比例直接出资投入，例如德国、日本等国；有些国家则采取在需要时由政府资助，以实现社会保险基金的收支平衡，例如美国。在这种情况下，政府担负着社会保险基金的最后责任。还有些国家除按照规定从财政预算中直接拨付社会保险金外，还为扩大社会保险基金的来源而设立特别捐税予以补助。此项新税的收入直接进入社会保险基金特别账户，由有关社会保险机构独立使用。各国现行征收的特别税一般包括财产税、超额所得税、出口税等，还有些国家从指定的专用税款或消费税（如燃油税、烟草税）中拨款。实行特别捐税补助的国家主要有加拿大、瑞士、挪威、法国、比利时、希腊、智利、芬兰等。

3. 基金的投资运营收入

实行完全积累制或部分积累制筹集社会保险基金的国家，当年的保险基金总额扣除当年保险给付后的余额可用来进行投资营运，其投资营运的收入也是社会保险基金来源的渠道之一。由于各国的重视和基金积累的增加，尤其是投资工具的多样化，基金的投资运营收入在社会保险基金总额中的比率还会有较大的增加。

除此之外，滞纳金和罚金收入也是社会保险基金的来源之一。

四、社会保险基金与商业保险基金的区别

（1）建立的依据不同。社会保险基金是依据国家法律强制征集而成的；商业保险基金则是在投保人自愿的基础上依据商业契约建立的。

（2）资金来源不同。社会保险基金来自劳动者个人及用人单位投保和国家资助；商业保险基金的形成则仅仅来自个人或单位的单独投保。

（3）理算原则不同。社会保险费用进行测算时，从考虑社会效果和公民利益出发，必要时要依靠国家财政资助；商业保险公司由于是营利性企业单位，其理算严格遵循大数法则，收支相抵后必须保证一定的利润。

（4）支付原则不同。社会保险基金的支付是为了实现法律赋予劳动者享受社会保险待遇的权利；商业保险基金对投保者支付仅仅为了履行经济合同。

任务二　认识社会保险基金投资

☞ 业务描述

金融危机以来，美国等发达国家大幅度降低了养老金投资股市的比重，转而提升了对实体经济、特别是以能源为主的基础设施建设的投资比重。目前国内养老金主要依靠银行存款、购买国债，基金面临着持续贬值缩水的风险。站在普通老百姓的角度，最担忧的莫过于基金投资失利。如何才能确保社会保险基金投资万无一失，投资重点应该着重于哪个领域，是否应该进入风险较高的股市？

问题：

社会保险基金应该如何保值增值呢？

社会保险通过筹资环节筹集到的社会保险基金，除当期支付外，还有相当部分的基金要进行延期支付（特别是养老保险所筹集的资金），这些延期支付的保险基金不可避免地会受到来自通货膨胀（通货膨胀率是按复利计算的）等因素影响而发生贬值，同时社会保险的支付水平却有不断上升的趋势，这就给延期支付的社会保险基金的保值增值带来了很大的压力，也给我们提出了一个很现实性的问题。社会保险基金有效投资可以抵御通货膨胀的影响，起到补充社会保险基金来源的作用，减轻企业（雇主）、劳动者个人、政府负担，能直接支持国家经济建设，提高社会保险在国民经济中的地位。

怎样才能使这部分社会保险基金实现保值增值？社会保险基金的投资运营问题就摆在了我们面前。

一、社会保险基金投资的概念与特点

社保基金投资运营，是指社保基金管理机构或其委托的投资机构，将暂时闲置、积累的部分社保基金直接或间接投入国家法律、政策许可的金融资产或实物资产，通过合理、充分投资运营社保基金获取有效收益，确保国家为举办社保事业筹集资金保值增值的一种投资行为。社会保险基金通过投资运营获取收益，反过来，这些收益又被充实到基金中去，从而使社会保险基金达到保值增值的目的。

社会保险基金投资虽与一般的投资行为一样，目的都是为了获取投资收益，实现资金的保值增值，但是，由于社会保险基金本身具有特殊性，基金投资又与一般投资行为有所区别，而呈现以下三个显著特点：

（一）国家对社会保险基金投资政策的特殊性

一般投资者，在遵守国家有关投资政策的前提下，对投资方向、投资结构、投资区域以及投资规模等，均有权自由选择和决定，以实现投资收益的最大化。社会保险基金进行投资则有所不同，对于投资的方向、结构、区域、规模等，往往由政府做出特殊的政策或法律规定，社会保险基金管理机构必须严格遵从。

（二）社会保险基金投资兼顾经济效益和社会效益，应以社会效益作为前提

一项投资，若损害公众利益，即使经济效益再好，社会保险基金也不予以选择。这就是说，只有能促进国民经济健康发展或与社会发展、人民利益密切相关的投资项目，社会保险基金才能选择投资，反之，就不能投资。

（三）社会保险基金投资收益免征所得税

这是由社会保险基金的性质决定的。社会保险基金投资是为了获取投资收益，但与一般投资收益的用途不同，它不直接用于分配，而是再返回到基金中去，以增强基金整体实力，减轻国家在社会保险方面的费用负担。因此，允许社会保险基金投资的国家，都规定对它的收益不征税。从一定意义上看，这也是国家对社会保险事业资助的一种形式。

二、社会保险基金投资原则

社会保险基金的运营及效果直接关系到社会保险制度能否正常运行，关系到社会保

险的政策目标能否得到实现。因而，世界各国对社会保险基金的营运，都持十分谨慎的态度，制定了严格的法律，并强调了投资营运应遵循的原则。一般来说，社会保险基金营运中应遵循的原则主要有：

（一）稳妥性原则

稳妥性原则是指社会保险基金投资的安全性、可靠性。这是社会保险基金投资营运的首要原则，对于社会保险基金择优投资，按时收回起到关键作用。所谓投资的安全性是指社会保险基金的投资对象是否处于安全状况，它可以通过投资对象的风险管理水平和经济实力得到具体反映。安全性又可分为名义安全和实际安全。名义安全是指原物归还，实际安全是指在遇到通货膨胀时保持投资资金及其产生收益的真实价值，即保值。所谓投资的可靠性，是指社会保险基金的投资对象对资金的运用是否能给予足够的保障，它可以通过投资对象的经营管理水平、经济效益以及转嫁风险等具体反映。为了保证社会保险基金投资的安全性和可靠性，许多国家对社会保险基金的运用在法律或政策上都给予了严格的限制，如禁止投机性的冒险投资等。

（二）收益性原则

社会保险基金兼有动态、静态双重特征。动态是指基金在筹集的同时又在发生费用支出；静态是指不论采取何种筹资模式，都有一部分资金暂时闲置作为后备基金。社会保险基金投资的收益性原则是指对处在静态下的暂时闲置的后备基金在符合安全性、可靠性原则的前提下投资尽可能取得最大的收益。收益性是由投资行为本身的性质决定的，社会保险基金投资是自身价值保值增值为目的的投资行为，因此，它必须遵循收益性原则。如果社会保险基金投资能够取得较大收益，不仅可使社会保险基金自身保值增值，而且可以为社会保险的支出提供可靠的资金来源，也有利于减轻国家、企业和个人的社会保险支出负担。

（三）流动性原则

社会保险基金投资的流动性是指投资资产转变为现金的难易程度和速度。对于具有专款专用和应急性特点的社会保险基金来说，投资的流动性显得尤为重要。如果投资的流动性较差，就很难保证随时支付现金的需要。因此，在社会保险基金中，应有一部分资金投资于短期投资产品（如储蓄），以保持基金的流动性。

（四）分散投资原则

社会保险基金的投资，要求稳妥与安全兼顾，可采取类别分散和区域分散两种分散投资的形式。类别分散是指采取储蓄存款、直接放款、不动产投资和国家公债券、企业股票及企业债券等多种运用方式有计划地分散投资；区域分散是指在市场上运用社会保险基金，不宜集中于某一地区，以免遭不测。总之，投资对象和投资金额切忌过分集中，以免意外风险给社会保险基金造成重大损失。分散投资原则使得社会保险基金由于投资的类别差以及由此形成的时间差、空间差而具有较好的流动性，能及时变现以应付急需，避免因资金周转困难而造成资金的恐慌。

(五) 社会效益原则

社会保险基金的投资除了要考虑投资的微观经济效益外，还应考虑社会和宏观经济效益。也就是说社会保险基金的投资，必须还要有利于社会的需要和宏观经济的发展。因此，应考虑将投资用于发挥社会或经济的最大效益的各项事业，例如交通及公用事业，以及其他直接或间接有利于被保险人的疾病防疫、卫生保健、经济状况及一般生活水平的提高等各项活动。此外，社会保险基金投资的社会效益原则还意味着投资要有利于社会保险事业的发展。

除上述原则外，社会保险基金投资还必须遵循合法性原则，即必须遵守国家有关资金运用的法规和政策，只有这样，才能得到法律的保障。

三、社会保险基金投资渠道

由于社会保险基金的投资营运不仅有助于基金本身的保值增值，而且有利于促进经济发展。因此，无论是发达国家、经济转轨国家，还是发展中国家都十分重视社会保险基金的投资。并且，基金的保值增值、投资效益的大小，除宏观经济环境和内外部投资环境外，在很大程度上取决于基金投资营运的结构和投资方向。一般而言，社会保险基金投资营运的渠道主要有以下几种类型。

(一) 政府公债

政府公债是社会保险基金投资最普遍的一个项目，尤其是众多工业化国家，社会保险基金几乎全部投资于政府债券。如美国社会保险基金几乎都用于购买政府长期国库券和短期公债；英国规定主要用于购买政府发行的公债；瑞典年金计划的基金全部投资于政府债券。拉美国家社会保险基金投资最为普遍的项目也是政府债券。因为公债利率通常低于商业银行的存款利率，如果政府予以适当干预，使公债利率高于同期通货膨胀水平和商业银行存款利率，可保证投资于政府债券的基金获得一定水平的投资收益。

(二) 金融资产

这里的金融资产是指社会保险基金投资于各类金融资产。如银行大额存单、政府担保性债券、公司债券、抵押债券、股票及不动产等，这些能够使其获得较高投资收益的投资对象。由于金融市场的发展完善和通货膨胀风险的日益突出，一些国家在严格投资规则和规定社会保险基金投资金融资产限额的前提下，允许投资于部分金融资产，以期获得较高的投资收益。一般对银行大额存单、银行存款的投资限额较宽、允许其占总额的40%左右；而对公司债券，抵押债券等投资限额规定较严，不得超过基金的10%，以保障基金投资总体水平的安全和较高的投资收益。

(三) 各类贷款

社会保险基金投资的另一类项目是各类贷款，包括住房贷款、个人贷款及工商业贷款等。住房贷款是社会保险基金的重要资产，与社会保险政策相结合，可以既体现投资效益，又能促进住房社会保障目标的实现。一些拉美国家允许保险基金以向个人提供贷款的方式进行投资。由于带有某种公益投资性质，因而收取较低的贷款利率，并限制贷款的具体用途。还有一些国家，如土耳其、埃及等，将社会保险基金用于对国有企业的投资信贷，支持国有企业发展，实现基金的保值增值。

（四）有形资产

社会保险基金也投资于有形资产，主要用于建设医院、其他医疗设施、公寓等。绝大多数国家的社会保险基金投资于有形资产的份额都比较低，只有个别拉美国家为抵御高通货膨胀风险对基金的不利影响，将社会保险基金的一半以上用于有形资产投资。例如，墨西哥社会保险基金的绝大部分投资于建造医院、公寓和重复修建的设施，所有项目均无投资收益可言。因此，墨西哥成为拉美国家社会保险基金投资效益最差的国家之一。需要指出的是，社会保险基金投资应在遵循投资原则的条件下，注意基金投向、投资数量、投资结构、投资组合的协调。社会保险基金通常投资于政府公债、金融资产、动产及不动产，但各类投资项目在风险性、收益性、流动性方面各有差异。投资政策的实施效果则较大程度地取决于如何合理、有效地处置各类投资项目。因此，应注意投资期限的合理搭配，优化投资结构，并采取适当优惠措施，促进和实现社会保险基金保值与增值的政策目标。

拓展阅读

2017 年全国社会保险基金基本情况

2017 年全国社会保险基金总收入 58 437.57 亿元，比上年增长 16.6%；总支出 48 652.99 亿元，比上年增长 11.6%；本年收支结余 9 784.58 亿元，年末滚存结余 75 348.58 亿元。分险种情况如下：

一、企业职工基本养老保险基金

本年收入 33 542.04 亿元，比上年增加 5 023.5 亿元，增长 17.6%，完成预算的 115.3%。其中：基本养老保险费收入 26 228.39 亿元，比上年增加 3 821.27 亿元，增长 17.1%，完成预算的 117.3%；财政补贴收入 4 955.13 亿元，比上年增加 664.26 亿元，增长 15.5%，完成预算的 95.2%。本年支出 28 566.73 亿元，比上年增加 2 785.04 亿元，增长 10.8%，完成预算的 100%。其中，基本养老金支出 27 484.66 亿元，比上年增加 2 655.52 亿元，增长 10.7%，完成预算的 99.9%。本年收支结余 4 975.31 亿元，年末滚存结余 41 574.33 亿元。

二、城乡居民基本养老保险基金

本年收入 3 339.3 亿元，比上年增加 383.09 亿元，增长 13%，完成预算的 107.6%。其中：基本养老保险费收入 829.62 亿元，比上年增加 92.12 亿元，增长 12.5%，完成预算的 118.6%；财政补贴收入 2 319.19 亿元，比上年增加 227.1 亿元，增长 10.9%，完成预算的 102%。本年支出 2 395.31 亿元，比上年增加 221.44 亿元，增长 10.2%，完成预算的 100.2%。其中，基本养老金支出2 308.02亿元，比上年增加202.88亿元，增长9.6%，完成预算的99.5%。本年收支结余943.99亿元，年末滚存结余6 341.91亿元。

三、职工基本医疗保险基金

本年收入12 134.65亿元，比上年增加2 052.51亿元，增长20.4%，完成预算的116.6%。其中：基本医疗保险费收入11 224.43亿元，比上年增加1 554.38亿元，增长16.1%，完成预算的112.6%。本年支出9 298.36亿元，比上年增加1 210.51亿元，增长15%，完成预算的103.2%。其中，基本医疗保险统筹基金支出5 660.34亿元，比上年增加731.06亿元，增长14.8%，完成预算的101.1%；基本医疗保险个人账户基金支出3 638.02亿元，比上年增加479.45亿元，增长15.2%，完成预算的106.5%。本年收支结余2 836.29亿元，年末滚存结余15 668.97亿元。

四、居民基本医疗保险基金

居民基本医疗保险基金包括合并实施的城乡居民基本医疗保险基金、城镇居民基本医疗保险基金和新型农村合作医疗基金。本年收入6 838.33亿元，比上年增加743.73亿元，增长12.2%，完成预算的101.2%。其中：缴费收入1 812.72亿元，比上年增加406.73亿元，增长28.9%，完成预算的107.4%；财政补贴收入4 918.68亿元，比上年增加307.12亿元，增长6.7%，完成预算的98.4%。本年支出6 121.16亿元，比上年增加649.13亿元，增长11.9%，完成预算的98.7%。其中，待遇支出6 094.91亿元，比上年增加939.17亿元，增长18.2%，完成预算的104.1%。本年收支结余717.17亿元，年末滚存结余4 065.7亿元。

五、工伤保险基金

本年收入831.77亿元，比上年增加115.75亿元，增长16.2%，完成预算的117%。其中：工伤保险费收入783.71亿元，比上年增加113.27亿元，增长16.9%，完成预算的117.9%。本年支出641.43亿元，比上年增加53.25亿元，增长9.1%，完成预算的99.9%。其中，工伤保险待遇支出634.96亿元，比上年增加53.04亿元，增长9.1%，完成预算的100.4%。本年收支结余190.34亿元，年末滚存结余1 590.56亿元。

六、失业保险基金

本年收入1 112.63亿元，比上年减少115.47亿元，下降9.4%，完成预算的97.1%。其中：失业保险费收入962.69亿元，比上年减少127.61亿元，下降11.7%，完成预算的95.8%。本年支出893.76亿元，比上年减少81.74亿元，下降8.4%，完成预算的86%。其中，失业保险金支出318.48亿元，比上年增加9.12亿元，增长2.9%，完成预算的86.1%。本年收支结余

218.87 亿元，年末滚存结余 5 552.37 亿元。

七、生育保险基金

本年收入 638.85 亿元，比上年增加 121.99 亿元，增长 23.6%，完成预算的 111.1%。其中：生育保险费收入 576.1 亿元，比上年增加 78.28 亿元，增长 15.7%，完成预算的 107.5%。本年支出 736.24 亿元，比上年增加 210.51 亿元，增长 40%，完成预算的 121%。其中，生育保险待遇支出 732.41 亿元，比上年增加 206.99 亿元，增长 39.4%，完成预算的 120.4%。本年收支缺口 97.39 亿元，年末滚存结余 554.74 亿元。

资料来源：《关于 2017 年全国社会保险基金决算的说明》中国政府网　http://www.gov.cn/

表 2-3　我国《全国社会保障基金投资管理暂行办法》规定的投资比例限制

投资工具和资产	上限（%）	下限（%）
银行存款和国债		50
证券、股票	40	
企业债、金融债	10	
在一家银行的存款不得高于社保基金银行存款总额	50	
单个投资管理人管理的社保基金资产投资于 1 家企业所发行的证券或单只证券投资基金，不得超过该企业所发行证券或该基金份额	5	
按成本计算，不得超过其管理的社保基金资产总值	10	
委托单个社保基金投资管理人进行管理的资产，不得超过年度社保基金委托资产总值	20	

相关链接

《中华人民共和国社会保险法》第六十九条规定：“社会保险基金在保证安全的前提下，按照国务院规定投资运营实现保值增值。社会保险基金不得违规投资运营，不得用于平衡其他政府预算，不得用于兴建、改建办公场所和支付人员经费、运行费用、管理费用，或者违反法律、行政法规规定挪作其他用途。”

模块练习

一、单选题

1. 以下不属于社会保险基金特点的是（　　）。

A. 自愿性　　B. 广泛性

C. 专项性　　D. 增值性

2. 社会保险基金投资遵循的首要原则是（　　）。

A. 稳妥性　　B. 流动性

C. 收益性　　D. 分散投资

3. 社会保险基金不能投放到以下哪些渠道（　　）。

A. 股票　　B. 债券

C. 不动产　　D. 赌场

4. 社会保险基金管理目标中最基本也是最重要的是（　　）。

A. 实现基金流动　　B. 满足给付需要

C. 保证基金安全　　D. 防止支付危机

5. （　　）是国家实施各项社会保险计划的专用基金。它是为保障社会劳动者在丧失劳动能力或失业时的基本生活需要，采取在国家法律保证下，在法定范围内向被保险人个人及其所在单位征缴保险费和政府补贴的形式集中起来的、由专门机构掌管的、专款专用的经费。

A. 社会保障基金　　B. 社会保险基金

C. 商业保险基金　　D. 社会统筹基金

二、判断题

1. 社会保险基金专款专用，任何组织和个人不得侵占或者挪用。（　　）

2. 社会保险基金首要目标是增值。（　　）

3. 在我国，财政拨款是社会保险基金的主要财源。（　　）

4. 社会保险基金不得违规投资运营，不得用于平衡其他政府预算，不得用于兴建、改建办公场所和支付人员经费、运行费用、管理费用，或者违反法律、行政法规规定挪作其他用途。（　　）

5. 社会保险基金通过再投资实现收支平衡。（　　）

模块三 社会保险的给付环节

任务描述

《我国社会保险事业改革发展成就举世瞩目》一文显示，在养老保险方面，经过连续调整，全国企业退休人员月人均基本养老金从2012年的1 686元提高到2016年的2 362元。2016年底城乡居民月人均养老金达到117元，其中月人均基础养老金达到105元。

在医疗保险方面，2016年职工医疗保险和居民医疗保险基金最高支付限额分别为当地职工年平均工资和当地居民年人均可支配收入的 6 倍，政策范围内住院费用基金支付比例分别达到 80% 和 70% 左右。

在失业保险方面，全国月平均失业保险金水平由 2012 年的 686 元提高到 2016 年的 1 051 元，增长 365 元，年均增长 11.3%。

在工伤保险方面，2016 年因工死亡职工的一次性工亡补助金标准达到 62.4 万元，比 2012 年（43.6 万元）提高了 18.8 万元，年均增长 9.4%。

在生育保险方面，2016 年生育保险生育待遇水平达到 15 385 元，比 2012 年（11 287 元）增加了 4 098 元，年均增长 8.1%。

问题：

1. 社会保险给付遵循什么原则?
2. 社会保险的给付需要考虑什么因素?

任务一　认识社会保险给付

☞ 业务描述

要实现养老保险的“老有所养”，医疗保险的“病有所医”，工伤保险的“伤有所保”，生育保险的“育有所补”，失业保险的“失有所助”，都离不开社会保险的给付环节。

问题：

什么是社会保险给付?

一、社会保险给付的概念

社会保险给付是指劳动危险事故发生并造成经济收入损失时，由社会保险机构按照法定资格条件与给付标准，支付给被保险人或其受益人的保险金或为其提供的保险服务。社会保险金是和社会保险费相对应的概念。社会保险金是指劳动危险事故发生并造成经济损失时，由社会保险机构依据有关规定付给被保险人或其受益人、法定继承人的款项。它是社会保险待遇的主要给付形式。

二、社会保险给付的原则

1. 统筹范围内支付的原则

统筹范围内支付应把握两点：一是基金必须是支付给统筹范围内所有参加社会保险的保险对象；二是基金的支付必须在统筹地区范围内，不得跨统筹范围支付。

2. 专款专用的原则

社会保险基金是用于保障社会保险对象的社会保险待遇。按照国家法律、法规的有关规定而筹集的专项资金，除了这种特定用途外，任何地区、部门、单位和个人均不得挤占挪用，将社会保险基金用于其他任何方面开支都是对保险对象合法利益的侵占，都是违法行为。

3. 统一性的原则

社会保险基金的支出要严格按照国家政策规定的项目和标准开支，维护国家的整体利益，保持各项政策执行的统一性，任何地区、部门、个人不得以任何借口擅自增加支出项目，提高开支标准。

4. 适度性的原则

社会保险基金的支付既要维持合理的支付水平，满足保险对象最基本的生活和医疗需要，又不能超越生产力发展水平及各方面的承受能力，盲目扩大支付规模，提高待遇水平。

三、社会保险给付的项目

1. 养老保险给付结构

养老保险给付结构是通过特定机制为老年劳动者提供基本退休收入的给付项目，是社会保险最重要的给付项目。养老保险给付结构包括劳动者退休养老金，遗嘱养老金以及机关补贴等形式。除一些基本制度外，还有许多补充制度。

2. 医疗生育保险给付结构

医疗保险给付结构是通过特定机制在劳动者遭遇疾病风险时为其提供医疗服务和现金补贴等给付项目。医疗保险支付方式按支付对象分类可分为直接付费和间接付费，直接付费，即医疗保险机构将费用支付给医疗服务提供者。间接付费，即被保险人现象医疗服务提供者付费，医疗保险机构再将费用支付给被保险人。医疗保险支付方式按支付时间分类可分为后付制和预付制。

3. 失业保险给付结构

失业保险给付结构是通过特定机制在劳动者失业时为其提供基本生活保障的给付项目。失业保险给付结构是一种短期性的给付项目，以现金给付为主，也包括形式多样的职业培训等服务性给付。

4. 工伤保险给付结构

工伤保险给付结构是通过特定机制为遭遇工伤事故和职业伤害的劳动者提供以现金形式为主，包括各类医疗、康复服务的给付结构。

拓展阅读

社会保险的给付模式

社会保险的给付模式可以分为待遇确定制（Defined benefit，以下简称DB）和缴费确定制（Defined contribution，以下简称DC）。

1. 待遇确定制

待遇确定制也称待遇预定制，是指根据被保险人缴费时间的长短、给付前的工资水平等，事前规定给付的计算公式，当被保险人符合给付条件时，按照预先规定的给付公式计算给付水平并予以给付，即通常所称的“以支定收”。在待遇确定制社会保险制度中，受益人的社会保险金待遇水平取决于参保年限、缴费基数、退休前工资水平、社会平均工资等因素。

2. 缴费确定制

缴费确定制也称缴费预定制，是指首先确定缴费水平，被保险人按照这个缴费水平缴纳保费，当被保险人符合给付条件时，按照缴纳保险费的积累数额（包括投资收益）给付。通常被表述为“以收定支”。在缴费确定制社会保险制度中，参保人员得到的社会保险金待遇取决于他们个人账户上的基金积累水平。

待遇确定制和缴费确定制两者的一般比较见表2-4。

表2-4　DB制与DC制的一般比较

	DB制	DC制
财务平衡	年度以支定收/略有结余	生命周期内收入再分配
给付基础	退休前工资收入	缴费与投资收益累积值
指数化机制	工资指数化/物价指数	通货膨胀风险一般自担
机制透明度	较低、激励机制较差	较高，激励机制较好
适用性	多为现收现付制	多为基金积累制
营运成本	一般认为较低	大多认为较高
养老金水平	给付水平较高	投资收益较高
政府责任	全面责任	终极责任

任务二　认识社会保险给付的标准形式

☞ 业务描述

北京人社部门发布2018年六项社会保障待遇标准集中调整方案，包括企业退休人员养老金、城乡居民基础养老金和福利养老金、失业保险金、工伤保险定期待遇与企业最低工资标准。其中最受关注的企业退休人员养老金今年继续按照定额调整、挂钩调整与适当倾斜相结合的办法进行调整，特别是针对退休时间早、连续工龄和缴费年限长的退休人员，进一步加大倾斜力度，使他们更多地享受社会发展成果。调整后的企业退休人员养老金平均水平将提高到每月近4 000元，同比上年人均增长210元左右。

问题：

1. 社会保险给付的方式、对象、标准有何具体规定？
2. 社会保险给付机构受到哪些因素影响？

一、社会保险给付的标准形式

1. 社会保险给付方式

社会保险金的给付，从周期上看有定期给付和一次性给付两种。一般长期性保障都是采取定期给付方式，如养老保险和残废金等。短期性保障则多采用一次给付方式，如短期病假生活补贴、生育补贴、死亡丧葬费等。定期给付一般每周或每月一次，给付额相等。

2. 社会保险给付对象

社会保险给付对象可以是劳动者本人，也可以是其法定的供养直系亲属或继承人。一般情况下保险金的给付对象都是劳动者本人，在特殊情况下或个别项目上，如丧葬补助费、抚恤金、家属半费医疗等，给付对象是受益人或继承人。

3. 给付标准

从给付标准上看，有工资比例制和均一制两种。工资比例制又称工资相关制，其保险金给付标准是以被保险人在停止工作前某一时期上的平均工资收入或某一时点上的绝对工资收入为基数，根据被保险人的资格条件的不同，乘以一定的百分比而确定的。其中的工资基数，又分为工资总收入和标准工资收入两种；计发保险金的百分比又有固定、累退和累进三种方式。此外，对于保险金给付的工资基数，一些国家还规定有最高和最低的界限，超过最高界限者不作为计发基数，低于最低界限者则给予保证性的给付。

均一制（又称绝对金额制）的社会保险金给付标准与工资比例制不同之处，在于它不以被保险人停止工作前的工资收入为计算基数，而是规定某些统一的资格条件，如缴纳保险费的期限和数量（所有成员同一绝对额标准，不与工资挂钩）、就业年限（或工龄）以及其他收入的水平等。凡符合规定条件者，可按同一的绝对额标准付给社会保险金。均一制的典型例子是英国国民保险制度中基本养老保险金的给付。此外，在实行个人账户的项目上，保险金给付是按账户内储存额的若干统一确定标准，定期按绝对额给付的，如新加坡的“公积金”式养老金。

工资比例制和均一制两种保险金的给付标准，在多数国家是同时存在的，不同性质的保险项目采用不同的方式，甚至同一项目上也可分别采用两者，借以取长补短，满足不同方面的保障需求。

我国的现行社会保险金给付也是工资比例制和均一制共存，以工资比例制为主。除医疗社会保险中的医药费用、家属半费医疗，生育社会保险中的生育补助费和机关、事业单位职工死亡丧葬费等少数项目实行均一制的给付外，其余退休、疾病、工伤、残废、待业、生育产假和死亡抚恤等多数项目都采用工资比例制。保险金的计算基数，多数项目是以停止工作前一定期间个人工资收入为依据。此外，企业职工的退休养老保险，目前正在试行以社会统筹和个人账户相结合的结构式计发办法。至于计发保险金的百分比，则有固定和累进两种形式，累进计算时主要是以被保险人的工龄或缴费年限长短为依据划分档次，工资基数有规定上限。退休养老保险还规定有最低保证给付额。

4. 被保险人资格条件的确定

（1）年龄。凡保险金发放对象是对一定年龄阶段对象的，均须符合法定的年龄方可领受社会保险金，适用于退休养老、遗属抚恤及家庭津贴等项目。例如，世界各国的退休社会保险都有明确的法定退休年龄规定。最低者 50 岁，最高者 70 岁。再如，遗属抚恤金的给付，对被保险人的子女一般都有最高年龄界限，超龄者不再给付。

（2）性别。主要是根据被保险人的生理特点不同而规定不同的给付条件，以示充分的保障。多见于退休年龄和生育保险金的给付方面。多数国家在退休年龄上都是男女有别，男性高于女性。生育保险金应由女性劳动者或受益人为给付对象。

（3）保险金受益人的身份。主要指被保险人所在部门或职业性质上的不同，以及保险待遇的受益人与被保险人之间的关系等。由于各项社会保险都有实施目标和范围的规定，对于不同身份的劳动者及其亲属，有不同的待遇标准。例如，国家公务员、邮电、铁路等行业，社会保险制度对保险金受益人身份均有明确的条件规定。再如，各国的遗属抚恤保险金给付，对于供养直系亲属的与被保险人间血缘及经济关系也都作出了比较严格的规定。需要说明的是，身份条件并不是一个具有特定含义的概念，它是根据各国的具体国情和各保险项目的具体目标不同而灵活变化的。

（4）工龄与就业年限。这是多数社会保险项目都要求的重要资格条件，标志着劳动者向社会保险基金或为社会所做贡献的大小。所以，其与所得保险金给付额成正比关系，一般多见于退休社会保险，工龄一般都是累积计算的。一些国家对于就业年限还具体规定每年应就业的天数。

（5）投保年限和缴纳保险费的数额。在实行个人缴费制或个人账户制的社会保险项目上，一般都规定一定的投保年限和按期、足额缴纳保险费的资格条件，并以此决定保险金给付的条件和数额。这种条件在西方国家的退休养老保险中比较多见。例如，意大利的社会保险制度规定被保险人在达到法定退休年龄时，必须按期、足额缴纳保费满 15 年，才能领取退休保险金。但对于已缴足保险费达 35 年或以上者，不论其是否退休均可取得全额退休金给付的资格条件。

（6）居住年限。在少数实行普遍社会保险制度的国家，是以在本国居住年限来确定被保险人是否具有领取保险金的资格条件。例如，新西兰规定，被保险人应是达到法定退休年龄之前的 20 年中居住在本国境内者，才有资格领取养老保险金。

（7）供养亲属的人数。主要是考虑被保险人丧失劳动能力后，其供养亲属的实际生活保障需要，一般是供养亲属的人数越多，保险金给付标准越高。

（8）工资以外的其他收入状况。一些国家为确保社会保险金的给付对象为真正无收入或极少收入、生活费确无其他来源的公民，除此之外，规定要求对保险金申领人进行收入调查，只有保险金申领人的其他收入低于规定界限，方可取得领取保险金的资格条件。

二、社会保险给付结构的制约因素

社会保险给付方式、种类及其给付水平是社会保险运行机制的核心内容之一，它受多种因素的制约。

1. 经济发展水平的制约

经济发展水平及其所能够提供的社会资源和产品是制约社会保险给付结构的关键因素之一。较好的经济发展状况，无疑是实现近期及远期社会保险给付承诺、实现社会保险目标的重要经济基础。经济发展水平，决定着人们的收入水平和与之相适应的社会保险给付水平。如果经济发展处于低谷，加之失业和通货膨胀现象的存在，必然会给社会保险给付结构的实现程度带来相当严重的影响，甚至会引发社会保险制度的危机。因而，强调适应于经济发展水平，对社会保险计划的长期稳定运行至关重要。

2. 社会保险目标的制约

社会保险给付结构直接受制于社会保险目标。作为国家社会政策的重要组成部分，社会保险给付结构必然要反映和体现公平和效率的协调。在不同的时期、不同的经济发展背景下，公平与效率往往存在差异。或强调效率优先，兼顾公平；或强调公平，兼顾效率。从一般意义上说，社会保险给付结构既是社会稳定机制，也是协调两者关系的一种反映。不论是强调效率的纳费型计划，或是强调公平的给付型计划，都不同程度地受到社会保险目标的制约。社会保险的给付结构愈来愈呈现出力求协调公平与效率的发展趋势。社会统筹与个人账户相结合的给付结构，虽然结合的方式各异，但却是这一趋势的具体表现。

3. 收入替代水平的制约

从运行机制和技术机制的角度分析，影响社会保险给付结构的重要因素是收入替代水平的确定。劳动者一定时期内的收入水平是计算社会保险给付水平的重要基础，但社会保险给付究竟应占劳动者收入的多少比例才能更好地实现社会保险目标，则取决于收入替代率的确定。收入替代率是指社会保险给付金额占劳动者收入的比例。它不仅反映社会保险待遇在何种程度上反映社会保险目标，而且还是影响社会保险给付总水平、制约社会保险财务机制和精算平衡的重要因素。因为收入替代率的高低以及在此基础上形成的社会保险给付水平会直接或间接地影响到国家、企业及个人负担的社会保险费用，过高的收入替代率势必增大各方纳费比例并影响计划的长期精算平衡。同时，其他经济保障形式如企业补充保险、商业保险发展的程度也会通过收入替代率的高低直接影响社会保险的给付结构。

4. 指数调节机制的制约

制约社会保险给付结构的另一个重要因素是适应动态经济变化，尤其是为处置通货膨胀风险而建立的保险金指数调节机制。即通过建立保险金与工资收入或物价挂钩的自动指数调节机制，以防止未来的社会保险金（主要是养老金）的实际购买力因物价和工资水平的大幅度变化而受影响，以保障劳动者的经济利益。但指数调节幅度及调节时间会对给付结构产生程度不同的影响。

5. 制度因素的制约

社会保险给付结构除受运行机制的影响外，在很大程度上还受社会经济、文化、心理等制度因素的影响。在欧美国家的社会保险模式中，给付结构、给付水平也会因经济、社会、文化传统等因素的影响呈现出一定的差异。如美国与德国的养老保险给付结构就存在较大差异，北欧国家及澳大利亚则形成差异更大的普遍均一的最低保险金给付体系。不同社会结构和文化背景的国家，社会保险给付结构的形成和发展应该说是更具特色。如东南亚各国的社会保险给付结构在技术机制的外观下呈现出浓厚的东方特色，强制储蓄、待遇与纳费的纵向密切关系，既强调了物质、经济层面的保障，也有极强的精神保障需求。在更深层次表现出福利文化的影响力，这是分析不同社会结构、制度条件下社会保险给付结构应予以重视的一个新课题。此外，社会心理定势也对保险金给付结构产生了很大的影响，福利刚性原则成为制约社会保险给付水平易上不易下的重要因素。

模块练习

一、单选题

1. （　　）是指劳动危险事故发生并造成经济收入损失时，由社会保险机构按照法定资格条件与给付标准，支付给被保险人或其受益人的保险金或为其提供的保险服务。

A. 社会保险筹资　　B. 社会保险投资

C. 社会保险给付　　D. 社会保险运行

2. 社会保险给付原则，以下说法错误的是（　　）。

A. 统筹范围内支付的原则　　B. 混合使用原则

C. 统一性的原则　　D. 适度性的原则

3. 短期性保障则多采用（　　），如短期病假生活补贴、生育补贴、死亡丧葬费等。

A. 一次性给付方式　　B. 长期性给付

C. 定期给付　　D. 不定期给付

4. 不属于社会保险给付对象的是（　　）。

A. 劳动者本人　　B. 法定的供养直系亲属

C. 继承人　　D. 企业

5. 社会保险给付结构的制约因素，不包括（　　）。

A. 经济发展水平的制约　　B. 社会保险目标的制约

C. 收入替代水平的制约　　D. 劳动者收入

二、判断题

1. 社会保险的运行包括三个环节：社会保险的筹资、投资、给付环节。（　　）

2. 社会保险费是指劳动危险事故发生并造成经济损失时，出社会保险机构依据有关规定付给被保险人或其受益人、法定继承人的款项。（　　）

3. 社会保险金是社会保险待遇的主要给付形式。（　　）

4. 社会保险金的给付，从周期上看有定期给付和一次性给付两种。（　　）

5. 一般长期性保障都是采取定期给付方式，如养老保险和残废金等。（　　）

拓展阅读

珠海市社会保险反欺诈办法（节选）

第十条　养老保险支付环节有下列行为之一的，属于欺诈：

（一）伪造或者变造年龄、工龄、特殊工种资料、就医资料等，提前领取养老保险待遇或者增加视同缴费年限的。

（二）伪造、变造档案，出具虚假材料，谎报、隐瞒个人及单位信息或者冒用他人身份等，领取养老保险待遇或者导致基金支出的。

（三）隐瞒死亡或者服刑等丧失待遇资格，并领取养老保险待遇的。

第十一条　医疗、生育保险支付环节有下列行为之一的，属于欺诈：

（一）将身份证明、社会保障卡转借他人就医，使用统筹基金结算的。

（二）伪造、冒用他人身份证明或者社会保障卡就医，使用统筹基金结算的。

（三）隐瞒、编造病史，伪造、变造就医资料、票据，或者使用虚假就医资料、票据等，享受医疗、生育保险待遇或者导致基金支出的。

第十二条　工伤保险支付环节有下列行为之一的，属于欺诈：

（一）谎报工伤事故发生人员、时间、地点、经过、原因，伪造或者变造证明材料，影响工伤认定或者劳动能力鉴定的。

（二）隐瞒、编造病史或者伪造、变造就医资料、票据等，虚构工伤保险待遇和费用支出条件，享受工伤保险待遇或者导致基金支出的。

（三）隐瞒丧失享受工伤保险待遇条件，享受工伤保险待遇或者导致基金支出的。

（四）冒用工伤人员身份就医、配置辅助器具的。

第十三条　失业保险支付环节有下列行为之一的，属于欺诈：

（一）伪造或者变造相关证明材料，享受失业保险待遇或者导致基金支出的。

（二）隐瞒丧失享受失业保险待遇条件，享受失业保险待遇或者导致基金支出的。

资料来源：珠海审计

项目小结

社会保险的运行包括三个环节：社会保险的筹资环节、社会保险基金的投资环节、社会保险的给付环节。保持社会保险基金的收支平衡是社会保险基金筹集的原则之一。为了保持这种收支平衡关系，国际上形成了三种不同的筹集模式，即现收现付式、完全积累式和部分积累式。社会保险费是在社会保险基金的筹集过程中，企业雇员和雇主按照规定的数额和期限向社会保险管理机构缴纳的费用，是社会保险的保险人（国家）为了承担法定的社会保险责任，而向被保险人（企业雇员和雇主）收缴的费用。社会保险费是社会保险基金的主要财源。

社会保险基金是国家实施各项社会保险计划的专用基金。它是为了保障社会劳动者在丧失劳动能力或失业时的基本生活需要，采取在国家法律保证下，在法定范围内向被保险人个人及其所在单位征缴保险费和政府补贴的形式集中起来的、由专门机构掌管的、专款专用的经费。社保基金投资运营，是指社保基金管理机构或其委托的投资机构，将暂时闲置、积累的部分社保基金直接或间接投入国家法律、政策许可的金融资产或实物资产，通过合理、充分投资运营社保基金获取有效收益，确保国家为举办社保事业筹集资金保值增值的一种投资行为。社会保险基金通过投资运营获取收益，反过来，这些收益又被充实到基金中去，从而使社会保险基金达到保值增值的目的。

社会保险给付是指被保险人因劳动危险事故发生并造成经济收入损失时，由社会保险机构按照法定资格条件与给付标准，支付给被保险人或其受益人的保险金或为其提供的保险服务。社会保险金的给付，从周期角度划分，可分为定期给付和一次性给付两种。社会保险给付对象可以是劳动者本人，也可以是其法定的供养直系亲属或继承人。从给付标准上看，有工资比例制和均一制两种。被保险人满足一定资格条件才能享受社会保险待遇。

问题讨论

1. 社会保障税也称“社会保险税”，主要是指以企业的工资支付额为课征对象，由雇员和雇主分别缴纳，税款主要用于各种社会福利开支的一种目的税。在税率方面，一般实行比例税率，雇主和雇员各负担50%。不同国家使用不同的税率，国际上已经有132个国家与地区开征了社会保障税，这间接说明社会保障税是一项有效并且日趋完善与成熟的社会保障筹资手段。

问题：

我国是否应该开征社会保险税？

2. 请查找相关资料，了解2007年上海社保基金案，上海社保基金案是上海市劳动和社会保障局局长祝均一违规挪用、侵占社会保障基金经济案件，涉案金额达百亿人民币。

问题：

从这个案件中暴露出什么问题，你得到了什么启示？

3. 浙江诸暨75岁的邹某患高血压病30多年，长期吃药降压，因自己参加的医保报销比例低，遂让女儿周某冒用自己80岁丈夫老周的社保卡到医院配药，自2011年2月至2015年7月，合计报销药费11 376.64元。诸暨市法院以诈骗罪对邹某和周某均判处拘役3个月，缓刑5个月，并处罚金2 000元。

问题：

以上现象反映出我国社会保险给付环节存在何种问题？如何避免这种现象？

推荐阅读

1. 网络搜索并仔细阅读《全国社会保障基金投资管理暂行办法》(财政部、劳动和社会保障部令,第12号)

2. 网络搜索并仔细阅读《基本养老保险基金投资管理办法》

3. 网络搜索并仔细阅读《2018年度人力资源和社会保障事业发展统计公报》

4. 登录 http://www.ssf.gov.cn/了解全国社会保障基金理事会

5. 郑秉文,税务部门征费的冲击及其连锁改革的政策分析(之一),证券时报,2018年9月20日

习题与实训

一、分析题

1. 李玫,大学毕业后进入一家外资企业工作。入职时与企业口头约定试用期为3个月,试用期满考核合格后,企业同李玫签订劳动合同,并规定可以享受企业为员工提供的各种福利和奖金。然而,试用期过后李玫却发现,企业并未为其缴纳试用期间的养老保险费,其要求企业为其补缴养老保险费。然而,企业却以李玫在试用期期间不是企业正式员工为由,拒绝了她的要求。

问题:

李玫在试用期内是否需要参保?保险费应该由谁来承担?

2. 常琳是某企业的一名普通职员。2018年元月起,她发现自己本应得到的工资,被公司以种种额外福利的名义分批发放,由于工资总额未变,常琳虽感到莫名其妙,但并未过多深究。2019年2月,常琳得知企业为自己缴纳的社会保险费减少,才明白事情的真相。原来,按照有关规定,用人单位为职工缴纳社会保险费的基数是按照本人月平均工资收入来确定的,公司以额外福利形式代替工资收入,无疑降低了企业缴纳社会保险费的基数。

问题:

本案例反映了我国在社会保险筹资过程中存在的哪些问题?

二、计算题

张先生的缴费基数7 000元,当地社会平均工资为5 000元。养老保险单位缴费比例16%,医疗保险单位缴费比例8%,工伤保险单位缴费比例1%,失业保险单位缴费比例2%,生育保险单位缴费比例0.8%,养老保险个人缴费比例8%,医疗保险个人缴费比例2%,失业保险个人缴费比例1%。

请问:企业每月为其缴纳了多少社会保险费?个人每月需要交纳多少社会保险费?

3 项目三 基本养老保险

学习目标

知识学习目标：

□　了解我国多层次养老保险体系

□　掌握城镇职工养老保险覆盖范围、资金筹集、领取条件、养老金给付、个人账户管理

□　理解城乡居民养老保险制度

□　了解企业补充养老保险基本内容

技能训练目标：

□　能计算基本养老保险费

□　能计算基本养老保险金

□　能处理个人账户业务

工作任务

1. 认识我国多层次养老保险体系，了解世界养老保险模式。

2. 掌握我国城镇职工养老保险制度基本框架，明确养老保险覆盖范围、掌握基本养老保险费计征方法、基本养老保险账户管理、待遇计发。

3. 认识新型农村养老保险制度、城镇居民养老保险制度、公务员养老保险制度。

4. 了解企业补充养老保险的基本内容。

导入案例

谁来养活中国

根据中国老年科学研究中心统计，截至2017年底，我国60周岁及以上人口2.4亿人，占总人口的17.3%，65周岁及以上人口1.58亿人，占总人口的11.4%。有关专家预测，到2050年，中国老龄人口将达到总人口的三分之一。欧洲用了80年的时间完成类似的过程，在中国，这一时间却缩短至20~30年。中国正迈入老龄化社会，生育率低、人口结构老化、社会保险制度滞后已成未来发展的重大隐患。中国的养老保险体系应如何应对?

资料来源：新华网

模块一
初识养老保险

任务描述

我国进入老龄化社会以来，呈现出增速快、规模大，同时还伴随着“少子”高龄化、空巢化、家庭结构小型化和家庭保障功能快速弱化的特点，再加上我国未富先老的国情和家庭小型化的结构叠加在一起，养老问题异常严峻。如何建立一套让老年人在退休之后“老有所养，生活富足”的社会保险体制是每一个老龄化国家都要面对的棘手问题。

问题：

1. 什么是养老保险，其有何特点?
2. 我国该如何利用多层次养老保险体系应对人口老龄化?

任务一　认识养老保险

☞ 业务描述

时间未必造就伟人，但一定造就老人，年老是每一人无法回避的风险，年老带来收入的减少，同时现代社会家庭养老功能削弱，养老保险是一种规避年老风险的有效手段。

一、养老保险的概念

养老保险，又称老年保险或年金保险，是指劳动者在达到国家规定的解除劳动义务的劳动年龄界限或因年老丧失劳动能力的情况下，能够依法获得经济收入、物质帮助和生活服务的社会保险制度。养老保险是社会保险五大险种中最重要的险种之一，也是整个社会保障制度中最基本的内容。同时是世界各国较普遍实行的一种社会保险制度。养老保险的基本内容包括制度覆盖范围、制度模式、享受条件、待遇标准、基金筹集、管理体制等。

养老保险的概念包括以下三层含义：

（1）养老保险是在法定范围内的老年人退出生产或工作岗位后发生作用的。

（2）养老保险的目的是为老年人提供保障其基本生活需求和稳定可靠的生活来源。

（3）养老保险是以社会保险为手段来达到保障的目的。

二、养老保险的主要特征

养老保险是社会保险体系的重要组成部分，除具备社会保险强制性、互济性和普遍性等共同特征外，还具有以下主要特征：

1. 参加保险与享受待遇的一致性

其他社会保险项目的参加者不一定都能享受相应的待遇，而养老保险待遇的享受人群是最确定、最普遍、最完整的。因为人人都会步入老年，都需要养老。参加养老保险的特定人群一旦进入老年，都可以享受养老保险待遇。

2. 保障水平的适度性

养老保险的基本功能是保障劳动者在年老时的基本生活，这就决定其保障水平要适度，既不能过低，也不能过高。一般来说，养老保险的整体水平要高于贫困救济线和失业保险金的水平，低于社会平均工资和个人在职时的收入水平。

3. 享受期限的长期性

参保人员一旦达到享受待遇的条件或取得享受待遇的资格，就可以长期享受待遇直至死亡。其待遇水平基本稳定，且逐步提高，不会下降。

4. 保障方式多层次

广义的养老保险既包括国家法定的基本养老保险，还包括用人单位建立的补充养老保险（企业年金、个人自愿参加的储蓄性养老保险等）。建立和完善多层次的养老保险体系，已成为一种国际趋势。

5. 与家庭养老相联系

养老保险的产生和发展，逐步取代了传统家庭养老的部分，大部分功能。养老保障程度低时，家庭养老的作用更大一些；反之就相应减弱。但养老保险并不能完全替代家庭责任。几乎所有国家的宪法或法律都规定了公民有赡养老人的义务。因此，养老保险与家庭养老是相互联系、相得益彰的统一体。

6. 费用开支的大额性

社会养老保险享受对象的普遍性和享受待遇的长期性决定了其费用开支在整个社会保险中最大。

养老保险的上述特点使其成为社会保险中最受社会关注、最重要的一种保险项目。因此，也有人认为养老保险是衡量一个国家社会保险制度完备程度的标志。养老保险制度是社会保险制度的最为重要的组成部分，它的支出最多，影响最大，计划性强，养老保险基金的筹集与支付要进行周密的预测、计算、分析，并不断进行必要的调整。它是最复杂的一项社会保险制度。

三、养老保险的基本原则

1. 保障基本生活

基本养老保险的目的是对劳动者退出劳动领域的基本生活予以保障。这一原则更多地强调社会公平，有利于低收入阶层。一般而言，低收入人群基本养老金替代率（指养老金相当于在职时工资收入的比例）较高，而高收入人群的替代率则相对较低。

2. 公平和效率相结合

养老保险待遇水平既要体现社会公平，又要体现个体之间的差别，在维护社会公平的同时，强调养老保险对于促进效率的作用。

3. 权利与义务相对应

养老保险要求参保人员只有履行规定义务，才能享受规定的养老保险待遇。义务主要包括：依法参加基本养老保险；依法缴纳基本养老保险并达到规定的最低缴费年限。权利即基本养老保险待遇以养老保险缴费为条件，并与缴费的时间长短和数额多少直接相关。

4. 管理服务社会化

按照政事分开的原则，政府委托或设立社会机构管理养老保险事务和基金。要建立独立于企事业单位之外的养老保险制度，就必须对养老金实行社会化发放，并依托社区开展退休人员的管理服务工作。

5. 分享社会经济发展成果

在社会消费普遍提高的情况下，退休人员的实际生活水平有可能下降。因此，有必要建立基本养老金调整机制，使退休人员的收入水平随着社会的发展和职工工资水平的提高而不断提高，以分享社会经济发展的成果。

四、养老保险的意义

1. 有利于保证退休老人的基本生活需要

当劳动者因年老丧失劳动能力而退出劳动岗位后，他们就失去了赖以生存的工资收入，大多数劳动者在他们退休时难以拥有足够维持其退休生活的积蓄。即使工作期间收入水平较高，在维持正常的生活的前提下能够积攒出维持退休后生活的资金，大多数人也会由于不能自觉地、持之以恒地合理分配自己工作期间的收入，从而使退休后的生活失去保障。况且，每个人的寿命长短不一，难以预知要积累多少资金才能确保安度晚年。而养老保险由国家组织实施，进行周密的计划和精确的测算，使参加养老保险的每一个劳动者在退休后的基本生活可以得到保证。

2. 有利于职工队伍的正常更替

为了使社会生产更有效率，需要让那些年老体衰的劳动者从工作岗位上退出，及时补充年轻的劳动者，维持职工队伍的活力。要使职工队伍进行正常的更替，离不开养老保险。只有对劳动者实行养老保险，使他们退休后的生活得到保障，在达到退休年龄时，其能够顺利地退出工作岗位，让新生的劳动力及时补充，完成职工队伍的新老更替。

3. 有利于解除劳动者的后顾之忧，提高工作效率

劳动者在劳动期间除了关心当前的自身利益之外，还关心自己失去劳动能力后的生活保障问题。假如他们失去劳动能力后，生活将无法得到保障，他们就不会安心工作，而是想方设法为自己的晚年生活多作准备。这样，劳动者的精力就会分散，工作效率将受到影响。养老保险可以使劳动者的晚年生活得到保障，解除了劳动者的后顾之忧，有利于他们把精力投入到劳动生产中去，促进劳动生产率的提高。

4. 有利于社会稳定

社会保险是稳定社会的有效机制。社会保险通过国民收入的分配和再分配所形成的基金，保证人民的基本生活需要，防止和减少贫困的出现或缓和贫困程度，致力于创造良好的社会环境，从而提高全社会的就业水平和福利水平，保证经济的稳定发展和社会的安全运转。所以有人把社会保险称作为社会的“安全网”和“减震器”。

拓展阅读

养老保险模式

在世界范围内，目前比较典型的养老保险模式主要有三种，可概括为投保资助型（也称传统型）养老保险、强制储蓄型养老保险（也称公积金模式）和国家统筹型养老保险。

一、投保资助型养老保险制度

投保资助型的养老保险制度又称为与雇佣相关性模式（employmentrelated programs）或自保公助模式，最早为德国俾斯麦政府于1889年颁布养老保险法所创设，后被美国、日本等国家所采纳。

（1）基金来源：其基金来源主要是个人、企业和政府三个方面。首先，强制劳动者以至一切公民参与养老保险，定期履行缴纳老年社会保险费用的义务；其次，强制雇主为雇员缴纳养老保险费用，并将其法律化；最后，政府给予一定的财政资助。

（2）基金运作：国家对养老保险基金实行严格的监管。养老金给付通常是根据一个特定的公式计算出来的。养老金通常存入一个公共的账户中，由政府集中管理。并在投资方面具有严格的法律规定，通常只能用于购买国债。比较有代表性的国家是日本，它实行中央与产业基金会相结合的管理，即集中与分散相结合，这样既保障了主要养老保险基金的安全，又使不占主要地位的养老金在投放上富有弹性，提高增值潜力。

（3）退休金发放：养老金分为若干层次，其因国情的不同而又有区别，一般包括普遍养老金、工资挂钩退休金和退休年金，企业补充退休金、个人储蓄养老金不包括在内。

二、国家统筹型养老保险制度

国家统筹型（universal programs）养老保险可分为两种类型：

（一）福利型养老保险

福利国家所在地普遍采取，最早为英国创设，目前适用该类型的国家还包括瑞典、挪威、澳大利亚、加拿大等。

该制度的特点是实行完全的“现收现付”制度，并按“支付确定”的方式来确定养老金水平。养老保险费全部来源于政府税收，个人不需缴费。享受养老金的对象不仅仅为劳动者，还包括社会全体成员。养老金保障水平相对较低，通常只能保障最低生活水平而不是基本生活水平，如澳大利亚养老金待遇水平只相当于平均工资的25%。为了解决基本养老金水平较低的问题，一般提倡企业实行职业年金制度，以弥补基本养老金的不足。

该制度的优点在于运作简单易行，通过收入再分配的方式，对老年人提供基本生活保障，以抵销市场经济带来的负面影响。但该制度也有明显的缺陷，其直接的后果就是政府的负担过重。由于政府财政收入的相当大的部分都用于了社会保障支出，而且经维持如此庞大的社会保障支出，政府必须采取高税收政策，这样加重了企业和纳税人的负担。同时，社会成员普遍享受养老保险待遇，缺乏对个人的激励机制，只强调公平而忽视效率。

（1）基金来源：养老保险费全部来源于政府税收，个人不需缴费。享受养老金的对象不仅仅为劳动者，还包括社会全体成员。

（2）基金运作：实行完全的“现收现付”制度，从税收中支付，由国家统一征管。

（3）退休金发放：享受养老金的对象不仅仅为劳动者，还包括社会全体成员。养老金保障水平相对较低，通常只能保障最低生活水平而不是基本生活水平，如澳大利亚养老金待遇水平只相当于平均工资的25%。为了解决基本养老金水平较低的问题，一般在力提倡企业实行职业年金制度，以弥补基本养老金的不足。

（二）国家统筹型养老保险的另一种类型是前苏联所创设的，其理论基础为列宁的国家保险理论，后为东欧各国、蒙古、朝鲜以及我国改革以前所采用

该类型与福利国家的养老保险制度一样，都是由国家来包揽养老保险活动和筹集资金，实行统一的保险待遇水平，劳动者个人无须缴费，退休后可享受退休金。但与福利型养老保险制度不同，它适用的对象并非全体社会成员，而是在职劳动者，养老金也只有一个层次，未建立多层次的养老保险，一般也不定期调整养老金水平。随着苏联和东欧国家的解体以及我国进行经济体制改革，采用这种模式的国家也越来越少。

三、强制储蓄型养老保险制度

强制储蓄型养老保险制度以国家划分，主要分为新加坡模式和智利模式

两种。

（一）新加坡模式是一种公积金模式

该模式的主要特点是强调自我保障，建立个人公积金账户，由劳动者于在职期间与其雇主共同缴纳养老保险费，劳动者在退休后完全从个人账户领取养老金，国家不再以任何形式支付养老金。个人账户的基金在劳动者退休后可以一次性连本带息领取，也可以分期分批领取。国家对个人账户的基金通过中央公积金局统一进行管理和运营投资，是一种完全积累的筹资模式。除新加坡外，东南亚、非洲等一些发展中国家也采取了该模式。

（1）基金来源：它是一种既定供款的完全积累制度，没有收入再分配的功能。个人的养老金完全来自其个人账户的积累，政府只提供最低收益率保证和税收优惠。

（2）基金运作：政府掌握养老基金，并制定了严格的投资政策，由特定的机构进行集中管理和投资。新加坡中央公积金局善于运用积累起来的雄厚的老年社会保险基金，购买国家发行的各种建设债券、公共汽车股票，同时投保者个人账户的资产完全属于个人，在其死亡后可以由子女继承；但在退休前只能用于特定目的（如购买国家建设债券）。

（3）退休金发放：退休金的多寡取决于劳动者在业期间的工资水平、中央公积金局制定的总投保费率以及储蓄利率，与这三者呈正相关关系。

（二）智利模式是另一种强制储蓄类型

该模式也强调自我保障，也采取了个人账户的模式，但与新加坡模式不同，其个人账户的管理完全实行私有化，即将个人账户交由自负盈亏的私营养老保险公司并规定了最大化回报率，同时实行养老金最低保险制度。该模式于20世纪80年代在智利推出后，也被拉美一些国家所效仿。强制储蓄型的养老保险模式最大的特点是强调效率，但忽视公平，难以体现社会保险的保障功能。

（1）基金来源：建立个人储蓄账户，由投保人缴纳养老保险费，投放盈利组织组成基本养老保险金。

（2）基金运作：与新加坡模式的区别在于，其分散化管理和市场化运作。即由若干个私营退休金管理公司具体负责养老基金管理；这些养老基金管理公司相互竞争，在政府的政策框架内通过市场化运作追求养老基金收益的最大化，一般投资于政府和中央银行的债券或购买股票。

（3）退休金发放：劳动者个人可以任意挑选一家公司管理自己的个人账户资金，并有权从一家公司转入另一家公司。政府制定了一系列严格的规定以保证制度的实施，还提供了最低养老金保证。

资料来源：侯文若，《社会保险》（第2版），北京，中国人民大学出版社，2008年

任务二　认识我国多层次养老保险体系

☞ 业务描述

张先生今年30岁，企业职工，收入稳定，他和妻子都是独生子女，目前育有一个女儿。张先生深知未来养老的压力，想尽早为自己的养老做些规划，立足自我养老，不想给子女增加负担。

问题：

张先生应该从哪几方面规划自己的养老保险？

1994年，世界银行在《防止老龄危机：保护老年人即促进经济增长》报告中提出“三支柱”养老保障体系，即把养老保险划分为多个层次：基本养老保险、企业补充养老保险和个人储蓄性商业养老保险，如图3－1所示。以应对日趋严重的老龄化危机。

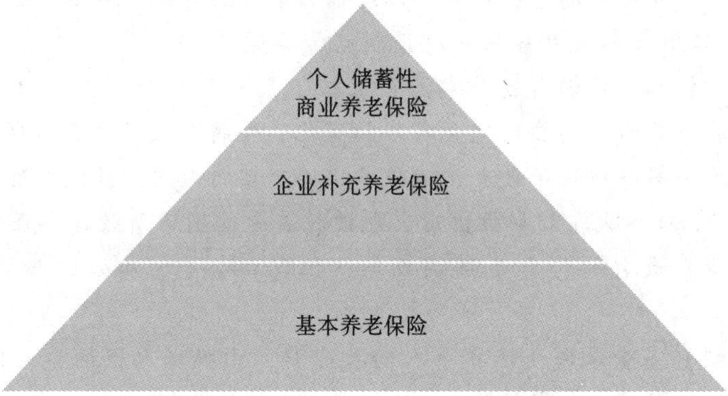

图3－1　多层次养老保险体系

一、基本养老保险

基本养老保险，又称国家法定养老保险，是国家通过立法强制实行，采用社会统筹和个人账户相结合的财务机制，以体现公平为价值取向，保证劳动者在年老丧失劳动能力时，给予基本生活保障的制度，是具有强制性的政府行为。全体劳动者个人和企业法人必须参加。基本养老保险事务由政府设立的社会保险机构负责经办。基本养老保险是多层次养老保险体系的基础构成部分，属于第一层次。

我国的基本养老保险具有以下两个特点：

（1）国家强制规定，企业单位和个人都必须参加，符合养老条件的人，可向社会保险部门领取养老金。

（2）基本养老保险费用来源，一般由国家、单位和个人三方或单位和个人双方共同负担，并实现广泛的社会互济。

二、企业补充养老保险

企业补充养老保险，也称企业年金，是由国家宏观指导、企业内部决策执行，在参加基本养老保险基础上，为提高职工的养老保险待遇水平而自愿为本企业职工所建立的一种辅助性的养老保险。企业补充养老保险，是一种企业行为，效益好的企业可以多投保，效益差的、亏损企业可以不投保。企业补充养老保险是企业人力资源管理工具创新的结果，是多层次养老保险的重要构成部分，列入商业保险范畴，属于第二层次。实行企业年金，可以使年老退出劳动岗位的职工在领取基本养老金的基础上再进一步提高待遇水平，有利于稳定职工队伍，发展企业生产。企业补充养老保险与基本养老保险既有区别又有联系。

其区别主要体现在两点：养老保险的层次和功能上的不同，其联系主要体现在两种养老保险的政策和水平相互联系、密不可分。企业补充养老保险由劳动保障部门管理，单位实行补充养老保险，应选择经劳动保障行政部门认定的机构经办。企业补充养老保险的资金筹集方式有现收现付制、部分积累制和完全积累制三种。企业补充养老保险费可由企业完全承担，或由企业和员工双方共同承担，承担比例由劳资双方协议确定。企业内部一般都设有由劳资双方组成的董事会，负责企业补充养老保险事宜。

三、个人储蓄性商业养老保险

个人储蓄性商业养老保险是多层次养老保险体系的又一组成部分，是劳动者个人依据收入情况和自身的需要自愿参加、自愿选择经办机构的一种补充保险形式。一般由个人自愿向商业保险公司投保，政府给予一定的税收优惠，鼓励人们把钱存进养老保险储蓄账户，以便获得更高的养老保险待遇。劳动者达到法定退休年龄经批准退休后，凭个人账户将储蓄性养老保险金一次总付或分次支付给本人。如果劳动者跨地区流动，个人账户的储蓄性养老保险金应随之转移。劳动者未到退休年龄而死亡，记入个人账户的储蓄性养老保险金应由其指定人或法定继承人继承。

实行多层次的养老保险制度的意义在于：

（1）可以在不降低职工退休后基本生活水平的同时，适当控制国家法定基本养老保险待遇水平的增长，从而维系一个健康运行、长远发展的养老保险制度。

（2）多层次的养老保险制度完全符合我国的国情。我国是一个发展中国家，不仅人口多、底子薄，而且地区之间经济发展不平衡，应当允许不同地区、不同企业之间的养老保险水平在国家统一政策指导下存在一定差别。

（3）多层次养老保险体系可以减轻国家基本养老保险负担，适应不同企业的需要，满足职工不同层次、不同水准的多种保障需求，使养老保险制度更好地起到保障生活和安定社会的作用。

这三个层次分别承担了不同的作用，共同完成了养老保险收入再分配、储蓄和保险的三大功能，而且将国家、企业和个人三方的责任划分清晰（见表3-1），三方共同作用，满足各个层次人群的养老需求。

表3-1　　多层次养老保险各层次比较

	第一层次：基本养老保险	第二层次：企业补充养老保险	第三层次：个人储蓄性商业养老保险
性质	国家强制	企业自愿	个人自愿
筹资模式	基金部分积累	基金完全积累	基金完全积累
管理主体	政府社保机构	金融机构	金融机构
费用负担	国家、企业、个人	企业、个人	个人
原则	公平	效率	效率

拓展阅读

我国多层次养老保险体系发展现状

我国养老保险制度可概括为“三支柱”体系。中国劳动和社会保障科学研究院院长金维刚介绍，作为“第一支柱”的基本养老保险，2018年全国基本养老保险参保人数达9.42亿，参保率超过85%，基金收入达5.4万亿。作为“第二支柱”的企业年金和职业年金，覆盖人群有限。截至2018年，参加企业年金的职工人数约为2 300多万人，占参加基本养老保险的职工人数比例不到6%，目前领取企业年金的人数仅有90多万。作为“第三支柱”的个人养老金制度还处于发展初期，部分金融机构开发了一些面向个人养老的产品，但是在政策层面还没有明确的制度框架。

资料来源：经济日报

拓展阅读

国外商业保险在多层次养老保险体系中的角色

自20世纪70年代以后，西方各国社会保障制度受财务危机的影响，对原有社会保障制度进行了改革，重新调整了政府、市场、个人三者之间的权利和义务，目的是通过市场的效率来弥补政府的不足和失灵。

总体发展趋势如下：

第一，政府的社会保险财政给付责任减小，重点转变为保证退休人员基本需求和弱势群体的最低需求。

第二，政府从养老保障的主要提供者，转变为通过引导、规范和监管，推动市场机制运营的职业补充养老保险和个人储蓄性养老保险的发展。

第三，政府、市场和个人三者的养老责任逐渐趋于均衡，形成目前较为流行的多支柱养老保障模式。

商业养老保险在不同的社会保障层面发挥着不同的作用，成为一国社会保障体系的重要组成部分。在基本养老保险层面，商业养老保险可为社会保险提供精算技术和管理支持，提高效率，减轻政府财政压力。在职业补充养老保险层面，商业保险能为养老金计划发起、运营、给付提供全程服务，成为社会保障体系的重要承担者；在个人储蓄性养老保险层面，商业保险可以发挥主导作用，提供更多的保障产品和更高的保障程度，弥补社会保险供给的不足，丰富和完善整个社会保障体系。下面简要介绍几个国家的社会保障体系。

一、美国

美国的养老保险体系分为三个部分，即联邦退休金制度、私人年金计划、个人退休金计划。

第一支柱，联邦退休金制度。联邦退休金制度是美国最基本的养老保险制度，始建于1935年，美国联邦政府的法律规定，职工退休年龄不分男、女均为65岁，同时必须纳税40个季度（具有10年缴费年限），才能享受待遇。

第二支柱，私人年金计划。私人年金计划各企业自愿建立。美国政府向雇主提供税收优惠措施以鼓励雇主为雇员建立“私人年金计划”。目前全美有60%的雇员参加了私人年金计划。覆盖了公务员、企业职工和自营劳动者等大多数群体。

银行、保险公司、储贷协会、信托机构、共同基金等机构在同一平台上竞争，为养老金计划提供受托、账户管理和投资（三种角色可以集中于一体）等服务，劳工部、国内税务总局、证监会负责对其监管。

第三支柱，个人商业保险和其他储蓄计划，缴费享受一定的税收优惠。

二、德国

第一支柱，法定养老保险，采取现收现付制，资金来源于社会保险缴费，曾经是职工最主要的退休收入，在社会保障制度改革后替代率逐渐下降。

第二支柱，职业养老保险计划，采取基金积累制，资金来源于雇员和雇主的缴费，享受税优（为EET模式），多采取账面准备金形式。计划以DB为主，随着欧盟一体化进程的发展，现在DC计划逐渐增多。其经营管理主体一般有计划发起人、寿险公司和基金管理公司。

德国商业保险较发达，第三支柱多为商业养老保险计划，其替代率可达50%以上，对于缴费者给予税收优惠。

资料来源：向日葵保险网 http：//www. xiangrikui. com

相关链接

《国务院办公厅关于加快发展商业养老保险的若干意见》（国办发〔2017〕59号）政策解读

2017年，国务院办公厅印发《关于加快发展商业养老保险的若干意见》（以下简称《意见》），部署推动商业养老保险发展工作。《意见》指出，发展商业养老保险，对于健全多层次养老保障体系，促进养老服务业多层次多样化发展，应对人口老龄化趋势和就业形态新变化，进一步保障和改善民生，促进社会和谐稳定等具有重要意义。《意见》提出，发展商业养老保险要坚持改革创新，提升保障水平；坚持政策引导，强化市场机制；坚持完善监管，规范市场秩序。到2020年，基本建立运营安全稳健、产品形态多样、服务领域较广、专业能力较强、持续适度盈利、经营诚信规范的商业养老保险体系，商业养老保险成为个人和家庭商业养老保障计划的主要承担者、企业发起的商业养老保障计划的重要提供者、社会养老保障市场化运作的积极参与者、养老服务业健康发展的有力促进者、金融安全和经济增长的稳定支持者。

模块练习

一、单选题

1. 养老保险的主要特征，说法不正确的是（　　）。

A. 参加保险与享受待遇的一致性　B. 保障水平的适度性

C. 享受期限的短期性　D. 保障方式多层次

2. 多层次养老保险可分为（　　）、补充养老保险和个人储蓄性商业养老保险。

A. 基本养老保险　B. 基础养老保险

C. 城镇养老保险　D. 居民养老保险

3. 企业补充养老保险是由（　　）宏观指导、（　　）内部决策执行，在参加基本养老保险基础上，为提高职工的养老保险待遇水平而自愿为本企业职工所建立的一种辅助性的养老保险。（　　）

A. 国家，企业　B. 企业，个人

C. 政府，工会　D. 企业，家庭

4. 养老保险是社会保险体系的重要组成部分，不具备（　　）特点。

A. 自愿性　B. 享受期限的长期性

C. 保障方式多层次　D. 费用开支的大额性

5. 基本养老保险的目的是对劳动者退出劳动领域的基本生活予以保障。这一原则更多地强调社会（　　），有利于低收入阶层。

A. 效率　B. 公平和效率

C. 多缴多得　D. 公平

二、判断题

1. 我国多层次养老保险体系包括：基础养老保险、企业补充养老保险、个人储蓄性养老保险。（　　）

2. 养老保险是在法定范围内的老年人退出生产或工作岗位后发生作用的。（　　）

3. 企业补充养老保险，也称企业年金，是由国家宏观指导、企业内部决策执行，在参加基本养老保险基础上，为提高职工的养老保险待遇水平而自愿为本企业职工所建立的一种辅助性的养老保险。（　　）

4. 企业补充养老保险，是一种企业行为，效益好的企业可以多投保，

效益差的、亏损企业也要积极参保。（　）

5. 个人储蓄性商业养老保险是多层次养老保险体系的第一层次，是职工个人依据收入情况和自身的需要自愿选择经办机构的一种补充保险形式。（　）

模块二 我国城镇职工养老保险制度

任务描述

冯某是保险公司的一名内勤，与公司签订了劳动合同，属于公司正式员工。丈夫蔡某是一个寿险营销人员，与保险公司签订了保险代理协议，属于灵活就业人员，目前两人经济收入还算稳定，都想参加长沙市的基本养老保险。

问题：

1. 冯某和蔡某夫妻二人是否可以参加城镇职工养老保险？
2. 如果可以参保，请计算每人需要缴纳的养老保险费。
3. 他们夫妻二人退休后可以领取多少养老保险金？
4. 如果他们夫妻二人想去深圳发展，养老保险关系是否可以办理转移？个人账户应该如何处理？

任务一　明确养老保险覆盖范围

☞ 业务描述

冯某是某公司正式员工，其丈夫蔡某是保险代理人，属于灵活就业人员，他们都想参加本市的基本养老保险。

问题：

冯某和蔡某夫妻二人是否具有参保资格？我国城镇职工养老保险能够覆盖哪些人群？

一、城镇职工养老保险覆盖范围的历史发展

1995年，国务院发布了《关于深化企业职工养老保险制度改革的通知》（国发

[1995] 6号)明确了:"基本养老保险制度适用城镇各类企业职工和个体劳动者。"

1997年,国务院审时度势,及时下发了《国务院关于建立统一的企业职工基本养老保险制度的决定》(国发[1997]26号)提出:"进一步扩大养老保险的覆盖范围,基本养老保险制度要逐步扩大到城镇所有企业及其职工。城镇个体劳动者也要逐步实行基本养老保险制度,其缴费比例和待遇水平由省、自治区、直辖市人民政府参照本决定精神确定。"

2005年,《国务院关于完善企业职工基本养老保险制度的决定》(国发[2005]38号)提出:"扩大基本养老保险覆盖范围。城镇各类企业职工、个体工商户和灵活就业人员都要参加企业职工基本养老保险。当前及今后一个时期,要以非公有制企业、城镇个体工商户和灵活就业人员参保工作为重点,扩大基本养老保险覆盖范围。要进一步落实国家有关社会保险补贴政策,帮助就业困难人员参保缴费。"

《中华人民共和国社会保险法》第十条规定:"职工应当参加基本养老保险,由用人单位和职工共同缴纳基本养老保险费。无雇工的个体工商户、未在用人单位参加基本养老保险的非全日制从业人员以及其他灵活就业人员可以参加基本养老保险,由个人缴纳基本养老保险费。公务员和参照公务员法管理的工作人员养老保险的办法由国务院规定。"

二、城镇职工养老保险覆盖范围

(一)城镇各类企业职工

城镇各类企业职工是参加城镇职工养老保险的主力军。依据国家法律、法规的规定包括以下几类:

(1)国有企业、城镇集体企业、外商投资企业、城镇私营企业和其他城镇企业(包括企业招用的在中国境内合法就业的外国人)。

(2)实行企业化管理的事业单位及其职工、科研、工程勘察和城市公用事业单位转制为企业的职工(包括单位招用的在中国境内合法就业的外国人)。

(3)社会力量所办学校等民办非企业单位。

(4)企业招用的农民合同制职工。

(5)机关、事业单位编制外已签订劳动合同或已形成事实劳动关系的人员。

需要说明的是,户籍不在当地的城市户籍职工和农民工与用人单位建立了比较固定的劳动关系,应当由用人单位与劳动者共同缴纳基本养老保险费。

相关链接

我国《社会保险费征缴暂行条例》第三条明确规定:"基本养老保险费的征缴范围:国有企业、城镇集体企业、外商投资企业、城镇私营企业和其他城镇企业及其职工,实行企业化管理的事业单位及其职工。"

(二)城镇个体工商户和灵活就业人员

个体工商户是有经营能力的公民,经工商行政管理部门登记,从事工商业经营。个体工商户业主及其雇员和帮工应当参加城镇职工养老保险。

城镇灵活就业人员是指在国家规定的劳动年龄内,从事以提供合法劳动并获得劳动报酬的自由职业、非全日制、临时性和弹性工作等灵活多样就业方式的城镇就业人员。不包括领取营业执照的个体工商户和建立劳动关系的私营企业就业人员。具体包括以下几类：

（1）单位下岗失业人员，一般在个体工商户和城市小型企业、微型企业、私营企业工作。这部分就业人员流动性较大，例如季节工、临时工、劳务派遣工等。

（2）自雇型就业人员，即个体经营者或合作经营者。一般立足于社区建立家庭式微型企业，例如自主创业者。

（3）自主就业人员，这类人员是具有较高的知识水平和特殊技能的自由职业者，多为知识阶层和大学毕业生等城市新增经济活动人口。例如中介服务者、设计师、艺人等。

（4）从事个体劳动的人员，如个体经济组织业主及其从业人员。其中大部分为农民工，一般服务于第三产业，例如家政服务人员、建筑工、小摊小贩、再生资源回收等。灵活就业人员也应该参加城镇职工养老保险。

拓展阅读

2014 年机关事业单位养老保险制度改革

2015 年 1 月，国务院出台《关于机关事业单位工作人员养老保险制度改革的决定》（国发〔2015〕2 号），决定从 2014 年 10 月 1 日起实施机关事业单位养老保险制度改革，机关事业单位实行与企业职工一样的基本养老保险制度，同时建立职业年金制度，拉开了机关事业单位养老保险改革的大幕。

《决定》适用于按照公务员法管理的单位、参照公务员法管理的机关（单位）、事业单位及其编制内的工作人员。

资料来源：光明日报

案例分析

案情介绍：

河南籍的农村小伙子江之平和他的四个伙伴从 2000 年到北京某大学的食堂工作已经快 6 年了，他们分别担任厨师、小工等工作。2006 年 6 月，该大学的后勤工作进行改革，需要辞退一部分由学校的后勤部门直接聘用的农民工，江之平和他的四个伙伴都在辞退范围。在办理辞退手续时，江之平和他的四个伙伴发现，6 年以来学校没有给他们办理过任何社会保险。所以办理离职手续时，江之平代表其他伙伴向学校的后勤部门提出办理养老保险、医疗保险的要求。学校后勤部门的负责人认为，学校是国家拨款的事业单位，江之平等工人只是学校临时雇佣的农民工，没有义务为他们办理养老保险。江之平等人一方面向学校所在地的劳动监察部门提出投诉，一方面又向当地的劳动争议仲裁委员会提出了仲裁申请。在劳动争议仲裁委员会的调解下，学校和江之平等农民工达成了调解协议，将江之平等 6 年来应缴纳的保险费用一次性补偿给江之平等人，双方以此解决了争议。

案情分析：

从上述案例的最终解决结果看，虽然学校没有为江之平等人补办养老保险，但显然学校已经意识到，作为事业单位也应当为自己雇佣的非事业编制的劳动者办理养老保险，不能因为是事业单位而免除为雇佣员工办理养老保险的义务。

依照我国《社会保险费征缴暂行条例》第三条的规定，基本养老保险的征缴范围包括国有企业、城镇集体企业、外商投资企业、城镇私营企业和其他城镇企业及其职工，实行企业化管理的事业单位及其职工。可见，基本养老保险覆盖城镇各类企业的职工，城镇所有企业及其职工必须履行缴纳基本养老保险费的义务。

想一想

王晓于2019年6月受聘于一家私营企业，担任会计工作。但是工作至今企业都没有给他办理养老保险。王晓向企业老板提出了希望办理养老保险的请求，但老板说，自己的企业属于私营企业，不像国有企业，不承担办理养老保险、缴纳相关费用的义务。同时老板还对王晓说，如果想上保险，就自己去上，公司不管这件事。王晓听后很疑惑。

问题：

私营企业员工是否需要参加基本养老保险?

任务二　缴纳基本养老保险费

业务描述

冯某月薪8 000元，扣除保险费和个人所得税每个月拿到手的实际工资只有7 000多元，冯某希望能够弄清自己每个月到底缴纳了多少基本养老保险费？企业和个人分别承担了多少？她的丈夫蔡某作为灵活就业人员也参加了基本养老保险，又该缴纳多少的养老保险费呢？

依据《中华人民共和国社会保险法》第十一条规定：“基本养老保险实行社会统筹与个人账户相结合。基本养老保险基金由用人单位和个人缴费以及政府补贴等组成。”第十二条规定：“用人单位应当按照国家规定的本单位职工工资总额的比例缴纳基本养老保险费，记入基本养老保险统筹基金。职工应当按照国家规定的本人工资的比例缴纳基本养老保险费，记入个人账户。无雇工的个体工商户、未在用人单位参加基本养老保险的非全日制从业人员以及其他灵活就业人员参加基本养老保险的，应当按照国家规定缴纳基本养老保险费，分别记入基本养老保险统筹基金和个人账户。”

一、缴费基数

企业缴费基数为上年度本单位职工工资总额。对于缴费基数低于全省上年度在岗职工平均工资60%和不能核定工资总额的企业，可按职工缴费基数之和作为基数。

职工个人缴费基数为职工本人上一年度月平均工资。无上年度月平均工资的，按本人本年度月平均工资进行申报。工资口径按国家统计局规定列入工资总额统计的项目计算，其中包括计时工资、计件工资、奖金、津贴、补贴等收入。

个人缴费基数体现“上有封顶，下有保底”的原则。规定了缴费基数上限、下限：本人月平均工资低于当地职工月平均工资60%的，按当地职工月平均工资的60%作为缴费基数；本人月平均工资高于当地职工月平均工资300%的，按当地职工月平均工资的300%作为缴费基数，超过部分不记入缴费工资基数，也不记入计发养老金的基数。

城镇个体工商户和灵活就业人员参加基本养老保险的缴费基数为当地上年度在岗职工平均工资。为鼓励个体户和灵活就业人员参保，有些地区城镇个体工商户和灵活就业人员缴费基数按当地上一年度在岗职工月平均工资的60%～300%，由缴费人员根据收入状况自主选择申报缴费。

工作实例

上海2018年职工月均工资7 832元，计算2019年4月1日至2020年3月31日的养老保险缴费基数的上限、下限。

缴费基数上限：7 832×300%＝23 496元

缴费基数下限：7 832×60%＝4 699元

想一想

王某于2018年8月被某公司录取，该公司对员工的工资分配实行结构工资形式，即将工资分解成基础工资、奖金、津贴、补贴等几部分，为了确定社会保险费的缴费基数，公司与王某约定：以基础工资的标准作为缴纳社会保险费的基数。王某虽然对公司的说法有异议，但为了能够在公司长期工作下去，也就同意了公司的做法。于是，公司就按双方约定的数额为刘先生缴纳社会保险费。2019年8月，公司在合同终止期后决定不再与王某续订劳动合同，在办理离职手续时，王某向公司提出了社会保险费缴费基数与自己工资收入不符的问题，希望公司予以解决。公司表示双方对社会保险费缴费基数已有约定，公司按约定为王某缴费不存在问题，拒绝了其要求，王某于是向劳动监察机构进行举报。

问题：

王某基本养老保险缴费基数应该是多少？

做一做

2017年湖南省在岗职工月平均工资5 500元，职工张三的月平均工资为18 000元，李四的月平均工资仅2 600元，王五月平均工资6 000元。今年职工个人养老保险缴费比例为8%。

张三、李四、王五今年的缴费工资基数是多少?

二、缴费比例

企业缴纳基本养老保险费（以下简称企业缴费）的比例，一般不得超过企业工资总额的20%（包括划入个人账户的部分)，具体比例由省、自治区、直辖市人民政府确定。2019年5月1日起调整为16%，少数省、自治区、直辖市因离退休人数较多、养老保险负担过重，确需超过企业工资总额20%的，应报劳动部、财政部审批。例如，上海市单位缴纳基本养老保险费的比例为22%。

个人缴纳基本养老保险费（以下简称个人缴费）的比例，1997年不得低于本人缴费工资的4%。1998年起，每两年提高一个百分点，最终达到本人缴费工资的8%。有条件的地区和工资增长较快的年份，个人缴费比例提高的速度应适当加快。按照现行政策，职工个人按照本人缴费基数的8%缴费，计入个人账户。

城镇个体工商户、灵活就业人员缴费比例为20%。无雇工的个体工商户、未在用人单位参加基本养老保险的非全日制从业人员以及其他灵活就业人员参加基本养老保险的，个人承担养老保险费的缴纳，其中12%计入统筹账户，8%计入个人账户；有雇工的个体户，雇主为雇员缴纳12%，雇员本人缴纳8%。

相关链接

《降低社会保险费率综合方案》解读

2019年4月4日，《降低社会保险费率综合方案》正式公布。从2019年5月1日起，城镇职工基本养老保险单位缴费比例高于16%的省份可降至16%。从区域来看，除了广东、浙江两省以外，其他地方都可将费率降至16%。相较之前的费率水平，相当于降低五分之一。人力资源和社会保障部相关负责人表示，本次降费率属于长期性、制度性安排。

三、养老保险费计算

基本养老保险基金由个人缴费、单位缴费和政府补贴等构成。单位缴纳的养老保险费纳入统筹养老金，个人缴纳的养老金计入个人账户。

(一) 企业养老保险费计算

按照本单位职工工资总额的20%缴纳养老保险费（如图3-2所示)，纳入统筹账户。单位缴费不计征企业所得税，即计算企业所得税时，企业缴纳的养老保险费可以税前扣除。

企业月缴费 = 企业职工工资总额 ×20%

工作实例

三和公司是一家民营企业，上月职工工资总额为 600 万元，该企业每月为员工缴纳基本养老保险费：600 万元 ×20% =120（万元）

相关链接

国税发［2000］084 号文件，《企业所得税税前扣除办法》第四十九条规定："纳税人为全体雇员按国家规定向税务机关，劳动社会保障部门或其指定机构缴纳的基本养老保险费，基本医疗保险费，基本失业保险费，按经省级税务机关确认的标准交纳的残疾人就业保障金，按国家规定为特殊工种职工支付的法定人身安全保险，可以扣除。"

（二）个人养老保险费计算

按照本人缴费基数的 8% 缴纳养老保险费（如图 3－2 所示），纳入个人账户。个人缴费不计征个人所得税，即计算个人工资所得税时，应该将个人缴纳的养老保险费扣除。已离退休的人员不缴纳养老保险费。职工个人缴纳的基本养老保险费一般由用人单位在发放工资时代为扣缴。

个人月缴费 = 本人月缴费基数 ×8%

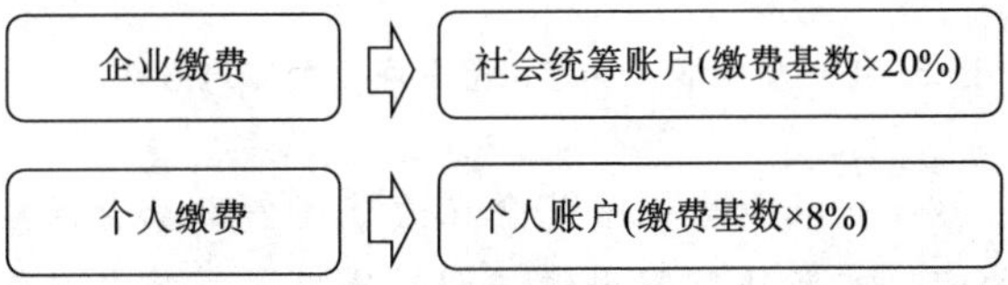

图 3－2　城镇职工养老保险企业、个人缴费示意

工作实例

冯某月薪 6 000 元，当地 2018 年的职工月平均工资为 5 000 元。

问题：

冯某个人每个月应该缴纳多少基本养老保险费？企业为冯某交纳了多少的基本养老保险费？

个人月缴费 =6 000 ×8% =480（元）

企业月缴费 =6 000 ×20% =1 200（元）

做一做

2017 年湖南省在岗职工月平均工资 5 500 元，职工张三的月平均工资为 18 000 元，李四的月平均工资仅 2 600 元，王五月平均工资 6 000 元。今年职工个人缴费比例为 8%。

问题：

三人每月各应缴纳多少养老保险费？

（三）个体工商户养老保险费计算

个体工商户和灵活就业人员按照当地上年度在岗职工平均工资的20%缴纳养老保险费。无雇工的个体工商户、灵活就业人员个人承担全部养老保险费的缴纳，其中12%计入统筹账户，8%计入个人账户，如图3-3所示。

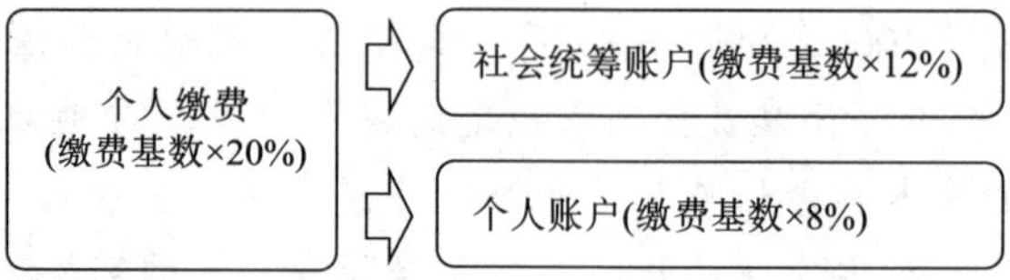

图3-3　城镇职工养老保险无雇工个体户、灵活就业人员缴费示意

有雇员的个体工商户，雇主和雇工共同承担养老保险费。雇主按其全部从业人员缴费基数之和的12%为从业人员缴纳，计入统筹账户；雇员按缴费基数的8%缴纳，计入个人账户，如图3-4所示。

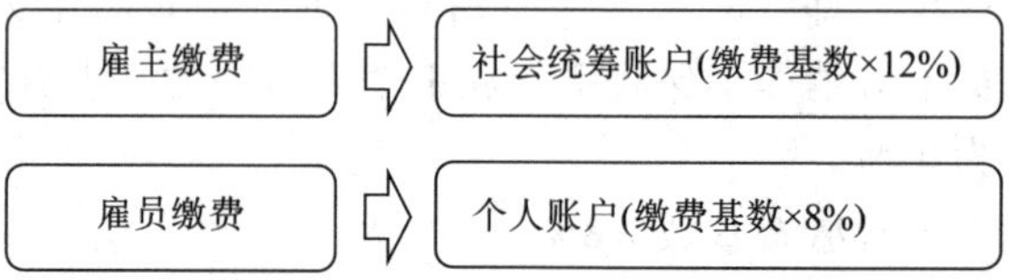

图3-4　城镇职工养老保险有雇工个体户缴费示意

相关知识

社会统筹：是指社会保险基金在大范围内由社会保险经办机构依法统一征收、统一管理、在属地范围内统一调剂使用，该制度在基本养老保险基金的筹集上采用传统型的基本养老保险费用的筹集模式。

资金性质：

（1）是一种以信用为保证的契约关系，体现社会互助；

（2）属于社会公共基金，为投保人共有，“现收现付”；

（3）一般为待遇确定型，同时兼有缴税（费）限定型的性质。

个人账户：是指社会保险经办机构按照国家技术监督局发布的社会保障号码为每一个参加社会养老保险的人员建立，记录单位按规定划转的养老保险费和个人缴纳的全部养老保险费，作为参加社会养老保险的人员退休时计发个人账户养老保险金的依据。资金构成：①当年缴费本金；②当年本金生成的利息；③历年累计储存额生成的利息。

资金性质：

（1）是国家强制推行的由劳动者在职期间为未来退休后储蓄的制度，其核心是“自我保障”；

（2）为每个投保人建立一个账户，资金不断滚动积累，一般不做社会调剂，采取“完全积累式”；

（3）一般为待遇不确定型。

工作实例

李小姐在长沙经营一个小服装店，领取了个体工商户执照，湖南省2017年度在岗职工月均工资5 000元，假设她按照100%的缴费基数申报缴费。

问题：

2018年她个人每月缴纳的养老保险费是多少？分别计入什么账户？

个人月缴费 =5 000×100% ×20% =1 000（元）

其中：5 000×12% =600（元）计入统筹账户，5 000×8% =400（元）计入个人账户。

想一想

大学生自主创业将是一条创新的道路。国家有关部门也出台了一系列鼓励大学生自主创业的政策，对那些勇于“吃螃蟹”者予以充分鼓励，规定应届毕业生选择自主创业，可享受1年内免交登记注册费和相关工商管理费的优惠。这些优惠政策成为大学生们自主创业的催化剂，但实际上走上创业之路的大学毕业生却寥寥无几。去年，一项有关大学生自主创业的教育部重点研究课题披露，我国大学生的自主创业率仅为1.94%。究竟是什么原因导致了大学生创业之路如此艰难。

问题：

请从养老保险缴费压力方面，分析大学生创业难的问题？

做一做

张三和李四是好朋友，张三在某企业职工，单位为其购买了城镇职工养老保险，李四自己开了一个小餐馆，是一个体工商户。假设张三和李四的缴费基数均为5 000元，请你计算并比较二人缴纳的养老保险费。

任务三　享受养老保险待遇

☞ 业务描述

2008年王先生参加了基本养老保险，单位和个人一直缴纳养老保险费，他什么时候可以享受养老保险待遇呢？今后能够从国家拿到多少养老金？

一、领取养老金条件

《中华人民共和国社会保险法》第十六条规定:“参加基本养老保险的个人,达到法定退休年龄时累计缴费满15年的,按月领取基本养老金。参加基本养老保险的个人,达到法定退休年龄时累计缴费不足15年的,可以缴费至满15年,按月领取基本养老金;也可以转入新型农村社会养老保险或者城镇居民社会养老保险,按照国务院规定享受相应的养老保险待遇。”

职工按月领取基本养老金必须具备三个条件:

一是达到法定退休年龄,并已办理退休手续;

二是所在单位和个人依法参加养老保险并履行了养老保险缴费义务;

三是个人缴费至少满15年(过渡期内缴费年限包括视同缴费年限)。目前,我国的企业职工法定退休年龄为:男职工60岁;从事管理和科研工作的女职工55岁;从事生产和工勤辅助工作的女职工50岁,自由职业者、个体工商户女年满55周岁。

1. 退休年龄

(1)法定退休年龄,即国家法律规定的正常退休年龄。具体是指:男工人和男干部年满60周岁、女干部年满55周岁、女工人年满50周岁。

(2)按特殊工种岗位的退休年龄可以提前5年,即男年满55周岁、女年满45周岁,这主要针对工人而言,但与从事特殊工种工人相同的工作条件和工作环境的基层干部,也可以享受提前5年退休的政策(从事特殊工种退休的条件:①从事高空、特别繁重体力劳动工作累计满10年以上。②从事井下、高温工作累计满9年以上。③从事有毒有害工作累计满8年以上)。

(3)男年满50周岁,女年满45周岁,连续工龄满10年,由医院证明并经劳动鉴定委员会确认,完全丧失能力的,可办理因病提前退休。

(4)因工致残(包括职业病),由医院证明并经劳动鉴定委员会确认,完全丧失劳动能力的,退休不受连续工龄和年龄的限制。

2. 缴费年限

缴费年限是指用人单位和职工按照规定缴纳养老保险费的累计年限,是计发养老保险待遇的依据之一。它不同于连续工龄,但两者在时间上有一定的承袭关系。

缴费年限包括视同缴费年限和实际缴费年限。视同缴费年限是指职工全部工作年限中,其实际缴费年限之前的按国家规定计算的连续工作时间。固定职工在实行企业和职工个人共同缴纳基本养老保险费制度之前,按国家规定计算为连续工龄的时间,都可以作为“视同缴费年限”,并且可以与实际“缴费年限”合并计发养老保险金。另外,机关事业单位正式职工调入企业后,应参加企业职工基本养老保险,其原有的工作年限视同缴费年限;复员退伍军人、城镇下乡知识青年被招为合同制工人,且参加了基本养老保险的,其军龄及下乡期间按国家规定计算为连续工龄的年限,可视同缴费年限。根据原劳动部办公厅《关于印发〈职工基本养老保险个人账户管理暂行办法〉的通知》(劳办发[1997]116号)文件规定,视同缴费年限是指参保职工实际缴费年限之前的按国家规定计算的连续工作年限。

根据国务院《关于深化企业职工养老保险制度改革的通知》的规定,实行个人缴费制度前，职工的连续工龄可视同缴费年限。视同缴费年限可以与实际缴费年限合并计算发放基本养老保险金。

实际缴费年限是指职工参加基本养老保险后，按规定按时足额缴纳基本养老保险费的年限。理解实际缴费年限应注意以下两点：一是实际缴费年限是职工个人的缴费年限，不应与职工所在企业的缴费情况联系在一起。实际工作中一些地方把实际缴费年限与企业的缴费情况挂钩，规定若企业不按时足额缴纳基本养老保险费，则不计算该企业职工的实际缴费年限，这种做法侵害了职工个人的利益。二是职工个人必须足额缴纳基本养老保险费，若是非足额缴纳，欠缴年限暂时不能计算为实际缴费年限，待职工补齐欠缴本金和利息后方能计算。

工作实例

某职工（男）1986 年 7 月参加工作，当年 22 岁。1997 年 7 月 1 日参加基本养老保险，到 2010 年 7 月 1 日为止。

实际缴费年限为 13 年

视同缴费年限为 11 年

缴费年限 = 视同缴费年限（参保前连续工龄）+ 实际缴费年限

= 13 + 11 = 24 年

拓展阅读

延迟退休何时出台

延迟退休自提出以来就备受社会高度关注。2012 年 6 月，由人社部、国家发改委等部门制定的《社会保障“十二五”规划纲要》发布，提出“研究弹性延迟领取养老金年龄的政策”。2013 年 11 月，十八届三中全会再次提出“研究制定渐进式延迟退休年龄政策”。

2015 年全国两会期间，人社部负责人表示，争取在 2015 年年内完成方案制定，2016 年报经中央同意后向社会征求意见，2017 年正式推出，并在方案推出至少 5 年后再实施。

2015 年 2 月 16 日，中组部、人社部联合下发通知称，党政机关、人民团体和事业单位中的正、副处级女干部，具有高级职称的女性专业技术人员，将年满 60 周岁退休。通知表示，处级女干部退休年龄延迟，是为了充分发挥女领导干部和女性专业技术人员的作用。

2016 年 7 月，人社部表示，方案已经初步成型，将在当年拿出并向社会征集意见，小步慢走，渐进到位。而且在方案出台后，将充分征求意见并经过 5 年过渡期，到 2022 年正式实施。

资料来源：经济日报

二、基本养老金计算

《中华人民共和国社会保险法》第十三条规定：“国有企业、事业单位职工参加基本养老保险前，视同缴费年限期间应当缴纳的基本养老保险费由政府承担。基本养老保险基金出现支付不足时，政府给予补贴。”第十五条规定：“基本养老金由统筹养老金和个人账户养老金组成。基本养老金根据个人累计缴费年限、缴费工资、当地职工平均工资、个人账户金额、城镇人口平均预期寿命等因素确定。”

1997年，国务院发布了《国务院关于建立统一的企业职工基本养老保险制度的决定》，从而确立了社会统筹与个人账户相结合的基本养老保险制度。2005年，国务院发布了《国务院关于完善企业职工基本养老保险制度的决定》改革了基本养老金计发办法，以上文件对“新人”“中人”“老人”规定了不同的给付办法。

（一）“新人”基本养老金计算

“新人”是指《国务院关于建立统一的企业职工基本养老保险制度的决定》（国发［1997］26号）实施后参加工作的职工。“新人”缴费年限（含视同缴费年限，下同）累计满15年，退休后按月发给基本养老金。基本养老金由基础养老金和个人账户养老金组成。退休时的基础养老金月标准以当地上年度在岗职工月平均工资和本人指数化月平均缴费工资的平均值为基数，缴费每满1年发给1%。个人账户养老金月标准为个人账户储存额除以计发月数，计发月数根据职工退休时城镇人口平均预期寿命、本人退休年龄、利息等因素确定。

“新人”养老金计算公式：

基本养老金 = 基础养老金 + 个人账户养老金

基础养老金 = $(C_{平} + C_{平} \times Z) \div 2 \times N\%$

个人账户养老金 = 退休时账户积累额 ÷ 计发月数

基本养老金 = $(C_{平} + C_{平} \times Z) \div 2 \times N\%$ + 退休时账户积累额 ÷ 计发月数

式中 $C_{平}$ 为参保人员退休时当地上年度在岗职工月平均工资；$C_{平} \times Z$ 为本人指数化月平均缴费工资；Z 为缴费工资平均指数；N 为缴费年限（含视同缴费年限）。

本人指数化月平均缴费工资，能够反映整个缴费年限或连续计算的若干缴费年限中的缴费工资平均水平。

缴费工资平均指数，是指职工在整个缴费年限或连续计算的若干缴费年限中，每一缴费年度的缴费工资与相应年份的职工平均工资之比的累计之和，除以整个缴费年限或连续计算的若干缴费年限后的比值。计算公式：

$$缴费工资平均指数 = \left(\frac{第1年缴费工资}{第1年职工平均工资} + \frac{第2年缴费工资}{第2年职工平均工资} + \cdots + \frac{第N年缴费工资}{第N年职工平均工资}\right) \div N$$

计发月数（见表3-2），是指按退休早晚和城市居民预期寿命的年龄和个人账户基本运营收益率来确定。

表3-2　国家规定的养老金计发月数

退休年龄	计发月数	退休年龄	计发月数	退休年龄	计发月数
40岁	233	51岁	190	62岁	125
41岁	230	52岁	185	63岁	117
42岁	226	53岁	180	64岁	109

续表

退休年龄	计发月数	退休年龄	计发月数	退休年龄	计发月数
43 岁	223	54 岁	175	65 岁	101
44 岁	220	55 岁	170	66 岁	93
45 岁	216	56 岁	164	67 岁	84
46 岁	212	57 岁	158	68 岁	75
47 岁	208	58 岁	152	69 岁	65
48 岁	204	59 岁	145	70 岁	56
49 岁	199	60 岁	139		
50 岁	195	61 岁	132		

拓展阅读

如何理解本人指数化月平均缴费工资

指数化这个概念很重要。我们在计算整个连续缴费年限的平均缴费工资（其实就是社保基数）时，如果使用简单的算术平均是不合理的，因为去年的1 000元与今年的1 000元代表的在整个城市的水平是不一样的。这里的1 000元是绝对数，两个绝对数之间简单相加再平均不能真实反映缴费工资水平。

所以我们就把缴费工资指数化，把绝对数变成相对数。办法就是用当年缴费工资除以对应年份职工平均工资（实际操作中：社保基数 ÷ 社会平均工资），所得是一个比值，>1 表示缴费工资高于社会平均工资，<1 表示低于社会平均工资；视同缴费年限的每年比值记为1，而比值的大小，则表明了该职工在社会经济生活中的相对位置。

把历年的缴费工资指数（因为这是相对数，所以简单相加并不会产生前述1 000 + 1 000 的错误）求平均值，则得出整个缴费年限中该职工的缴费工资相对社会平均水平是怎样一个相对位置。

把上述语言数学化，就得出了缴费工资平均指数的计算公式：

$$缴费工资平均指数 = \left(\frac{第1年缴费工资}{第1年职工平均工资} + \frac{第2年缴费工资}{第2年职工平均工资} + \cdots + \frac{第N年缴费工资}{第N年职工平均工资}\right) \div N$$

式中，N 为缴费年限（含视同缴费年限）。

因为我们计发养老金时以现在的货币水平来发放，所以用现在的水平水平乘上整个缴费年限内基数平均指数，就得出了整个缴费年限内缴费工资的指数化平均值：

指数化月均缴费工资 = 退休时上年社会平均工资 × 缴费工资平均指数

例如：孙某，男，1946年12月出生，1967年1月参加工作，1992年1月参保缴费，2006年12月退休（2005年我区城镇单位在岗职工月平均工资为1 288.40元），工作期间没有中断，其个人账户累计储存额为25 600元，1992年1月至2006年12月的月缴费工资指数见表3－3。按孙某的情况，其缴费前视同缴费年限为25年，实际缴费年限15年，累计缴费年限为40年。

表3－3 1992～2006年月缴费工资指数

年份	月缴费工资	上年全区月平均工资	月缴费指数	年份	月缴费工资	上年全区月平均工资	月缴费指数
1992	410	185.7	2.2079	2000	1 600	521.2	2.9739
1993	520	219.5	2.3690	2001	1 700	564.3	2.9771
1994	520	280.7	1.8525	2002	2 000	684.5	2.9218
1995	600	372.3	1.6116	2003	2 300	818.4	2.8104
1996	680	425.4	1.5985	2004	2 650	996.1	2.6604
1997	860	449.8	1.9120	2005	3 150	1 131.6	2.7837
1998	1 200	461.7	2.5991	2006	3 520	1 288.4	2.7321
1999	1 350	481.6	2.8032				

1. 缴费工资平均指数

缴费工资平均指数＝（2.2079＋2.369＋1.8525＋1.6116＋1.5985＋1.912＋2.5991＋2.8032＋2.9739＋2.9771＋2.9218＋2.8104＋2.6604＋2.7837＋2.7321＋25）÷40＝（36.8131＋25）÷40≈1.5453

2. 指数化月均缴费工资

指数化月均缴费工资＝退休时上年社平工资×缴费工资平均指数

＝1 288.4×1.5453＝1 991（元）

综合来看，其实这个做法就是来源于金融学领域计算货币现值的方法，使历年缴费工资平均值更科学更准确。

资料来源：向日葵保险网 www.xiangrikui.com

工作实例

张先生，长沙某企业职工，月薪6 000元，1997年以后参加了城镇职工养老保险，假设他30岁时才参加社保，退休时长沙上年度社平工资3 000元，实际缴费工资平均指数2，退休时个人账户余额172 800元。

基础养老金＝（3 000＋3 000×2）÷2×30%＝1 350（元）

个人账户养老金＝172 800÷139＝1 243（元）

基本养老金＝1 350＋1 243＝2 593（元）

相关知识

养老金替代率

养老金替代率，是指劳动者退休时的养老金领取水平与退休前工资收入水平之间的比率。它是衡量劳动者退休前后生活保障水平差异的基本指标之一，公式如下：

$$养老金替代率=\frac{某年度新退休人员的平均养老金}{同一年度在职职工的平均工资收入}$$

例如：2019 年某一城市新退休人员领取的平均养老金为 2 609 元/月，而同年该城市在职职工的平均工资收入为 5 500 元/月，则：2019 年该市退休人员的养老金替代率为（2 609 ÷ 5 000）×100% = 47.4%。

根据劳动和社会保障部《关于完善企业职工基本养老保险制度宣传提纲》的总体思路，未来基本养老保险改革后目标替代率将达到 59.2%。基本养老金主要目的在于保障广大退休人员的晚年基本生活。

（二）“中人”基本养老金计算

“中人”是指《国务院关于建立统一的企业职工基本养老保险制度的决定》（国发［1997］26 号）实施前参加工作，该《决定》实施后退休的人员。由于他们以前个人账户的积累很少，缴费年限累计满 15 年的，退休后在发给基础养老金和个人账户养老金的基础上，再发给过渡性养老金。鉴于基本养老金计发办法改革的关键是解决好“中人”的过渡问题，为保证改革的顺利推进，《决定》要求各省、自治区、直辖市人民政府按照待遇水平合理衔接、新老政策平稳过渡等原则，在认真测算的基础上，制定具体的过渡办法。并报劳动保障部、财政部备案。《决定》实施后到达退休年龄但缴费年限累计不满 15 年的人员，不发给基础养老金；个人账户储存额一次性支付给本人，终止基本养老保险关系。

“中人”养老金计算公式：

基本养老金 = 基础养老金 + 个人账户养老金 + 过渡性养老金 + 调节金

过渡性养老金 = 本人指数化月平均工资 × 视同缴费年限 × R

基础养老金和个人账户养老金的计算公式同“新人”养老金计算公式。

式中 R 为计发系数（多在 1% ~1.4%，各统筹地区政府决定）。

调节金：如果统一制度后，在设计“中人”过渡办法时，即使取了过渡性养老金计发系数的高限，也解决不了新老待遇的有机衔接问题，就需要用“调节金”来平衡过渡问题。例如：某地区调节金 2006 年为 96 元，2007 年为 72 元，2008 年为 48 元，2009 年为 24 元，2010 年（含 2010 年）以后取消调节金。

（三）“老人”基本养老金计算

“老人”是指《国务院关于建立统一的企业职工基本养老保险制度的决定》（国发［1997］26 号）实施前企业已离退休的人员。“老人”仍按国家原来的规定发给基本养老金，同时执行基本养老金调整办法。

《中华人民共和国社会保险法》第十八条规定：“国家建立基本养老金正常调整机制。根据职工平均工资增长、物价上涨情况，适时提高基本养老保险待遇水平。”

三、基本养老保险其他待遇

参加基本养老保险的个人，因病或者非因工死亡的，其遗属可以领取丧葬补助金和抚恤金；在未达到法定退休年龄时因病或者非因工致残完全丧失劳动能力的，可以领取病残津贴。所需资金从基本养老保险基金中支付。

死亡待遇：

（1）丧葬费：按上年度全省社会平均工资的3个月计发（此为退休人员，离休人员为5 000元）。

（2）一次性抚恤费：按上年度全省社会平均工资的10个月计发（此为退休人员），离休人员按本人工资的20个月计发。

（3）符合供养条件的直系亲属生活困难补助费，按月发放，直至供养直系亲属死亡。

做一做

张某2000年参加基本养老保险，缴费满20年后退休。假设退休时当地上年度职工平均工资为3 600元。张某实际缴费指数为0.61，个人账户积累总额为55 600元。

问题：

张某每月可以领取多少养老金？

拓展阅读

商业养老保险如何弥补养老金替代率不足

我国社保特点是“强制性，广覆盖，低保障”。我国目前实行的城镇企业职工基本养老保险制度，是一个以向城镇企业退休人员提供基本生活保障为目的的制度。因此，这个制度设计的基本养老金目标替代率为60%左右。但实际上，养老金替代率逐年下降，目前已下降至50%以下。例如，养老金平均替代率水平从全国角度来看基本持平，2012年社会平均替代率为49.23%，2017年为49.99%，这意味着虽然养老金的绝对支出数额在始终上涨，但养老金待遇相对水平则大体保持稳定。以国际经验来说，如果退休后的养老金替代率大于70%，即可维持退休前现有的生活水平，如果达到60%～70%，即可维持基本生活水平；如果低于50%，则生活水平较退休前会有大幅下降。

商业养老保险可以有效地弥补社会养老保险的不足。社会养老保险只能解决以后退休养老的30%～40%的额度占比，是保而不包。商业养老保险可以根据未来的养老规划量身设计养老规划、额度范围广、针对性强、领取年限自由、存取方便、二次周转灵活，既能解决未来养老的需求，又能满足理财需求，商业养老保险将成为以后养老保险市场的重要组成部分。商业养老保险有效补充社保不足，商业养老保险有以下几类：

（1）传统型养老险预定利率是确定的，一般在2.0%～2.4%，从什么时间开始领养老金，领多少钱，都是投保时就可以明确选择和预知的。优点是在出现零利率或者负利率的情况下，也不会影响养老金的回报利率。缺点是因为购买的产品是固定利率，如果通胀率比较高，从长期来看，就存在贬值的风险。适合比较保守，年龄偏大的投保人。

（2）分红型养老险通常有保底的预定利率，但这个利率比传统养老险稍低，一般只有1.5%～2.0%，分红险除固定生存利益之外，每年还有不确定的红利获得。优点是收益与保险公司经营业绩挂钩，理论上可以回避或者部分回避通货膨胀对养老金的威胁，使养老金相对保值甚至增值。缺点是分红具有不确定性，也有可能因该公司的经营业绩不好而使自己受到损失。适合理财比较保守，不愿意承担风险，容易冲动消费，比较感性的人群。

（3）万能型寿险这一类型的产品在扣除部分初始费用和保障成本后，保费进入个人投资账户，有保证最低收益，目前一般在1.75%～2.5%。

数据来源：郑秉文等《中国养老金精算报告2019－2050》，中国劳动社会保障出版社

任务四 了解养老保险个人账户

☞ 业务描述

今年40多岁的王岩，老家在河南信阳潢川县，他在广州、上海、郑州、南京都做过厨师，每一次流动到别的地方打工时，王岩都选择退保，他的养老保险也一次又一次的归零。

问题：

王岩的养老保险关系能否转移？

一、个人账户建立

1. 个人账户的概念

个人账户也称个人基金账户，是我国基本养老保险制度中实行的统账结合模式的重要内容。该账户由各级社会保险机构按国家颁布的公民身份号码为参加基本养老保险的职工每人建立一个终身不变的个人账户。按我国的最新规定，个人账户有三层含义：

（1）个人账户的基金实行强制性个人储蓄缴纳积累。

（2）该个人账户归个人专有，不作社会互济，职工在职时，基金管理采取完全积累的方式，退休后按月支付养老金。

（3）基本养老金个人账户的支付属于缴费限定型，与职工本人在职时对社会保险基金的贡献大小和工资数额的高低紧密相关。

2. 个人账户的构成

个人账户主要由三部分构成：

（1）当年缴费本金，含个人全部缴费以及用人单位缴费中划入个人账户的部分（从2006年1月1日起，个人账户的规模统一由本人缴费工资的11%调整为8%，全部

由个人缴费形成，单位缴费不再划入个人账户)。

(2) 当年本金生成的利息。

(3) 历年累计储存额生成的利息。

3. 个人账户的主要信息

个人账户记载保险对象的姓名、年龄、性别、居住地点、工作单位及变动、保险账号等基本情况，同时，也记载和核算有关记在个人名下的资金及资金的变动情况。具体包括三部分：

(1) 资金筹集情况，主要是指进入保险制度的时间、缴纳费用的标准和单位缴纳的数额、档次变动情况、中断缴费及补交的情况等。

(2) 资金积累情况，主要是指资金获得的利率及其变动情况、本息核算情况、最终积累总额等情况。

(3) 保险金领取情况，主要是指保险金领取的年龄、领取标准及其变动、保险金余额的继承等。

4. 个人账户的发展

1997年7月16日，国务院发布《关于建立统一的企业职工基本养老保险制度的决定》(国发［1997］26号文件)。该《决定》在进一步明确基本养老保险改革目标的基础上，对基本养老保险个人账户制度的具体实施办法做了明确规定：基本养老保险费由企业缴费和个人缴费两部分组成，其中个人缴费部分应逐步达到本人缴费工资的8%，有条件的地区个人缴费比例提高速度可以适当加快。应按本人缴费工资11%的数额为职工建立基本养老保险个人账户，个人缴费全部记入个人账户，不足的部分由企业缴费划入。但企业缴费应随着个人缴费的提高逐步降低到3%。个人账户的储存额参考银行同期存款利率计算利息，个人账户储存额只能用于个人养老，不得提前支取。职工调动时，个人账户全部随同转移。职工或退休人员死亡，个人账户中的个人缴费部分可以继承。

1999年，原劳动部发布《职工基本养老保险个人账户管理暂行办法》(劳办发［1997］116号)，对同年国务院《关于建立统一的企业职工基本养老保险制度的决定》中有关个人账户政策进行了细化规定。

2005年12月3日，国务院发布《国务院关于完善企业职工基本养老保险制度的决定》进一步对个人账户制度进行了调整，例如：为与做实个人账户相衔接，从2006年1月1日起，个人账户的规模由本人缴费工资的11%调整为8%，全部由个人缴费形成，单位缴费不再划入个人账户。同时，进一步完善鼓励职工参保缴费的激励约束机制，相应调整基本养老金计发办法。

2009年12月28日，国务院发布《城镇企业职工基本养老保险关系转移接续暂行办法》，这是迄今为止国家关于基本养老保险制度改革的最新规定，该《办法》进一步明确了个人账户储存额的计算和转移方式，1998年1月1日之前参保的参保人员，个人账户储存额按个人缴费累计本息计算转移，1998年1月1日之后参保的参保人员则按计入个人账户的全部储存额计算转移。另外，该《办法》还对农民工参保进行了明确的规定。

二、个人账户的转移接续

（一）同一统筹范围内转移

职工在同一统筹范围内流动时，只转移养老保险关系和个人账户档案，不转移基金。

（二）跨统筹地转移

职工跨统筹地区流动时，除转移基本养老保险关系和个人账户档案外，还要转移职工个人账户基金。《中华人民共和国社会保险法》第十九条规定：“个人跨统筹地区就业的，其基本养老保险关系随本人转移，缴费年限累计计算。个人达到法定退休年龄时，基本养老金分段计算、统一支付。具体办法由国务院规定。”2009 年，国务院出台《城镇企业职工基本养老保险关系转移接续暂行办法》（以下简称《暂行办法》），文件中规定参加城镇企业职工基本养老保险的所有人员，包括农民工养老保险转移的具体事宜。已经按国家规定领取基本养老保险待遇的人员，不再转移基本养老保险关系。该《暂行办法》消除了转移接续的限制，理论上实现了无论是否在户籍所在地，均可进行养老保险关系的接转。同时，2010 年《中华人民共和国社会保险法》明确取消了城镇、农村职工参加职工基本养老险的身份差异，农民工养老保险的特殊政策将逐步消亡，这为农民工养老保险的转移接续扫清了障碍。

1. 转移资金

个人账户储存额：1998 年 1 月 1 日之前按个人缴费累计本息计算转移，1998 年 1 月 1 日后按计入个人账户的全部储存额计算转移。

统筹基金（单位缴费）：以本人 1998 年 1 月 1 日后各年度实际缴费工资为基数，按 12% 的总和转移，参保缴费不足 1 年的，按实际缴费月数计算转移。

以 1998 年 1 月 1 日作为时间界限，是因为我国养老保险制度经历了一个“地方先探索试点、尔后全国规范统一”的过程。1997 年以前，各地的养老保险在探索“统账结合”模式时，个人账户规模差异较大，高的达 16%，低的为 3%；单位费率也高低悬殊。1997 年，国务院发布《关于建立统一的企业职工基本养老保险制度的决定》（国发 [1997] 26 号）文件，明确规定从 1998 年 1 月 1 日起将养老保险个人账户规模统一为 11%（2005 年进一步统一调整为 8%），同时对单位缴费比例提出了统一要求。因此，《暂行办法》规定，对单位缴费从 1998 年 1 月 1 日起计算转移；对个人账户资金，在这一时点后计算转移全部储存额，而在这一时点前，只计算转移个人缴费部分，即不转单位缴费划入个人账户的资金，这样对各地转移就业人员比较公平。

想一想

杨某在湖南某公司工作，养老保险已经缴费 12 年，2019 年他打算跳槽到深圳某公司工作，如果要换工作，个人缴费部分还是否有效？办理养老保险关系转移的同时，是否一起转移个人账户的所有储存额？

2. 转移条件

参保人员流动就业的，其基本养老保险关系应随同转移到新参保地。如新参保地为户籍所在地的，户籍所在地的相关社保经办机构应为其及时办理转移接续手续。

如新参保地不是户籍所在地的，按年龄确定是否具备转移条件：男未满 50 周岁，女未满 40 周岁的，没有条件限制，应及时办理转移接续手续；男年满 50 周岁，女年满 40 周岁的，基本养老保险关系继续保留在原参保地，在新参保地建立临时基本养老保险缴费账户，记录单位和个人全部缴费。

3. 待遇领取地

如图 3－5 所示，退休地确定基本原则为“最后参保地和十年原则”。

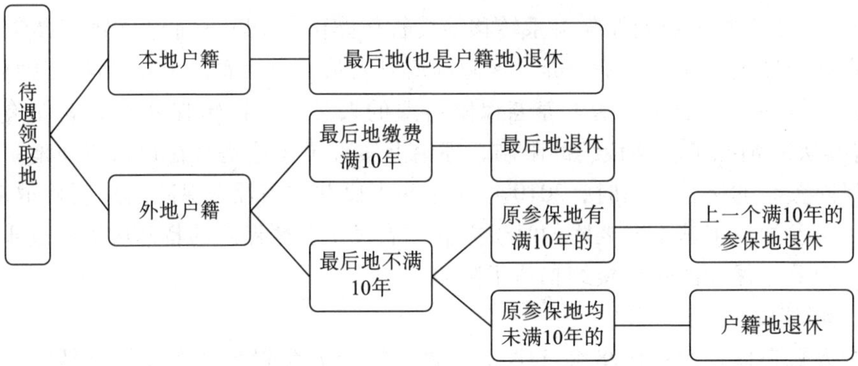

图 3－5　确定待遇领取地流程

（1）基本养老保险关系在户籍所在地的，由户籍所在地负责办理待遇领取手续，享受基本养老保险待遇。

（2）基本养老保险关系不在户籍所在地，而在其基本养老保险关系所在地累计缴费年限满 10 年的，在该地办理待遇领取手续，享受当地基本养老保险待遇。

（3）基本养老保险关系不在户籍所在地，且在其基本养老保险关系所在地累计缴费年限不满 10 年的，将其基本养老保险关系转回上一个缴费年限满 10 年的原参保地办理待遇领取手续，享受基本养老保险待遇。

（4）基本养老保险关系不在户籍所在地，且在每个参保地的累计缴费年限均不满 10 年的，将其基本养老保险关系及相应资金归集到户籍所在地，由户籍所在地按规定办理待遇领取手续，享受基本养老保险待遇。

工作实例

一个湖南的农民工劳动者，先后在福建、广东、浙江的城镇就业，参保缴费各 5 年。当他达到国家法定待遇领取年龄时，由于累计缴费年限满了 15 年，因此可以按月领取基本养老金。这位湖南农民工可以享受哪里的养老待遇呢？

由于他在三地参保都不满 10 年，就由他的户籍所在地湖南省负责发放基本养老金，而三地社保机构应按规定把相应的资金转到湖南省。但如果他在达到领取待遇条件之前，已把户籍转到了最后参保地浙江，那么就由浙江省负责发放基本养老金，其他两省应按规定把相应的资金转到浙江省。

4. 养老金计发

参保人员转移接续基本养老保险关系后，符合待遇领取条件的，按照《国务院关于完善企业职工基本养老保险制度的决定》（国发［2005］38号）的规定，以本人各年度缴费工资、缴费年限和待遇领取地对应的各年度在岗职工平均工资计算其基本养老金。

基本养老金计发的原则是“分段计算、统一支付”。“分段计算”是指参保人员达到退休条件并确定待遇领取地后，核定其基本养老保险待遇时将其在不同统筹地区、不同阶段各年度的缴费工资和缴费年限，与待遇领取地相对应的各年度全省在岗职工平均工资进行分段计算，确定其基本养老金领取标准。“统一支付”是指参保人员无论曾在多少个地方就业并参保缴费，在达到退休年龄后，将确定一个唯一的待遇领取地，并由其统一支付基本养老金。

5. 农民工的特殊规定

（1）农民工中断就业或返乡没有继续缴费。由原参保地社保经办机构保留其基本养老保险关系，保存其全部参保缴费记录及个人账户，个人账户储存额继续按规定计息。

（2）农民工返回城镇就业并继续参保缴费。无论其回到原参保地就业还是到其他城镇就业，累计计算其缴费年限，合并计算其个人账户储存额，符合待遇领取条件的，与城镇职工同样享受基本养老保险待遇。

（3）农民工不再返回城镇就业。其在城镇参保缴费记录及个人账户全部有效，并根据农民工的实际情况，或在其达到规定领取条件时享受城镇职工基本养老保险待遇，或转入新型农村社会养老保险。

6. 缴费不足15年的特殊情况

在达到法定退休年龄时累计缴费不足15年的职工，可以依据政策规定补缴或延长缴费。确定待遇领取地，然后在待遇领取地进行补缴或延长缴费。

案例分析

跨省流动就业人员养老保险关系转移问题

案情介绍：

小张是河南人，今年30周岁，已在天津某企业工作7年，单位每月按规定为其缴纳了各项社会保险，2018年8月份，小张的父母希望他回到河南工作，并为他在当地找了一份不错的工作。

问题：

小张能否将其在天津缴纳的养老保险转回河南？养老保险关系转移办理程序是怎样的？

案情分析：

根据《城镇企业职工基本养老保险关系转移接续暂行办法》（参见国办发［2009］66号）相关规定，参保人员跨省流动就业的，由原参保所在地社会保险经办机构开具参保缴费凭证，其基本养老保险关系应随同转移到新参保地。参保人员达到基本养老保险待遇领取条件的，其在各地的参保缴费年限合并计算，个人账户储存额累计计算。因此，小张在天津的养老保险关系可以随其转移到河南。

参保人员跨省流动就业的，按下列程序办理基本养老保险关系转移接续手续：

(1) 小张在新就业地按规定建立基本养老保险关系和缴费后，由用人单位或小张向河南省社保经办机构提出基本养老保险关系转移接续的书面申请。

(2) 河南省社保经办机构在15个工作日内，审核转移接续申请，对符合规定条件的，向小张天津市的社保经办机构发出同意接收函，并提供相关信息；对不符合转移接续条件的，向申请单位或小张作出书面说明。

(3) 天津市社保经办机构在接到同意接收函的15个工作日内，办理好转移接续的各项手续。

(4) 河南省社保经办机构在收到小张天津市社保经办机构转移的基本养老保险关系和资金后，应在15个工作日内办结有关手续，并将确认情况及时通知用人单位或小张。

三、个人中断缴费

职工个人中断缴费有多种情况，既有因中断工作的（如失业、升学、判刑等），也有因特殊原因单位或职工个人不能按时缴费的。中断工作停止缴费的职工由于不缴纳基本养老保险费，中断缴费期间也不计算缴费年限，其个人账户由原经办机构予以保留，个人账户继续计息。职工调动或中断工作前后，个人账户储存额累计计算，不间断计息。职工失业期间达到退休年龄，累计缴费年限满15年的，可以按规定办理正常退休手续，享受基本养老保险待遇。

因某种原因，单位或职工个人不能按时足额缴纳基本养老保险费的，视为欠缴。欠缴月份无论全额欠缴还是部分欠缴均暂不记入个人账户，待单位或职工个人按规定补齐欠缴金额后方可补记入个人账户。

职工个人所在企业欠缴养老保险费用期间，职工个人可以继续缴纳养老保险费用，其足额缴纳的费用记入个人账户，并计算为职工实际缴费年限。出现欠缴情况后，以后缴费采用滚动分配记账，即缴费先补缴以前欠缴费用及利息后，剩余部分作为当月缴费。

《城镇企业职工基本养老保险关系转移接续暂行办法》第九条规定：“对农民工中断就业或返乡没有继续缴费的，由原参保地保留其养老保险关系，保存其全部参保缴费记录及个人账户，个人账户储存额继续按规定计息。”使农民工的权益不因往返城乡而受损。如“农民工返回城镇就业并继续参保缴费的，无论其回到原参保地就业还是到其他城镇就业，均按前述规定累计计算其缴费年限，合并计算其个人账户储存额。”

四、继承

《中华人民共和国社会保险法》第十四条规定：“个人账户不得提前支取，记账利率不得低于银行定期存款利率，免征利息税。个人死亡的，个人账户余额可以继承。”

职工在职死亡或离退休后死亡，其个人账户可以继承。职工在职期间死亡时，继承额为个人账户余额中的个人缴费部分本息。离退休人员死亡时，继承额为个人账户余额中的个人缴费部分本息，具体公式为：

继承额 = 离退休人员死亡时个人账户余额 × 离退休时个人缴费本息占个人账户全部储存额的比例

职工个人账户继承额一次性支付给死亡者生前指定的受益人或法定继承人。个人账户的其余部分，并入社会统筹基金。个人账户处理完后，应停止缴费或支付记录，予以封存。

案例分析

家属是否可继承养老保险个人账户上的资金

案情介绍：

刘芳，某企业职工，在退休后不久就病故了。刘芳的家属要求继承其养老保险个人账户上的资金。然而，养老保险经办机构的工作人员却认为，职工家属可以继承养老保险个人账户中的个人缴纳部分，对于企业缴费纳入个人账户的部分不能继承。刘芳的家属不服，向当地劳动争议仲裁委员会申请仲裁。

问题：

刘芳的家属是否可以继承养老保险个人账户上的资金？

案情分析：

我国职工养老保险个人账户资金由两部分构成：一是职工个人缴费；二是企业缴费划入职工个人账户的部分。职工或退休人员死亡，家属可以继承其养老保险个人账户中的个人缴费部分。职工或退休人员死亡，家属不可以继承其养老保险个人账户中的企业缴费划入的部分。

拓展阅读

《农民工参加基本养老保险办法》（摘要）

为维护广大农民工的养老保险权益，根据《劳动法》、《社会保险费征缴暂行条例》和《国务院关于解决农民工问题的若干意见》（国发［2006］5号）的规定，针对农民工的劳动就业特点，按照低费率、广覆盖、可转移和能衔接的要求，制定农民工参加基本养老保险办法。

（1）适用范围。在城镇就业并与用人单位建立劳动关系的农民工，应当参加基本养老保险。用人单位与农民工签订劳动合同时，应当明确农民工参保相关事宜。用人单位应按规定为农民工办理参保手续。

（2）缴费比例。用人单位和农民工个人共同缴纳基本养老保险费。缴费基数按基本养老保险有关规定确定。单位缴费比例为12%；农民工个人缴费比例为4%至8%，由所在单位从本人工资中代扣代缴，并全部计入其本人基本养老保险个人账户（以下简称个人账户）。原来已参加基本养老保险的农民工和用人单位，可按本办法调整缴费标准。

(3) 转移接续。农民工离开就业地时，原则上不“退保”，由当地社会保险经办机构（以下简称社保机构）为其开具参保缴费凭证。农民工跨统筹地区就业并继续参保的，向新就业地社保机构出示参保缴费凭证，由两地社保机构负责为其办理基本养老保险关系转移接续手续，其养老保险权益累计计算；未能继续参保的，由原就业地社保机构保留基本养老保险关系，暂时封存其权益记录和个人账户，封存期间其个人账户继续按国家规定计息。

(4) 待遇计发。农民工参加基本养老保险缴费年限累计满15年以上（含15年），符合待遇领取条件后，由本人向基本养老保险关系所在地社保机构提出领取申请，社保机构按基本养老保险有关规定核定、发放基本养老金，包括基础养老金和个人账户养老金。农民工达到待遇领取年龄而缴费年限累计不满15年，参加了新型农村社会养老保险的，由社保机构将其基本养老保险权益记录和资金转入户籍地新型农村社会养老保险，享受相关待遇；没有参加新型农村社会养老保险的，比照城镇同类人员，一次性支付其个人账户养老金。

(5) 经办服务。国家建立全国统一的基本养老保险参保缴费信息查询服务系统，批准发行全国通用的社会保障卡。农民工个人身份证号码作为其本人全国通用、终身不变的社会保障号码，农民工可在各地社保机构查询本人参保缴费等权益记录信息。

资料来源：中华人民共和国人力资源和社会保障部 www.mohrss.gov.cn

模块练习

一、单选题

1. 某市2018年的职工月平均工资为4 000元，职工吴某的月平均工资为10 000元，张某的月平均工资2 200元，问吴某、张某今年的缴费工资基数是多少？(　　)

A. 9 000元，1 600元　　B. 10 000元，2 400元

C. 3 000元，3 000元　　D. 9 000元，1 800元

2. 领取养老金的条件：(　　)。

①达到法定退休年龄　②缴费满15年　③工龄满30年

A. ①②　　B. ②③

C. ①③　　D. ①②③

3. 某职工（男）1988年7月参加工作，当年22岁。1997年7月1日参加基本养老保险，到2012年7月1日为止。其实际缴费年限是（　　）？

A. 12　　B. 13

C. 14　　D. 15

4. 某职工（男）1988年7月参加工作，当年22岁。1997年7月1日参加基本养老保险，到2012年7月1日为止。其视同缴费年限是（　　）？

A. 10　　B. 9

C. 8　　D. 7

5. 我国企业职工基本养老保险制度规定，职工或退休人员死亡时，个人账户中的个人缴费部分（　　）。

A. 全部予以封存　　B. 全部转入社会统筹账户

C. 继续缴费　　D. 可以继承

6. 某私营企业职工小王25岁工作，月平均收入5 000元，其所在省份年度在岗职工月平均工资为4 000元。小王每月要交多少养老保险费（　　）。

A. 1 000元　　B. 400元

C. 100元　　D. 50元

7. 职工应当按照国家规定的（　　）的比例缴纳基本养老保险费，记入个人账户。

A. 单位平均工资　　B. 社会平均工资

C. 用工地最低工资　　D. 本人工资

8. 按照《社会保险法》规定，个人跨统筹地区就业的，其基本养老保险、基本医疗保险和失业保险关系随本人转移，缴费年限（　　）。

A. 中止计算　　B. 分段计算

C. 累计计算　　D. 重新计算

9. 城镇职工养老保险覆盖范围不包括（　　）。

A. 国有企业职工　　B. 个体工商户

C. 灵活就业人员　　D. 少年儿童

10. 用人单位应当按照国家规定的（　　）的比例缴纳基本养老保险费，记入基本养老保险统筹基金。

A. 社会平均工资　　B. 职工个人工资

C. 行业平均工资　　D. 本单位职工工资总额

二、判断题

1. 我国基本养老保险基金筹资采取社会统筹与个人账户相结合的“部分积累”模式，企业和职工个人共同缴纳养老保险费。（　　）

2. 参加基本养老保险的个人，因病或者非因工死亡的，其遗属可以领取丧葬补助金和抚恤金。（　　）

3. 职工应当参加基本养老保险，由用人单位和职工共同缴纳基本养老保险费。（　　）

4. 参加基本养老保险的个人，达到法定退休年龄时累计缴费不足15年的，按照实际缴费年限与应当缴费年限的比例计算，按月领取基本养老金。（　　）

5. 国有企业、事业单位职工参加基本养老保险前，视同缴费年限期间应当缴纳的基本养老保险费由本企业、本单位承担。（　　）

6. 参加基本养老保险的个人，达到法定退休年龄时累计缴费满15年

的，按月领取基本养老金。 ( )

7. 基本养老保险实行社会统筹与个人账户相结合。基本养老保险基金由用人单位和个人缴费以及政府补贴等组成。 ( )

8. 无雇工的个体工商户、未在用人单位参加基本养老保险的非全日制从业人员以及其他灵活就业人员可以参加基本养老保险，由个人缴纳基本养老保险费。 ( )

9. 基本养老保险基金出现支付不足时，政府给予补贴。 ( )

10. 职工个人缴费基数为职工社会平均工资。 ( )

模块三 其他群体的养老保险制度

任务描述

我国的养老制度在设计和执行上形成了以户籍、职业、地位、身份等划分的“碎片化”（多轨制）制度。

小姚，农村青年，长期在家务农，种植果树。

王先生，企业公司职员。妻子王太太是全职太太。

王科长，中部地区地级市的公务员。

问题：

请判断他们参加什么样的养老保险制度。从缴费到养老待遇有何区别?

任务一　认识城乡居民养老保险的整合发展

☞ 业务描述

小姚是一名农村青年，随着农村经济的发展，农民得到了实惠，加之今年农副产品收入不错，小姚手里有了余钱，听说国家实行新的养老保险政策，和原来的老农保相比，国家财政有投入了，于是他想参加养老保险。

王太太是一名全职太太，因为要照顾子女与老人，所以一直没有工作。也没有参加社保，但是她对养老很是担忧，正式单位的员工都有养老保险，自己没有工作没有收入可以参加社会养老保险吗?

一、新型农村养老保险建立发展

新型农村社会养老保险（简称新农保）是以保障农村居民年老时的基本生活为目的，建立个人缴费、集体补助、政府补贴相结合的筹资模式，养老待遇由社会统筹与个人账户相结合，与家庭养老、土地保障、社会救助等其他社会保障政策措施相配套，由政府组织实施的一项社会养老保险制度，是国家社会保险体系的重要组成部分。2009年国务院发布《关于开展新型农村社会养老保险试点的指导意见》，新型农村社会养老保险制度是在总结完善我国20世纪90年代开展的农村社会养老保险（简称老农保）制度的基础上建立起来的一项崭新制度。标志着我国农村社会养老保险制度建设进入了一个崭新时期。

新型农村养老保险特点：

（1）实行基础养老金和个人账户养老金相结合的养老待遇计发办法，国家财政全额支付最低标准基础养老金；

（2）实行个人缴费、集体补助、政府补贴相结合的筹资办法，地方财政对农民缴费实行补贴。

新农保制度的这两个显著特点，强调了国家对农民老有所养承担的责任，明确了政府资金投入的原则要求，这是与老农保制度仅依靠农民自我储蓄积累的最大区别。

二、城镇居民养老保险的建立发展

2011年7月1日，城镇居民养老保险在全国层面试点推行，这是继2009年新型农村社会养老保险试点后党中央、国务院为加快建设覆盖城乡居民的社会保障体系作出的又一重大战略部署，是促进和谐社会建设的一项重大民心工程，意味着我国人人都“老有所养”的千年夙愿将基本得以实现。城镇居民养老保险和新农保在制度设计上有很多共同之处，都是由政府主导建立的社会养老保险制度，实行个人缴费、政府补贴相结合，社会统筹和个人账户相结合，基本原则是“保基本、广覆盖、有弹性、可持续”。这一原则与中央确定的社会保障体系建设的总方针是一致的，同时根据城镇居民的特点，强调了“有弹性”。

城镇居民养老保险特点：

（1）广覆盖、保基本、建机制。社会养老保险应与国情和经济社会发展阶段相适应，与国家和城乡居民的承受能力相适应。

（2）自愿参加、重激励、有弹性。城镇居民社会养老保险实行政府主导和居民自愿相结合的原则，引导城镇居民普遍参保。制度规定坚持群众自愿参保，不搞强迫命令，而是重在运用财政补贴手段，通过激励引导，吸引更多居民参保，扩大覆盖面。缴费标准上设置多个档次，参保人自主选择，制度上鼓励多缴多得，权利与义务对应。

（3）政府推、居民进、共担责。城镇居民社会养老保险实行政府主导和居民自愿相结合，个人（家庭）和政府合理分担责任，权利与义务相对应。在新制度初建阶段，政府责任必须首先到位。

三、城乡居民养老保险的整合发展

城乡居民社会养老保险制度的实施，提前实现了我国建立覆盖城乡全体居民的养老保险制度目标，对于逐步缩小城乡差距，缓和社会矛盾，维护社会公平意义重大。2014年2月，国务院印发《关于建立统一的城乡居民基本养老保险制度的意见》，《意见》要求在总结新型农村社会养老保险（以下简称新农保）和城镇居民社会养老保险（以下简称城居保）试点经验的基础上，整合新农保和城居保两项制度合并实施。在全国范围内建立统一的城乡居民基本养老保险（以下简称城乡居民养老保险）制度，如图3－6所示。

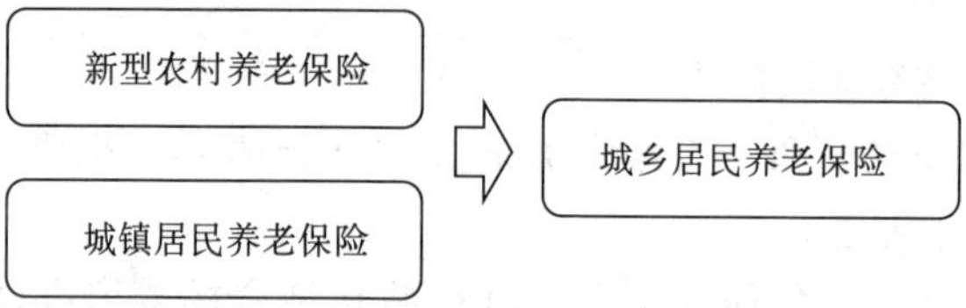

图3－6 城乡居民养老保险整合示意图

（一）指导思想与任务目标

1. 指导思想

按照全覆盖、保基本、有弹性、可持续的方针，以增强公平性、适应流动性、保证可持续性为重点，全面推进和不断完善覆盖全体城乡居民的基本养老保险制度，充分发挥社会保险对保障人民基本生活、调节社会收入分配、促进城乡经济社会协调发展的重要作用。

2. 任务目标

坚持和完善社会统筹与个人账户相结合的制度模式，巩固和拓宽个人缴费、集体补助、政府补贴相结合的资金筹集渠道，完善基础养老金和个人账户养老金相结合的待遇支付政策，强化长缴多得、多缴多得等制度的激励机制，建立基础养老金正常调整机制，健全服务网络，提高管理水平，为参保居民提供方便快捷的服务。“十二五”末，在全国基本实现新农保和城居保制度合并实施，并与职工基本养老保险制度相衔接。2020年前，全面建成公平、统一、规范的城乡居民养老保险制度，与社会救助、社会福利等其他社会保障政策相配套，充分发挥家庭养老等传统保障方式的积极作用，更好保障参保城乡居民的老年基本生活。

（二）城乡居民养老保险制度内容

1. 参保范围

年满16周岁（不含在校学生），非国家机关和事业单位工作人员及不属于职工基本养老保险制度覆盖范围的城乡居民，可以在户籍地参加城乡居民养老保险。

2. 基金筹集

城乡居民养老保险基金由个人缴费、集体补助、政府补贴构成。

（1）个人缴费。参加城乡居民养老保险的人员应当按规定缴纳养老保险费。缴费标准目前设为每年 100 元、200 元、300 元、400 元、500 元、600 元、700 元、800 元、900 元、1 000 元、1 500 元、2 000 元 12 个档次，省（区、市）人民政府可以根据实际情况增设缴费档次，见表 3－4，最高缴费档次标准原则上不超过当地灵活就业人员参加职工基本养老保险的年缴费额，并报人力资源社会保障部备案。人力资源社会保障部会同财政部依据城乡居民收入增长等情况适时调整缴费档次标准。参保人自主选择档次缴费，多缴多得。

（2）集体补助。有条件的村集体经济组织应当对参保人缴费给予补助，补助标准由村民委员会召开村民会议民主确定，鼓励有条件的社区将集体补助纳入社区公益事业资金筹集范围。鼓励其他社会经济组织、公益慈善组织、个人为参保人缴费提供资助。补助、资助金额不超过当地设定的最高缴费档次标准。

（3）政府补贴。政府对符合领取城乡居民养老保险待遇条件的参保人全额支付基础养老金，其中，中央财政对中西部地区按中央确定的基础养老金标准给予全额补助，对东部地区给予 50% 的补助。

地方人民政府应当对参保人缴费给予补贴，对选择最低档次标准缴费的，补贴标准不低于每人每年 30 元；对选择较高档次标准缴费的，适当增加补贴金额；对选择 500 元及以上档次标准缴费的，补贴标准不低于每人每年 60 元，具体标准和办法由省（区、市）人民政府确定。对重度残疾人等缴费困难群体，地方人民政府为其代缴部分或全部最低标准的养老保险费。

表 3－4　　福州 2019 年参保人员缴费档次及财政补贴标准

档次	参保人年缴费额（元/年）	财政补贴额（元/年）	计入个人账户额（元）
1	200	40	240
2	300	50	350
3	400	60	460
4	500	70	570
5	600	80	680
6	700	90	790
7	800	100	900
8	1 000	120	1 120
9	1 500	140	1 640
10	2 000	160	2 160
11	2 500	180	2 680
12	3 000	200	3 200

数据来源：福州晚报　http：//www. mnw. cn/

3. 个人账户建立

国家为每个参保人员建立终身记录的养老保险个人账户，个人缴费、地方人民政府对参保人的缴费补贴、集体补助及其他社会经济组织、公益慈善组织、个人对参保人的缴费资助，全部记入个人账户。个人账户储存额按国家规定计息。

4. 养老保险待遇及调整

城乡居民养老保险待遇由基础养老金和个人账户养老金构成，支付终身。

月养老金 = 月基础养老金 + 个人账户总额 ÷ 139

（1）基础养老金。中央确定基础养老金最低标准，建立基础养老金最低标准正常调整机制，根据经济发展和物价变动等情况，适时调整全国基础养老金最低标准。自2018年1月1日起，全国城乡居民基本养老保险基础养老金最低标准提高至每人每月88元，即在原每人每月70元的基础上增加18元。提高标准所需资金，中央财政对中西部地区给予全额补助，对东部地区给予50%的补助。

地方人民政府可以根据实际情况适当提高基础养老金标准；对长期缴费的，可适当加发基础养老金，提高和加发部分的资金由地方人民政府支出，具体办法由省（区、市）人民政府规定，并报人力资源社会保障部备案。例如，2019年广西基础养老金为116元，2019年福建基础养老金为123元。

（2）个人账户养老金。个人账户养老金的月计发标准，目前为个人账户全部储存额除以139（与现行职工基本养老保险个人账户养老金计发系数相同）。参保人死亡，个人账户资金余额可以依法继承。

工作实例

案例一：李先生每年缴费200元，政府每年给其参保补贴40元，连续缴费15年后满60周岁，该地区基础养老金的标准是195元，不考虑个人账户利息。

个人账户养老金 = 个人账户储存额 ÷ 139

= （200 × 15 + 40 × 15） ÷ 139 = 26元

月领取养老金 = 195 + 26 = 221元

案例二：张先生每年缴费1 000元，政府每年给其参保补贴120元，连续缴费30年后满60周岁，该地区基础养老金的标准是195元。

个人账户养老金 = 个人账户储存额 ÷ 139

= （1 000 × 30 + 120 × 30） ÷ 139 = 242元

月领取养老金 = 195 + 242 = 437元

5. 养老保险待遇领取条件

参加城乡居民养老保险的个人，年满60周岁、累计缴费满15年，且未领取国家规定的基本养老保障待遇的，可以按月领取城乡居民养老保险待遇。

新农保或城居保制度实施时已年满60周岁，在《意见》印发之日前未领取国家规定的基本养老保障待遇的，不用缴费，自本意见实施之月起，可以按月领取城乡居民养老保险基础养老金；距规定领取年龄不足15年的，应逐年缴费，也允许补缴，累计缴费不超过15年；距规定领取年龄超过15年的，应按年缴费，累计缴费不少于15年。

城乡居民养老保险待遇领取人员死亡的，从次月起停止支付其养老金。有条件的地方人民政府可以结合本地实际探索建立丧葬补助金制度。例如，2018年长沙市城乡居民养老保险丧葬补助金标准为2 550元，2019年内蒙古城乡居民养老保险丧葬补助标准为1 536元，2019年南京城乡居民养老保险丧葬补助标准为2 000元。

6. 转移接续与制度衔接

参加城乡居民养老保险的人员，在缴费期间户籍迁移、需要跨地区转移城乡居民养老保险关系的，可在迁入地申请转移养老保险关系，一次性转移个人账户全部储存额，并按迁入地规定继续参保缴费，缴费年限累计计算；已经按规定领取城乡居民养老保险待遇的，无论户籍是否迁移，其养老保险关系不转移。

城乡居民养老保险制度与职工基本养老保险、优抚安置、城乡居民最低生活保障、农村五保供养等社会保障制度以及农村部分计划生育家庭奖励扶助制度的衔接，按有关规定执行。

表 3－5　　某地区城乡居民养老保险缴费与养老金预测表

个人缴费		财政补贴		到 60 周岁养老金享受待遇（元/月）					到 75 周岁累计养老金
缴费档次（元/年）	缴 15 年合计	年补贴	15 年补贴合计	基础养老金	缴费年限养老金	个人账户养老金	每月合计	每年养老金合计	
100	1 500	30	450	88	30	14.1	132.1	1 585.2	23 778
200	3 000	30	450	88	30	24.9	142.9	1 714.8	25 722
300	4 500	30	450	88	30	35.7	153.7	1 844.4	27 666
400	6 000	40	600	88	30	47.5	165.5	1 986	29 790
500	7 500	50	750	88	30	59.4	177.4	2 128.8	31 932
1 000	15 000	80	1 200	88	30	116.6	234.6	2 815.2	42 228
2 000	30 000	160	2 400	88	30	233.1	351.1	4 213.2	63 198

备注：本表是在基础养老金为每月 88 元，以缴满 15 年为例，不考虑利率进行预测的。

任务二　认识机关事业单位养老保险制度改革

☞ 业务描述

王科长，中部地区地级市的公务员，2015 年开始缴纳养老保险费。王科长以前没有缴纳过养老保险费，此次改革涉及哪些人群？改革后养老费如何缴纳？王科长可以享受什么样的养老制度？

一、机关事业单位养老保障制度的建立与历史沿革

1955 年，国务院颁布了《国家机关工作人员退休处理暂行办法》，对机关干部的退休作了规定。1958 年，国家干部和工人的养老保险合并，颁布了《国务院关于工人、职员退休处理的暂行规定》，对 1955 年的办法做了补充，退休条件有所放宽，提高了某

些待遇标准。1978年，国务院颁发了《关于安置老弱病残干部的暂行办法》和《关于工人退休、退职的暂行办法》，干部和工人分属两种办法，但是两者的退休条件和养老待遇仍然一致；新办法放宽了离职休养条件；提高了退职生活费标准；规定了退休退职生活最低保障费用。1993年机关工资改革，公务员的养老金替代率从75%上升到92%，并且规定退休人员养老金随在职人员工资调整而调整。2006年公务员工资改革之后，退休公务员的养老待遇又做了进一步的调整。2006年1月1日起施行《公务员法》，至此我国已经形成了比较成型的公务员养老保险制度。2010年，《社会保险法》规定："公务员和参照公务员法管理的工作人员养老保险的办法由国务院规定。"

二、改革前机关事业单位养老保障制度特点

（1）待遇优厚，有力地保障退休公务员的生活需要。长期以来，我国公务员养老保险较企业职工养老金较为丰厚，能满足公务员退休后的生活保障，体现了党和政府对退休公务员的关怀以及对公务员在职时对革命工作和社会主义建设贡献的肯定。

（2）筹资模式为单一财政供款。公务员养老保险金完全来自各级财政，公务员所在单位和公务员个人不缴费。

（3）筹款方式为现收现付制。没有任何资金积累，边筹资边发放。

（4）实行待遇确定制的计发办法。公务员养老保险金以退休前最后一个月的工资为基数，按一定比例发放。工作年限越长比例越高。

（5）养老保险金随在职公务员工资调整而调整。在职公务员工资调整时，退休公务员养老金也随之调整。

（6）单位管理。公务员所在的机关负责公务员退休办理、养老保险金发放等工作。

三、改革前机关事业单位养老保障制度

（一）覆盖范围

国家机关和事业单位员工。

（二）保险缴费

个人不缴费，财政拨款。《公务员法》第七十九条规定："公务员工资、福利、保险、退休金以及录用、培训、奖励、辞退等所需经费，应当列入财政预算，予以保障。"

（三）领取养老金的条件

在公务员中，除少数属于1949年10月1日前"参加革命工作"的干部可享受离休待遇外，大部分则享受退休待遇。公务员的退休条件：①男性年满60周岁、女性年满55周岁，或者丧失工作能力的，应当退休；②男性年满55周岁、女性年满50周岁，且工作年限满20年的；或者工作年限满30年的，"本人提出要求，经任免机关批准，可以提前退休"。

（四）享受养老金的待遇

《公务员法》第七十七条 国家建立公务员保险制度，保障公务员在退休、患病、工伤、生育、失业等情况下获得帮助和补偿。

1. 新中国成立前参加工作的老工人的退休费

新中国成立前参加工作的老工人、1993 年 9 月 30 日前退休的，按原工资 100% 发给退休费。新中国成立前参加工作的老工人、1993 年 10 月 1 日后退休的，机关的按本人原基本工资全额计发；事业单位的按本人技术等级工资（等级工资）和津贴的全额计发。

2. 新中国成立后参加工作的退休费

养老金支付实行“就业工资关联”原则，就是养老金待遇水平和工龄长短和工资高低挂钩。例如：2006 年 7 月 1 日以后退休人员计发退休费的标准：公务员退休后的退休费按本人退休前职务工资和级别工资之和的一定比例计发。其中，工作年限满 35 年的，按 90% 计发；工作年限满 30 年不满 35 年的，按 85% 计发；工作年限满 20 年不满 30 年的，按 80% 计发；工作年限满 10 年不满 20 年的，按 70% 计发；工作年限不满 10 年的，按 50% 计发。

拓展阅读

改革前机关事业单位养老保障制度矛盾凸显

机关事业单位现行退休制度实行近 60 年，对保障退休人员生活、稳定干部队伍，发挥了重要作用。但随着社会主义市场经济的发展，也逐步暴露出一些矛盾。从制度内部看，主要有两个问题：一是机关事业单位的退休费用由财政或单位承担，单位之间负担畸轻畸重，一些地区和单位，特别是一些基层事业单位退休费不堪重负，甚至无法保证及时足额支付。二是机关事业单位工作人员退休费是按“最终工资”的一定比例分档计算的，难以充分体现工作人员整个职业生涯的劳动贡献。从全社会的角度看，也有两个突出问题：一是由于制度模式不同，机关事业单位与企业之间养老保险关系相互转移接续困难，制约了人力资源合理流动和有效配置。二是机关事业单位与企业之间的退休费（养老金）待遇确定和调整难以统筹协调，同类人员之间的待遇差距拉大，产生不平衡。

四、现行的机关事业单位工作人员养老保险制度改革

2014 年 5 月 15 日，国务院颁布《事业单位人事管理条例》，规定从 7 月 1 日起，事业单位及其工作人员将依法参加养老金缴费。2015 年 1 月，国务院印发了《国务院关于机关事业单位工作人员养老保险制度改革的决定》（国发〔2015〕2 号），提出机关事业单位工作人员从 2014 年 10 月 1 日开始缴纳养老保险费。这一文件的颁布标志着机关事业单位和城镇职工基本养老保险制度并轨进入实质性启动阶段，困扰我国多年的养老保险双轨制终于结束。

(一) 改革范围

按照公务员法管理的单位、参照公务员法管理的机关(单位)、事业单位及其编制内的工作人员。

(二) 缴费的基数和比例

单位及其工作人员都要缴纳养老保险费。单位按工资总额的20%缴费;个人按本人缴费工资的8%缴费,本人缴费工资高于当地职工平均工资3倍的部分不纳入缴费基数,低于平均工资60%的以60%为基数缴费,即"300%封顶、60%托底"。个人缴费全部计入个人账户,统一计息。个人账户储存额只用于工作人员养老,不得提前支取,每年按照国家统一公布的记账利率计算利息,免征利息税。参保人员死亡的,个人账户余额可以依法继承。

这与企业职工基本养老保险政策是基本一致的,有利于实现制度之间的衔接。这是养老保障筹资机制的重大变革,从较为单一的由财政供款为主的渠道变为单位和个人缴费、财政承担养老保险基金的兜底责任的多渠道筹资,形成单位、个人、政府共担的新机制。

(三) 基本养老金待遇计发

1. "老人"(改革前已退休的人员)的基本养老金计发

《决定》实施前已退休的人员,保持原待遇标准不变,同时执行基本养老金调整办法。机关事业单位离休人员仍按照国家统一规定发给离休费,并调整相关待遇。

2. "新人"(改革后参加工作的人员)的基本养老金计发

《决定》实施后参加工作、个人缴费年限累计满15年的人员,退休后按月发给基本养老金。基本养老金由基础养老金和个人账户养老金组成。退休时的基础养老金月标准以当地上年度在岗职工月平均工资和本人指数化月平均缴费工资的平均值为基数,缴费每满1年发给1%。个人账户养老金月标准为个人账户储存额除以计发月数,计发月数根据本人退休时城镇人口平均预期寿命、本人退休年龄、利息等因素确定。

这样规定,也是与企业职工的基本养老金待遇计发办法相一致的,更加公平,也更富有激励性,有利于引导单位为每个职工、每个在职职工为自己将来养老保障依法履行缴费义务。

3. "中人"(改革前工作,改革后一定时期内即将退休的人员)的基本养老金计发

《决定》实施前参加工作、实施后退休且缴费年限(含视同缴费年限,下同)累计满15年的人员,按照合理衔接、平稳过渡的原则,在发给基础养老金和个人账户养老金的基础上,再依据视同缴费年限长短发给过渡性养老金。具体办法由人力资源社会保障部会同有关部门制定并指导实施。

《决定》实施后达到退休年龄但个人缴费年限累计不满15年的人员,其基本养老保险关系处理和基本养老金计发比照《实施〈中华人民共和国社会保险法〉若干规定》(人力资源社会保障部令第13号)执行。

（四）养老保险关系转移接续

参保人员在同一统筹范围内的机关事业单位之间流动，只转移养老保险关系，不转移基金。参保人员跨统筹范围流动或在机关事业单位与企业之间流动，在转移养老保险关系的同时，基本养老保险个人账户储存额随同转移，并以本人改革后各年度实际缴费工资为基数，按12%的总和转移基金，参保缴费不足1年的，按实际缴费月数计算转移基金。转移后基本养老保险缴费年限（含视同缴费年限）、个人账户储存额累计计算。

（五）建立职业年金制度

机关事业单位在参加基本养老保险的基础上，应当为其工作人员建立职业年金。单位按本单位工资总额的8%缴费，个人按本人缴费工资的4%缴费。工作人员退休后，按月领取职业年金待遇。职业年金的具体办法由人力资源社会保障部、财政部制定。

相关知识

机关事业单位职业年金

2015年4月6日，国务院办公厅印发《机关事业单位职业年金办法》（以下简称《办法》）。《办法》规定，从2014年10月1日起实施机关事业单位工作人员职业年金制度。这是机关事业单位养老保险制度改革的重要组成部分。

职业年金是在国家基本养老保障体系之外，按照不同职业建立的一种补充性保障制度，它既不是完全意义上的社会保险，也不是商业保险，而是中国机关事业单位人力资源管理、薪酬福利管理的重要组成部分。职业年金强制建立，发挥机关事业单位基本养老保险的补充作用。

拓展阅读

人寿、工行等8机构入选国家机关事业单位职业年金受托人

《职业年金基金管理暂行办法》（人社部发〔2016〕92号）规定，职业年金基金受托、托管和投资管理机构在具有相应企业年金基金管理资格的机构中选择。

2018年7月，人社部官网发布了《中央国家机关事业单位职业年金受托人评选结果公示》，中国人寿养老保险股份有限公司、平安养老保险股份有限公司、中国工商银行股份有限公司、泰康养老保险股份有限公司、建信养老金管理有限责任公司、太平养老保险股份有限公司、长江养老保险股份有限公司7家机构为中央单位职业年金计划受托人。招商银行股份有限公司为中央单位职业年金计划受托人候补机构。

资料来源：金融界 http：//insurance. jrj. com. cn/

模块练习

一、单选题

1. 年满（ ）周岁（不含在校学生），非国家机关和事业单位工作人员及不属于职工基本养老保险制度覆盖范围的城乡居民，可以在户籍地参加城乡居民养老保险。

A. 16周岁　　B. 18周岁

C. 20周岁　　D. 22周岁

2. 城乡居民养老保险基金由（ ）、集体补助、政府补贴构成。

A. 个人缴费　　B. 企业缴费

C. 政府缴费　　D. 村委缴费

3. 城乡居民养老保险待遇由（ ）和个人账户养老金构成，支付终身。

A. 基础养老金　　B. 基本养老金

C. 统筹养老金　　D. 国家养老金

4. 参加城乡居民养老保险的个人，国务院规定开始领取养老金的年龄是（ ）。

A. 男60周岁，女55周岁　　B. 男女同为55周岁

C. 男女同为60周岁　　D. 男55周岁，女50周岁

5. 2015年国务院印发了《国务院关于机关事业单位工作人员养老保险制度改革的决定》，其改革范围包括按照公务员法管理的单位、参照公务员法管理的机关（单位）、（ ）及其编制内的工作人员。

A. 事业单位　　B. 国有企业

C. 私营企业　　D. 个体工商户

二、判断题

1. 参保人死亡，个人账户资金余额可以依法继承。（ ）

2. 新农保或城居保制度实施时已年满60周岁，在《意见》印发之日前未领取国家规定的基本养老保障待遇的，不用缴费，自本意见实施之月起，可以按年领取城乡居民养老保险基础养老金。（ ）

3. 改革后机关事业单位及其工作人员都要缴纳养老保险费。单位按工资总额的20%缴费，个人不需要缴费。（ ）

4. 机关事业单位在参加基本养老保险的基础上，应当为其工作人员建立职业年金。（ ）

5. 改革前机关事业单位养老保障制度特点有：待遇优厚、筹资模式为单一财政供款、筹款方式为现收现付制。（ ）

模块四
企业年金

任务描述

小张大学毕业应聘进入了某保险公司团险部工作，从事技术支持岗，工作职责是：企业年金方案设计，协助方案投标，备案及后期客户服务，相关业务系统操作，建立客户档案及分析。但是，初入公司他对企业年金还不是很了解。

问题：

1. 请说明什么是企业年金。
2. 请比较企业年金与基本养老保险、个人商业养老保险联系与区别。
3. 请制定一份企业年金方案。

任务一 认识企业年金

☞ 业务描述

作为三支柱养老体制之一的企业年金，是欧美企业最重要、最普遍的激励机制。成熟市场国家60%以上的企业设计了企业年金计划。其中美国企业年金对劳动力的覆盖率达到57%，英国达到60%，德国达到65%，法国达到80%。企业年金被视为吸引和留住人才的“金手铐”。

问题：

1. 企业年金有何意义？
2. 我国企业年金发展如何？

一、企业年金的概念

企业年金，也叫企业补充养老保险。是符合强制实施的国家养老金之外的，由企业在国家政策指导下，根据自身经济实力和经济状况建立的，为本企业职工提供一定程度退休收入保障的补充性养老保险制度。企业补充养老保险居于多层次的养老保险体系中的第二层次，由国家宏观指导、企业内部决策执行。具体包括以下三层含义：

(1) 企业年金既不是社会保险,也不是商业保险,是基本养老保险的补充,不具有强制性和盈利性。而是一项企业福利制度,是企业人力资源战略的重要组成部分。企业补充养老保险是社会保障体系的重要组成部分,是实施养老保障"多支柱"战略的重大制度安排,企业补充养老保险与国家养老金、个人储蓄性养老金一起构成多支柱养老保障体系。

(2) 企业年金的责任主体是企业,企业依据自身经济状况建立的企业保障制度,企业或职工承担因实施企业补充养老保险产生的所有风险;国家或政府作为政策制定者和监管者不直接干预企业补充养老保险的管理和基金运营,其主要职责是制定规则,依规监管。

(3) 企业年金与国家统一实施的基本养老保险既有联系,又有区别。其联系主要体现在两种养老保险的政策和水平上;区别主要体现在两种养老保险的层次和功能上。企业达到规定条件的可以实行;企业经济条件好的可以多补充,经济条件差时可以少补充或暂不补充,不符合条件的,则不允许实行。

企业年金的作用主要体现在以下几个方面:

(1) 建立企业年金制度,有利于树立良好的企业形象,吸引和留住优秀人才。

(2) 企业根据员工的贡献,设计具有差异性的年金计划,有利于形成公平合理的分配制度,充分发挥员工的潜能。

(3) 通过年金计划中"权益归属"的设定,利用福利沉淀实现有效激励,留住人才。

(4) 建立企业年金制度,在提高员工福利的同时,利用国家有关税收政策,为企业和个人合理节税。

(5) 推进养老保障制度改革,健全保障体系。

(6) 完善现代企业制度,提高企业核心竞争力。

二、企业年金的特征

(1) 由企业发起建立。

(2) 经办方式多种多样:一是大企业自办;二是由多家企业联合或行业管理机构建立的区域性或全国性协会、基金会经办;三是由有关中介机构经办;四是由有关金融机构包括各类银行、基金管理公司、证券公司、寿险公司经办。

(3) 国家给予一定的税收优惠政策。企业年金缴费以及基金的投资可免税。例如,我国企业为在本企业任职或者受雇的全体员工支付的补充养老保险费,分别在不超过职工工资总额5%标准内的部分,在计算应纳税所得额时准予扣除。《关于企业年金职业年金个人所得税有关问题的通知》,决定自2014年1月1日起,实施企业年金、职业年金个人所得税递延纳税优惠政策。企事业单位在为全体职工缴付的企业年金或职业年金单位缴费部分,在计入个人账户时,个人暂不缴纳个人所得税。而个人根据规定缴付的年金个人缴费部分,在不超过本人缴费工资计税基数4%标准内的部分,暂从个人当期的应纳税所得额中扣除。

(4) 企业补充养老保险基金实行市场化投资运营。

(5) 政府在企业补充养老保险的建立和管理中不承担直接责任,政府的主要职能是对其进行严格的监管。

三、建立企业年金的原则

（1）自愿原则。补充养老保险的费率档次由企业根据自身经济承受能力确定。企业经济条件好时可以多补充，经济条件差的可以少补充或暂不补充。

（2）普遍性原则。所有参加了基本养老保险社会统筹的城镇各类企业都可以建立企业补充养老保险。其中，外商投资企业应仅限中方员工。必须注意的是，普遍性原则的实质只是一种资格或可能，并不意味着企业必须为员工建立，能否建立还要看企业的具体情况。

（3）企业年金的待遇水平应与基本养老保险水平通盘考虑确定，不宜脱离基本养老保险水平而定得过高。

（4）企业年金可以实行与职工个人储蓄性养老保险挂钩的办法。如企业为员工缴纳2/3，员工本人缴纳1/3。以增加员工的参与感和自我保障意识。增强企业的凝聚力，从而更充分地发挥其工作积极性，进而提高企业的经济效益。

四、我国企业年金的主要内容

（一）适用范围

《企业年金办法》于2018年2月1日起施行。企业年金方案适用于企业试用期满的职工。

（二）企业年金资金筹集

企业年金所需费用由企业和职工共同缴纳。《企业年金办法》第三条规定，企业年金所需费用由企业和职工个人共同缴纳。企业年金基金实行完全积累，为每个参加企业年金的职工建立个人账户，按照国家有关规定投资运营。企业年金基金投资运营收益并入企业年金基金。第十五条规定，企业缴费每年不超过本企业职工工资总额的8%。企业和职工个人缴费合计不超过本企业职工工资总额的12%。具体所需费用，由企业和职工一方协商确定。

企业年金基金由下列各项组成：企业缴费、职工个人缴费、企业年金基金投资运营收益。

（三）账户管理

企业年金基金实行完全积累，采用个人账户方式进行管理。企业缴费应当按照企业年金方案确定的比例和办法计入职工企业年金个人账户，职工个人缴费计入本人企业年金个人账户。企业应当合理确定本单位当期缴费计入职工企业年金个人账户的最高额与平均额的差距。企业当期缴费计入职工企业年金个人账户的最高额与平均额不得超过5倍。

职工企业年金个人账户中个人缴费及其投资收益自始归属于职工个人。职工企业年金个人账户中企业缴费及其投资收益，企业可以与职工一方约定其自始归属于职工个人，也可以约定随着职工在本企业工作年限的增加逐步归属于职工个人，完全归属于职工个人的期限最长不超过8年。

（四）企业年金转移

职工变动工作单位时，新就业单位已经建立企业年金或者职业年金的，原企业年金个人账户权益应当随同转入新就业单位企业年金或者职业年金。

职工新就业单位没有建立企业年金或者职业年金的，或者职工升学、参军、失业期间，原企业年金个人账户可以暂时由原管理机构继续管理，也可以由法人受托机构发起的集合计划设置的保留账户暂时管理；原受托人是企业年金理事会的，由企业与职工协商选择法人受托机构管理。

（五）企业年金支付

符合下列条件之一的，可以领取企业年金：

(1) 职工在达到国家规定的退休年龄或者完全丧失劳动能力时，可以从本人企业年金个人账户中按月、分次或者一次性领取企业年金，也可以将本人企业年金个人账户资金全部或者部分购买商业养老保险产品，依据保险合同领取待遇并享受相应的继承权；

(2) 出国（境）定居人员的企业年金个人账户资金，可以根据本人要求一次性支付给本人；

(3) 职工或者退休人员死亡后，其企业年金个人账户余额可以继承。

（六）企业年金主要当事人

我国《企业年金基金管理办法》明确了年金一律采取信托模式管理。在企业年金计划建立、运行与管理过程中，一般都要涉及的主要当事人有：委托人、受益人、受托人、账户管理人、托管人、投资管理人、中介服务机构和企业年金监管机构，如图3-7所示。

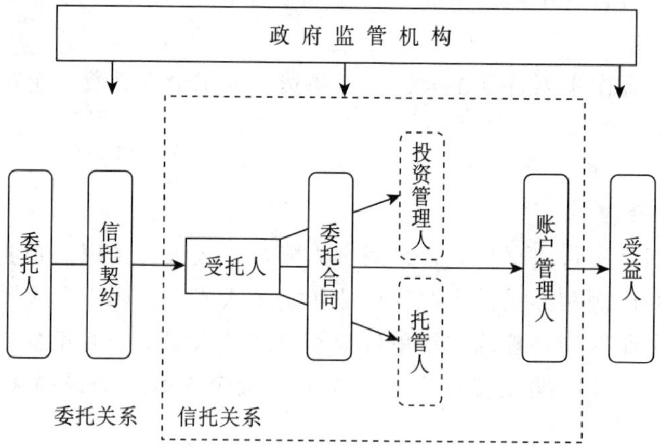

图3-7 企业年金当事人关系图

知识链接

企业年金信托，是指以信托之方式管理企业年金的制度。委托人（开展了企业年金的企业或者企业年金基金）将计提的企业年金基金作为信托财产设立信托，把企业年金基金转移给受托人，受托人按委托人的意愿以自己的名义，为受益人的利益对年金基金进行管理和处分，从而实现年金的保值、增值，并在企业员工符合规定条件时对其发放年金的一种信托。

（1）委托人，包括举办企业和参加企业年金的职工。举办企业是根据国家政策，设立企业年金计划的单个企业、企业集团和行业。所有按时足额缴纳基本养老保险费的企业，包括外资机构，均可按规定自愿设立年金计划。设立年金计划单位的主要职责是制订年金方案，按规定缴纳企业年金报告，并定期免费向参保人和监管人提供年金方案财务报告等信息，同时举办企业还有保留终止年金计划的权利。参加企业年金计划的员工。由于个人向企业年金的缴费一般由雇主代为扣缴，所以参保人的职责比较简单，主要是遵守年金制度，选举受托人，对企业年金计划提出修改意见，对有关待遇问题进行咨询和投诉等。

（2）受托人，是指受托管理企业年金基金的企业年金理事会或符合国家规定的养老金管理公司等法人受托机构（简称法人受托机构）。企业年金理事会由企业代表和职工代表等人员组成，依法管理本企业的企业年金事务，不得从事任何形式的营业性活动。企业年金理事会理事应当诚实守信、无重大违法记录，并不得以任何形式收取费用。

（3）账户管理人。账户管理人指接受受托人的委托，负责管理企业年金个人账户的专业机构。受托人不仅可以委托具有资格的企业年金账户管理机构负责管理企业年金账户；具备条件的受托机构，同时可以兼有受托人、个人账户管理人、投资运营机构的职能，但须在内部成立相对独立的部门或机构。

（4）投资管理人。投资管理人指接受受托人的委托，负责企业年金基金的投资运营、保值增值的专业机构。

（5）托管人。托管人指接受受托人委托，负责保管企业年金财产的商业银行等专业机构。企业年金受托人应选择具有资格的托管机构托管企业年金基金。为了保证企业年金基金的安全，这个机构只能是独立的商业银行。

（6）中介机构。中介机构是企业年金运行过程中，提供咨询、资信评估、精算、会计或法律等专业性服务的社会中介机构。其主要提供企业年金方案设计，提供投资咨询服务，提供年金计划的财务报告和法律咨询服务等。

（7）受益人。受益人是根据年金方案的规定，在满足一定条件下，享受养老金待遇的人员。

（8）监管机构。企业年金制度监管机构是指对企业年金计划的设立与终止、资金的收缴与发放、基金的投资与运营以及参保人权益保护的监督机构。

表 3-6　　我国企业年金基金管理机构一览表

受托人(14家)	账户管理人(20家)	托管人(10家)	投资管理人(23家)
长江养老保险股份有限公司	长江养老保险股份有限公司	交通银行股份有限公司	博时基金管理有限公司
华宝信托有限责任公司	华宝信托有限责任公司	上海浦东发展银行股份有限公司	长江养老保险股份有限公司
建信养老金管理有限责任公司	交通银行股份有限公司	中国光大银行股份有限公司	富国基金管理有限公司
平安养老保险股份有限公司	建信养老金管理有限责任公司	中国工商银行股份有限公司	国泰基金管理有限公司
泰康养老保险股份有限公司	平安养老保险股份有限公司	中国建设银行股份有限公司	工银瑞信基金管理有限公司
太平养老保险股份有限公司	上海浦东发展银行股份有限公司	中国民生银行股份有限公司	海富通基金管理有限公司
中国工商银行股份有限公司	泰康养老保险股份有限公司	中国农业银行股份有限公司	华泰资产管理有限公司
中国建设银行股份有限公司*	太平养老保险股份有限公司	中国银行股份有限公司	华夏基金管理有限公司
中国农业银行股份有限公司	新华人寿保险股份有限公司*	招商银行股份有限公司	嘉实基金管理有限公司
中国人民养老保险有限责任公司	新华养老保险股份有限公司	中信银行股份有限公司	建信养老金管理有限责任公司
中国人寿养老保险股份有限公司	中国光大银行股份有限公司		南方基金管理有限公司
中国银行股份有限公司	中国工商银行股份有限公司		平安养老保险股份有限公司
招商银行股份有限公司	中国建设银行股份有限公司*		泰康资产管理有限责任公司
中信信托有限责任公司	中国民生银行股份有限公司		太平养老保险股份有限公司
	中国农业银行股份有限公司		新华养老保险股份有限公司
	中国人民养老保险有限责任公司		易方达基金管理有限公司
	中国人寿养老保险股份有限公司		银华基金管理有限公司
	中国银行股份有限公司		中国国际金融股份有限公司
	招商银行股份有限公司		中国人保资产管理股份有限公司*
	中信银行股份有限公司		中国人民养老保险有限责任公司
			中国人寿养老保险股份有限公司
			招商基金管理有限公司
			中信证券股份有限公司

注:按拼音排序,2018.8更新

中国建设银行股份有限公司的受托、账户管理资格将于2018年12月31日到期,中国人保资产管理股份有限公司投资管理资格、新华人寿保险股份有限公司的账户管理资格将于2019年6月30日到期。

拓展阅读

打下美国养老金市场半壁江山的401K计划

401K计划始于20世纪80年代初,是目前美国私人企业普遍采用的一种养老保险计划。美国企业根据401K计划,为员工设立一个专门储蓄养老金的401K账户,每月和员工一起往账户存钱,用作投资。

美国401K计划的三大特点:

(1)税收优惠:存入401K账户的资金及其投资收益当期无需交税,仅在员工退休领取时才需缴纳个税。

(2)极大自主权:员工可自主决定是否参与401K计划、月度存入金额,以及账户养老金的投资方式(如股票、基金、债券、货币等),不过需自行承担投资风险。退休后领取养老金的方式也不受限，可以一次性取出、分期领取或转为存款。

(3) 账户“跟人走”：离职员工也能携带或转移账户资金，如转到新公司的401K账户或个人退休账户，不用担心之前的钱会白交。

覆盖92%劳动人口的澳大利亚超级年金

18~75岁、月收入450澳元以上的员工，均有资格加入超级年金。一旦加入，企业会支付超级年金全部的强制缴费部分，即员工工资的9%。而员工和企业缴纳的资金将存入一个像401K账户一样可携带、有投资选择权、无强制领取方式的账户。超级年金主要有三大特点：

(1) 企业强制、个人自愿。不同于企业和个人均自愿参与的401K计划，澳大利亚的超级年金采取企业强制、个人自愿的原则。

(2) 不算“给力”的税收优惠。相比401K计划，超级年金税收优惠力度略微逊色。只有当年缴费额少于25 000澳元时，才能享受15%这一优惠税率。一旦超过，就只能按所得税的税率交税，并且投资收益也需交15%的税。

不过幸运的是，等领取养老金时，就完全免税了。当然，前提是已经达到最低领取年龄55岁，不然提前支取还是得补交大额税金。

(3) 逐步调整策略。比如说，超级年金的企业强制缴费比例会逐步上调，目前为员工工资的9%，但预计到2019年6月底将为12%。再比如，现在超级年金的最低领取年龄是55岁，到2025年将延长到60岁等。

资料来源：金融界

任务二　比较企业年金与基本养老保险、个人商业养老保险

☞ 业务描述

东风汽车、中国石油、哈电集团、葛洲坝、西门子（中国）等国内大型公司都已经开始进行企业年金制度的实践。一些跨国公司也在不断推进企业年金项目工作。企业年金制度在国外已有过先例，这些企业为职工上缴了基本养老保险，为什么还要建立企业年金计划？企业年金与基本养老保险、个人商业养老保险有何区别？

一、企业年金与基本养老保险的比较

企业年金与基本养老保险既相互补充，又互为替代。企业年金是对基本养老保险保障水平的补充，两者共同构成多层次养老体系。长期以来，我国基本养老保险替代率都维持在80%~90%之间，目前的实际平均替代率为86%，有的地方甚至高达120%以上。随着人口老龄化的加速，过高的基本养老保险替代率既给政府增添了沉重的财政负担，也降低了员工对企业年金的保障需求，这也必然会限制企业年金的发展空间。所以，利用企业年金与基本养老保险的互补性，发展企业年金，可以在人口老龄化趋势下逐步降低基本养老保险过高的替代率，较大程度地减轻政府的财政负担。不过，企业年金也无法取代基本养老保险，两者的差异是很明显的。这主要体现在以下几个方面：

第一，目的不同。基本养老保险是保障退休员工的基本生活，而企业年金则是在此基础上提供补充给付，是保障超过基本生活以上的需求。

第二，承担的责任不同。政府对基本养老保险承担最后的责任，政府要保证基本养老保险足额、按时发放，一旦养老金计划收支不平衡，发生支付困难，政府财政就要兜底。必要时财政给予补贴。企业年金则是在国家政策指导下，为员工提供的一种额外福利，政府不直接承担保险资金收支的责任风险，政府财政也不会给予补贴。

第三，覆盖范围不同。基本养老保险是通过国家立法强制实施，制度覆盖范围内的企业和个人都必须无条件参加，待遇标准也由国家统一规定。而企业年金是企业和员工在量力、自愿的原则下，自主建立的。通常以个人账户的形式明确个人对企业年金的所有权，保险计划呈现多样化的特点。

第四，归集与支付的方式不同。我国基本养老保险基金采用部分积累方式，而企业年金采用完全积累方式。收与支是在人一生中不同阶段进行，一般在工作阶段归集资金，退休阶段才支付出去。在间隔的时间段里，企业年金通过定期与不定期的缴费在不断增多，所以它具有长期性与积累性，对资金有保值增值的要求。

二、企业年金与商业保险的比较

首先，20世纪20年代，保险业开始介入企业年金领域，成为企业年金委托经营的对象之一，现在保险公司是发达国家证券市场上重要的机构投资者，是企业年金市场主要的参与者之一，所以，商业保险和企业年金关系密切。其次，企业年金与商业保险都具有互助互济、保障大众生活、维系社会稳定的功能。

再次，企业年金与商业保险都需要通过市场运作实现保值增值，其风险内缴费人或受益人承担，政府不承担任何责任。当然，两者之间也存在诸多的差异，这表现在以下几个方面：

第一，性质与目的不同。企业年金是基本养老保险的补充，是以改善、提高员工退休生活保障水平为目的的，具有福利性质，通常会纳入社会保障政策实施范围而能够享受税收方面的优惠；商业保险是金融企业的经营活动，以盈利为目的，属于经营性质的业务，商业保险的费用负担只能由社会成员个人承担，一般不能享受税收优惠。

第二，权利与义务不同。企业年金要结合员工对企业的贡献大小、工作年限长短等因素来确定企业与员工之间的权利与义务，很重视权利与义务间的对等；而商业保险的受益人享有的权利与保险公司承担的义务取决于投保时缴纳保费的多少，以投保额决定偿还额。

第三，企业年金的建立通常带有一定程度的强制性，即使是在自愿的基础上，自主建立企业年金，政府也会引导规范年金的运行与发展；商业保险则没有任何强制性，完全按自愿原则购买，是规范的市场运作。

第四，管理与运作上的差异。首先，商业探险应用大数定律，依靠风险分担原则对被保险人进行保障，应用生存率、死亡率的数据来确定费率。其次，商业保险还可以“自由退保”，其账户中的资金可以根据公司的管理规则动用。而企业年金要依靠组合投资和审核监督等原则来确保受益人的养老金，要运用贡献大小、工资增长率，甚至通货膨胀率等因素来确定缴费水平。对参与者的个人账户，企业年金实行锁定原则（法律有特殊规定的除外），账户资产一般不得提前动用。

很显然，企业年金既不属于基本养老保险，又不属于商业保险，而是介于两者之间，它是对基本养老保险的补充，但又不能替代基本养老保险。企业年金由企业自愿建立，但政府必须介入企业年金远行与监管。所以，正确认识企业年金、企业年金保险与商业保险这三者的关系十分重要，它直接关系企业年金运行、管理与发展。

拓展阅读

我国企业年金发展现状

从2007年到2015年企业年金参保人数占城镇职工基本养老保险参保人数的比重从4.61%增加到6.55%，2016年占比呈下降趋势，2017年下降到5.82%。同时，企业年金的替代率仅为5%。不仅如此，参加企业年金的用人单位与个人几乎是国有企业和机关事业单位职工，民营企业鲜有参与，低收入劳动者更是无缘。若任由这种局面长期持续，将拉大中小微企业与国企、机关事业单位的差距，从而造成养老保险制度新的不公平和新的碎片化，不仅不利于城镇低收入群体多层次养老保险体系的建设，同时也不利于我国养老保险制度的公平和可持续发展。

表3-7　　2007—2017年中国企业年金与城镇基本养老保险情况对比

年份	参保人数（万人）	积累基金（亿元）	企业年金参保人数/就业人口（%）	企业年金参保人数/城镇职工基本养老保险参保人数（%）	企业年金积累额/城镇职工基本养老保险基金积累额（%）
2007	929	1 519	1.23	4.61	20.55
2008	1 038	1 911	1.37	4.74	19.24
2009	1 179	2 533	1.55	5.01	20.22
2010	1 335	2 809	1.75	5.19	18.28
2011	1 577	3 570	2.06	5.55	18.31
2012	1 847	4 821	2.41	6.07	20.14
2013	2 056	6 035	2.67	6.38	21.35
2014	2 293	7 689	2.97	6.72	24.18

续表

年份	参保人数（万人）	积累基金（亿元）	企业年金参保人数/就业人口（%）	企业年金参保人数/城镇职工基本养老保险参保人数（%）	企业年金积累额/城镇职工基本养老保险基金积累额（%）
2015	2 316	9 526	2.99	6.55	26.95
2016	2 325	11 075	2.99	6.13	29.96
2017	2 331	12 880	3.00	5.82	29.74

资料来源：参保人数与积累基金由人力资源和社会保障部提供，比率为作者计算。

注：如果将城乡居民养老保险基金积累和商业性养老保险基金积累纳入统计，则企业年金占比将下降到20%以下。

资料来源：郑功成，《多层次社会保障体系建设：现状评估与政策思路》

任务三　制定企业年金方案

业务描述

小张大学毕业应聘进入了某保险公司团险部工作，从事技术支持岗，需要为企业制定企业年金方案设计，协助方案投标。什么样的企业可以建立企业年金？企业年金方案如何制定与设计？

一、建立企业补充养老保险的基本条件

建立企业补充养老保险制度具有普遍性原则，但并不意味着所有企业都必须和能够建立起这种制度。企业建立补充养老保险是需要具备一定的条件的。只有具备了这些条件时才有资格和能力建立。根据我国2018年《企业年金办法》应具备以下基本条件：

（1）企业和职工建立企业年金，应当依法参加基本养老保险并履行缴费义务，这是企业建立补充养老保险的前提条件。基本养老保险在多层次养老保险体系中起着主导作用，因此，确保基本养老保险基金的形成是实施补充养老保险的先决条件。按时足额缴纳基本养老保险费就是满足这一先决条件的具体化。此外，基本养老保险还制约着补充保险的最高补充水平，只有在基本养老保险的水平确定之后，才能确定补充保险的最高水平。

（2）企业必须具有经济承受能力，这是建立补充养老保险最最根本的条件。经济承受能力包括两层含义：一是补充养老保险资金不允许记入成本的情况下，企业能够用自有资金为本企业职工支付补充养老保险所需资金。自有资金多的企业可以多补充，自有资金少的企业则只能少补充或暂时不补充。二是在补充养老保险资金允许有条件地记

入成本的情况下，记入成本的补充养老保险资金能够被企业消化，不至于影响企业的竞争力和各项指标的完成情况。微利企业不具备建立企业补充养老保险的条件，因为补充养老保险资金若记入成本，使得成本增加，企业很可能由微利变为亏损。总而言之，企业的经济承受能力和经济效益状况决定着企业是否具备建立补充养老保险的条件以及补充水平的高低。

二、企业年金方案的主要内容

（1）参加人员。
（2）资金筹集与分配的比例和办法。
（3）账户管理。
（4）权益归属。
（5）基金管理。
（6）待遇计发和支付方式。
（7）方案的变更和终止。
（8）组织管理和监督方式。
（9）双方约定的其他事项。

工作实例

某企业年金方案（节选）

……

第一章　总则

第一条　为保障和提高职工退休后的待遇水平，调动职工的劳动积极性，建立人才长效激励机制，增强公司的凝聚力，促进公司健康持续发展，根据《中华人民共和国劳动法》（中华人民共和国主席令第28号）、《集体合同规定》（劳动和社会保障部令第22号）、《企业年金办法》（人力资源和社会保障部令第36号）、《企业年金基金管理办法》（人力资源和社会保障部令第11号）等法律、法规、规章及上级主管部门的规定，重庆川仪自动化股份有限公司（以下简称“本公司”或“公司”）决定建立企业年金，并结合实际情况，制定企业年金方案（以下简称“本方案”）。

第二条　建立企业年金遵循的原则：

（一）有利于公司发展。通过建立企业年金增强公司的凝聚力和吸引力，激励职工长期稳定地工作，促进公司与职工共同发展；

（二）公平与效率相结合。企业年金应覆盖符合条件的职工。单位缴费分配在体现公平的同时兼顾效率；

（三）平等协商。公司与职工按照国家相关规定，通过集体协商确定建立企业年金并制定企业年金方案；

（四）保障安全、适度收益。企业年金基金的管理严格按照国家有关规定执行，按照规定的投资范围进行投资运作，在保障安全的前提下获取适度收益；

(五)适时变更原则。按照国家政策变化，结合公司经营状况和企业年金运行情况，适时变更企业年金方案。

第三条 公司建立企业年金的基本条件

(一)依法参加企业职工基本养老保险并履行缴费义务；

(二)公司与职工代表通过集体协商确定建立企业年金；

(三)企业当年盈利并有相应的经济负担能力。

第四条 实施范围

本方案适用于××自动化股份有限公司总部及所属各分公司、子公司。

第二章 参加人员

第五条 职工参加本方案的条件

(一)与公司签订劳动合同并试用期满；

(二)依法参加企业职工基本养老保险并履行缴费义务；

(三)除实习、见习、临聘、返聘等外的所有本公司在岗职工。

第六条 职工参加本方案的程序

符合上述参加条件的职工，从符合条件的次月起自动加入本方案。

符合条件但不同意加入本方案的职工，应在符合条件后的下一次发薪日前提交书面《职工放弃参加企业年金声明》，经公司备案后不加入本方案。放弃加入的职工重新申请加入本企业年金方案，需填写《职工参加企业年金申请表》，经公司审核同意后加入企业年金方案。

第七条 有下列情形之一的，暂停年金缴费

(一)年度考核不称职，次年暂停年金缴费；

(二)受到司法机关处理正在执行期内的；

(三)当年离岗、待岗、病假累计满六个月及以上或事假累计满三个月以上者，从满的次月起暂停年金缴费；

(四)其他经本公司研究确认不予办理的人员，不参加企业年金计划。

第八条 职工退出本方案的条件

(一)职工与公司终止或者解除劳动合同；

(二)职工达到本方案规定的企业年金待遇领取条件；

(三)出现其他不符合参加企业年金的条件。

第九条 职工退出本方案的程序

职工达到本方案退出条件的，公司停止其企业年金缴费，按照本方案的相关规定处理其个人账户或支付企业年金待遇。

第十条 职工的权利和义务

(一)职工的权利

1. 根据法律法规规定及本方案约定，了解、查询企业年金基金个人账户基本情况；

2. 在满足本方案规定的权益归属条件后，职工对个人账户中已经归属的权益拥有所有权；

3. 在满足本方案规定的领取条件后，职工享有领取企业年金待遇的权利；

4. 由于自身原因，职工可以申请本人中止缴费；原因消失后，可以申请恢复缴费；

5. 职工与本公司终止、解除劳动合同的，其个人账户转移或者保留按照本方案相关规定处理。

（二）职工的义务

1. 授权本公司根据本方案规定从职工工资中代扣代缴个人缴费，职工需填写《职工授权代扣代缴个人年金缴费委托书》；职工未授权本公司代扣代缴的，本公司不得予以代扣代缴；

2. 授权本公司和本计划管理机构按国家有关规定代扣代缴个人所得税；

3. 授权本公司选择受托人并签订受托管理合同；

4. 授权本公司代表职工对企业年金计划进行管理监督；

5. 提供个人相关基本信息。当相关基本信息发生变动时，及时向本公司提供变动情况。

第三章 资金筹集与分配

第十一条 企业年金所需费用由公司和职工共同承担。单位缴费的列支渠道按照国家有关规定执行；职工个人缴费由职工授权公司从职工工资中代扣代缴。

第十二条 个人缴费

职工个人缴费按照以下规定执行：

（一）若职工个人工资低于社平工资80%的，其个人缴费部分应为企业缴费分配至个人账户部分的四分之一；

（二）若职工个人工资达到或高于社平工资80%但低于社平工资的，其个人缴费部分应为企业缴费分配至个人账户部分的二分之一；

（三）若职工个人工资达到社平工资的，其个人缴费部分不得超过企业缴费分配至个人账户金额；

（四）职工个人缴费部分不超过个人缴费基数的4%。

第十三条 单位缴费及分配

（一）单位缴费

1. 单位年缴费总额为公司参加企业年金职工上年度实发工资总额的5%；

2. 若公司参加企业年金职工上年度实发人均工资达到重庆市城镇经济单位在岗职工平均工资（简称“社平工资”）2倍的，原则上按社平工资2倍确定企业缴费基数。

（二）单位缴费的分配

1. 单位缴费向职工个人账户进行分配时，按照职工个人缴费基数的5%分配至职工个人账户；

2. 单位缴费分配至职工企业年金个人账户的最高额与公司参加年金职工平均额不得超过2倍，超过平均额2倍的部分记入企业账户。具体分配金额计算公式如下：

(1) 分配至职工的单位缴费 = 个人缴费基数 × 缴费比例

(2) 个人缴费基数 = 个人不超过公司人均两倍的上年度收入 × 调整系数

(3) 调整系数 = min (社平工资 ×2/公司平均工资，1)

3. 单位缴费分配后的剩余部分记入企业账户，企业账户

资金不得用于抵缴未来年度单位缴费；应优先作为对本方案建立时临近退休职工的补偿性缴费；如剩余部分不足以支付临近退休人员补偿性缴费，可动用工资结余或者在不影响上级考核的情况下使用当期费用作为补偿缴费。

(1) 补偿范围为：单位建立年金时10年内退休且参与了企业年金的职工(对于年金方案实施后加入公司的职工，原则上不再享受任何形式的补偿；对因组织调动、人才引进等特殊情况进入公司的职工，根据引进时的约定决定是否进行补偿)；

(2) 补偿缴费分配办法为：按首月缴费金额为标准计算，正常缴费时间不满10年的，则补足10年；

(3) 补偿缴费划入职工个人账户的方式为：职工退休后分期划入。

第十四条　补偿缴费结束后，企业账户余额分配至职工企业年金个人账户的方式为：企业账户余额 × (在职且参加计划职工个人缴费基数 ÷ 在职且参加计划职工个人缴费基数总和)；企业账户余额每年分配一次。

第十五条　公司按月将全部缴费款项按时、足额汇至托管人开立的企业年金基金受托财产托管账户。

第十六条　企业年金缴费的中止、恢复和补缴

(一) 公司出现经营亏损、重组并购等特殊情况无法履行缴费义务时，与职工方协商，可以中止单位缴费，职工同时中止个人缴费。不能继续缴费的情况消失后公司恢复缴费，职工同时恢复个人缴费。恢复缴费后公司和职工可以视经济情况按照中止时的方案内容予以补缴。补缴年限和金额不得超过实际中止缴费的年限和金额；

(二) 职工由于自身原因申请中止或者恢复个人缴费，需填写《职工中止(恢复) 企业年金缴费申请表》，并经本公司确认后执行。个人中止缴费期间，单位缴费也相应中止，个人账户继续在本计划中管理；个人恢复缴费时单位缴费也同时恢复；不弥补中止缴费期间的单位和个人缴费。

第四章　账户管理

第十七条　本计划实行完全积累，为每一个参加职工开立企业年金个人账户，同时建立企业账户用于记录暂未分配至个人账户的单位缴费及其投资收益。

第十八条　个人账户下设单位缴费子账户和个人缴费子账户，分别记录单位缴费分配给职工个人的部分及其投资收益、职工个人缴费及其投资收益。

第十九条　个人账户的转移和保留职工与本公司终止、解除劳动合同的，其个人账户转移或者保留。

（一）职工与本公司终止、解除劳动合同，新就业单位已建立企业年金或者职业年金的，其个人账户权益应当转入新就业单位的企业年金计划或者职业年金计划管理；

（二）职工与本公司终止、解除劳动合同，未就业、新就业单位没有建立企业年金或者职业年金的，其个人账户转入本计划法人受托机构发起的集合计划设置的保留账户统一管理。保留账户的账户管理费从职工个人账户中扣除；

（三）通过公司组织调动的，新单位未实行企业年金制度的，其个人账户作为保留账户由原单位继续管理。保留账户的账户管理费由原单位负担。待新单位实施企业年金制度后，其个人账户转入新单位管理。

第二十条　满足下列条件之一时，个人账户注销：

（一）职工领取完其个人账户资金；

（二）职工身故，其个人账户余额由指定受益人或者法定继承人全部领取完毕；

（三）个人账户转移至新单位的企业年金计划或者职业年金计划。

第五章　权益归属

第二十一条　职工企业年金个人账户中个人缴费及其投资收益自始归属职工个人。

第二十二条　职工企业年金个人账户中单位缴费及其投资收益，按以下规则归属于职工个人。未归属于职工个人的部分，记入企业账户。

第二十三条　补偿缴费归属规则：

<table>
<tr><th>权益归属核算时点</th><th>N</th><th>归属比例</th></tr>
<tr><td rowspan="3">职工与本公司解除劳动合同</td><td>$N<5$ 年 0%</td><td>0%</td></tr>
<tr><td>5 年 $\leq N<8$ 年 30%</td><td>30%</td></tr>
<tr><td>$N\geq 8$ 年 100%</td><td>100%</td></tr>
<tr><td colspan="2">企业年金方案终止</td><td rowspan="4">100%</td></tr>
<tr><td colspan="2">达到法定退休年龄、完全丧失劳动能力或者死亡</td></tr>
<tr><td colspan="2">非因职工过错企业解除劳动合同，或者因企业违反法律规定职工解除劳动合同</td></tr>
<tr><td colspan="2">劳动合同期满，由于企业原因不再续签劳动合同组织调动</td></tr>
<tr><td colspan="2">未办理离职手续擅自离开企业及违反企业规章制度被企业解除劳动合同的职工、违反法律、法规被企业解除劳动合同的职工（权益已 100% 归属职工的除外）</td><td>0%</td></tr>
<tr><td colspan="3">备注：N 是指在本公司（含改制前）工作年限。</td></tr>
</table>

职工退休前归属比例为0%，退休后100%归属。

第六章 基金管理

第二十四条 企业年金基金由单位缴费、职工个人缴费和投资收益组成。

第二十五条 本计划采取法人受托管理模式。本方案所归集的企业年金基金由公司委托受托人进行受托管理并签署企业年金基金受托管理合同。由企业年金基金受托人委托具备企业年金管理资格的托管人、账户管理人、投资管理人提供统一的相关服务。

第二十六条 企业年金基金的投资收益，根据企业年金基金单位净值，按周足额分别记入个人账户和企业账户。

第二十七条 企业年金基金管理运营的所需费用，按照国家有关法律法规及企业年金基金管理合同中的相关条款确定。其中正常账户的账户管理费由本公司缴纳，保留账户管理费按本方案第十九条规定执行，退休职工个人账户的账户管理费由公司负担，其他费用由本公司和个人共同承担，从企业年金基金中扣除。

第二十八条 企业年金基金实行公司专户集中统一管理，与委托人、受托人、账户管理人、投资管理人和托管人的自有资产或者其他资产分开管理，分别记账，不得挪作他用。

第七章 待遇计发和支付方式

第二十九条 本方案参加职工符合下列条件之一时，可以享受本方案规定的企业年金待遇：

（一）达到国家规定的退休年龄；

（二）经劳动能力鉴定委员会鉴定，因病（残）完全丧失劳动能力；

（三）出国（境）定居；

（四）退休前身故。

第三十条 企业年金的支付方式

职工达到本方案相关规定的企业年金待遇领取条件后，可根据个人账户余额、个人所得税税负等情况选择按月、分次或者一次性领取企业年金待遇，也可将本人企业年金个人账户资金全部或者部分购买商业养老保险产品，依据保险合同领取待遇并享受相应的继承权。获得补偿缴费的职工，单位补偿缴费部分领取方式依据企业年金基金账户结余情况，原则上按月分期领取，企业可视情况调整领取方式。

第三十一条 受益人的指定和修改

职工自动加入企业年金方案时，应指定本人身故后企业年金个人账户已归属权益的受益人，没有指定的，默认法定继承人为受益人。若职工需要变更受益人的，可在加入后书面申请变更。

第八章 方案的变更和终止

第三十二条 本公司根据国家政策变化，以及本公司经营和企业年金运行情况，经集体协商变更本方案。

第三十三条　变更本方案的程序

（一）企业和职工一方按照《集体合同规定》，经集体协商形成新的企业年金方案；

（二）报送×××集团有限公司批准；

（三）新的企业年金方案经公司职工代表大会讨论通过；

（四）报送人力资源和社会保障部门备案；

（五）通知方案参加职工及受托人。

第三十四条　出现下列情况之一时，本方案终止：

（一）本公司因依法解散、被依法撤销或者被依法宣告破产等原因，致使企业年金方案无法履行的；

（二）因不可抗力等原因致使企业年金方案无法履行的。

第三十五条　终止本方案的程序

（一）经集体协商制定终止企业年金计划方案。方案内容应包括终止原因、企业账户资金和个人账户处理办法等；

（二）终止方案经民主程序讨论通过；

（三）报送中国四联仪器仪表集团有限公司批准；

（四）报送人力资源和社会保障部门备案；

（五）由受托人组织清算组对企业年金基金财产进行清算，对所有个人账户权益进行全部归属，并按照方案规定或者民主程序讨论通过的办法分配企业账户资金；

（六）将个人账户转移至协商确定的法人受托机构发起的集合计划设置的保留账户暂时管理；

（七）通知本方案参加职工及受托人。

第九章　组织管理和监督

第三十六条　本公司的企业年金基金管理接受人力资源社会保障部门等国家相关部门的监督检查。本公司依照国家相关法律、法规对受托人进行监督。

第三十七条　在接受国家及上级相关部门监督的基础上，由本公司的纪检、工会和审计部门对本企业年金计划的运作管理进行内部监督。

第十章　附则

第三十八条　本方案自2018年1月1日起开始实施。

第三十九条　因订立或者履行企业年金方案发生争议的，按照《集体合同规定》处理。

第四十条　因履行企业年金基金管理合同发生争议的，当事人可以依法申请仲裁或者提起诉讼。

第四十一条　本方案涉及的相关财税问题，按照国家相关规定执行。

第四十二条　本方案涉及附件根据政策及管理要求作相应调整。

第四十三条　本公司拥有对本方案的最终解释权。

模块练习

一、单选题

1. 企业年金的责任主体是（　　），是企业依据自身经济状况建立的企业保障制度。

A. 企业　　B. 政府

C. 个人　　D. 保险公司

2. 关于企业年金，以下说法错误的是（　　）。

A. 由企业发起建立

B. 企业年金经办方式一般为大企业自办

C. 国家给予一定的税收优惠政策

D. 企业年金基金实行市场化投资运营

3. 关于企业年金的原则，以下说法错误的是（　　）。

A. 自愿原则

B. 全覆盖性

C. 企业年金的待遇水平应与基本养老保险水平通盘考虑确定，不宜脱离基本养老保险水平而定得过高

D. 企业年金可以实行与职工个人储蓄性养老保险挂钩的办法

4. 我国《企业年金办法》于2018年2月1日起施行。企业年金方案适用于（　　）。

A. 正式转正员工　　B. 全体职工包括临时工

C. 退休员工　　D. 企业试用期满的职工

5. 企业年金所需费用由（　　）缴纳。

A. 企业和政府　　B. 政府

C. 个人　　D. 企业和职工个人

二、判断题

1. 职工变动工作单位时，新就业单位已经建立企业年金或者职业年金的，原企业年金个人账户权益应当随同转入新就业单位企业年金或者职业年金。（　　）

2. 企业达到规定条件的可以实行企业年金；企业经济条件好的可以多补充，经济条件差时可以少补充或暂不补充，不符合条件的，则不允许实行。（　　）

3. 企业年金基金实行部分积累的混合模式。（　　）

4. 国家或政府直接干预企业年金的管理和基金运营，其主要职责是制定规则，依规监管。（　　）

5. 职工企业年金个人账户中个人缴费及其投资收益自始归属于职工个人。完全归属于职工个人的期限最长不超过8年。（　　）

项目小结

多层次养老保险可分为基本养老保险、补充养老保险和个人储蓄性商业养老保险。世界比较典型的养老保险模式主要有三种，可概括为投保资助型（也称传统型）养老保险、强制储蓄型养老保险（也称公积金模式）和国家统筹型养老保险。

我国城镇职工养老保险覆盖范围包括城镇各类企业职工、城镇个体工商户和灵活就业人员。基本养老保险实行社会统筹与个人账户相结合。基本养老保险基金由用人单位和个人缴费以及政府补贴等组成。参加基本养老保险的个人，达到法定退休年龄时累计缴费满十五年的，按月领取基本养老金。

我国在总结新型农村社会养老保险（以下简称新农保）和城镇居民社会养老保险（以下简称城居保）试点经验的基础上，整合新农保和城居保两项制度合并实施。在全国范围内建立统一的城乡居民基本养老保险制度。

2015 年 1 月，国务院印发了《国务院关于机关事业单位工作人员养老保险制度改革的决定》（国发〔2015〕2 号），提出机关事业单位工作人员从 2014 年 10 月 1 日开始缴纳养老保险费。这一文件的颁布标志着机关事业单位和城镇职工基本养老保险制度并轨进入实质性启动阶段，困扰我国多年的养老保险双轨制终于结束。改革范围包括：按照公务员法管理的单位、参照公务员法管理的机关（单位）、事业单位及其编制内的工作人员。

问题讨论

1. 请查找相关资料，了解我国城镇职工养老保险现状及问题。
2. 请利用网络或家庭资源调查家乡所在地城乡居民养老保险制度。
3. 请比较我国机关事业单位的职业年金与企业的企业年金的区别。

推荐阅读

1. 郑功成，层次社会保障体系建设：现状评估与政策思路，《社会保障评论》，2019 年 1 月

2. 郑秉文，解读《企业年金办法》，《现代国企研究》，2018 年 2 月

3. 郑秉文，改革开放 40 年：商业保险对我国多层次养老保障体系的贡献与展望，《保险研究》，2018 年 12 月

4. 登录长沙 12333 公共服务平台，了解养老保险政策及办事流程

习题与实训

一、分析题

李某在深圳某公司工作，每个月的工资是6 000元左右，可工资条上扣的养老保险费却只有160元。李某心想，单位代扣我的养老保险费少，可支配的收入就多了啊，同事告诉李某公司其实没把职工实际发放的工资收入作为缴费基数，少报、瞒报了工资总额呢。

企业为什么要少报工资总额？这对李某养老金水平会有何影响？

二、计算题

1. 某市2018年的职工月平均工资为6 000元，职工吴某的月平均工资为19 000元，张某的月平均工资3 500元，该市职工个人缴费比例为8%。

问题：

吴某、张某每月各应缴纳多少养老保险费？

2. 张某1998年以前参加工作，视同缴费年限为20年，1998年以后参加了基本养老保险，实际缴费年限16年，假设他退休时个人账户余额为30 000元，退休时当地职工上年度月平均工资为5 000元，他实际缴费指数为1.5，过渡性养老金计算系数1%。

问题：

张某每月可以领多少的养老金？

4 项目四 基本医疗保险

学习目标

知识学习目标：

- □ 了解我国的医疗保险体系
- □ 理解基本医疗保险的费用支付方式及其作用
- □ 掌握城镇职工基本医疗保险覆盖范围、资金筹集、领取条件、费用报销
- □ 理解城乡居民基本医疗保险制度
- □ 理解补充医疗保险与基本医疗保险的关系，了解补充医疗保险的形式

技能训练目标：

- □ 能计算基本医疗保险费
- □ 能进行基本医疗费用报销的计算

工作任务

1. 认识我国多层次医疗保险体系，了解医疗保险系统构成及相互关系

2. 理解医疗保险供需双方的费用支付方式

3. 掌握我国城镇职工医疗保险制度，城乡居民基本医疗保险制度

4. 了解我国补充医疗保险的主要形式，理解补充医疗保险其与基本医疗保险的关系

导入案例

医疗保险让西山煤矿总公司9.8万多名职工受益

李海忠是西山煤矿总公司金城建筑公司的职工，因患马凡氏综合征、主动脉根部瘤、主动脉瓣关闭不全等疾病，今年3月至5月先后在山医大一院、北京阜外心血管医院住院治疗，花掉医药费10.2万元。6月18日，他病愈出院后在西山医保中心按比例一下报销了6.8万元医药费。李海忠说，若不是参加医疗保险，这么多医药费我就是卖掉房子也支付不起。

山西焦煤集团西山煤矿总公司职工医疗保险工作已实施多年，迄今全公司已有135个下属单位、98 257名职工参保。参保人员总数达到了企业员工总数的98%。全面实施职工医疗保险制度改革，一方面使煤矿职工拥有了充分、平等享受基本医疗保障的权利，解除了他们的后顾之忧；同时，也减少了企业的医药费支出，为企业减员增效创造了良好外部环境。在实施医保的过程中，他们千方百计方便患病职工就近就医，规定凡职工退休后离开企业迁回原籍的人员，可就近选择定点医疗机构。同时，该公司还筹资440万元，设立职工医疗救助基金，对特困职工患病，年度自付总额超过5 000元的部分，和肾衰透析、器官移植后服抗排异药的病人，年度自付总额超过5 000元的部分，由医疗救助基金支付80%；凡患恶性肿瘤或其他大病的患者，年度自付总额超过5 000元的部分，由医疗救助基金支付50%。从而有效解决了参保职工因大病或患有需终身治疗且费用较高的疾病，个人医药费用支付较大，导致家庭经济困难的问题。

资料来源：中煤信息网 http：//www.coalinfo.net.cn/

模块一 初识医疗保险

任务描述

吴先生和石女士夫妻是上海市的退休职工，二人每月退休工资合计近8 000元。但几年来，石女士因病经历了几场大手术，一下花掉几十万元的养老钱。吴先生今年初发现颈椎问题，为了省钱一拖再拖，最终病情越来越严重，上了手术台。12万元手术费用，除去医保报销部分，自费将近7万元，让家里雪上加霜……“重病之家无完巢”。一人重病，可能顷刻间把一个幸福家庭逼至卖房卖车的绝境。而因病、因灾致贫，只能由个人或家庭承担吗？

问题：

1. 请说明什么是医疗保险，其有何特点？

2. 在我国的医疗保险体系中有哪些制度可以减轻居民医疗费用的负担？

3. 在医疗保险的实施中涉及哪些主体？

任务一 认识社会医疗保险

☞ **业务描述**

在人类面临的诸多风险中，疾病风险是涉及面广、复杂多样、危害严重、直接关系到人类基本生存的特殊风险。任何国家的居民都将面临疾病风险以及与疾风险有关的医疗服务、医疗保险等问题。适宜的医疗保险制度是维护居民健康状况，提高生活质量，促进社会经济发展的根本保障。

问题：

什么是医疗保险？它有哪些特点？

一、社会医疗保险的概念

社会医疗保险是国家通过立法，强制性地由国家、单位和个人缴纳医疗保险费，建立医疗保险基金，当个人因疾病需要获得必需的医疗服务时，由社会医疗保险机构按规定提供医疗费用补偿的一种社会保险制度。

二、社会医疗保险的特征

社会医疗社会保险作为社会保险的一个子项目，除了具有社会保险的强制性、福利性、社会性等基本特征外，还具有以下特征。

（一）保障对象的普遍性

社会医疗社会保险是社会保险各个项目中保障对象最广泛的子项目。发生率高、具有普遍性的疾病风险，是每个人从出生到死亡过程中都不能回避的问题。而生育、失业、工伤、残疾甚至老年风险，并非每一个人都会遇到，有些人甚至可以避开或降低这些风险。由于疾病的普遍性特点，使得医疗保险成为社会保险各个项目中保障对象最广泛的项目。原则上，其覆盖对象应是全体公民，因此，具有普遍性。

（二）涉及面的广泛性

与其他社会保险项目往往只涉及投保和管理机构两方不同，医疗保险涉及医药机构、参保人、用人单位以及政府等多方主体，他们之间存在复杂的权利和义务关系。同时，医疗保险的实施过程与医疗机构有着非常密切的关系，医疗保险机构需要建立起非常复杂的管理机制，掌握医疗保健服务的需求和供给信息，引导和控制医疗保险供给方与需求方的行为，确保医疗保险资源和卫生资源的合理利用。

(三) 保险赔付的短期性

由于疾病的发生是随机的、突发性的，医疗保险提供的补偿也只能是短期的、经常性的，不像其他社会保险项目如养老保险或生育保险那样是长期的、可预测的或一次性的，因此，医疗保险在财务处理方式上也与其他社会保险项目有所不同。

(四) 补偿形式的特殊性

医疗保险支付给参保人的补偿额与参保人缴纳的保险费没有直接关系，而是与参保人的疾病状况和医疗需求密切相关，在起付线与封顶线间，医疗费用按照一定比例进行偿付，不同于其他社会保险实行的定额支付。

(五) 医疗保险费用偿付与控制的复杂性

其他的社会保险是长期的、可预测的或一次性的，如养老保险规定参保人按法定年龄长期享受养老金，生育保险一般在参保人生育后一次性给付保险金。而疾病发生的时间、类型、严重程度等很难进行准确的预测。因此，疾病发生具有随机性、经常性和不可预知性，这决定了医疗保险费用的支出具有随机性、经常性和不可预知性。同时，疾病的种类繁多，每一种疾病又因个体的差异而不同。医疗保险根据发生的医疗费用进行偿付。由于医疗服务存在信息不对称性、不确定性以及供方诱导需求等特点，容易造成医疗服务的过度消费和过度提供现象，并推动了医疗费用的不合理上涨。因此，相对于其他的社会保险项目，医疗保险在费用的偿付与控制方面更具有不可预测性和复杂性。

三、医疗保险的地位和作用

(一) 社会医疗保险的地位

社会医疗保险属于社会保险范畴，是社会医疗保障体系中重要的组成部分，后者指国家和社会为社会成员的健康和疾病提供医疗费用和服务，以保障和恢复其健康的一种社会保障制度。按照国际上通行的划分，可将社会保险分为老年、伤残和遗嘱保险，生育、疾病（包括医疗）保险，工伤保险以及失业（行业）保险等四大类。我国把社会保险分为养老保险、医疗保险、失业保险、工伤保险和生育保险五大类，如图4－1所示。就医疗及健康保险来说，它们具有很大的交叉性和综合性，从不同的角度可进行不同的分类，如分为补充医疗保险、社会医疗保险与商业健康保险等。

(二) 社会医疗保险的作用

社会医疗保险是社会保险的一种，具备社会保险的基本功能。同时，与其他社会保险项目相比，医疗保险也具有一些特殊的功能。

1. 社会医疗保险的基本功能

（1）保护劳动者健康，促进生产力的发展。劳动力是社会生产力中最活跃的因素，是首要的生产力。医疗保险制度的实施为劳动者以健康的体魄投入生产劳动提供了重要保证。医疗保险制度解除了劳动者的后顾之忧，减少了劳动者所患疾病的机率，保证患病时能够得到及时治疗，从而使劳动者可以安心工作。因此，医疗保险制度对于提高劳

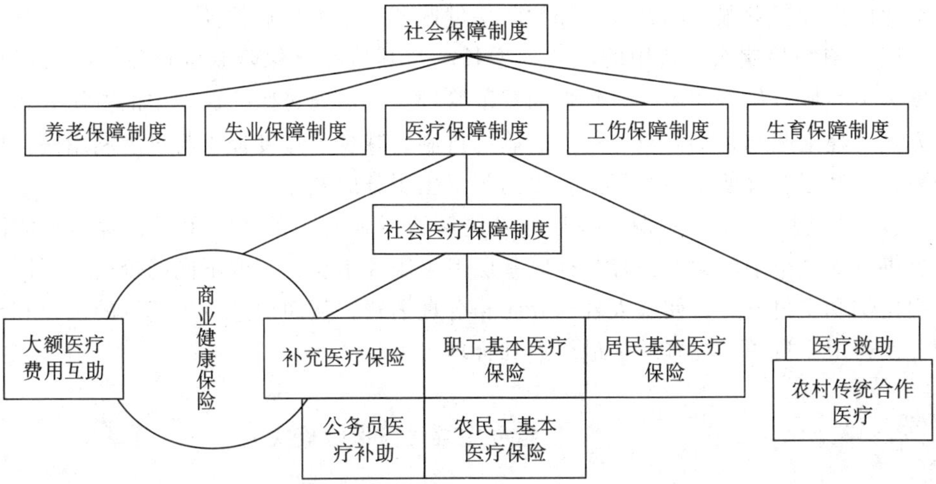

图4-1 医疗保险制度在社会保障体系中的地位

动生产率、促进生产发展发挥着重要作用。

（2）调节收入再分配，改善社会公平。从总体上来说，医疗保险与劳动者的劳动数量、劳动质量并不直接挂钩。它保证所有医疗保险覆盖范围的劳动者患病后有均等的就医机会，依据其病情提供基本的医疗服务，给予一定的经济补偿。这一保障制度消除了在医疗服务分配中存在的不公平现象，保障低收入人群以及贫困人群也能够获得基本医疗服务，具有个人收入再分配功能，在一定程度上缩小了贫富差距，促进了社会公平。

（3）消除因疾病带来的社会不安定因素，维护社会稳定。劳动者一旦患病，势必会影响劳动者本人及其家庭的经济生活。医疗保险对患病的劳动者给予经济上的帮助，使其从因病致贫或因贫致病的贫病交加的困境中解脱出来。因此，医疗保险制度有助于化解因疾病，特别是重大疾病所带来的社会不安定因素，在保障广大劳动者的经济生活、维持社会稳定中起着重要作用。

（4）改善医疗服务的可获得性，扩大有效需求。医疗保险是医疗需求管理的重要工具。医疗保险制度依托政府、单位与个人广泛筹集医疗保险基金，以收入再分配的方式将富人的部分收入转移给穷人，对有需求的劳动者支付医疗保险费用，提供基本医疗服务。那些低收入群体，因无法支付高额的医疗费用而被抑制的医疗需求通过医疗保险制度而被诱发出来。因此，当有效医疗需求不足时，医疗保险制度增加了社会对医疗服务的利用，带动了医药卫生事业的发展。

2. 社会医疗保险的特殊功能

社会医疗保险的特殊功能主要体现在卫生领域中，具体表现在以下四个方面：

（1）推动卫生事业的改革与发展。医疗卫生体制改革是一个复杂的系统工程，在改革过程中存在错综复杂的问题。医疗保险制度的完善，与医疗卫生领域的改革联动，将会有力推动医疗卫生领域的改革与发展。

（2）促进医疗卫生服务社会化。医疗保险制度的管理和服务促进了医疗卫生服务的社会化，主要体现在两个方面：一是医疗保险基金的收缴、管理和支付的社会化，有力地保证了社会卫生经济资源，有利于卫生事业的发展；二是医疗保险的实施，有利于社会化的医疗保健服务的开展，如预防保健服务、重大疾病的控制等。

（3）有效控制医疗费用的不合理增长。与其他社会保险制度比较，社会医疗保险制度为卫生服务供方和需方有较强的规范管理力度。通过医疗保险中的费用分担与支付等方式，建立起约束供需双方行为的制约机制，减少了过度提供与过度利用医疗服务的现象，有利于合理使用卫生资源，提高了卫生服务的效率。

（4）合理配置卫生资源。医疗保险制度通过强有力的经济手段，对不同的医疗服务提供方如城市中的大型医院与社区基层卫生服务组织，采取不同的价格、不同的费用分担比例和支付方式，使病人合理分流和合理消费，从而促进卫生资源的调整和重新分配，使得卫生资源的配置结构最终达到合理水平。

拓展阅读

世界主要医疗保险模式

从 1883 年德国斯麦政府颁布《疾病保险法》，建立以疾病保险为起点的医疗保险制度开始，医疗保险在西方已走过一个多世纪的历程。基于医疗保险制度在促进现代经济发展，提高国民生活质量方面有巨大作用，西方各国都把医疗保险置于生存权和福利权保障的高度予以重视。因此，西方国家的医疗保险制度，无论从医疗保险管理体制的建立、医疗保险基金的管理，还是医疗费用的控制等方面都积累了丰富的经验，值得我们学习和借鉴。但由于各国的国情不同，医疗保险发展过程中也形成了不同的模式，主要有以英国为代表的福利型医疗保险模式，以德国为代表的统筹型医疗保险模式，以美国为代表的特别限定型医疗保险模式，以新加坡为代表的强制储蓄型医疗保险模式。

1. 福利型医疗保险模式

福利型医疗保险模式也称为全民医疗保险模式，是指由国家直接主办，强制参加，医疗保险资金主要来自税收，政府通过预算分配方式，将由税收形成的医疗保险基金有计划地拨给有关部门或直接拨给公立医院。在这种制度下，一般都由国家开办并管理医院、诊所，医生及医务人员的费用也由国家支付，基本上对患者实行免费医疗服务，保险对象通常包括全体公民。实行这种制度的代表国主要是英国和加拿大。

福利型医疗保险模式的主要特点：第一，由政府向全体国民提供免费或低收费的医疗服务，具有明显的福利性；第二，医疗保险基金通过全额预算的形式分配给政府举办的医疗机构，或购买民办医疗机构和私人医疗服务；第三，医疗保险基金绝大部分来源于国家财政预算，卫生资源的配置由政府主导，具有很强的指令性和计划性质，市场机制作用微弱；第四，保障范围广，通常包括预防、保健、医疗和护理康复等，待遇水平较高。

福利型医疗保险模式的突出问题在于医疗服务机构运行僵化，效率低下，服务质量较差，经常出现为做手术需排队几个月甚至半年的情况。同时，供需双方缺乏成本、费用意识，医疗消费水平增长过快，医疗资源浪费严重，财政负担过重。面对这些问题，许多实行国家医疗保险模式的国家不断进行改革，尝试着对制度做进一步的修改和完善。譬如英国，2000 年布莱尔政府针对医疗资源的不足，提出实行就医预约服务，增加病人的选择权并节约病人的时间，增加医院的床位数，改革医护人员编制，增聘医生，提高专科医生质量，扩大护士权力，加强对医院工作的监督等。通过一系列的改革，英国政府努力使医疗保险制度更加适应国民的现实需要，取得了一定的成效，但从根本上讲，国家医疗保险的制度弊端仍没有根除。

2. 统筹型医疗保险模式

统筹型医疗保险模式也称为社会医疗保险模式，是指根据权利与义务相结合的原则，由国家立法、政府强制性地向劳动者个人和雇主统一筹集医疗保险基金，并在劳动者患病需要治疗时由社会提供必要医疗服务的一种形式。在这种制度下，医疗保险费主要由劳动者个人和雇主共同负担，政府给予政策和税收上的优惠及资助，必要时由国家提供部分费用，并由财政做最后保证。目前多个国家采用这种模式，这种模式是实行医疗保险制度的所有国家中采用最多的一种，其中代表性的国家是德国、法国和日本。

社会医疗保险模式的主要特点是：遵循强制性参保原则，一般通过立法形式，要求所有符合条件人员必须参加，并统一征缴保险费；保险基金由雇员和雇主共同缴费形成，国家原则上不提供补助；基金按照“现收现付”和“以收定支，收支平衡”的原则筹集，不追求盈利；一般只提供基本的医疗服务；采取“第三方付费”机制，成立专门的经办机构统一管理基金的征缴和待遇支付。社会医疗保险与国家医疗保险模式相比，最显著的特点是政府不承担医疗保险的财政兜底责任，增加了个人责任，能够较好地控制医疗费用的不合理增长。

社会医疗保险模式存在的主要问题是现收现付制的模式，不利于基金的纵向积累，不能解决医疗保险费用的代际转移问题，人口的老龄化对于制度的可持续发展将带来巨大压力。

3. 特别限定型医疗保险模式

特别限定型医疗保险模式也称为商业医疗保险模式，是指政府仅负担老人和穷人等特殊人群的医疗保障，卫生服务机构以私立为主，大多数公民通过自愿参加商业医疗保险获得医疗服务。对于参保人而言，由其自愿选择保险公司、保险项目，并缴纳相应的保险费用。对于商业保险公司而言，在对疾病发生率进行测算的基础上，通过对参保人员缴费形成的保险基金进行调剂使用，从而达到对患病的参保人员进行医疗补偿。商业医疗保险是建立在合同约定形式上的，以盈利为目的的保险形式。商业医疗保险作为一种补充性医疗保险，在世界各国普遍存在。而以商业医疗保险作为一种全国性的、主体性的医疗保险制度，主要代表是美国。

商业医疗保险的主要特征是，遵循自愿参保原则。保险方与被保险人通过签订合同，缔结契约关系。政府负责制定与医疗保险相关的法律法规，对医疗保险市场进行规范，不直接参与保险行为，不承担医疗保险的经济责任。采取“第三方”付费的机制，由保险机构向医疗机构支付医疗费用。医疗保险方式灵活多样，参保人员拥有很大的自主选择权。

商业医疗保险模式的主要问题在于完全遵循权利与义务对等的原则，同时，在商业医疗保险公司追求经济效益的前提下，一些缴费能力低、具有高疾病风险的人群被拒之门外，不能很好地体现社会公平和互助共济。

4. 强制储蓄型医疗保险模式

强制储蓄型医疗保险模式是一种通过立法，强制劳动者或劳资双方缴费，以雇员的名义建立保险账户（即个人账户），用于支付个人及家庭成员的医疗费用的医疗保险制度。这种模式以新加坡为典型代表，马来西亚、印度尼西亚等发展中国家也采用这种制度。

储蓄医疗保险的主要特征是：要求每个有收入的国民都要为其终生医疗费用需求储蓄资金。反对福利性保障，弱化个人对政府的依赖，强调个人的自我保障意识和责任，保持医疗消费水平与国家经济发展水平相适应。雇主和雇员的缴费比例可以进行动态调整，以适应不同时期的经济发展状况。政府主要负责组织保险的实施和相关法律法规的制定，努力促进储蓄账户的保值和增值。患者可以根据自己的支付能力自主选择医疗服务项目，个人自付水平与选择的医疗服务水平相关。储蓄医疗保险本质上是国家强制储蓄制度，强调个人责任，促使个人为了自己及家人的医疗保障而努力工作，提高收入水平。在选择医疗服务的时候，强化个人控制和节约医疗费用的意识，从需方控制道德风险的发生。

强制储蓄型医疗保险模式的缺点是：参保人员的保险资金只能在家庭成员之间调剂使用，不能体现社会保障的大数法则效应，缺乏共济，社会公平性较差。

表4－1　四种医疗保险模式的比较

	统筹型医疗保险模式	福利型医疗保险模式	特别限定型医疗保险模式	强制储蓄型医疗保险模式
代表国家	英国	德国	美国	新加坡
医疗模式	由政府供给消费者（属于社会福利的一部分）	社会健康保险体系与商业保险体系共存	个人消费为主	以个人账户为主，个人储蓄账户由雇主和雇员共同缴费
医疗费用	完全由政府负担	由政府负担	国家负担小部分，部分转移给患者或企业	国家补贴，“个人医疗账户”支付和个人支付三者结合
优点	个人、企业无经济负担	保障充分、调动社会各方面财力、设计精密、政府负担不重	政府经济负担较轻	强调个人责任，控制了医疗费用增长，发挥互助共济、风险分担的作用
缺点	费用急剧上升，管理模式落后，各地服务水平差距大	低效率、服务质量差，管理漏洞多，卫生资源浪费严重	管理及服务满意度上存在问题	忽视了公平，保障水平参差不齐

资料来源：中国人民大学出版社教学资源库

任务二 认识我国多层次医疗保障体系

☞ **业务描述**

了解到吴先生家庭的情况，上海市医保部门的工作人员向吴先生及其家属介绍，目前上海市以基本医疗保险为主体，大病保险为补充，医疗费用救助为托底的多层次医疗保障体系已初步形成，可以实现了人人公平享有医疗保险的梦想。

问题：

请你介绍目前我国多层次医疗保障体系的构成。

一、多层次的医疗保障体系

（一）基本医疗保险

基本医疗保险是多层次医疗保险体系的基础，也是国家医疗政策的主要组成部分。基本医疗保险是由国家立法对公民实施的医疗保险制度，它通过强制性社会保险原则和方法筹集资金，保证人们公平地获得适当的医疗服务。由于各国的历史、经济、文化、价值观等因素的差异，在推行医疗保险制度上也存在不同的模式，总结各国的模式，归纳其基本原则有以下几项内容：①医疗保险是国家立法强制实施的社会保障制度。②政府通过税收或社会保险缴费的方式筹集医疗保险基金。③绝大多数国家由政府负责医疗保险计划的制定、管理和实施。④政府向全体公民提供统一标准的医疗保险待遇。⑤医疗保险待遇水平只限于满足基本医疗需求。⑥被保险人一般被要求到公立医院或国家指定的医院就医。

（二）补充医疗保险

补充医疗保险是在基本医疗保险制度之外存在及发展，并对基本医疗保险起补充作用的保险制度。补充医疗保险是整个医疗保险体系的一个重要组成部分。与国家立法强制实施、政府承办、普遍保障、待遇公平以及政府承担最终责任的基本医疗保险制度不同的是：补充医疗保险制度通常是在政府的鼓励政策下自愿推出，依法独立承办，根据权益或效率原则享受相应的待遇水平，举办者自负经营风险的医疗保险制度。

（三）商业医疗保险

商业医疗保险是多层次医疗保险体系中较为规范、起补充和提高作用的层次，是指由商业保险公司开办的，以人的身体为保险标的，保障被保险人在合同约定的期限内，因疾病或意外伤害导致医疗费用增加或收入减少所造成的损失承担保险金给付责任的人身保险。商业医疗保险有广义和狭义之分，狭义的商业医疗保险仅指医疗费用保险，广义商业医疗保险包括医疗费用保险、疾病保险、失能收入损失保险及长期护理保险。商业医疗保险与基本医疗保险不同，一般不存在强制性特征，商业医疗保险的经营主体主要是以营利为目的、自负盈亏的商业保险公司，所以商业医疗保险中的逆向选择现象相对比较严重，即身体状况越差的个体倾向于投保。为了防止逆向选择，商业医疗保险一般要求体检，保险公司根据体检结果和被保险人的健康情况，做出拒保、加费承保或按标准体承保等不同的核保决定。所以，商业医疗保险保障对象主要为自愿投保并符合承保条件的所有个体。

（四）社会医疗救助

社会医疗救助既是医疗保障体系中的最低层次，它主要保障三种人的最低生活水平，即无依无靠、完全没有生活来源的人，主要是孤儿和孤寡老人；有劳动能力，也有收入来源，但是由于特殊原因，一时生活困难的人；有收入来源，但是该收入低于国家规定的最低标准的人。由于各种原因，这些人处于社会保险制度保护之外，当他们遭遇到各种社会风险，尤其是疾病风险时，往往容易被摧垮，甚至倾家荡产。因此，应建立专门针对这个特殊群体的社会医疗救助制度，以保障他们的医疗需求。

二、我国多层次医疗保障体系的建立

医疗保险作为社会保障制度的重要组成部分，是保障社会成员健康、保障劳动力资源，从而促进经济发展的重要社会制度。党的十七大提出了以改善民生为重点的社会建设的六大任务，明确提出实现“病有所医”和“人人享有基本医疗卫生服务”的目标。医疗保险制度从1994年的“两江”试点至1998年的全面推开，再经由2000年的“三医联动”。目前，我国城镇职工基本医疗保险、城镇居民基本医疗保险、新型农村合作医疗三大制度与补充医疗制度的建立与完善，标志着我国已初步形成了以社会基本医疗保险为核心，覆盖城乡的多层次医疗保险体系，如图4-2所示。

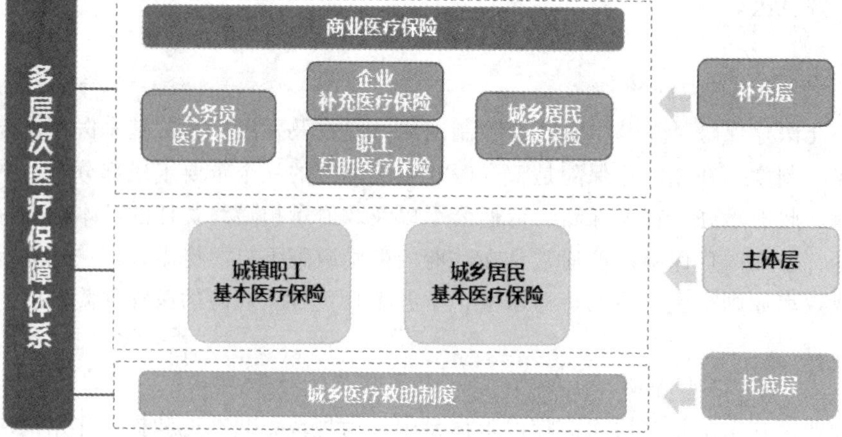

图4-2 我国现行医疗保障体系

拓展阅读

社会医疗保险与商业医疗保险的主要区别

一、保险的目的不同

社会医疗保险是由国家通过立法实施的社会保险制度，是人民的权利，是政府的责任，其直接目的是贯彻国家的社会政策，保障人民健康；商业医疗保险则由保险公司经营，客观上虽然具有社会保障的作用，但保险公司是独立核算、自负盈亏的企业单位，必然考虑盈利问题，其机构与人员的管理费用也由投保人负担。市场经济国家中的商业保险公司多为资本家经营的企业，以获取利润为其直接的目的。

二、保险对象不同

社会医疗保险以劳动者为对象，有一定的强制性，法律规定应投保的人必须参加；而商业医疗保险则以个人自愿参加为原则，对险种的选择完全由个人自由决定。

三、保险关系不同

社会医疗保险，保险人与被保险人之间以法律为根据建立保险关系；而商业医疗保险，保险人与被保险人之间则是根据保险合同确定双方的权利与义务，两者之间是一种契约关系。

四、保险费负担不同

大多数国家社会医疗保险的费用由国家、企业和个人分担，被保险人负担较轻，具有一定的福利性；而商业医疗保险的保险费用则全部由被保险人负担。

五、保险金的给付及其标准不同

社会医疗保险着眼于“保障”，而商业医疗保险着眼于“偿还”。前者根据国家法律规定以保障劳动者基本医疗需求为给付标准，一般以伤病的实际情况决定保险金的给付数额。商业医疗保险金的给付完全以投保人所缴保险费的高低为标准，有些险种按保险契约规定定额给付，是一种等价交换的关系。两者的区别见表4-2。

尽管社会医疗保险与商业医疗保险之间存在着上述种种差别，但两者之间的关系又是紧密相连，相辅相成，各行其是，各司其职。在社会医疗保险制度不够健全的条件下，商业医疗保险对于减轻疾病风险、保障人民健康起着重要作用。在实施社会医疗保险、保障人民基本医疗服务需求的同时，商业医疗保险还可以满足部分劳动者对医疗卫生保健的更高层次的需求。还需说明的是，在社会医疗保险和商业医疗保险之间还有一些中间形式的医疗保险，如美国的健康维护组织，蓝盾、蓝十字健康保险，社区医疗保险，还有我国的合作医疗等，它们除了不具备强制性等少数特征外，一般都具有社会医疗保险所共有的许多特征，其中社区医疗保险和合作医疗可以看成是社会医疗保险的一种基本形式。

表4-2 社会医疗保险与商业医疗保险的区别

项目	社会医疗保险	商业医疗保险
性质	法定保险、强制性、公共性、社会安全	商业性、资源性、私人性、利润
政策目标与公平性	政府所负责提供的准公共产品社会公平	个人责任的私人物品，个人公平
保险对象	所有的社会劳动者	自愿参加的投保个人或团体
责任者	政府负责	公司、企业负责
产生方式	社会契约	保险合同（保险单）
保费来源与负担	税收、征收专款、强制储蓄；政府、雇主和个人等多方筹资	缴纳费用、个人或雇主负担
经办单位	非盈利机构为主	盈利性机构为主
保障水平和范围	基本保障（供给适度）	费用偿付
功能	社会公共政策、保障国民基本健康	分担经济风险

资料来源：中金在线—保险课堂

任务三 了解社会医疗保险系统

☞ **业务描述**

廉江市营仔镇新围仔村村民赖金，去年被确诊患有脑肿瘤。廉江市医保部门的工作人员向赖金介绍基本医疗保险的参保方法和报销手续。赖金需要携带户口本在每年的12月20日前到自己户口所在地办理参保手续。在本县的各定点医院就医，办理住院手续时，到设在医院的“医保专管员”处登记。到县外省内各定点医院住院治疗时，可直接去就医，出院后到医保业务管理中心办理补偿即可。

问题：

请你说明医疗保险实施中涉及的各关系方及其相互关系。

一、医疗保险系统的概念

医疗保险系统是由医疗保险组织机构、参保人、医疗服务供给方及相关政府部门等要素组成的集合，要素间相互联系、相互制约，是为维持医疗保险的正常运转，实现医疗保险费用的筹集、偿付与管理，规范医疗服务的提供与使用等而形成的一个有机整体。

二、社会医疗保险系统的构成

社会医疗保险能够起到帮助人们抵御疾病风险、保障人类健康的作用，它是通过在医疗保险机构、被保险人群、医疗服务供给机构以及政府之间的一系列复杂的相互作用过程来实现的。

随着医学的发展，现代医疗活动也日益复杂，医疗费用不断上涨，这和医疗服务供给方有密切联系。由于医疗消费的特殊性和医疗信息的不对称，供给方能主导需方消费，医疗消费的质和量主要由医疗服务供给方决定，也就是供给方的行为直接影响医疗费用的高低。因此，单纯靠保险人和被保险人之间的联系来抵抗疾病风险是很困难的，甚至是不可能的。解决问题的最简单的办法就是把医疗服务供给方的行为纳入到保险方的控制范围，使他们的利益全部联系在一起。这样就出现了由保险方向供给方，通过一定形式，支付被保险人的医疗费用，而不是由被保险人直接向供给方付费，即所谓的第三方付费。由此形成了一种三角关系的医疗保险系统，成为目前主要医疗保险形式的基础结构，如图 4－3 所示。

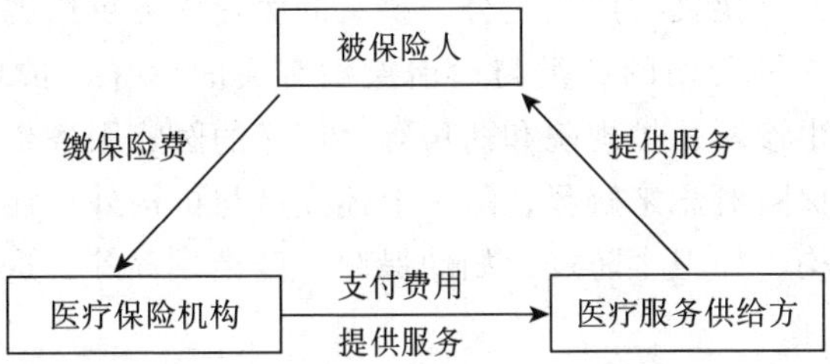

图 4－3　近代医疗保险系统的基本结构

医疗卫生服务与一般商品或服务有所不同，具有一定的公益性和福利性。全体居民健康的有效保障与政府职责密切联系在一起。医疗保险作为保障居民获得相应医疗服务的经济补偿系统，必然要受到政府的干预。因此，现代医疗保险系统的四个基本要素即医疗保险机构、医疗被保险方（被保险人）、医疗服务供给方和政府之间形成了三角四方关系，这也是现代医疗保险系统的基本结构，如图 4－4 所示。

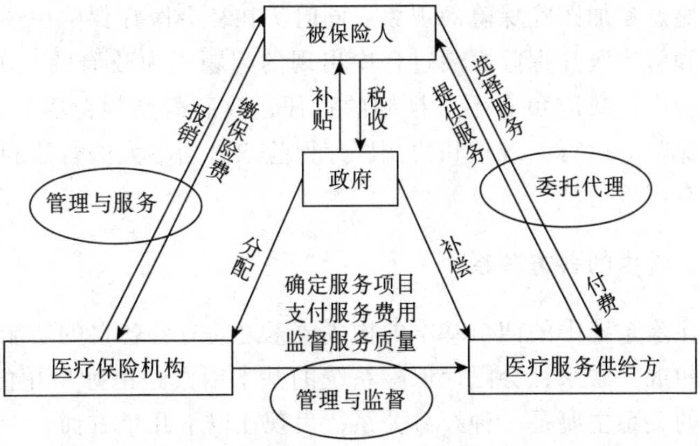

图 4－4　现代医疗保险系统构成的基本形式

(一) 医疗保险机构

社会医疗保险机构（或组织）是指在医疗保险活动过程中，医疗保险费用的筹集、管理和支付等医疗保险业务的机构和组织中的保险人。在医疗保险系统中处于主导地位，在我国通常是政府部门下设的医保中心或社会医疗保险局。

(二) 医疗被保险方（被保险人）

医疗保险系统中的被保险人既参保人，亦可称其为投保人，也是医疗保险制度的受益人。在强制性的社会医疗保险中，被保险人可以覆盖大部分居民，甚至全部人群。被保险人通过按时足额缴纳医疗保险费，在其因疾病等需要治疗时，可以在医疗保险规定的范围内，得到一定的医疗服务以及经济补偿。在现代医疗保险系统中，被保险人处于主体地位。

(三) 医疗服务供给方

医疗服务供给方有狭义与广义之分。狭义的医疗服务供给方是指经医疗保险机构认可，由医疗保险者支付费用的各类与诊治疾病有关的诊疗、护理、药剂等服务的提供者，包括医院、医生诊所、护理院和药房等。广义的医疗服务供给方与广义的医疗保险相一致，按照健康保险概念来解释，除了上述人员与机构外，还包括提供各种卫生保健等服务的人员和机构，如卫生防疫、妇幼保健、健康教育等，这里涉及的是狭义的医疗服务供给方。

(四) 政府

社会医疗保险机构是代表政府具体操办医疗保险业务的机构，许多重大的政策问题需要政府出面做出决策。在社会医疗保险系统中，无论是医疗保险（经办）机构还是医疗保险的参保单位，都存在各自不同的利益。对医疗保险（经办）机构来讲，希望尽量多吸收那些身体好、年轻的参保人，而将老年人、残疾人、慢性病患者、低收入人群等排除在医疗保险的范围之外；医疗保险的被保险人也存在着高风险的参保人比低风险的参保人更愿意参加医疗保险的现象。同时，在社会医疗保险中还存在着许多不完善的地方，管理和解决医疗保险发展过程中出现的问题成为政府的一项重要职能。因此，在医疗保险系统中，政府负有不可推卸的责任，政府需要规范医疗保险市场环境和秩序，监督医疗保险的运行，维护和协调医疗保险双方当事人的合法利益，保证社会医疗保险系统正常有序地运转。

三、社会医疗保险系统中的各方关系

现代医疗保险系统中的四个基本的构成要素之间有着各自的功能和特点，但又是密切联系、相辅相成。联系社会医疗保险系统的基本因素是医疗费用的补偿问题。因此，这一系统各方的关系主要是一种经济关系，表现在以下几个方面：

（一）医疗保险机构与被保险人的关系

医疗保险机构与被保险方之间是一种医疗保险服务供给与消费的关系。两者之间的联系主要表现为收取保险费、组织医疗服务、支付医疗费用等。影响这一关系的主要因素取决于被保险方的参保方式是自愿还是强制的、保险费的高低、费用的补偿方式等。

（二）被保险人与医疗服务供给方的关系

被保险人从医疗服务供给方处选择自己所需的医疗服务，支付一定的费用，接受医疗服务供给方所提供的服务。在这一环节中，医疗保险人通过社会统筹和个人账户的费用分担方式，使其进行自我约束，审慎地选择所需的服务种类及服务量，以达到控制医疗费用的目的，其主要影响因素是被保险人选择服务的自由程度、被保险人直接支付服务费用的多少等。

（三）医疗保险机构与医疗服务供给方

医疗保险机构与医疗服务供给方之间主要表现为监督与管理的关系。医疗保险机构为了达到费用控制目的，往往采取一些措施来约束医疗服务供给方的行为，并作为付款人通过一定的支付形式向医疗服务提供方支付被保险人医疗费用。支付环节将医疗保险提供者和医疗服务供给方直接联系起来，成为两者发生经济关系的纽带，它使医疗服务系统中原有的医患双方之间直接的经济关系消失或者退居次要地位，而使医疗保险供给方和医疗服务供给方之间的经济关系上升到主导地位，因而医疗保险方将医疗费用的支付作为调节医疗服务消费者和供给方之间经济关系的手段。适宜的支付方式，将会对医疗服务的合理提供及医疗资源的合理配置产生重大影响。

因此，两者之间的关系主要表现为医疗保险机构为被保险人确定服务项目、支付服务费用以及对服务质量的监督。影响这一关系的主要因素是服务范围的大小、项目的多少及费用的支付方式等。

（四）政府与医疗保险系统其他三方的关系

政府与医疗保险系统其他三方的关系主要表现为政府对医疗保险机构、被保险人、医疗服务供给方的管理与控制。影响这一关系的主要因素是政府管理和控制医疗保险的政策方式及程度等。

社会医疗保险的特点表现为第三方管理或第三方付费，即在医疗服务供给方和患者之间出现第三方——保险方，三者之间的关系表现出各自的目的和价值取向。对社会医疗保险来说，由于是一种强制性社会经济制度，实行社会化管理，政府在其中扮演了重要的角色。明确各方的关系、责任和义务，对社会医疗保险运行将起到重要的作用。

模块练习

一、单选题

1. 疾病的普遍性使医疗保险成为社会保险各个项目中保障对象最广泛的项目，具有（　　）的特点。

A. 涉及面的广泛性　　B. 保险给付的短期性

C. 保障对象的普遍性　　D. 补偿形式的特殊性

2. 在我国医疗保险体系中，对医疗待遇起补充和提高作用的制度是（　　）。

A. 基本医疗保险　　B. 补充医疗保险

C. 商业医疗保险　　D. 社会医疗救助

3. 以下属于现代医疗保险系统的构成要素的是（　　）。

①被保险方；②医疗保险机构；③医疗服务供给方；④政府；⑤其他社会团体

A. ①②③④⑤　　B. ①②③④

C. ②③④　　D. ③④⑤

4. 社会医疗保险的特点表现为第三方管理或第三方付费，这里的第三方是指（　　）。

A. 保险方　　B. 被保险方

C. 医疗服务供给方　　D. 政府

5. 在医疗保险体系中，处于最低层次，保障最低生活水平的医疗保险制度是（　　）。

A. 基本医疗保险　　B. 补充医疗保险

C. 商业医疗保险　　D. 社会医疗救助

二、判断题

1. 医疗保险的赔付具有长期性的特点。（　　）

2. 社会医疗保险具有调节收入分配，改善社会公平的作用。（　　）

3. 医疗保险机构与医疗服务供给方之间是监督与管理的关系。（　　）

4. 新加坡采用的是福利型医疗保险模式。（　　）

5. 商业医疗保险的保障对象为自愿投保并符合承保条件的个体。（　　）

模块二
医疗保险的费用支付

任务描述

冯某是某企业的正式员工，其所在的单位为其办理了城镇职工基本医疗保险，年初，冯某因病需动手术住院。在办理住院手续时，医务人员告知其只要交付5 000元的住院押金，等办理出院手续的时候进行结算，住院费用报销的费用即在结算时结清。

问题：

1. 基本医疗保险中有哪些费用需要参保人（医疗保险的需方）自担？

2. 医疗保险机构（医疗保险的供给方）代替参保人向医疗服务机构支付医疗费用的方式有哪些？

任务一 理解医疗保险需求方的费用支付方式

☞ 业务描述

冯某在办理出院手续的时候，医院提供给他打印的住院费用清单，发现在费用清单中有很多费用不予报销或者不全部报销，住院期间仍有部分费用需要自担。

问题：

请分析基本医疗保险的报销范围？

一、医疗保险费用支付的概念

社会医疗保险费用支付是社会医疗保险运行体系中的重要环节，也是社会医疗保险最重要和最基本的职能之一。主要是指保险机构和被保险人在获得医疗服务后，向医疗服务供给方支付医疗费用的行为，而社会医疗保险费用支付的途径和方式则称为社会医疗保险费用支付方式。

社会医疗保险费用支付是社会医疗保险最重要和最基本的职能。首先，它是一种经济补偿制度，即被保险人向社会保险机构缴纳保险费，形成社会医疗保险基金，当被保险人因病获得保险范围规定的医疗服务时，社会保险机构按照保险合同或法规条款给予被保险人全部或部分经济补偿。其次，社会医疗保险费用支付又是一种法律契约关系，即社会保险机构、被保险人、医疗服务供给方都必须签订保险费用支付合同，各方在合同和保险规则的约束下履行相应的职责。

二、医疗保险费用支付方式的分类

社会医疗保险费用支付方式种类繁多，可以从多个层次进行划分。

（一）按支付的时间划分

1. 后付制

后付制是指在医疗服务发生之后，根据服务发生的数量和支付标准进行支付的方式。这是一种传统的、使用最广泛的支付方式。其优点是能够调动医疗服务提供者的积极性，患者对医疗服务有较多的选择性；缺陷是供方容易产生诱导需求，造成医疗服务的过度利用，难以有效控制医疗费用过快增长。

2. 预付制

预付制是指在医疗服务发生之前，社会医疗保险机构按照预先确定的支付标准，向被保险人的医疗服务供给方支付医疗费用。按照预付计算的单位不同，预付制又可分为：①总额预算制（global budget），即包干制。②按服务单元付费，即按预先确定的门诊次均费用或床日费用支付。③按确定的病种费用标准支付，即 Diagnosis Related Groups，简称 DRGs。④按人头付费等。预付制的优势是可以较好地控制医疗服务的过度利用，从而控制医疗费用过快增长；缺陷是医疗服务供给方为了自身的利益，可能减少医疗服务的数量，降低医疗服务的质量。

（二）按支付的内容划分

1. 对医生的支付方式

对医生的支付方式如工资制、按人头付费制、以资源为基础的对等价值标准（Resource - Based Relative Values Scale，简称 RBRVS）支付等。

2. 对医疗服务的支付方式

对医疗服务的支付方式包括对门诊医疗服务的支付、对住院医疗服务的支付、对药品和护理服务的支付等。

（三）按支付对象划分

1. 直接支付

直接支付是指被保险人在接受医疗服务供给方的服务后，按照社会医疗保险的规定，只支付应该由个人负担的医疗费用，其余费用由社会医疗保险机构直接支付给医疗服务供给方。直接支付方式操作简单，有利于制约医疗服务供给方的服务行为，合理控制医疗费用，管理成本也相对较低。

2. 间接支付

间接支付是指被保险人在接受医疗服务供给方的服务后，先由被保险人向医疗服务供给方支付全部医疗费用，然后向社会医疗保险机构申报应该由医疗保险支付的费用。间接支付方式操作复杂，工作量大，管理成本相对较高。尽管这种方式对被保险人有较好的制约作用，但难以有效控制医疗服务供给方的诱导需求行为，不利于合理控制医疗费用。

（四）按支付的水平划分

1. 全额支付

全额支付是指被保险人在接受医疗服务供给方的服务后，所发生的医疗费用全部由社会医疗保险机构支付，被保险人享受免费医疗。此种方式有利于体现社会医疗保险的公平性，但是由于被保险人存在费用意识差以及道德损害等问题，全额支付方式难以有效控制被保险人的医疗服务需求行为，不利于合理控制医疗费用。

2. 部分支付

部分支付是指被保险人在接受医疗服务供给方的服务后，社会医疗保险机构只承担所发生医疗费用的一部分，而被保险人必须按保险规定个人负担一定比例的医疗费用。部分支付的方式包括起付线、按比例个人负担、封顶线、混合支付等。

（五）按支付的主体划分

1. 分离式

分离式是指社会医疗保险机构和医疗服务供给方相互独立，前者负责社会医疗保险费用的筹集与支付，后者则负责向被保险人提供医疗服务。

2. 一体化方式

一体化方式是指社会医疗保险机构和医疗服务供给方两者合为一体，既负责社会医疗保险费用的筹集与支付，又为被保险人提供医疗服务，如美国的健康维护组织（HMO）。

三、医疗保险需求方的费用支付方式

社会医疗保险需求方的费用支付方式主要是指需求方在社会医疗保险过程中分担一部分医疗费用的方法。常见的社会医疗保险需求方的费用支付方式主要包括以下几种：

（一）起付线

起付线方式又称为扣除法，它是由社会医疗保险机构规定医疗费用支付的最低标准，即起付线，低于起付线以下的医疗费用全部由被保险人个人负担或由被保险人与其单位共同分担，超过起付线以上的医疗费用由社会医疗保险机构支付。该方式的特点具体如下：

（1）起付线以下的医疗费用由被保险人个人负担或被保险人与其单位分担，增强了被保险人的费用意识，有利于减少浪费。

（2）将大量的小额医疗费用剔除在社会医疗保险支付范围之外，减少保险结算工作量，有利于降低管理成本。

(3) 小额费用由被保险人个人负担，有利于保障高额费用的疾病风险，即保大病。

起付线方式的难点在于起付线的合理确定，起付线的高低直接影响医疗服务的利用效率和被保险人的就医行为。起付线过低，可能导致被保险人过度利用卫生服务，不利于有效控制医疗费用；起付线过高，可能超过部分参保者的承受能力，抑制其正常的医疗需求方，可能导致少数被保险人小病不及时就医而变成大病，反而增加医疗费用。另外，过高的起付线，可能影响参保者参加社会医疗保险的积极性，造成医疗保险覆盖面和受益面下降。

在社会医疗保险的操作过程中，为了使起付线方式更加完善，可采用多种灵活形式，如以服务次数为单位计算起付线；以一段时期内累计数额计算起付线；以个人或家庭的社会医疗保险储蓄作为起付线等。同时，为了避免高额医疗费用加重低收入家庭的经济负担，也考虑规定医疗费用占家庭总收入的一定比例和人均医疗费用不超过一定比例等。

(二) 共同付费方式

共同付费方式又称按比例分担，即社会医疗保险机构和被保险人按一定的比例共同支付医疗费用，这一比例又称共同负担率或共同付费率。共同付费可以是固定比例，也可以是变动比例。该方式的特点具体如下：

(1) 简单直观，易于操作，被保险人可根据自己的支付能力选择适当的医疗服务，有利于调节医疗服务消费，控制医疗费用。

(2) 由于价格需求弹性的作用，被保险人往往选择价格相对较低的服务，有利于降低卫生服务的价格。

共同付费方式的难点在于自付比例的合理确定，自付比例的高低直接影响被保险人的就医行为。自付比例过低，对被保险人制约作用小，达不到控制卫生费用不合理增长的目的；自付比例过高，可能超越被保险人的承受能力，抑制正常的医疗需求，造成小病不治酿成大病，加重被保险人的经济负担，达不到保险的目的。另外，不同人群和不同收入状况采用同一自付比例，可能出现卫生服务的不公平现象。

为了使共同付费方式更加完善，在社会医疗保险的操作过程中，可采用变动比例或相应的辅助办法。如采用分级共同付费方式，即随着医疗费用的增加，逐级减少被保险人的自付比例，以达到少数患大病的被保险人能够承担得起医疗费用。另外，可采用不同年龄段确定不同的自付比例，中青年自付比例高一些，老年人自付比例低一些。

(三) 最高限额保险方式

最高限额保险方式也叫封顶线，是与起付线方式相反的费用分担方法。该方法先规定一个医疗费用封顶线，社会医疗保险机构只支付低于封顶线以下的医疗费用，超出封顶线以上的医疗费用由被保险人或由被保险人与其单位共同负担。最高限额保险方式的特点具体如下：

(1) 在社会经济发展水平和各方承受能力比较低的情况下，社会医疗保险只能首先保障享受人群广、费用比较低、各方都可以承受的一般医疗服务，因此本着保障基本医疗，提高享受面的原则，将高额医疗费用剔除在社会医疗保险支付范围之外。

(2) 有利于限制被保险人对高额医疗服务的过度需求，以及医疗服务供给方对高额医疗服务的过度提供。

(3) 有利于鼓励被保险人重视自身的身心健康，提高被保险人的身体素质，防止小病不治酿成大病。从保险本质来看，大病、重病的发生概率小，但经济风险高，是所有医疗服务中最符合保险原理、最需要保险的部分，特别是在保险方式单一的情况下，难以对大病、重病医疗提供有效保障。因此，封顶线的确定需要综合考虑被保险人的收入水平、社会医疗保险基金的风险分担能力、医疗救助情况等因素，需要通过建立各种形式的补充医疗保险对超出封顶线以上的疾病给予保障。

（四）混合支付方式

由于上述三种医疗保险需求方的费用支付方式各有其优缺点，因此，在社会医疗保险费用支付方式的实际操作中，往往将两种以上的支付方式结合起来应用，形成优势互补，以更有效地促进医疗保险需求方合理的医疗服务需求，控制医疗费用的过度增长。例如，对低额医疗费用实行起付线方式，对高额医疗费用实行最高限额保险方式，并对中间段的医疗费用实行共同付费方式，共同付费的比例可以固定，也可以根据被保险人不同的年龄段以及不同的费用段等实行变动比例的共同付费方式。我国的社会医疗保险即采用了这种方式。

任务二　理解医疗保险供给方的费用支付方式

☞ 业务描述

冯某在住院期间花费医疗费用一万余元，但在办理出院手续，进行住院费用结算时，还退还了冯某几百元。经办人员解释，基本医疗保险报销部分由社会保险经办机构与医院直接结算，这样免除了参保人先垫付后报销的麻烦。

问题：

医疗保险机构（医疗保险的供给方）代替参保人向医疗服务机构支付医疗费用的方式有哪些？

社会医疗保险供给方的费用支付方式是指社会医疗保险机构作为第三者代替被保险人向医疗服务供给方支付医疗服务费用的方法，是社会医疗保险主要的费用支付方式，包括以下几种：

一、按服务项目支付方式

按服务项目付费是所有费用支付方式中最传统、运用最广泛的一种。它是指在社会医疗保险的实施中，对医疗服务过程中的每一个服务项目制定价格，被保险人在接受医疗服务时按服务项目的价格计算医疗费用，然后由社会医疗保险机构向医疗服务供给方支付医疗费用。所支付的医疗费用取决于各服务项目的价格和实际的服务量。

按服务项目付费的优点是被保险人对医疗服务的选择性较大，对服务的各种要求容易得到满足，比较容易得到数量较多和方便及时的医疗服务。由于医疗服务供给方和医务人员的收入与医疗服务的实际数量有着直接的联系，因此，按服务项目支付，有利于调动医疗服务供给方和医务人员的工作积极性。此外，按实际发生的服务项目和项目价格标准计算并支付医疗费用，操作方法比较简单，所需要的配套条件比较少。

按服务项目付费的缺陷是由于按服务项目支付属于后付制类型，只能在事后对医疗服务的账单进行监督检查，难以在事前对供给方提供正确的费用导向，供给方诱导需求的现象比较严重。容易产生检查、用药、治疗等服务项目的增加，住院天数延长，高新医疗技术过度配置等问题，难以有效遏制医疗费用过快增长。由于医疗服务项目种类繁多，较难制定合理的服务价格。为了实施对医疗保险的有效管理，社会医疗保险机构还必须对医疗服务逐项进行审核、支付，因而工作量大，管理成本相对较高。

二、按人头支付方式

按人头付费是指社会医疗保险机构按合同规定的时间（月、季或年），根据医院服务的社会医疗保险对象的人数和每个人的支付定额标准，预先支付一笔固定的费用，在此期间医疗服务机构提供合同规定内的医疗服务均不再另行收费。其特点是医疗服务机构的收入与服务人数成正比，服务人数越多，医院的收入越高。

按人头付费是一种预付制方式，具有预付制的许多特点，是所有医疗保险支付方式中费用控制效果较好的方法之一，有利于医疗服务供给方强化内部管理，增强医院的费用意识和经济责任，控制医疗服务机构过度提供医疗服务的行为；促使医疗服务机构开展预防工作，尽量的减少服务对象发生疾病，以减轻将来的工作量，降低医疗费用支出。

按人头付费的缺陷是由于按人头支付实行定点医疗，减少了医疗保险需求方对医疗服务的选择性，不利于促进医疗服务机构之间的竞争；医疗服务供给方出于自身利益的考虑，可能减少对医疗保险需求方的服务数量，降低医疗服务质量，如出现医疗保险需求方就医等待，医疗服务供给方拒绝接收危重患者的就医，减少高新医疗技术的使用等，由此可能引发医患矛盾。

三、按服务人次支付方式

按服务人次付费又称平均定额付费，即制定每一门诊人次或者每一住院人次的费用支付标准，社会医疗保险机构根据医疗服务供给方实际提供的服务人次，按照每一人次的费用支付标准向医疗服务供给方支付医疗费用。

按服务人次付费的优点是在服务人次支付标准确定的前提下，按服务人次支付能够促使医疗服务机构降低服务成本，减少过度用药和过度利用高新医疗技术的现象，对医疗费用的控制效果较按服务项目支付好；由于每一门诊人次或每一住院人次的费用支付标准固定，延长住院时间意味着医疗服务供给方收入的减少，因此，按服务人次支付有利于缩短患者的住院时间。

按服务人次付费的缺陷是由于按服务人次付费，医院的收入与服务次数直接相关，医院可能通过诱导需求和分解服务人次增加收入；医疗服务供给方出于控制医疗成本的需要，可能减少对医疗保险需求方的服务数量，降低服务水平，从而影响医疗服务的质量。

四、按住院床日支付方式

按住院床日付费又称为按床日标准支付，是指社会医疗保险机构根据测算首先确定每一住院床日的支付标准，在被保险人接受医疗服务供给方的服务后，由社会医疗保险机构根据被保险人实际住院的总床日数支付医疗服务供方费用。按住院床日支付方式主要适用于床日费用比较稳定的病种。

按住院床日付费的优点是由于按住院床日支付具有预算的性质，对于医疗服务供给方来说，要想从医疗服务中获得收益，其每床日的医疗成本必须低于社会医疗保险机构规定的费用支付标准，如高于这一支付标准，医疗服务供给方将处于亏损状况。也就是说，医疗服务供给方的收入与其每床日提供服务的实际成本成反比。因此，按住院床日支付方式有利于医疗服务供给方降低服务成本，提高工作效率；按住院床日标准支付医疗费用，由于支付标准单一、统一，因此，社会医疗保险机构无须对医疗服务账单逐项详细审核，减少了社会医疗保险机构在支付工作中的工作量，从而有利于降低社会医疗保险的管理成本。

按住院床日付费的缺陷是由于按住院床日支付医疗费用的标准固定，医疗服务供给方出于自身的经济利益，可能出现两种延长患者住院时间的情况：一种是对于一些实际成本低于费用支付标准的患者，医疗服务供给方可能通过延长其住院时间，以获得更多的收入；另一种是由于一般患者住院前期的花费较高，后期的花费往往较低，医疗服务供给方也可能通过延长其后期住院的时间，以增加医疗服务供给方的收入。因此，按住院床日付费的方式有刺激医院延长患者住院时间的可能，不利于有效控制医疗费用；由于不同患者的病情往往存在较大差异，而支付医疗费用的标准相同，这将刺激医疗服务供给方收治病情较轻的患者，而采用转院等方法尽可能拒收病情重的患者。同样，由于医疗费用的支付标准固定，医疗服务供给方也可能通过减少必要的服务而减少医疗成本，从而影响医疗服务的质量和被保险人的利益。

五、按病种支付方式

按病种付费又称按疾病诊断分类定额支付制，即根据疾病分类法，将住院病人疾病按诊断分为若干组，每组又根据疾病的轻重程度及有无合并症、并发症分为几级，对每一组不同级别的病种分别制定不同的价格，并按该价格向医疗服务机构一次性支付。按病种付费办法最早于 1983 年在美国老人医疗保险制度中实施，由 480 多个疾病诊断组构成。

按病种付费的优点是有利于医疗保险供给方控制投保人每次住院的费用，促使医院提高工作效率，降低服务成本，缩短住院天数，减少诱导性医疗费用的支出；准确有效的诊断和治疗，意味着医疗服务供给方服务成本的降低，因此，按病种支付将促使医疗服务机构和医务人员不断提高诊断治疗水平；促进医疗质量的提高；按病种支付对管理的要求较高，这种方式将促进医疗服务供给方和医疗保险机构加强利导管理，尤其是标准化管理，以不断提高整个医疗保险系统的管理水平。

按病种付费的缺陷是由于病情的轻重和复杂程度与病种支付的标准成正比，为了获得更多的收入，医疗服务供给方可能夸大患者的病情，诱导患者手术和住院，甚至让病人出院后再入院，造成卫生资源的浪费；由于每一病种的支付标准固定，医疗服务供给方从自身的经济利益考虑，可能减少对患者的必要服务，降低服务成本，从而影响医疗服务质量和患者的利益；尽管按病种付费结算方法简单，但这种支付方式要求有完善的信息系统和较高的管理水平支持，因而管理成本较高。

六、总额预付制

总额预付制又称总额预算，是由医院单方面或由医疗保险机构与医疗服务机构协商确定内医疗保险机构支付给每个医疗服务机构医疗费用的年度总预算额。预算额度一旦确定，收入就不能随着服务量的增加而增加，医疗服务供给方必须为参加医疗保险的患者提供规定的医疗服务。而年度总预算的确定，往往考虑医院规模、医院服务质量、服务地区人口密度及人群死亡率、医院是否是教学医院、医院设施与设备情况、医院上年度财政赤字或结余情况、通货膨胀等综合因素。医疗费用预算总额一般每年协商调整一次。

总额预付制的优点是医院的预算额度一旦确定，医院的收入就不能随着服务量的增加而增加，所以总额预付制能够较好地控制医疗费用总量；由于医疗保险机构对医院的预算额度是确定的，因此，医疗服务供给方有控制费用的动力，以获得较好的经济收益，有利于促使医院在收入总额固定的情况下，降低服务成本，提高资源的利用率，促进卫生资源的合理配置。

总额预付制的缺陷是由于医疗保险机构对医疗服务供给方支付的预算额度固定，医疗服务供给方的收入不能随其服务量的增加而增加，可能降低其提供服务的积极性和主动性，导致服务数量减少，出现医疗保险需求方住院困难，服务态度和服务质量下降的现象。

上述各种费用支付方式各有优缺点。在实际工作中应该认真分析各种主、客观条件和各种付费方式的优缺点和适用性。一般可以采用几种支付方式相结合的方式，优势互补，协调好医疗服务机构、医疗保险供方和需方的利益关系，并有效控制医疗保险费用支出。

拓展阅读

加快（DRGs）付费国家试点，有效减少“大处方”

2018 年 12 月 20 日晚，国家医保局发布《关于申报按疾病诊断相关分组付费国家试点的通知》，旨在落实《国务院办公厅关于进一步深化基本医疗保险支付方式改革的指导意见》（国办发〔2017〕55 号）要求，加快推进按疾病诊断相关分组（DRGs）付费国家试点，探索建立 DRGs 付费体系。

1. 推进 DRGs 付费结算方式试点工作，加快我国医保支付由按项目付费向按病种付费过渡

DRGs（Diagnosis Related Groups）是将患者患病情况进行综合分析后纳入分入不同的诊断组打包治疗，实现治疗流程的规范化以及治疗费用的可控。

DRGs支付是较先进的医保支付方式，目前美国、澳洲、德国、法国等国家已经采用，我国也在积极推行中，2017年起，卫健委在福建省三明市、广东省深圳市、新疆维吾尔自治区克拉玛依市以及福建省的3家医疗机构开展DRGs收付费改革试点工作，2018年1月，福建省三明市正式上线运行DRG收付费系统。本次试点申报工作由各省推荐1～2个城市作为国家试点候选城市，此举扩大了试点范围，有望在全国铺开。

2. 仿制药对进口原研药品的替代有望提速

DRGs对诊断组的治疗费用进行定价，医生出于治疗费用限制，或将倾向于用通过一致性评价的仿制药来替代原研药，从国外经验来看，法国在实施DRGs支付方式后，仿制药对原研药品的替代大幅提高。我们认为，仿制药企业的药品在医院的处方占比将随着DRGs的推行而得到提升。

3. DRGs付费使得人均医疗费用支出增速得到了明显控制，利好高效率运营的医疗服务机构

DRGs付费可以避免在按项目付费中的大处方和过度治疗的问题，有效控制治疗费用的增长，美国在实施DRGs后人均医疗费用支出增速得到了明显控制。同时，以DRGs为基础的公立医院改革不仅是单纯的控费，更多的是以提高公立医院效率为前提，并非一味削减医院经费，还要考虑保险方和病人需方等多方利益相关者，有利于绩效高效率高的医院实现进一步规范化运营，对绩效低的医院会有一定冲击，以促进低效率医院的发展。

4. 医疗信息化领域或将受益

试点城市的推行要求医保信息系统具有相对统一的医保药品、诊疗项目和耗材编码，能够提供近三年的完整、规范、标准化医保结算数据。我们认为，DRGs付费系统必将要求医院信息化管理作为配套，医疗信息化进程会相应推进。

资料来源：川财证券——医疗生物行业《关于申报按疾病诊断组相关分组付费国家试点通知》的点评 http：//istock. jrj. com. cn/article，yanbao，30595926. html

模块练习

一、单选题

1. 以下属于医疗保险费用支付方式中预付制的是（　　）。

①总额预算制；②按服务单元付费；③按确定病种费用标准支付；④按人头付费

A. ②③④　　B. ①③④

C. ①②③④　　D. ③④

2. 我国社会医疗保险采用的是以下（　　）支付方式。

A. 起付线　　B. 共同付费

C. 最高支付限额　　　　　　　　D. 混合式

3. 以下关于起付线说法不正确的是（　　）。

A. 起付线以下的费用由参保人个人承担

B. 小额费用由参保人个人承担，有利于保障高额费用的疾病风险

C. 起付线将小额医疗费用剔除在社会医疗保险支付范围之外，可以降低管理成本

D. 提高起付线可以有效增强被保险人的费用意识

4. 以下关于最高支付限额说法不正确的是（　　）。

A. 最高支付限额以上的部分由参保人个人承担

B. 最高支付限额的设置有利于限制被保险人对高额医疗服务的过度需求

C. 最高支付限额的设置鼓励医疗服务供给方提供高额的医疗服务

D. 最高支付限额设置的目的是社会医疗保险首先应提供基本保障，将高额医疗费用剔除在医疗保险支付范围之外

5. 社会医疗保险机构按合同规定的时间，根据医院服务的社会医疗保险对象的人数和每个人的支付定额标准，预先支付一笔固定的费用的费用支付方式为（　　）。

A. 按服务项目支付方式　　　　B. 按人头支付方式

C. 按服务人次支付方式　　　　D. 按住院床次支付方式

二、判断题

1. 按服务项目支付属于预付制。（　　）

2. 总额预算制能较好地控制医疗费用的总量。（　　）

3. 预付制的优势在于提高了医疗服务的数量和质量。（　　）

4. 社会医疗保险机构和被保险人按一定的比例共同支付医疗费用的方式称为最高支付限额方式。（　　）

5. 按服务人次支付的方式可以促进医院降低服务成本。（　　）

模块三
我国基本医疗保险制度

任务描述

我国目前已建立起覆盖城乡的基本医疗保障制度。但在制度建立之初，为了建立起覆盖全面的基本医疗保障，采取了差异化、多条腿走路的办法，形成了目前我国城镇职工基本医疗保险、城

乡居民基本医疗保险等多种类型同时运行的局面。基本医疗保险双轨运行、多头管理，不同种类医保待遇存在一定的差距。

张先生，某机关单位的公务员；

妻子刘女士，某企业职工；

侄子小刚，农村青年，在家务农。

问题：

比较他们的社会基本医疗保险制度有何区别?

任务一　认识城镇职工医疗保险

☞ 业务描述

张先生是某大型企业的技术员。前不久在单位工作时突发疾病晕倒，同事将张先生送往就近的医院进行抢救，病情稳定后转院继续治疗，花费了一笔不小的医疗费。张先生所在单位为其办理了城镇职工基本医疗保险，张先生想知道就医期间的哪些费用可以在基本医疗保险中报销。

问题：

城镇职工基本医疗保险的费用报销范围和标准是什么？

一、城镇职工基本医疗保险制度的建立

1993 年，十四届三中全会通过了《关于建立社会主义市场经济体制若干问题的决定》，文件指出了要在我国建立社会统筹基金和个人医疗账户相结合的社会医疗保险制度。1994 年，国务院正式确定江苏省镇江市和江西省九江市作为改革的试点城市（俗称“两江”医改试点），并于 1994 年 12 月底开始实施试点方案。经过一年多的试点，1996 年国务院办公厅转发了四部委的《关于职工医疗保障制度改革扩大试点的意见》，开始在新增的 57 个城市中推广。在总结各地医疗保险制度改革试点经验的基础上，1998 年 12 月，国务院召开了全国医疗保险制度改革会议，颁发了《国务院关于建立城镇职工基本医疗保险制度的决定》，要求各级人民政府加强对医疗保险制度改革的组织领导，提出了在全国范围内建立城镇职工基本医疗保险制度。该文件的颁布，标志着我国城镇职工基本医疗保险制度的改革进入了一个崭新的阶段。文件明确了改革的目标任务、基本原则，确定了覆盖范围、缴费办法和建立基本医疗保险统筹基金和个人账户相结合的医疗保险模式，并规范了基本医疗保险基金的管理和监督，提出了配套推进医疗改革和加强医疗服务管理的要求。

二、城镇职工医疗保险制度的原则

(一)“低水平、广覆盖”原则

“低水平”就是基本医疗保险的水平要与社会主义初级阶段生产力发展水平相适应，城镇所有用人单位及其职工都要参加基本医疗保险，这是建立城镇职工基本医疗保险制度必须遵循的一个重要原则。建立城镇职工基本医疗保险制度，只要从中国的国情出发，根据国家、企业和个人的实际承受能力，确定合理的基本医疗保险水平。

“广覆盖”就是要求城镇所有用人单位及其职工，都要参加基本医疗保险。扩大城镇职工基本医疗保险覆盖范围是改革的一个重要原则，如果没有“广覆盖”，社会保险所遵循的大数法则就无法体现，就不能有效地分散风险，均衡负担，也实现不了社会互助共济的作用，新的医疗保险制度就建立不起来。

(二)基本医疗保险费由用人单位和职工双方负担原则

实行基本医疗保险费由用人单位和职工个人双方共同缴纳，是建立新型的城镇职工基本医疗保险制度的重要内容。基本医疗保险费由用人单位和职工双方共同负担，不仅使得基本医疗保险费用负担合理，资金来源更为稳定，职工医疗更加有保障，而且通过建立用人单位和职工个人共同缴纳基本医疗保险费的机制，可以增强职工的自我保障责任和节约医疗费用意识。

(三)基本医疗保险基金实行社会统筹和个人账户相结合原则

基本医疗保险实行社会统筹和个人账户相结合，也就是用人单位和职工个人缴纳的基本医疗保险费要分别建立统筹账户和个人账户。建立基本医疗保险个人账户，就是要建立职工自我约束和储蓄积累机制。

(四)实行属地管理原则

基本医疗保险原则上以地级以上行政区（包括地、市、州、盟）为统筹单位，也可以县（市）为统筹单位，北京、天津、上海三个直辖市原则上是在全市范围内实行统筹。所有用人单位及其职工都要按照属地管理原则参加所在统筹地区的基本医疗保险，执行统一政策，实行基本医疗保险基金的统一筹集、使用和管理。铁路、电力、远洋运输等跨地区、生产流动性较大的企业及其职工，可以以相对集中的方式异地参加统筹地区的基本医疗保险。

三、城镇职工基本医疗保险的主要内容

(一)覆盖范围

城镇职工基本医疗保险制度要覆盖城镇所有用人单位及职工，包括国有企业、集体企业、外商投资企业、私营企业和职工，以及机关、事业单位、社会团体、民办非企业单位及职工；城镇个体经济组织业主及其从业人员也可以参加基本医疗保险。所有参加职工基本医疗保险制度改革的单位都必须有健全的财务制度，有账可查。

（二）缴费

1. 缴费基数

城镇职工基本医疗保险费由用人单位和职工共同缴纳，缴费基数和基本养老保险相同，这里不再赘述。

2. 缴费比例

用人单位缴费率控制在职工工资总额的6%左右，在职职工缴费率为本人工资的2%，退休人员个人不缴费。

在实务中，具体缴费比例由各统筹地区根据实际情况确定。例如，2017年《长沙市职工基本医疗保险办法》规定，用人单位按全部职工工资总额的8%缴纳基本医疗保险费，职工个人按本人月工资的2%缴纳基本医疗保险费。职工本人月工资低于上年度全省在岗职工月平均工资60%的，按60%核定个人缴费基数；超过300%的，按300%核定个人缴费基数。当个人缴费基数之和大于用人单位全部职工工资总额时，以个人缴费基数之和作为单位缴费基数。以灵活就业人员身份参加职工基本医疗保险的，由个人按上年度全省在岗职工月平均工资的60%为缴费基数，按统筹地区用人单位费率的70%缴纳基本医疗保险费。

工作实例

威远公司是一家国有企业，上年度职工月工资总额为700万元，该企业职工张某，上年度月平均工资为4 500元，当地职工上年度月平均工资为2 000元。

企业每月为员工缴纳基本医疗保险费：700万元×6%＝42（万元）

张某每月个人缴纳的基本医疗保险费：4 500×2%＝90（元）

3. 缴费年限

基本医疗保险的缴费年限，是指职工实现退休后继续享受医疗保险待遇，不需要再缴纳基本医疗保险费所达到的最低缴纳基本医疗保险费的年限。目前对此没有全国统一的规定，由各统筹地区根据本地情况来确定。从目前各地方规定的情况来看，一般要求达到退休年龄时，男性参保人员缴费年限要满25～30年，女性参保人员缴费年限要满20～25年（地区不同，规定有别）。未达到规定的缴纳医疗保险年限，退休时可以一次性清算。按照国家的规定办理了退休手续，按月领取基本养老保险金或者退休费的人员，享受退休人员的基本医疗保险待遇，不再缴纳基本医疗保险费。

相关链接

《中华人民共和国社会保险法》节选

第二十七条　参加职工基本医疗保险的个人，达到法定退休年龄时累计缴费达到国家规定的年限的，退休后可以不再缴纳基本医疗保险费，按照国家规定享受基本医疗保险待遇；未达到国家规定年限的，可以缴费至国家规定年限。

（三）统筹基金和个人账户

城镇职工基本医疗保险实行社会统筹和个人账户相结合（见图4－5），基本医疗保险基金由统筹基金和个人账户构成。职工个人缴纳的基本医疗保险费全部计入个人账户，用人单位缴纳的基本医疗保险费分为两个部分，一部分用于建立统筹基金，一部分划入个人账户。用人单位缴费按30%左右划入个人账户，具体比例由统筹地区根据个人账户的支付范围和职工工龄等因素确定。下列公式反映了医疗保险的个人账户积累：

个人医疗保险账户 = 本人缴费基数 ×2% + 企业供款 ×30%

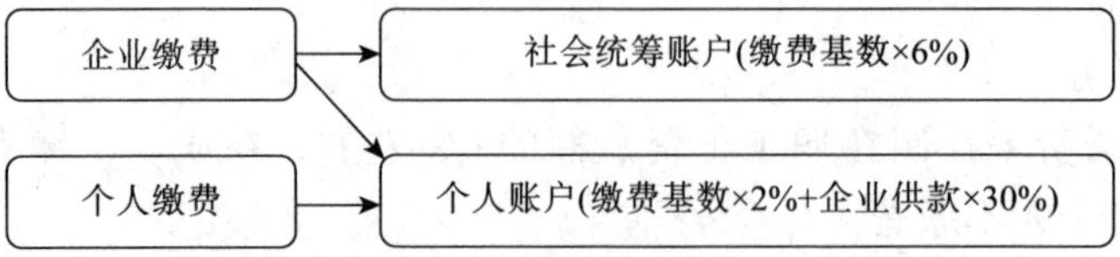

图4－5　城镇职工基本医疗保险企业、个人缴费示意

城镇职工基本医疗保险的个人账户的本金和利息为个人所有，只能用于基本医疗保险，但可以结转使用和继承，职工和退休人员死亡时间，其个人账户存储额划入其继承人的个人账户，继承人未参加基本医疗保险的，个人账户存储额可一次性支付给继承人；没有继承人的，个人账户存储额纳入基本医疗保险统筹基金。

在实务中，城镇职工基本医疗保险统筹账户和个人账户的分开运行，分别核算，不得互相挤占。以长沙市为例，长沙市城镇职工基本医疗保险费由用人单位和职工双方共同负担，基本医疗保险基金实行社会统筹和个人账户相结合。

1. 个人账户的建立

参保人员个人账户由以下三部分组成：

（1）个人缴纳的基本医疗保险费的2%划入部分。

（2）基本医疗保险统筹基金按不同年龄段划入的部分：见表4－3，45周岁以下（含本数）的按本人缴费基数的0.7%划入；45周岁以上到退休前的按本人缴费基数的1.2%划入；退休人员按规定基数的4%划入。单位退休人员以用人单位上年度职工月平均缴费基数为个人账户划入基数。灵活就业退休人员以上年度市政府发布的社会保险缴费基数的60%为个人账户划入基数；提留了医疗保险费的改制破产单位退休人员以上年度全省在岗职工平均工资为个人账户划入基数。上述退休人员本人养老金高于个人账户划入基数的，以本人养老金为个人账户划入基数。

（3）个人账户储存额的利息收入。

个人账户划入比例，随用人单位和参保个人的费率变化而调整。

表4－3　　长沙市城镇职工基本医疗保险缴费及账户

	年龄段	个人缴费	统筹基金划入	个人账户合计
在职职工	45周岁及以下	2%	0.7%	2.7%＋余额利息
在职职工	45周岁以上	2%	1.2%	3.2%＋余额利息
退休人员	—	0	4%	4%＋余额利息

数据来源：长沙市职工基本医疗保险管理办法（长政办发〔2017〕1号）

2. 统筹账户建立

用人单位缴纳的基本医疗保险费，扣除划入个人账户的部分，即为基本医疗保险统筹基金。

（四）费用补偿

根据1998年国务院发布《关于建立城镇职工基本医疗保险制度的决定》，城镇职工基本医疗保险的统筹基金和个人账户划定了各自的支付范围，分别核算，互不挤占。

1. 个人账户的支付范围包括以下项目

（1）在定点医疗机构门（急）诊的医疗费用；

（2）在定点零售药店购药的费用；

（3）起付线标准以下的医疗费用；

（4）起付线标准以上，最高支付限额以下应当由个人负担的医疗费用；

（5）最高支付限额以上应当由个人负担的医疗费用。

为更好地适应城镇职工基本医疗保险参保人员的医疗健康需求，在城镇职工基本医疗保险个人账户（以下简称“医保个人账户”）资金可支付门诊、住院、购药等个人自付及自理医疗费用的基础上，部分省市根据医疗保险个人账户基金运营情况，扩大了医保个人账户支付范围。如2019年《四川省关于完善城镇职工基本医疗保险个人账户使用有关政策的通知》规定：个人账户资金在原支付范围基础上，可扩大用于支付职工本人及其配偶、夫妻双方父母、子女的下列费用：

（1）在统筹地区内定点医疗机构就医发生的普通门诊（含挂号）、门诊特殊疾病（含定点药店）、住院、健康体检、非计划免疫接种、远程诊疗和家庭医生签约服务等需个人负担的医疗服务费用；

（2）在省内定点零售药店购买与疾病治疗和医疗康复相关的药品、医疗器械、医用耗材、辅助器具等费用；

（3）在统筹地区内支付城乡居民基本医疗保险、灵活就业人员参加的职工基本医疗保险、补充医疗保险、重特大疾病保险、长期照护保险等由政府开展的与医疗保障相关的社会保险个人需要缴纳的费用。个人账户支付范围的扩大进一步增加个人账户基金的共济和保障能力，提高个人账户基金使用效率，减轻参保人员及其家庭成员的医疗负担。

2. 统筹基金的支付范围包括以下项目

（1）住院治疗的医疗费用；

（2）急诊抢救留观并收入住院治疗的，其住院前留观7日内的医疗费用；

（3）血液透析、恶性肿瘤放化疗、肾移植后服抗排异药等特殊病种的门诊医疗费用。

同时，对统筹基金的支付规定了起付标准、封顶线、支付目录和分担比例。

（1）起付线：社会统筹基金开始分担的医疗费用的金额起点，原则上控制在统筹地员工年平均工资的10%左右，超过这个水平的医疗费用由社会统筹基金支付，起付标准以下的医疗费用从个人账户中支付或由个人自付。

（2）封顶线：社会统筹最高支付限额，原则上控制在统筹地员工年平均工资的6倍左右。即超过这个水平的医疗费用社会统筹基金不再支付。

（3）共付制：社会统筹基金分担医疗费用时，要求个人分担一定比例，个人负担比例由统筹地区根据以收定支、收支平衡的原则确定。实务中，个人负担比例与就诊医院的级（类）别相关，就诊的医院级别越高，个人负担比例越高。例如，在一级（类）医院住院的，在职人员个人支付20%，统筹基金支付80%；退休人员个人支付15%，统筹基金支付85%。在二级（类）医院住院的，在职人员个人支付25%，统筹基金支付75%；退休人员个人支付20%，统筹基金支付80%。在三级（类）医院住院的，在职人员个人支付30%，统筹基金支付70%；退休人员个人支付25%，统筹基金支付75%。

此外，只有在两定点和三个目录规定的范围内发生的医疗费用才能进入社会统筹报销。两定点即定点医院和定点药店（处方外配药品购买）；三个目录即药品、诊疗项目和服务设施目录。

相关链接

《中华人民共和国社会保险法》节选

第二十八条　符合基本医疗保险药品目录、诊疗目录、医疗服务设置标准以及急诊、抢救的医疗费用，按照国家规定从基本医疗保险基金中支付。

第三十条　下列医疗费用不纳入基本医疗保险基金支付范围：

（1）应当从工伤保险基金中支付的；

（2）应当由第三人负担的；

（3）应当由公共卫生负担的；

（4）在境外就医的。

医疗费用依法应当由第三人负担，第三人不支付或者无法确定第三人的，由基本医疗保险基金先行支付。基本医疗保险基金先行支付后，有权向第三人追偿。

工作实例

某地当地职工上年度月平均工资为2 000元，则该地基本医疗保险统筹基金支付起付线为：2 000×12×10%＝2 400（元）；统筹基金支付最高支付限额为2 000×12×6＝144 000（元）。

做一做

某市一职工在一个年度内到定点医院就诊，门诊一次，发生医疗费用400元，两次住院发生医疗费用分别为15 000元和10 000元，其中两次住院分别发生超出基本医疗保险药品目录的费用为2 000元和1 000元。该职工个人账户只有300元。当地统账支付范围按门诊和住院划分，住院起付线标准第一次为500元，第二次为400元，统筹支付范围的个人自付比例为10%，最高支付限额为20 000元。

问题：

这些医疗费用应该如何支付？

在实务中，各地区劳动保障行政部门都有基本医疗保险住院费用分担的实施细则。以长沙为例，城镇职工基本医疗保险个人账户一般用于支付：①在协议管理医疗机构就医发生的、属于个人负担的医疗费用；②在协议管理医疗机构预防接种和体检的费用；③在协议管理药品经营单位购买药品及医疗用品的费用；④需个人缴交的大病医疗互助费等费用；⑤个人商业健康保险和意外伤害保险；⑥其他符合国家、省、本市规定的费用。

基本医疗保险设置基本医疗保险统筹基金起付标准、基本医疗保险统筹基金最高支付限额和大病医疗互助基金最高支付限额。一个结算年度内，医疗保险基金最高支付限额为 30 万元，其中基本医疗保险统筹基金最高支付限额 12 万元，大病医疗互助基金最高支付限额为 18 万元，支付段为超过基本医疗保险统筹基金最高支付限额以上部分至 30 万元。参保人员住院起付标准为：一类收费标准医疗机构 900 元；二类收费标准医疗机构 650 元；三类收费标准医疗机构（含乡镇卫生院和社区卫生服务机构）480 元。参保人员在一个结算年度内多次住院的，起付标准逐次降低，第二次住院按规定住院起付标准的 50% 计算，第三次及以上住院按规定住院起付标准的 30% 计算。

参保人员发生的符合医疗保险三个目录规定的住院医疗费用按以下办法支付：①起付标准以下（含本数，下同）的由个人账户支付或个人自负；②起付标准以上，基本医疗保险统筹基金最高支付限额以下的由基本医疗保险统筹基金和个人共同负担。其中个人负担额按下设分段与自负比例累加计算：1 万元以下的个人自负比例按一、二、三类收费标准医疗机构分别为 12%、9%、5%；1 万元以上，基本医疗保险统筹基金最高支付限额以下的个人自负比例按一、二、三类收费标准医疗机构分别为 8%、5%、4%，退休人员按以上自负比例的 60% 负担；③基本医疗保险统筹基金最高支付限额以上，大病医疗互助基金最高支付限额以下的个人自负比例为 6%，退休人员为 4.8%。具体分担比例见表 4－4。

表 4－4　长沙市职工基本医疗保险住院起付标准及个人自付比例

支付顺序	项目	医疗费用	在职职工负担			退休人员负担		
			三类收费医院	二类收费医院	一类收费医院	三类收费医院	二类收费医院	一类收费医院
1	按政策规定自费	实际发生费用	全部	全部	全部	全部	全部	全部
2	起付线支付标准	第一次入院	480	650	900	480	650	900
		第二次入院	240	325	450	240	325	450
		第三次入院	144	195	270	144	195	270
3	共付段	起付标准以上至 10 000 元	5%	9%	12%	3%	5.4%	7.2%
4		10 000 元以上至最高支付限额 120 000 元	4%	5%	8%	2.4%	3%	4.8%

注：1. 按政策规定自费（支付顺序 1）是反指基本医疗外费用发生额。

2. 受公务员医疗补助的参保人员上述自付部分按国家规定予以补助。

工作实例

省直单位职工小张因生病在三级医院住院30天，共花费医疗费用4.2万元，均为基本医疗费用。省直参保单位基本医疗保险统筹基金支付的起付线三级医院为1 000元，封顶线为41 532元，该省职工基本医疗保险费用分担见表4－5。

请计算小张自己需要负担多少医疗费用，能报销多少医疗费用？

表4－5　某省职工基本医疗保险住院费用分担表

起付线以上至3 000元（含）		3 000元以上至10 000元（含）		10 000元以上至封顶线	
自付	统筹	自付	统筹	自付	统筹
18%	82%	15%	85%	8%	92%

小张自己需要负担的医疗费用由以下几部分组成：

（1）起付线以下的部分＝1 000（元）

（2）起付线以上至3 000元部分＝3 000×18%＝540（元）

（3）起付线以上3 000元以上至10 000元部分＝（11 000－4 000）×15%＝7 000×15%＝1 050（元）

（4）起付线以上10 000元以上至封顶线的部分＝（41 532－11 000）×8%＝30 532×8%＝2 442.56（元）

（5）封顶线41 532元以上的部分＝42 000－41 532＝468（元）

小张自己需要负担的医疗费用＝1 000＋540＋1 050＋2 442.56＋468
＝5 500.56（元）

小张能报销的医疗费用＝42 000－5 500.56＝36 499.44（元）

做一做

2018年张先生在湖南湘雅医院（一类）做心脏搭桥手术和术后病症治疗。总费用为22万元，目录外费用2.5万元。根据当地医疗保险改革方案，张先生的住院费用和手术费用可以进入社会统筹报销。请根据2018年长沙市职工基本医疗保险住院起付标准及个人自付比例，见上文表4－4，计算张先生医疗保险费用分担情况。

拓展阅读

什么是“两定点三目录”

1. 定点医院

是指社保部门公布所管辖区域内的具有社保医疗资格的医院名单，参保人根据所公布的名单，选定自己就医的医院，然后社保部门审核合格后，发给参加医保人员医保卡，凭医保卡到指定的医院去就医，可以按照相关规定报销医疗费，否则不能报销医疗费。医院分为甲类医院和乙类医院，甲类医院又分为一等，二等，三等。

2. 定点零售药店

是医保体系下的产物，通过劳动保障行政部门资格审定，并经医疗保险经办机构确定，为参保人员提供处方外配和非处方药零售服务的药店。

3.《基本药品目录》

药品主要分甲类、乙类和范围外三类。甲类药品纳入统筹支付，可以按规定报销；乙类药品须个人先负担一定比例后，再纳入统筹支付，如抗生素类药品“菌必治”，其费用在进入统筹金支付前，需个人先自负20%，剩余费用纳入统筹金支付；范围外药品费用完全由个人负担。2018 年 9 月，调整后的 2018 年版国家基本药物目录总品种由原来的 520 种增至 685 种，包括西药 417 种、中成药 268 种。

4.《诊疗项目目录》

诊疗项目分为全额统筹项目、部分统筹项目和范围外项目。全额统筹项目全部纳入统筹支付；部分统筹项目，须个人先负担一定比例后，再纳入统筹范围，如 CT 检查费用，个人要先负担 20%，剩余费用可纳入统筹金支付范围。范围外项目的费用完全要个人自负。

5.《医疗服务设施项目》

基本医疗保险医疗服务设施费用主要包括住院床位费及门（急）诊留观床位费。根据各省（市、区）物价部门的规定，住院床位费和门（急）诊留观床位费主要包括三类费用：一是属病房基本配置的日常生活用品如床、床垫、床头柜、椅、蚊账、被套、床单、热水瓶、洗脸盆（桶）等的费用，二是院内运输用品如担架、推车等的费用，三是水、电等费用。对这些费用，基本医疗保险基金不另行支付，定点医疗机构也不得再向参保人员单独收费。

基本医疗保险基金不予支付的生活服务项目和服务设施费用，主要包括五大类：一是就（转）诊交通费、急救车费；二是空调费、电视费、电话费、婴儿保温箱费、食品保温箱费、电炉费、电冰箱费及损坏公物赔偿费；三是陪护费、护工费、洗理费、门诊煎药费；四是膳食费；五是文娱活动费以及其他特需生活服务费用。之所以规定上述生活服务项目和服务设施费用不予支付，主要是考虑这些项目有的不是诊断、治疗和护理过程中必需的，如电视、电话、电冰箱等，有的虽必需，但属于个人或单位责任，如就诊交通费、急救车费、膳食费等。

任务二　认识城乡居民医疗保险

☞ 业务描述

在农村务农的小张原来参保新型农村合作医疗，今年得知新型农村合作医疗将和城镇居民医疗保险进行合并，小张感到很困惑，为何要进行医疗保险的并轨，合并后对自己的医疗待遇会有什么影响。

问题：

请向小张介绍城乡居民基本医疗保险的主要内容。

一、城乡居民基本医疗保险的建立

城乡居民基本医疗保险在是城镇居民基本医疗保险和新型农村合作医疗两项制度的基础上，在全覆盖、保基本、多层次、可持续原则的指引下，对两项制度进行整合，建立的统一的基本医疗保险制度。

（一）城镇居民医疗保险的建立

城镇居民医疗保险是由政府组织、引导、支持，居民自愿参加，按照财政补助与个人缴费相结合、以大病统筹为主，重点保障城镇居民住院和特殊病种门诊医疗需要的医疗保障制度。

1998 年我国开始建立城镇职工基本医疗保险制度，之后又启动了新型农村合作医疗制度试点，建立了城乡医疗救助制度。之后，我国没有医疗保障制度安排的主要是城镇非从业居民。为实现基本建立覆盖城乡全体居民的医疗保障体系的目标，2007 年国务院决定为我国城镇居民建立一个基本医疗保险制度。要求 2007 年在有条件的省份选择 2 或 3 个城市启动试点，2008 年扩大试点，2009 年试点城市达到 80% 以上，2010 年在全国全面推开，逐步覆盖全体城镇非从业居民。

（二）新型农村合作医疗制度的建立

新型农村合作医疗制度是由政府组织、引导、支持、农民自愿参加，个人、集体和政府多方筹资，以“大病统筹”为主的农民医疗互助互济制度。

2002 年 10 月 19 日，中共中央、国务院发布《关于进一步加强农村卫生工作的决定》，文件明确提出：“根据全面建设小康社会和社会主义现代化建设第三步战略目标的总体要求，到 2010 年在全国农村基本建立起适应社会主义市场经济体制要求和农村经济社会发展水平的农村卫生服务体系和农村合作社医疗制度”，“逐步建立以大病统筹为主的新型合作医疗制度和医疗救助制度”，“农民为参加合作医疗、抵御疾病风险而履行缴费义务不能视为增加农民负担”。此后，卫生部、财政部、农业部于2003年1月16日发布《关于建立新型农村合作医疗制度的意见》，意见中指出，从2003年起，各省、自治区、直辖市至省要选择2或3个县（市）现行试点，取得经验后逐步推开。卫生部办公厅于2003年3月颁发了《关于做好新型农村合作医疗试点工作的通知》，正式启动了新型农村合作医疗的试点工作。

（三）城乡居民基本医疗保险制度的整合

新型农村合作医疗和城镇居民医疗保险制度的相继建立，为缓解城乡居民“看病难、看病贵”的问题发挥了重要作用。随着经济社会的快速发展，两类医疗保险制度城乡分割的负面作用开始显现，待遇不均衡、政策不协调、管理效率低、基金共济能力弱等问题突出。在总结城镇居民基本医疗保险和新型农村合作医疗运行情况以及地方探索实践经验的基础上，2016年1月，国务院发布《关于整合城乡居民基本医疗保险制度的意见》（以下简称意见），就整合城镇居民基本医疗保险和新型农村合作医疗两项制度，建立统一的城乡居民医疗保险制度提出了明确要求。并提出了整合城乡居民医保制度的“六统一”，即统一覆盖范围，统一筹资政策，统一保障待遇，统一医保目录，统一定点管理，统一基金管理。

目前已有24个省份完成城乡居民医保制度整合工作，其余7个省份城镇居民医保和新农合仍是并轨运行。2019年4月，国家医疗保障局会同财政部制定印发了《关于做好2019年城乡居民基本医疗保障工作的通知》，重点针对城镇居民医保和新农合尚未完全整合统一的地区，明确要求加快整合力度，于2019年底前实现两项制度并轨运行向统一的居民医保制度过渡。

二、城乡居民基本医疗保险制度的主要内容

（一）覆盖范围

根据《意见》的规定，城乡居民医保制度覆盖范围包括现有城镇居民医保和新农合所有应参保（合）人员，即覆盖除职工基本医疗保险应参保人员以外的其他所有城乡居民。农民工和灵活就业人员依法参加职工基本医疗保险，有困难的可按照当地规定参加城乡居民医保。

各地在《意见》的指导下，结合本省市具体情况明确具体的参保对象。如《长沙市城乡居民基本医疗保险实施办法》规定城乡居民医保制度的参保对象具体包括下列人员：①农村居民；②城镇非从业居民；③驻长在校大中专学生（简称大中专学生）；④驻长职业高中、技校、中小学、幼儿园在册学生（简称普通学生）；⑤国家及省市规定的其他人员。

（二）缴费

根据《意见》的规定，城乡居民基本医疗保险的筹资采用多渠道、个人缴费与政府补助相结合为主的筹资方式，鼓励集体、单位或其他社会经济组织给予扶持或资助。各地统筹考虑城乡居民医保与大病保险保障需求，按照基金收支平衡的原则，合理确定城乡统一的筹资标准。

在《意见》的指导下，各省市逐步建立与经济社会发展水平、各方承受能力相适应，个人缴费标准与城乡居民可支配收入相衔接的筹资机制。各省市的筹资标准、财政补贴的水平因地方经济发展的情况而各不相同。如深圳市按年龄划分参保群体，其筹资、缴费标准见表4-6：

表4-6 深圳市城乡居民基本医疗保险筹资、缴费标准表

参保人年龄	中小学生和婴幼儿	19—59周岁	60—69周岁	70周岁以上
筹资标准（元）	1 450	3 150	5 800	5 800
个人缴费	110	720	535	500
财政补贴	1 340	3 870	6 335	6 300

南京市城镇居民基本医疗保险则将参保群体划分为老年居民、一般居民和学生儿童，其筹资、缴费标准见表4-7：

表4-7 南京市城乡居民基本医疗保险筹资、缴费标准表

参保人群类别	学生儿童	老年居民	其他居民
筹资标准（元）	1 340	1 650	1 650
个人缴费	200	400	480
财政补贴	1 140	1 250	1 170

（三）费用补偿

1. 补偿范围

根据《意见》，城乡居民医疗保险遵循“保障适度、收支平衡”的原则，均衡城乡保障待遇，逐步统一保障范围和支付标准，为参保人员提供公平的基本医疗保障。城乡居民基本医疗保险基金主要用于支付参保居民的住院和门诊费用，执行全省统一的基本医疗保险药品目录、诊疗项目、医疗服务设施范围及支付标准。以长沙为例，根据《长沙市城乡居民基本医疗保险实施办法》的规定，基本医疗保险基金为参保居民支付下列费用：①政策范围内的住院医疗费用；②政策范围内的门诊（含特殊病种门诊、普通门诊、大中专学生和普通学生及未成年参保人员符合规定的意外伤害门诊）医疗费用；③购买城乡居民大病保险；④生育医疗费用（含产前检查费）补助；⑤符合国家政策和省、市人民政府规定的其他情形。

2. 补偿标准

与城镇职工基本医疗保险一样，城乡居民基本医疗保险也设置了医疗保险基金住院起付线标准、支付比例和最高支付限额。以长沙为例，根据《长沙市城乡居民基本医疗保险实施办法》的规定，长沙市城乡居民基本医疗保险最高支付限额为15万元，城乡居民基本医疗保险住院费用分担情况见表4-8：

表 4－8　　长沙市城乡居民基本医疗保险住院费用分担表

支付顺序	项目		医疗费用	个人自负	统筹支付
1	起付标准	乡镇卫生院社区卫生服务机构	200 元	100%	0
		三类收费标准医疗机构	300 元		
		二类收费标准医疗机构	500 元		
		市级一类收费标准医疗机构	1 100 元		
2	共付段	乡镇卫生院社区卫生服务机构	起付标准以上至 150 000 元内	15%	85%
		三类收费标准医疗机构		25%	75%
		二类收费标准医疗机构		35%	65%
		市级一类收费标准医疗机构		40%	60%

模块练习

一、单选题

1. 关于我国的基本医疗保险制度，下列说法不正确的是（　　）。

A. 我国的基本医疗保险坚持“低水平、广覆盖”原则

B. 起付标准原则上控制在当地员工年平均工资的 20% 左右，最高支付限额原则上控制在当地员工年平均工资的 4 倍左右

C. 用人单位缴纳的保险费一部分用于建立统筹基金，一部分划拨到个人账户

D. 基本医疗保险基金实行社会统筹与个人账户相结合

2. 赵某是某大型企业的勤杂工，月工资为 2 000 元。当地职工月平均工资为 5 000 元，则赵某每月基本医疗保险的缴费为（　　）。

A. 60 元　　B. 40 元

C. 100 元　　D. 300 元

3. 以下属于基本医疗保险统筹账户支付范围的是（　　）。

①门诊、急诊费；②封顶线以上部分费用；③起付线以下部分费用；④药费；⑤住院费用；⑥门诊特种病；⑦急诊抢救留观并收住院治疗，其住院前留观 7 天的医疗费用

A. ①③④　　B. ⑤⑥⑦

C. ①⑤⑥⑦　　D. ①②③④⑤⑥⑦

4. 我国企业职工基本医疗保险制度规定，职工或退休人员死亡时，个人账户中的个人缴费部分（　　）。

A. 全部予以封存　　B. 全部转入社会统筹账户

C. 继续缴费　　D. 可以继承

5. 张同学，某大学在校学生，想参加社会医疗保险，他应当参加（　　）。

A. 城镇职工基本医疗保险　　B. 城乡居民基本医疗保险
C. 新型农村合作医疗　　D. 重大疾病保险

二、判断题

1. 符合基本医疗保险药品目录、诊疗项目、医疗服务设施标准以及急诊、抢救的医疗费用，按照国家规定从基本医疗保险基金中支付部分。（　）

2. 我国的基本医疗保险制度由职工基本医疗保险、城乡居民基本医疗保险构成。（　）

3. 基本医疗保险中的两定点是指定点药店和定点医院。（　）

4. 参加职工基本医疗保险的个人，达到法定退休年龄时累计缴费达到国家规定年限的，退休后继续缴纳基本医疗保险费，可按照国家规定享受基本医疗保险待遇。（　）

5. 城乡居民基本医疗保险基金不得用于购买城乡居民大病保险。（　）

模块四
补充医疗保险制度

任务描述

赵强有个幸福的家庭，他在某机关工作，妻子是某国有企业职工，10岁的儿子还在上小学。今年7月，赵强不幸患有重疾，医疗费用支出远远超过了基本医疗保险的支付范围，赵强的妻子正在焦急之时，了解到补充医疗保险可以化解医疗费用负担的难题。

问题：

1. 补充医疗保险和基本医疗保险两者的关系是什么？
2. 我国目前补充医疗保险的主要形式有哪些？

任务一　认识补充医疗保险制度

☞ 业务描述

赵强在患有重疾后，得知不但有基本医疗保险给予报销，补充医疗保险亦可以承担部分医疗费用，但不清楚具体有哪些基本医疗保险不予承担的费用可以通过公务员医疗补助予以报销。

问题：

请分析补充医疗保险如何弥补基本医疗保险的不足？

一、补充医疗保险的概念

补充医疗保险是相对于基本医疗保险而言的，是指为满足参保人员基本医疗保障范围之外的医疗保障需求，而建立的补充性医疗保障制度。补充医疗保险有广义和狭义之分。狭义上讲，补充医疗保险是指对现有基本医疗保险制度下支付水平的补充，是为了满足不同层次的医疗消费需求，补偿超过基本医疗保险封顶线部分的医疗服务费用，以及基本医疗保险不覆盖的服务项目费用，主要包括公务员医疗补助、大额医疗费用补助、企业补充医疗保险等。广义上讲，补充医疗保险指国家和社会建立的基本医疗保险（主体医疗保险）以外的各种医疗保险形式的总称，既可以是非营利性的医疗保险，如企业互助医疗保险等；也可以是营利性的医疗保险，如商业医疗保险。

补充医疗保险是医疗保险体系不可或缺的重要组成部分。我国的基本医疗保险制度是按照“广覆盖、保基本、可持续”的原则建立和实施，以国家或政府为最终责任主体，强调并体现公平原则，保障水平受到较大限制，一般只提供基本水平保障。随着社会经济的发展和医疗消费水平的提高，各种医疗服务需求明显增加，基本医疗已难以满足社会成员多层次、多样化的医疗保障需求。补充医疗保险的建立是从对基本医疗保险进行补充的角度出发，通过各种不同形式来满足不同群体的医疗需求，更加有利于促进社会稳定和经济发展。但相对于基本医疗保险而言，补充医疗保险更大程度上依赖市场机制，体现效率原则。

二、补充医疗保险的特征

（一）实施形式多样化

为了满足不同保障对象、不同层次的医疗消费需求，补充医疗保险采取多种不同的实施方式。例如，从保障对象来看，有针对公务员的国家公务员医疗补助；有针对企业职工的企业补充医疗保险和针对职工及其家属的大病医疗互助保险；还有针对更广泛群体的商业健康保险等。从开办主体来看，有政府主办的补充医疗保险，有在政府引导下企业自办的补充医疗保险，有企业主办、职工自愿参加的补充医疗保险，还有工会等社会团体开办的医疗互助保险等。

(二) 保障层次更高

补充医疗保险是在基本医疗保险基础上建立起来的，主要补偿保障对象基本医疗保险封顶线之上以及保障范围之外的医疗费用，以弥补基本医疗保险保障能力不足。而现阶段，基本医疗保险保障水平受国家政策目标、资金筹集渠道、保障对象范围、费用支付方式等方面的影响和限制，总体保障能力和水平有限。所以，从补偿水平来看，补充医疗保险保障层次一般要高于基本医疗保险，才能真正起到有效的补充保障作用。

(三) 自筹自办

在不同补充医疗保险形式中，除国家公务员医疗补助由政府出资主办外，其他补充医疗保险制度基本采取自筹自办的形式，即资金筹集、管理、运营和支付等都由主办补充医疗保险的非政府部门负责，相对而言较为独立。采取自筹自办，一方面有利于多渠道筹集医疗保障资金，减轻政府财政负担；另一面有利于根据不同的保障对象，有针对性地制定不同的筹资标准和保障水平。

(四) 一定程度上的福利性

为了鼓励企业或其他主体建立补充医疗保险，政府一般会给予一定的政策优惠或是直接给予财政补助。例如，国家规定有条件的企业可以建立企业补充医疗保险，对于建立企业补充医疗保险所需资金在工资总额4%的部分，允许税前列支，即企业可直接从成本中列支，不再经同级财政部门审批，这在一定程度上体现了补充医疗保险的福利性特征。

三、补充医疗保险与基本医疗保险的关系

(一) 补充医疗保险与基本医疗保险的共同点

补充医疗保险是在基本医疗保险的基础上发展起来的，是对基本医疗保险的补充与完善，只有在与基本医疗保险衔接的基础上才会显示出其巨大的生机与活力。两者相同之处在于：

1. 目的相同

补充医疗保险和基本医疗保险均旨在保障参保人群的健康，解除参保者的后顾之忧，促进社会的稳定和发展。

2. 手段相同

补充医疗保险和基本医疗保险均运用大效法则来分散疾病风险所造成的经济损失。

3. 独立性相同

两者的筹资、支付与管理都具有独立性，专款专用。

(二) 补充医疗保险与基本医疗保险的区别

1. 性质不同

基本医疗保险是由政府强制执行的一种医疗保险制度，具有强制性，它不取决于参

保人的意愿，作为一种社会福利性事业，具有非营利性。而补充医疗保险则是由社会保险经办机构或商业保险公司举办的，参保对象是自愿参加或相对自愿参加的。营利性分两种情况：商业保险公司举办的补充医疗保险具有营利性，社会保险经办机构办理的补充医疗保险具有非营利性。

2. 具体作用不同

基本医疗保险是为了保障劳动者的基本医疗需求，目的是维护社会公平，在医疗保险范围内调节收入差距，增加社会共济和公平。而补充医疗保险则是参保人或参保单位根据自身经济实力自愿投保以满足较高层次的医疗需求或其他方面的特殊要求，体现效率性和“多缴费多收益”原则。

3. 解决的利益诉求不同

在社会医疗保险制度下，个人负担较重。参保人在享受基本医疗保险时，先要自付起付线以下的费用，进入社会统筹之后，在起付线和封顶线之间，个人还需承担一定比例的费用。基本医疗保险的主要作用是通过互助共济保障人们的基本医疗权益，维护社会的稳定。而补充医疗保险则会弥补和减轻少数参保人自付费用过多的困难。

4. 权利与义务关系不同

基本医疗保险的权利与义务关系建立在劳动关系上，只要参保人履行了缴纳保险费的义务，就能获得享受基本医疗需求的权利，但在某种程度上，参保人所缴纳的医疗保险费与医疗保险待遇水平之间并不成正比，即权利与义务并不完全对等。而补充医疗保险的权利与义务关系建立在合同或协议的基础之上，只要参保人或参保单位有经济承受能力、自愿地参加补充医疗保险，并按规定缴纳保险费就能获得相应的权利，所享受的医疗待遇水平与所缴纳的保费正相关，体现“多缴费多受益”的原则。

5. 待遇水平确定的基础不同

基本医疗保险只保障参保人的基本医疗需求，所享受的医疗保险待遇水平要随着国家财政状况、物价水平、社会生产力水平的变化做出相应调整。而补充医疗保险给付水平的确定一般只考虑参保人缴费的多少，并不过多考虑其他因素。

6. 立法范畴不同

基本医疗保险属于国家立法范畴，它反映国家、用人单位和劳动者三方之间的利益关系，受法律保护，为劳动者投保医疗保险也是国家对劳动者应尽的责任和义务。而在补充医疗保险的保险关系中，双方当事人享受的权利和义务则以合同或协议为依据，保险关系的建立是在平等、自愿、互利、等价的基础之上，其权利义务关系应由民事法律调整。

（三）补充医疗保险与基本医疗保险的衔接

1. 保障程度的衔接

所谓保障程度的衔接，是指对已经享受各种形式基本医疗保险的社会成员提供保障项目上、医疗费用的补充。目前，我国基本医疗保险“保基本”的实施原则，决定了基本医疗保险基金只能用于支付规定范围内的医疗费用，使基本医疗保险保障能力有限、保障程度不足。例如，对于基本药品目录、基本诊疗项目目录和基本服务设施目录外的费用，起付线以下的部分、按比例个人自付部分和封顶之上部分的费用，以及门诊诊疗自费部分的费用等一般不予补偿，这些都可以通过补充医疗保险发挥补充作用。补充医疗保险与基本医疗保险保障程度的衔接如图4-6所示。

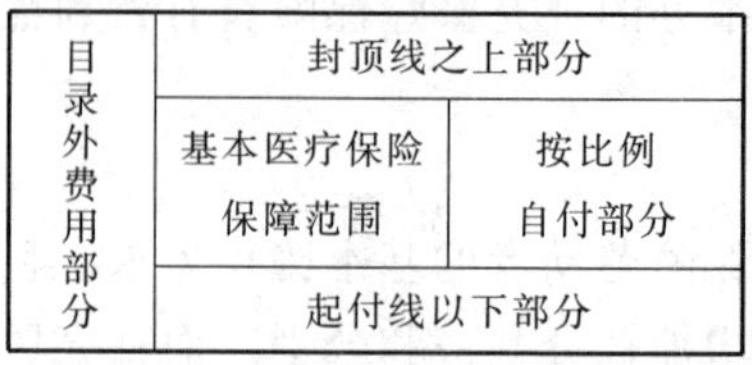

图4-6 补充医疗保险与基本医疗保险保障程度的衔接

2. 保障范围的衔接

所谓保障范围的衔接，是指由补充医疗保险向对因各种原因还没有享受基本医疗保险的社会成员提供包括基本医疗保险保障内容在内的医疗保障。目前，我国的基本医疗保险体系由两大部分构成：城镇职工基本医疗保险，主要覆盖“城镇所有用人单位”，包括企业（国有企业、集体企业、外商投资企业、私营企业等）、机关、事业单位、社会团体、民办非企业单位职工；城乡居民基本医疗保险，主要覆盖除职工基本医疗保险应参保居民以外的其他所有城乡居民，包括农村居民、城镇非从业居民、在校大中专学生、职业高中、技校、中小学、幼儿园在册学生等。现阶段，基本医疗保险的保障范围已经扩大，但一些地区仍有少部分人口尚未被任何形式的医疗保险制度覆盖，这些即为补充医疗保险在保障范围上要与基本医疗保险衔接的地方。

任务二 了解补充医疗保险的主要形式

业务描述

赵强的医疗费用由于有基本医疗保险和补充医疗保险予以报销，极大的减轻了家庭的经济负担，赵强的妻子很想知道如果家里其他人也遇到了同样的情况该怎么办？

问题：

1. 有哪些群体可以享受补充医疗保险保障？
2. 我国目前补充医疗保险的主要形式有哪些？

政府在建立基本医疗保险的同时，鼓励各地根据经济社会情况，因地制宜地探索各种形式的补充医疗保险，形成了我国多层次的医疗保险体系。现阶段，在我国多层次的医疗保险体系中，除了政府建立的基本医疗保险制度外，还包括公务员医疗补助、企业补充医疗保险、职工医疗互助保险、城乡居民大病保险、医疗救助制度、军人退役医疗保险以及针对特殊人群的医疗保险等。

一、国家公务员医疗补助

国家公务员医疗补助是指国家为了保障公务员的医疗待遇水平不降低而建立的一种补充医疗保险的形式。

根据国务院《关于建立城镇职工基本医疗保险制度的决定》，结合目前我国公务员医疗保障的实际情况，明确了在实施城镇职工基本医疗保险的基础上，对国家公务员实行医疗补助政策。2000 年 4 月，原劳动和社会保障部联合财政部出台了《关于实行国家公务员医疗补助的建议》，对公务员医疗补助政策的原则、补助范围、资金来源、经费使用、经办管理等问题进行了相应的规定。我国现行的国家公务员医疗补助是在实施城镇职工基本医疗保险的基础上建立起来的，由国家主办和经办。

1. 国家公务员医疗补助的原则

补助水平应与当地经济发展水平和财政负担能力相适应，保证国家公务员原有医疗待遇水平不降低，并随经济发展有所提高。

2. 国家公务员医疗补助的范围

符合《国家公务员暂行条例》和《国家公务员制度实施方案》规定的国家行政机关工作人员和退休人员；经人事部或省、自治区、直辖市人民政府批准列入依照国家公务员制度管理的事业单位的工作人员和退休人员；经中共中央组织部或省、自治区、直辖市党委批准列入参照国家公务员制度管理的党政机关，人大、政协机关，各民主党派和工商联机关以及列入参照国家公务员管理的其他单位机关工作人员和退休人员；审判机关、检察机关的工作人员和退休人员。

3. 国家公务员医疗补助的基金筹集

按现行财政管理体制，医疗补助经费由同级财政列入当年财政预算，具体筹资标准应根据原公费医疗的实际支出、基本医疗保险的筹资水平和财政承受能力等情况合理确定。医疗补助经费要专款专用、单独建账、单独管理，与基本医疗保险基金分开核算。

4. 国家公务员医疗补助的保障水平

医疗补助经费主要用于基本医疗保险统筹基金最高支付限额以上，符合基本医疗保险用药、诊疗范围和医疗服务设施标准的医疗费用补助；在基本医疗保险支付范围内，个人自付超过一定数额的医疗费用补助；中央和省级人民政府规定享受医疗照顾的人员，在就诊、住院时按规定补助的医疗费用。补助经费的具体使用办法和补助标准，由各地按照收支平衡的原则作出规定。

5. 国家公务员医疗补助的经办管理

国家公务员医疗补助工作由社会保险经办机构负责，严格执行有关规章制度并建立健全各项内部管理制度和审计制度。劳动保障部门负责对社会保险经办机构进行考核与监督管理；财政部门负责制定医疗补助经费的财务和会计管理制度，并加强财政专户管理，监督检查补助经费的分配和使用；审计部门负责医疗补助经费审计。

二、企业补充医疗保险

企业补充医疗保险是企业在参加城镇基本医疗保险的基础上，依据企业经营效益和行业特点，由企业自主举办或参加，国家给予政策鼓励，并经国家社会保障部门批准设立的一种补充性医疗保险形式。

1998年底国务院颁布的《国务院关于建立城镇职工基本医疗保险的决定》中指出："超过统筹基金最高支付限额的医疗费用，可以通过商业医疗保险等途径解决；为了不降低一些特定行业职工现有的医疗消费水平，在参加基本医疗保险的基础上，作为过渡性措施，允许建立企业补充医疗保险。"

1. 企业补充医疗保险建立的条件

（1）企业首先必须参加基本医疗保险，并按时足额缴纳保险费用。企业可在按规定参加当地基本医疗保险的基础上，自主决定是否建立补充医疗保险，用于对城镇职工基本医疗保险制度支付以外由职工个人负担的医药费用进行的适当补助，减轻参保职工的医药费负担。

（2）具有一定的经济承受能力。要求主办或参加补充医疗保险的企业具有一定的经济承受能力即具有持续的税后利润，并按时缴纳其他社会保险费用，保证足额发放职工工资。企业补充医疗保险费在工资总额4%以内的部分，企业可直接从成本中列支，不再经同级财政部门审批。

（3）已经形成的医疗保障待遇高于基本医疗保险待遇。

2. 企业补充医疗保险的资金来源及管理

企业补充医疗保险资金，经国家社会保障部门批准后由企业和职工按规定共同缴纳。企业或行业集中使用和管理，单位建账，单独管理，用于本企业个人负担较重的职工和退休人员的医疗费补助，不得划入基本医疗保险个人账户，也不得另行建立个人账户或变相用于职工其他方面的开支。财政部门和劳动保障部门要加强企业补充医疗保险资金管理的监督和财务监管，防止挪用资金等违规行为。

3. 企业补充医疗保险的形式

按主办与经办机构的不同，企业补充医疗保险可以划分为以下三种形式：

（1）企业联合或行业举办企业补充医疗保险建立在企业或行业内部。如有实力的大型集团、大型企业可以自办补充医疗保险。企业经国家社会保障部门和金融保险管理部门批准，以行业或以企业为主体，设立独立于企业资产管理和行政管理之外的企业（行业）补充医疗保险基金管理机构，使补充保险资金与企业经营性资金分离，确保保险资金的安全。这一机构隶属于劳动和社会保障部门政策指导和业务监督，按照国家金融保险政策办事。其他行业和中小企业可以自愿参加。

（2）社会保险机构主办，商业保险机构经办企业可以通过购买商业保险公司的产品与商业保险机构合作，也可以保险公司的某一相关产品为基础，根据实际情况设计企业补充医疗保险方案，由商业保险机构根据制定的方案确定费用。有些地区是医疗保险机构从社会统筹基金中提取一定资金，缴纳到承保补充医疗保险的商业保险公司，为本地区职工集体投保，形成社会医疗保险与商业医疗保险的有效衔接。

（3）企业主办，社会保险机构经办由企业主办，社会保险机构经办的企业补充医疗保险，实质上是社会医疗保险机构在举办基本医疗保险的基础上，根据企业或其他单位的实际需要，经办该企业或单位基本医疗保险业务之外的补充医疗保险业务。例如，我国一些地区的社会医疗保险机构经办的大额医疗保险。资金来源于企业和参保人员共同缴费，或者企业单独缴费，由社会医疗保险机构实行基金统筹管理，并将补充医疗保险纳入医疗保险经办机构统一管理。

三、职工互助医疗保险

职工互助医疗保险是由有关组织如工会等独立机构承办，职工群众自愿参加，资金以职工个人筹集为主，各方资助为辅，在职工及其家庭成员患大病、重病时，在享受国家基本医疗保险待遇后，个人负担医疗费较高的情况时，给予经济帮助的一种补充医疗保险。

1. 职工互助医疗保险的范围

职工互助医疗保险的对象范围主要包括中小企业职工及其家属。我国的基本医疗保险制度改革后，职工家属被取消了可享受半费医疗的待遇。因此，参加互助医疗保险的职工及家属在患大病、重病时，在享受国家基本医疗保险待遇后，个人负担医疗费仍居高不下时，可按规定享受相应的互助医疗保险待遇。根据大数法则，在保障对象上一般要求以单位团体的形式参加保险，部分地区还要求参加者的数量要占到单位职工总数的 80%。

2. 职工互助医疗保险的基金筹集

职工互助医疗保险的基金来源主要是职工自愿为本人和家属缴纳互助医疗保险费、各级行政部门给予的补助、工会的资助以及资金的利息等。企业为职工所缴纳的费用按国家有关规定渠道列支，若企业未参加企业补充医疗保险但参加职工互助医疗保险，则其为职工所缴纳的互助医疗保险的费用可经主管财政部门审核同意，允许将工资总额 4% 以内的部分列入成本。

3. 职工医疗互助保险基金的管理和使用

为了保证互助医疗基金的共济能力，抵御基金营运风险，申请并经办职工互助医疗保险的机构必须是地级市以上城市工会等独立法人团体，并经同级社会保障行政管理部门严格审批。医疗保险经办机构应加强互助医疗保险基金的管理，建立健全各项规章制度，接受政府、社会、投保企业和职工的监督，保证基金的安全和发放。职工互助医疗经当地社会保障行政管理部门和金融保险行政管理部门的审核，报国家金融保险行政管理部门审批，并须严格遵照投资营运范围的规定，才能进行基金的投资。

四、城乡居民大病保险

城乡大病保险是指对参加城镇居民基本医疗保险因患疾病且医疗费用超过城乡居民基本医疗保险统筹基金最高支付限额的部分进行保障的医疗保险。

2012 年 8 月，国家发改委等六部委出台了《关于开展城乡居民大病保险工作的指导意见》，对城乡居民大病保险的基本政策和管理方式作出了初步安排。2015 年，国务院办公厅下发《国务院办公厅关于全面实施城乡居民大病保险的意见》，要求全面实施城乡居民大病保险，覆盖到所有的城乡居民医保的参保人群，2017 年，建立起比较完善的大病保险制度，与医疗救助等制度紧密衔接，共同发挥托底保障功能，有效防止发生家庭灾难性医疗支出，城乡居民医疗保障的公平性得到显著提升。由此，建设城乡居民代保管保险制度成了发展和完善城乡居民医疗保障体系的重要内容。

（一）城乡居民大病保险的保障对象

城乡居民大病保险的范围为城乡居民基本医疗保险的参保人员。

（二）城乡居民大病保险的保障范围

城乡居民大病保险的保障范围与城乡居民基本医疗保险相衔接，在参保人员患大病发生高额医疗费用的情况下，对城乡居民享受基本医疗保险待遇后，需个人负担的医疗费用超过大病保险起付标准的合规医疗费用按比例报销。例如，根据《长沙市城乡居民大病保险实施方案》大病保险起付标准为2万元。低保困难群众为1万元。合规医疗费用超过大病保险起付标准以上的医疗费用，分四段补偿：3万元（含）以内报销50%；3万元~8万元（含）报销60%；8万元~15万元（含）报销70%；15万元以上报销80%。一个结算年度累计补偿不超过20万元

（三）城乡居民大病保险的基金筹资

城乡居民大病保险的资金筹集应根据各地经济社会发展水平、患大病发生高额医疗费用情况、城乡居民基本医疗保险筹资能力和支付水平以及大病保险保障水平等因素确定大病保险筹资标准。大病保险资金从城乡居民基本医疗保险基金中划入。城乡居民基本医疗保险基金有结余的，利用结余筹集大病保险资金，如结余不足的，在年度筹集的基金中予以安排。

（四）城乡居民大病保险的经办机构

城乡居民大病保险采取向商业保险机构购买大病保险的方式。地方政府卫生、人力资源社会保障、财政、发展改革部门制定大病保险的筹资、报销范围、最低补偿比例，以及就医、结算管理等基本政策要求，并通过政府招标选定承办大病保险的商业保险机构。招标主要包括具体补偿比例、盈亏率、配备的承办和管理力量等内容。符合基本准入条件的商业保险机构自愿参加投标，中标后以保险合同形式承办大病保险，承担经营风险，自负盈亏。商业保险机构承办大病保险的保费收入，按现行规定免征营业税。

拓展阅读

商业保险机构承办大病保险的典型模式——湛江

为进一步完善城乡居民医疗保障制度，健全多层次的医疗保障体系，有效提高重特大疾病保障水平，2012年8月，国家发改委等六部门联合出台了《关于开展城乡居民大病保险工作的指导意见》。在这个文件的指导下，全国各地结合自身情况纷纷开展了城乡居民大病保险试点；其中湛江模式尤为典型。

一、"湛江模式"产生背景

为统筹城乡发展，推动城乡一体化的医保制度建设，湛江早在2008年就

将“城镇居民基本医疗保险”（以下简称“城镇医保”）和“新型农村合作医疗保险”（以下简称“新农合”）合并为“城乡居民基本医疗保险”（以下简称“城乡医保”）。两险合并体现了社会保障的公平性，但同时也引发一些新问题：合并前，“城镇医保 ”由社保部门管理 ，“新农合 ”由卫生部门负责；而合并后，“城乡医保”统一由社保部门主管，这使得社保部门管理任务重，压力大。作为广东一个经济欠发达的城市，湛江财力有限，在此背景下，湛江大胆创新医保管理体制和运行机制，在城乡居民大病保险的运行中引入商业保险机构，较好地解决了社保部门运营能力不足的问题，同时也放大了保障效应，提高了运行服务水平。这种方式被业界称为“湛江模式”。2012 年 8 月，湛江继续沿用此方法，对城乡居民大病保险进行了升级，建立了大病补充保险。至此，湛江市为进一步提高城乡居民的医疗保障水平，成功构建了以“城乡医保”为主，大病保险、大病补充保险为辅的医疗保障体系。

二、“湛江模式”的主要做法

1. 授权商业保险机构承办大病保险

2016 年起，湛江的城乡居民按 120 元/人，年的标准缴纳保费，社保机构每年从城乡居民医保缴费收入中留取 30% 作为大病保险基金，交由商业保险公司封闭运作；参保人患病后超过基本医疗保险报销限额以上的部分，由商业保险公司负担。考虑到湛江市的经济状况，大病保险的报销有最高限额，即封顶线——2016 年的封顶线是 50 万元，其中城乡医保的封顶线是 20 万元，大病保险的封顶线 30 万元。对大病患者的高额医疗费用进一步补充的大病补充保险也规定，参保居民发生的医疗费用通过城乡医保、大病保险报销后，个人负担费用累计在 5 万元以上，最高支付限额以下时，由大病补充保险付 50%；累计超过最高支付限额的费用，由大病补充保险支付 70%。在责任分担方面，社部门规定，商业保险公司的盈亏率为 3%，超过部分由社保部门和商业保险公司各自承担 50%。

2. 引入商业保险机构参与医疗保险经办管理

一方面，商业保险机构在城乡居民大病保险经办管理上投入大量人力物力资源：成立了近百人的专业人员队伍，直接参与城乡居民大病保险服务工作；自主研发了商业保险机与医疗机构、医保部门互联互通的信息系统，便于及时开展参保人员的就医结算工作的开展，也便于参保人诊疗信息的实时共享；此外，为方便全市居民了解基本医保、补充保险、健康管理服务和商业健康险等相关信息，商业保险机构还搭建了一体化咨询服务平台。另一方面，商业保险机构与社保经办机构开展深度合作，建立了一体化管理平台。商业保险机构和社保经办机构共同办公，对外均以社保经办机构名义开展工作。

3. 引入商业保险机构参与定点医疗机构的监督管理

（1）开展医疗服务巡查。商业保险机构组建近百人的专业队伍与社保经办机构人员联合开展对定点医疗机构的巡查。巡查包括对就医流量大的三甲医院进行驻点巡查，对其余医院进行流动巡查，严格审核医疗费用清单、查处虚假就医行为等。

(2) 进行技术创新，自主研发"社保通""医保通"信息管理系统。该系统对接湛江市定点医疗机构的费用结算系统，能够有效汇总定点医疗机构的出入院人数、床位使用和医疗费用的发生、变化情况，实现非现场的网络监控，推动定点医疗机构实施动态化管理。

(3) 建立对定点医疗机构的质量评价制度。针对定点医疗机构的质量评价由商业保险公司和社保部门共同进行，主要通过调查医疗服务满意度的方式，对定点医疗机构的服务质量进行评价，对不合格者予以警告并限期整改。

(4) 实行支付方式改革。通过总额预付制，按照"总量控制、按月预付、年终结算"的要求把基金预付到各定点医疗机构，再由医疗机构与参保病人结算。通过这种方式，有效控制了医疗费用过快增长。

"湛江模式"的具体做法如图4-7所示：

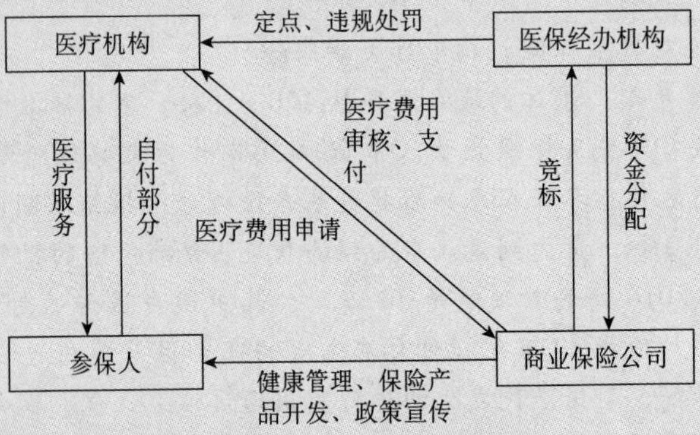

图4-7 "湛江模式"的具体做法

"湛江模式"通过引入商业保险机构承办城乡居民大病保险，在一定程度上减轻了大病患者的医疗负担，大幅提升了湛江市医保的保障能力和水平。同时，该模式较好地解决对医疗机构监管难、监管人员配置不足等问题，也更好地培育了商业保险市场。

资料来源：《商业保险机构承办城乡居民大病保险的国内实践》. 王敏.《医学与法学》. 2017.05

模块练习

一、单选题

1. 补充医疗保险具有以下（　　）特征。

①实施形式多样化；②保障层次更高；③自筹自办；④一定程度的福利性

A. ①③④　　B. ②③④

C. ①③④　　D. ①②③④

2. 以下（　　）属于补充医疗保险和基本医疗保险的共同之处。

①目的；②手段；③独立性；④待遇水平；⑤立法范畴

A. ①②③④⑤　　B. ②③④⑤

C. ①②④⑤　　D. ①②③

3. 下列不属于补充医疗保险与基本医疗保险的区别的是（　　）。

A. 性质不同　　B. 作用不同

C. 待遇水平不同　　D. 对参保人意愿要求不同

4. 我国补充医疗保险的主要形式是（　　）。

A. 城镇职工基本医疗保险　　B. 城乡居民基本医疗保险

C. 公务员基本医疗保险　　D. 城乡居民大病保险

5. 以下关于补充医疗保险说法正确的是（　　）。

A. 补充医疗保险是独立的医保制度，与基本医疗保险没有衔接关系

B. 已享受基本医疗保险保障的参保人不能再参保补充医疗保险

C. 我国的补充医疗保险仅就基本医疗保险起付线以下需由个人承担的医疗费用进行补偿

D. 补充医疗保险可对已经享受何种形式基本医疗保险的社会成员提供保障项目和医疗费用的补充保障

二、判断题

1. 补充医疗保险主要保障范围是基本医疗保险封顶线以上及保障范围之外的费用。（　　）

2. 补充医疗保险和基本医疗保险实施的目的不同。（　　）

3. 我国城镇职工互助医疗保险属于基本医疗保险的范畴。（　　）

4. 我国企业补充医疗保险可以采取企业主办，社会保险机构经办的模式。（　　）

5. 我国城乡居民大病保险采取向商业保险机构购买大病保险的经办方式。（　　）

项目小结

医疗保险是社会保障体系的重要组成部分，多层次医疗保障体系包括基本医疗保险、补充医疗保险、商业医疗保险和医疗救助。目前我国已初步形成了以社会基本医疗保险为核心，覆盖城乡的的多层次医疗保障体系。

医疗保险制度运行中牵扯多方利益，医疗保险系统是由医疗保险组织机构、参保人、医疗服务提供者及相关政府部门等要素组成的集合，要素之间相互联系、相互制约，维持医疗保险的正常运转。

医疗保险费用支付是医疗保险最重要和最基本的职能。医疗保险需方的费用支付方式主要有起付线、按比例分担、封顶线和混合方式四种；医疗保险供方费用支付方式包括按服务项目付费、按人头付费、按服务人次付费、按床日付费、按病种付费和总额预付制。

目前，我国的基本医疗保险制度已基本上实现全面覆盖，包括城镇职工基本医疗保险、城乡居民基本医疗保险。两种基本医疗保险制度在覆盖范围、缴费和待遇水平等方面存在差异。

补充医疗保险是为满足参保人员基本医疗保障范围之外的医疗保障需求而建立的补充性医疗保障制度，是医疗保险体系不可或缺的重要组成部分。我国补充医疗保险的主要形式包括公务员医疗补助、企业补充医疗保险、职工医疗互助保险、城乡居民大病保险等。

问题讨论

1. 请查找相关资料，了解我国城镇职工基本医疗保险现状及问题。

2. 请利用网络或家庭资源调查家乡所在地城乡居民基本医疗保险制度。

3. 请查找相关资料，了解我国城乡医保并轨后对参保人的影响。

推荐阅读

1. 方鹏骞.《中国全民医疗保险体系构建和制度安排研究》. 人民出版社. 2019

2. 杨燕绥.《健康保险与医改体系》. 中国财政经济出版社. 2018

3. 贾洪波.《中国基本医疗保险制度改革关键问题研究》. 北京大学出版社，2013

4. 长沙12333公共服务平台 http：//www. cs12333. com/revision

5. 中国医疗保险网：https：//www. zgylbx. com/

6. 各地人力资源与社会保障公共服务网

习题与实训

一、分析题

小何是某家电品牌代理人，原来根据公司的安排担任西北地区的代理。由于小何工作扎实，又善于推销经营，两年下来给公司拿下了很多业务。总公司决定，把小何调到业务量更大，市场前景更好的东南地区。这对于小何来说应该是一件好事情，可是对于医疗保险的个人账户问题，小何却犯愁了，请分析个人跨统筹地区就业的，其基本医疗保险关系怎么办?

二、计算题

张先生（在职）因某重大疾病在在北京某三级医院住院，并实施相关手术。其中住院费用为18万元，目录外费用2.5万元，总计20.5万元。根据当地医疗保险改革方案，张先生的住院费用和手术费用可以进入社会统筹报销。假设北京社会年平均工资为24 000元，请计算张先生医疗保险费用自负比例。

医疗费用段	三级医院	
	统筹支付	个人支付
起付线以上0~3万元	85%	15%
起付线以上3万元~4万元	90%	10%
起付线以上4万元至封顶线	95%	5%

5 项目五 工伤保险

学习目标

知识学习目标:

□ 掌握工伤保险的概念、特点、原则
□ 掌握工伤保险覆盖范围
□ 掌握工伤保险费的缴纳
□ 熟悉工伤认定的情形
□ 了解劳动能力鉴定
□ 理解工伤保险待遇

技能训练目标:

□ 能说出工伤风险识别和防范的要点
□ 能运用工伤保险原则分析工伤保险案例
□ 能对工伤进行初步的认定
□ 能计算工伤保险的待遇

工作任务

1. 认识工伤风险，掌握工伤保险的概念、特点、原则
2. 掌握工伤保险覆盖范围和基金筹集
3. 熟悉工伤认定的方法，了解劳动能力鉴定，理解工伤保险待遇
4. 熟悉我国工伤保险的现行政策及动向

案例导入

“割皮救父”工人获赔230余万元

51岁的吴飞是湖北薄海科技公司的一名职工。某日，吴飞在公司上班期间对供电设备检修时，不慎被电弧烧伤，随即被送往医院救治，由于伤势过重，被送入医院重症监护室接受治疗。为了挽救父亲，吴飞的儿子吴全康三次“割皮救父”，引起了社会的广泛关注。吴飞的医疗费用已达250万元，而其所属企业湖北薄海科技公司是一家中小型企业，之前勉强垫付了吴飞的大部分医疗费，但后续治疗费已无力承担。万幸的是该公司职工办理了工伤保险，通过流程，吴飞的家属拿到230余万元工伤保险金，该公司负责人和吴飞的家属都深为感动，表示工伤保险给企业和职工提供了极大的保障。

资料来源：新浪网 http：//news. 163. com/14/0417/09/9Q197SF400014AED. html

模块一 初识工伤保险

任务描述

随着科学技术的不断发展以及在生产中的广泛应用，人类劳动范围不断扩大。新产品、新工艺、新能源的应用，使人类能够更大限度地获取物质财富，消除了一些旧的危及劳动者健康和安全的生产性危险及有害因素，但同时也产生了新的工伤风险。一些大型原子能、化学工业等，一旦发生事故，会酿成巨大灾难，不仅使企业毁于一旦，导致生产工人直接受到伤害，而且还会危害周围环境及居民，造成公害。工伤风险及劳动事故是伴随劳动生产率的提高而不断增长的。

问题：

1. 什么是工伤风险？我们在识别和防范工伤风险时应该注意哪些问题呢？

2. 工伤保险是怎样具体规定的？

任务一　工伤风险

业务描述

单位职工郭某是专职汽车驾驶教练员。某日在带领学员训练途中，遇朋友请吃饭，吃饭时喝了些酒（驾车学员未喝），饭后学员继续练车。驾车学员王某在避让一辆超越教练车的卡车时将车翻下一个深达几十米的陡坡，车上8名学员全部被甩出，虽有不同程度的负伤，但所幸没有造成死亡。而郭某在汽车翻落时伸左脚去踏制动踏板，脚被绊住，未能甩出，当场死亡。

问题：

1. 请问这种情况是否属于工伤？
2. 如何识别工伤风险？

一、工伤风险

工伤，又称产业伤害、职业伤害、工业伤害、工作伤害，是指因工作中的意外事故或职业病所致的伤残或死亡。工伤包括两个方面内容，即由工作引起并在工作过程中发生的事故伤害和职业病伤害。

（一）工伤事故伤害

工伤事故伤害是指在职业活动所涉及的区域内，由于工作中工作环境恶劣、条件不良、任务过重或突发性事故所导致的对劳动者身体的伤害。

（二）职业病

1. 概念

职业病是指企业、事业单位和个体经济组织等用人单位的劳动者在职业活动中，因接触粉尘、放射性物质和其他有毒、有害物质等因素而引起的疾病。

2. 构成要件

《中华人民共和国职业病防治法》中规定的职业病，必须具备四个条件：①患病主体是企业、事业单位或个体经济组织的劳动者；②必须是在从事职业活动的过程中产生的；③必须是因接触粉尘、放射性物质和其他有毒、有害物质等职业病危害因素引起的；④必须是国家公布的职业病分类和目录所列的职业病。以上四个条件缺一不可。

3. 职业危害

职业危害因素是造成职业病的原因。卫生部发布的《职业病危害因素分类目录》，将主要的职业危害因素分为10类：

（1）粉尘类。

（2）放射性物质类（电离辐射）。

（3）化学物质类。

（4）物理因素。

（5）生物因素。

（6）导致职业性皮肤病的危害因素。

（7）导致职业性眼病的危害因素。

（8）导致职业性耳鼻喉、口腔疾病的危害因素。

（9）职业性肿瘤的职业病危害因素。

（10）其他职业病危害因素。

从2011年到2018年，全国人民代表大会常务委员会连续对《职业病防治法》进行了多次修订，逐渐放宽认定条件，完善认定程序，加强监督管理。2013年12月，国家卫生计生委、安全监管总局、人力资源和社会保障部与全国总工会联合发布《职业病分类和目录》，将职业病扩展至10类132个病种。

拓展阅读

法定职业病的类型

职业病是一种人为的疾病。它的发生率与患病率的高低，直接反映疾病预防控制工作的水平。世界卫生组织对职业病的定义，除医学的涵义外，还赋予立法意义，即由国家所规定的“法定职业病”。我国政府规定，确诊的法定职业病必须向主管部门和同级卫生行政部门报告。凡属法定职业病的患者，在治疗和休息期间及在确定为伤残或治疗无效死亡时，均应按工伤保险有关规定给予相应待遇。有的国家对职业病患者实行经济补偿，故职业病也称为赔偿性疾病。

由于职业病危害因素种类很多，导致职业病范围很广，不可能把所有职业病都纳入到法定职业病范围。按照2011年12月31日施行的《中华人民共和国职业病防治法》的规定，职业病是指企业、事业单位和个体经济组织等用人单位的劳动者在职业活动中，因接触粉尘、放射性物质和其他有毒、有害因素而引起的疾病。它包括十大类，分别是：

（1）尘肺。有硅肺、煤工尘肺等。

（2）职业性放射病。有外照射急性放射病、外照射亚急性放射病、外照射慢性放射病、内照射放射病等。

（3）职业中毒。有铅及其化合物中毒、汞及其化合物中毒等。

（4）物理因素职业病。有中暑、减压病等。

（5）生物因素所致职业病。有炭疽、森林脑炎等。

（6）职业性皮肤病。有接触性皮炎、光敏性皮炎等。

（7）职业性眼病。有化学性眼部烧伤、电光性眼炎等。

（8）职业性耳鼻喉疾病。有噪声聋、铬鼻病等。

（9）职业性肿瘤。有石棉所致肺癌、间皮癌，联苯胺所致膀胱癌等。

（10）其他职业病。有职业性哮喘、金属烟热等。

对职业病的诊断，应由省级以上人民政府卫生行政部门批准的医疗卫生机构承担。

2013年12月30日国家卫生计生委公布了与人力资源社会保障部、安全监管总局、中国总工会共同印发的《职业病分类和目录》。修订后的《职业病分类和目录》将职业病调整为132种（含4项开放性条款），新增18种。

资料来源:《职业病分类和目录》

二、工伤的分类

工伤是职业伤害的简称，是各国社会保险通用的术语。职业伤害主要包括工业伤亡事故和职业病，是工业化社会的负效应。我国国家标准《企业职工伤亡事故分类》指出：伤亡事故是指企业职工在生产劳动过程中发生的人身伤害、急性中毒。根据不同的研究目的，工伤事故可采取不同的方法分类。

1. 按受伤程度分类

一般分为轻伤和重伤。也可分为：

（1）轻伤。

（2）中度伤。

（3）无生命危险的重伤。

（4）有生命危险的重伤。

（5）危重、存活和不明。

2. 按致伤因素分类

（1）机械性损伤，如锐器造成的切割伤和刺伤，钝器造成的挫伤，建筑物倒塌造成的挤压伤，高处坠落引起的骨折。

（2）物理性损伤，如烫伤、烧伤、冻伤、电损伤、电离辐射损伤。

（3）化学性损伤，如强酸、强碱、磷和氢氟酸等造成的灼伤。

3. 按受伤部位可分为颅脑伤、面部伤、胸部伤、腹部伤和肢体伤

4. 按皮肤或粘膜表面有无伤口分为开放性损伤和闭合性损伤

5. 按受伤组织和器官多寡分为单个伤和多发伤

三、工伤风险的识别与防范

企业经营的目的是追求商业利润，在必须依法承担工伤赔偿法律责任的前提下，企业如何采取合法、有效的措施，减少和化解工伤风险，从而达到降低成本、提高经营效益的目的，已成为摆在广大企业管理者面前的一项重要课题。为了识别和防范工伤风险，一般需要注意以下几方面：

第一，进一步强化、规范劳动管理，包括加大对职工的劳动技术和纪律教育，加强各生产经营环节的劳动安全监督，改善职工的劳动条件和生产环境。

第二，注重职工的健康卫生检查，包括招聘环节的适当体检和在职期间的定期体检。对于招聘环节体检中发现有不适合病症的，不予聘用，对于合同期内发现可能影响劳动安全的病症的，及时予以调整工作岗位或送医治疗。

第三，及时参加工伤社会保险，辅以适当的商业性雇主责任险，以分散工伤风险。

参加工伤社会保险，为职工缴交工伤保险金，是企业应尽的法律义务。通过参加工伤社会保险，企业支付一定的社会保险费用，可以在很大程度上将发生工伤事故时本应由企业承担的赔偿法律责任转移到社保机构；考虑到在现行工伤社会保险制度下，参加工伤社会保险的职工若发生工伤事故，企业仍可能需要承担部分项目的赔偿责任，为进一步分散、转移这部分工伤法律责任，企业可以采用参加商业性的雇主责任保险的方式。鉴于这种商业性雇主责任险所具有的非强制性、辅助性特点，企业可以根据自己的行业特点、经济条件，选择决定参保的范围、标准。比如在家具生产企业，将操作、使用机械生产等发生工伤事故频率较高的岗位的职工列入参加商业性雇主责任险的范围，对文管、销售、保安等其他岗位的职工就无须办理这一险种。

考虑到雇主责任保险的商业性质，企业可以自主与承保机构进行商业谈判，以确定适当的保险条件；在条件许可的情况下，企业可以采取集体谈判、行业团购等方式，协同本地区、本行业多家企业与承保机构进行商业谈判，以提高己方在谈判中的有利地位。

第四，加强劳动工伤事故管理环节的法律工作，对已经发生的工伤事故，严格依照法律程序处理，对工伤职工及家属提出的合理合法的要求，应由社保基金支付的，力争由社保机构支付，应当由企业自行承担的，在法定标准范围内及时予以妥善解决。对少数工伤职工及家属提出的超出法定范围的要求，依法、耐心做说服调解工作，必要时通过劳动仲裁、诉讼的法律途径解决。

拓展阅读

“精神伤害算工伤”彰显法律温度

湖南某实业公司女工张某在值夜班去往卫生间的路上遭遇性侵，虽然性侵者因遭遇女工竭力反抗而未遂，但女工因此患上了长期抑郁症。公司为张某向人社部门申请工伤，人社部门认为这不算工伤，女工向法院提起诉讼。经历一审、二审，长沙市芙蓉区法院、长沙市中级法院都认为构成工伤。

“精神伤害”能否认定为工伤，无论是理论界还是实务部门，历来争议颇多。在许多人的印象中，抑郁症之类的心理疾病，与工伤无关，只能由职工自己“扛”。根据《工伤保险条例》（下称《条例》）第十四、十五条的规定，虽然有“法律、行政法规规定应当认定为工伤的其他情形”的兜底条款，但列举的九种情形中并无“精神伤害”一说。如对上述条文作出限定性的从严解释，那么“精神伤害不算工伤”不无道理。客观上，将“精神伤害”纳入工伤，面临法律的模糊性和面临操作尺度如何把握的问题。

如何保护职工的人身安全，尤其是预防因工作原因造成的“精神伤害”，显然比事后打官司更重要。近年来随着经济高速发展，职场中的竞争日趋激烈，职工工作压力不断加大，各类心理疾病也随之增多。有统计结果称，中国抑郁症的患病率为6.1%，而且发病率近年来呈逐年上升趋势，其中有不少与工作压力有很大关系。该案判决之所以具有示范意义，也在于为今后类似案例的办理提供了借鉴。它启示劳动监察等相关部门更积极地关注和介入职工心理健康。长沙市两级法院作出的“精神伤害算工伤”的判决结果，契合“以人为本”“实事求是”原则，不仅是对被害人的抚慰，而且对用人单位也有积极的引导作用———换个角度看，正是对用人单位构建和谐劳动关系，加强保障职工人身及心理健康安全的深情呼唤。

资料来源：湖南民生网 http：//www. hnmsw. com/show_ article_ 109646. html

案例分析

案例一：银行主任上班途中遭受同事报复致中毒死亡，是否属于工伤？

案情介绍：

蔡甲之子蔡乙生前系A银行主任。2014年2、3月份，蔡乙同事万某因对蔡乙工作管理不满，双方多次发生争执。

同年4月28日8时许，蔡乙驾驶轿车上班，行至幼儿园门口碰见万某，双方发生争执后互相厮打，万某用随身携带的氯化琥珀胆碱注射至蔡乙右腹部，致蔡乙中毒死亡。蔡乙死亡后，A银行于2014年5月28日向县人社局申请工伤认定，县人社局认为《工伤保险条例》中所指的“事故”一般是造成死亡、疾病、伤害、损坏或者其他损失的意外情况，故意犯罪并不属于意外情况的范畴。鉴于蔡乙死亡的原因是故意犯罪造成的，不应认定工伤，遂作出不予认定工亡的决定。

蔡甲不服，遂提起行政诉讼，高院最终裁定指令中院再审。中院经再审后，判决撤销县人社局作出的不予认定工亡决定书，并责令其重新做出具体行政行为。

2017年7月24日，县人社局重新作出不予认定工亡决定书。蔡甲再次提起诉讼，请求法院撤销县人社局于2017年7月24日重新作出的不予认定工亡决定书，认定蔡乙为工亡。

案情分析：

一审法院认为：

《工伤保险条例》立法目的在于保障因工受伤的职工获得相应救治和补偿，而认定工伤的核心要件则是职工是否因工受伤。本案中，各方当事人对蔡乙因履行工作职责，遭受同事万某不满而受其伤害的事实无异议，亦即蔡乙系因工死亡。蔡乙受伤的时间和场所应结合基本情况综合认定，蔡乙因履行职责在上班途中受到伤害，其伤害的时间地点应视为工作时间和工作场所的合理延伸。因此，蔡乙伤亡的情形符合《工伤保险条例》第十四条第（三）项规定，应认定为工伤。

判决：支持蔡甲要求撤销县人社局不予认定工亡决定书的诉讼请求。县人社局不服，提起上诉。

二审法院认为：

首先，按照国务院《工伤保险条例》第一条“为了保障因工作遭受事故伤害或者患职业病的职工获得医疗救治和经济补偿，促进工伤预防和职业康复，分散用人单位的工伤风险，制定本条例规定中的“事故”，应包括意外事件、故意或者过失性的行为造成的事故，并不仅指意外事件。

其次，结合《最高人民法院关于审理工伤保险行政案件若干问题的规定》第八条“职工因第三人的原因受到伤害，社会保险行政部门以职工或者其近亲属已经对第三人提起民事诉讼或者获得民事赔偿为由，作出不予受理工伤认定申请或者不予认定工伤决定的，人民法院不予支持”的规定来理解，职工因第三人的原因受到伤害是能够认定为工伤，而不是县人社局上诉提出蔡乙被他人故意犯罪致亡不应认定工伤的情形。

最后，认定工伤的核心条件是因工作遭受事故伤害，工作时间可以放宽到上下班期间，地点也可放宽到工作场所之外。蔡乙是因履行单位赋予的管理职责遭受被管理人员报复致亡，且在上下班途中，符合因工作在上下班途中遭受伤害的条件。

故驳回县人社局的上诉请求，维持原判。

资料来源：工伤赔偿法律网 http：//www. ft22. com/pingxi/8961. html

案例二：单位高管赴病故职工追悼会途中遇车祸死亡，能否认定为工伤？

案情介绍：

曹某系某单位高层管理人员。2018 年 7 月，该单位退休职工李某病逝。李某家属请求曹某参加李某的追悼会，曹某同意了该请求，并将自己参加追悼会的事项提前告知了本单位管理层。为缩减路途时间，曹某在参加追悼会的前一天下班后没有回家，晚上住在距李某追悼会举办地较近的本单位宿舍。第二天早晨 6 点，曹某驾车从单位出发前往追悼会现场，途中发生车祸，曹某受伤，后经医院抢救无效于当日死亡。

2018 年 8 月，曹某家属向当地人社部门提出工伤认定申请。人社部门以曹某因工外出期间，由于工作原因受到事故伤害身亡为由，认定曹某为工伤。

2019 年 1 月 3 日，曹某所在单位以曹某参加已故职工李某追悼会并非单位指派为由，向当地人社部门的上级机构提出行政复议申请，请求撤销工伤认定决定。最终，上级机构维持了工伤认定决定。

案情分析：

本案争议的焦点是曹某受到的事故伤害是否属于“因工外出期间”及“由于工作原因”的问题。最高人民法院《关于审理工伤保险行政案件若干问题的规定》规定，职工因工作需要在工作场所以外从事与工作职责有关的活动期间，应当认定为“因工外出期间”。

本案中，曹某生前系所在单位高层管理人员，关心爱护退休职工是其应尽的工作职责。曹某应李某家属的请求参加李某的追悼会，并将该活动事项告知了本单位管理层，是履行职责的表现。因此，曹某参加赴追悼会的行为系工作所需，是代表单位前往。其自驾车离开工作场所赴追悼会现场，属于从事与工作职责有关的活动，此期间应当认定为“因工外出期间”。曹某在因工外出的途中受到的事故伤害应当认定为“由于工作原因”。

因此，应认定曹某因工外出期间，由于工作原因受到事故伤害，其伤亡属于工伤。

资料来源：工伤赔偿法律网 http：//www. ft22. com/pingxi/8960. html

任务二 了解工伤保险

☞ 业务描述

明泰煤矿是一家镇办企业，多年来，一直是按承包方式经营。经营者为了追求高额利润，无视安全生产的有关规定，在地下单巷挖掘一条700多米长的采煤巷道，在无通风保障的前提下，掠夺性采煤。某日，700多米长的巷道发生瓦斯爆炸，巷道被炸毁，上班的5名工人全部遇难。在后事的处理上，煤矿以与5名工人签有“工伤概不负责”的合同为由，拒不执行国家的工伤保险政策。

问题：

该煤矿经营者的做法是否合法？什么是工伤保险？工伤保险有何特点，需遵循哪些原则？为什么要实施工伤保险呢？

一、工伤保险的定义

工伤保险是指劳动者在工作时间，因工作而受伤、患病、残疾或死亡，劳动者或其遗属能从国家和社会获得医疗、生活保障及必要的经济补偿的一种社会保险制度。它是通过社会统筹的方法，集中用人单位缴纳的工伤保险费，建立工伤保险基金，对劳动者在生产经营活动中遭受意外伤害或职业病，并由此造成死亡、暂时或永久丧失劳动能力时，给予劳动者及其实用性法定的医疗救治以及必要的经济补偿的一种社会保障制度。这种补偿既包括医疗、康复所需费用，也包括保障基本生活的费用。

二、工伤保险的特征

第一，工伤保险对象的范围是在生产劳动过程中的劳动者。由于职业危害无所不在，无时不在，任何人都不能完全避免职业伤害。因此工伤保险作为抗御职业危害的保险制度适用于所有职工，任何职工发生工伤事故或遭受职业疾病，都应毫无例外地获得工伤保险待遇。

第二，工伤保险的责任具有赔偿性。在工作中，劳动者的生命健康权、生存权和劳动权受到影响、损害甚至被剥夺，因此工伤保险是基于对工伤职工的赔偿责任而设立的一种社会保险制度，而其他社会保险是基于对职工生活困难的帮助和补偿责任而设立的。统一专属工伤保险方案与社保完全对接，补充了一次性伤残就业补助金的赔偿。

第三，工伤保险实行无过错责任。无论工伤事故的责任归于用人单位还是职工个人或第三者，用人单位均应承担保险责任。

第四，工伤保险不同于养老保险等险种，劳动者不缴纳保险费，全部费用由用人单位负担。即工伤保险的投保人为用人单位。

第五，工伤保险待遇相对优厚，标准较高，但因工伤事故的不同而有所差别。

第六，工伤保险作为社会福利，其保障内容比商业意外保险要丰富。除了在工作时的意外伤害，也包括职业病的报销、急性病猝死保险金、丧葬补助（工伤身故）。

三、工伤保险的实施原则

和其他四个险种相比，工伤保险在实施过程中遵循如下原则，这些原则也体现了该险种的特殊之处。

（一）无过错责任原则

无过错责任原则又称为无过失赔偿原则，指的是劳动者在生产和工作过程中一旦遭遇工伤事故，无论事故责任属于企业、雇主、相关第三人还是本人，都应依法按照规定的标准享受工伤保险待遇，这与通常意义上待遇给付与责任相挂钩的赔偿方式不同，待遇的给付与责任的追究并没有关系。该原则在很大程度上保障了劳动者在生产、工作中因意外或职业病遭受人身侵害而应享有的合法权利，也是工伤保险与其他几大险种的区别之一。当然，因本人犯罪或故意而造成的“工伤”除外。

（二）个人不缴费原则

工伤事故属于职业性伤害，是劳动者在生产劳动过程中，为企业为社会创造价值所付出的代价，所以企业（雇主）应负担全部保险费用。工伤保险待遇具有明显的“劳动力修复与再生产投入”性质，属于企业生产成本的特殊组成部分，企业在这部分保费上的投入是完全必要和合理的。工伤保险由单位缴纳，职工个人不缴纳任何费用，这是工伤保险与养老、失业、医疗保险的区别之处。这一点在世界上已经达成了共识。从国际经验来看，世界上几乎所有国家的工伤保险保费都是由企业（雇主）来承担。

（三）待遇标准从优原则

考虑到职工为企业建设及发展所作出的贡献与付出的代价，应为受伤、致残、死亡职工提供较为优厚的医疗、康复、抚恤待遇。从人性化角度考虑，工伤保险在待遇给付标准上按照从优原则，与养老、医疗、失业、生育保险等险种相比，更倾向于高标准给付。

（四）工伤保险与工伤预防、工伤康复相结合原则

工伤保险最直接的任务是工伤补偿，以保障伤残职工或遗属的基本生活。但现代工伤保险的发展趋势是将工伤补偿与工伤预防、工伤康复结合起来，加强安全生产，减少

事故发生，防患于未然；同时，在工伤事故发生时，积极救治受伤职工，采取有力措施，帮助受伤职工尽快恢复健康并重新走上工作岗位。

案例分析

案例一：操作不当负伤是否为工伤？

案情介绍：

郑云是某纺织厂一名纺织工人，与纺织厂签订了为期两年的劳动合同。在一次例行的操作中，由于操作不慎，郑云发生工伤事故，右臂被卷进机器中。经过半年的治疗，郑云的病情基本处于稳定状态。郑云的伤经当地劳动能力鉴定委员会鉴定为“工伤六级”，属于“大部分丧失劳动能力”。工厂认为这次工伤事故完全是因为郑云安全意识淡薄、违反操作规程引起的。郑云承认自己在工作中存在过错，但没想到老板却以此为由拒绝给予自己工伤待遇。郑云认为虽然自己违反操作规程，但并非故意行为，不给工伤待遇是不合理的，遂与老板发生争议。

案情分析：

案例争议的焦点是由于劳动者的过失造成事故，劳动者受到伤害是否属于工伤，能否享受工伤待遇。在我国，工伤保险实行的是无过错赔偿原则。《工伤保险条例》规定，职工在工作时间和工作场所内，因工作原因受到事故伤害的，应认定为工伤。也就是说只要符合在工作时间、工作场所、因为工作受伤这三要素的伤亡事故，无论职业伤害责任属于用人单位、其他人还是劳动者自己，都可列入工伤保险范围。但是故意或蓄意违章行为不能认定为工伤。工伤保险无过失补偿原则，是将工伤事故的责任和原因与工伤保险待遇区别对待，以保障工人的权利。人与机器相比总是处于相对弱小的地位，劳动环境本身就具有危险性，劳动者受到伤害是难免的。发生工伤事故后，工伤治疗和伤残赔偿是对劳动者因职业伤害造成的经济损失和劳动能力损失的补偿，与劳动者操作过失无关，不能因为劳动者操作的过失而受到影响。因为即使是由于劳动者违反操作规程造成工伤事故，也非劳动者自愿。根据上面的分析，案例中，工伤事故虽然是由于郑云违反操作规程引起的，也应认定为工伤，郑云有权享受工伤保险待遇。该纺织厂老板的说法是错误的。

资料来源：中国人民大学出版社教学资源库——社会保障概论（第三版）

案例二：在诉讼中达成的工伤和解协议，效力该如何认定？

案情介绍：

2014年8月5日，庄思龙在工作时间内给客户送气遭遇交通事故受伤。2015年9月7日，被认定为因工受伤。2015年9月25日，被认定为十级伤残。庄思龙向深圳市宝安区劳动人事争议仲裁委员会申请仲裁，要求深圳深岩燃气有限公司宝莲瓶装燃气服务点承担工伤待遇。后庄思龙不服仲裁裁决，于2016年2月25日向一审法院起诉。2016年3月22日签订《和解协议》。和解协议约定，2016年3月23日前庄思龙办理一审撤诉。双方未按照协议约定履行，一审法院遂进行了审理。之后，历经二审及再审。

案情分析：

一审法院认为：双方于庭审中亦表示不同意再履行该和解协议，故认定该和解协议于后违约方的违约日期即2016年3月26日解除，深圳深岩燃气有限公司宝莲瓶装燃气服务点仍应依法向庄思龙支付工伤保险待遇。

二审法院认为：应对该和解协议的法律效力予以确认。

广东高院再审认为：《和解协议》是在当事人合意的基础上形成的，是当事人对自己权利义务处分的结果，其效力虽然与当事人的意思表示密切相关。同时由于案件进入诉讼程序中，当事人的纠纷已处于法院的诉讼系属之下，《和解协议》又是当事人在诉讼过程中为解决本案纠纷的目的而达成的，故该和解协议不同于一般民事协议，其效力亦应受法院诉讼程序的影响。二审判决认定和解协议是当事人的真实意思表示正确，但该和解协议达成后，本案当事人既未申请撤回起诉，亦未申请以调解书的形式确认当事人的和解协议，本案的纠纷仍在法院的诉讼程序中，且纠纷尚未得到法院的裁决处理，即上述事实说明和解协议没有脱离本案诉讼程序，亦未得到法院审查确认；另外，当事人均未履行和解协议的行为事实上说明当事人达成和解协议后又反悔；因此，根据本案的上述情况应当认定和解协议未发生效力。二审判决有关和解协议依法生效，并变更了当事人之间的法律关系的认定错误，本院予以纠正。由于和解协议未发生效力，本案还在法院审理程序中，故本案的审理应当继续进行，法院应针对当事人的诉讼请求进行审理并依法作出裁决。

2018年9月14日，再审判决撤销广东省深圳市中级人民法院判决，维持广东省深圳市宝安区人民法院判决。

资料来源：工伤赔偿法律网 http：//www. ft22. com/pingxi/8823. html

想一想

工伤私了是否合法？

2016年11月邹军被施工队雇用为临时工，双方签订了一年的劳动合同。2017年6月8日，邹军在施工中砸伤膝关节，经医院抢救治疗后，施工队负责人李小光找到邹军私下协商给付一笔钱了事，双方同意。就此，李小光给付邹军8 000元，双方达成协议，签字同意一次性处理，并解除劳动合同。邹军回家后不到两月，膝关节股骨头坏死，又住进医院治疗，治疗费用共计5 000余元。邹军找到施工队要求报销治疗费用，施工队负责人李小光断然拒绝。邹军不服，向当地劳动争议仲裁委员会提出申诉，要求施工队报销其医疗费。

问题：

请问此事该如何处理？

四、工伤保险的意义

工伤保险的产生缘于工业化进程中职业危险的不断增加，是世界上最早的一项社会保险项目，也是世界各国立法较为普遍、发展最为完善的一项制度。其实施具有以下意义：

第一，工伤保险作为社会保险制度的一个组成部分，是国家通过立法强制实施的，是国家对职工履行的社会责任，也是职工应该享受的基本权利。工伤保险的实施是人类文明和社会发展的标志和成果。

第二，实行工伤保险保障了工伤职工医疗及其基本生活、伤残抚恤和遗属抚恤，在一定程度上解除了职工和家属的后顾之忧。工伤补偿体现出国家和社会对职工的尊重，有利于提高他们的工作积极性。

第三，建立工伤保险有利于促进安全生产，保护和发展社会生产力。工伤保险与生产单位改善劳动条件、防病防伤、安全教育、医疗康复、社会服务等工作紧密相联，对提高生产经营单位和职工的安全生产，防止或减少工伤、职业病，保护职工的身体健康，有至关重要的作用。

第四，工伤保险保障了受伤害职工的合法权益，有利于妥善处理事故和恢复生产，维护正常的生产、生活秩序，维护社会安定。

模块练习

一、选择题

1. 工伤又称为职业伤害、工作伤害、（　　）。

A. 产业伤害　　B. 生存伤害

C. 身体伤害　　D. 单位伤害

2. 劳动者在工作时间，因工作而受伤、患病、残疾或死亡，劳动者或其遗属能从国家和社会获得医疗、生活保障及必要的经济补偿的一种社会保险制度，这是在描述（　　）。

A. 医疗保险　　B. 重大疾病保险

C. 工伤保险　　D. 意外伤害保险

3. 企业、事业单位和个体经济组织等用人单位的劳动者在职业活动中，因接触粉尘、放射性物质和其他有毒、有害物质等因素而引起的疾病，这是在描述（　　）。

A. 重大疾病　　B. 职业病

C. 放射病　　D. 应激反应

4. 2013 年 12 月 30 日国家卫生计生委公布了与人力资源社会保障部、安全监管总局、中国总工会共同印发的《职业病分类和目录》将职业病调整为（　　）种。

A. 130　　B. 131

C. 132　　D. 133

5. 以下哪一项不属于工伤保险的原则（　　）。

A. 无过错责任原则

B. 工伤保险与工伤预防、工伤康复相结合原则

C. 待遇标准从优原则

D. 个人和单位共同缴费原则

二、判断题

1. 职工应当参加工伤保险，由用人单位和职工共同缴纳工伤保险费。（　　）

2. 工伤保险实行过错责任制。（　　）

3. 工伤保险作为社会福利，其保障内容比商业意外保险要丰富。（　　）

4. 工伤按受伤程度分类：一般分为轻伤和重伤。（　　）

5. 卫生部发布的《职业病危害因素分类目录》，将主要的职业危害因素分为8类。（　　）

模块二
我国工伤保险制度

任务描述

早在1951年2月26日，原劳动部颁布了《劳动保险条例》，确立了中国的工伤保险制度。1996年原劳动部根据劳动法的有关规定发布了《企业职工工伤保险试行办法》（劳部发［1996］266号）。2003年4月27日国务院颁布了《工伤保险条例》，共分8章64条，自2004年1月1日起施行。2010年12月12日，国务院颁发586号令，对《工伤保险条例》若干条目进行了修改，并自2011年1月1日起施行。由此可见我国各级政府对于工伤保险的重视。

问题：

我国对工伤保险在参保、缴费、待遇享受方面有哪些具体规定呢？

任务一 工伤保险覆盖范围和基金筹集

☞ 业务描述

顾大海是平泰塑料厂（集体企业）的职工，2016年12月21日在工作中因工死亡，厂方只给了顾大海的家属30 000元料理后事，一次性了断。顾大海的女儿10岁，未成年时就失去父亲，当顾妻向厂方要求按工伤保险相关规定支付有关因工死亡的待遇时，厂方以该厂未参加工伤保险统筹为由，拒不执行。

问题：

1. 请问这种做法是否合法？
2. 工伤保险可覆盖的范围包括哪些？
3. 工伤保险的基金是如何筹集的呢？

一、工伤保险的覆盖范围

根据《工伤保险条例》的规定，工伤保险的覆盖范围包括中华人民共和国境内的企业、事业单位、社会团体、民办非企业单位、基金会、律师事务所、会计师事务所等组织和有雇工的个体工商户。公务员和参照公务员法管理的事业单位、社会团体的工作人员因工作遭受事故伤害或者患职业病的，由所在单位支付费用。具体办法由国务院社会保险行政部门会同国务院财政部门规定。

拓展阅读

工伤保险覆盖范围的发展

工伤保险亦称职业伤害保险，是一项对意外事故和职业病造成的伤残以及由此招致的死亡，负责提供医疗服务和经济补偿，而使伤者、残者仍能享有基本生活保证的一种社会机制。国际劳工组织1952年通过的《社会保障（最低标准）公约》曾对享受工伤保险待遇的对象作出下列限定：

（1）身体受职业病伤害呈疾病状态者。

（2）因工伤丧失劳动能力并因此中断工资收入者。

（3）由于永久或暂时丧失劳动能力而完全失去或部分失去工资收入者。

（4）由于供养者因工伤死亡而失去生活费来源者。

后来，越来越多的国家把职业病也纳入工伤社会保险。1980年，国际劳工大会将职业病列出29种，是职业病的最低目录。目前，世界上包括我国在内的许多国家，列入法定职业病的病种已远远超过这一范围。在享受工伤保险待遇的对象的界定上，总的趋势是不断地包括进新的内容。例如，据国际劳工组织统计，1925 年世界上仅有 7 个国家把职工上下班途中发生的意外事故列入工伤保险范围，而到 1963 年，101 个会员国中有 50 多个国家将其列入工伤保险范围。在这之后又不断有其他国家将其列入工伤保险范围。一些国家还打破旧的传统观念，把从事非经济活动的人同样包括在职工工伤保险制度之中。例如，奥地利、丹麦、德国、芬兰、日本、挪威、瑞典和突尼斯已把个体经营者包括进来。奥地利、法国、德国、卢森堡、挪威和瑞典还把学生和教师包括在工伤保险制度中。有些国家还把“红十字”救援和其他救援人员、义务消防灭火人员、从事工会工作人员、协助警察工作人员、为保卫国家安全人员、家庭雇工、家庭教师甚至保姆等因工作而受到的伤害，均包括在工伤保险的范围之列。

在我国，最初的工伤保险对象仅仅包括国有企业职工，集体企业“参照执行”。20 世纪 80 年代改革开放后，国务院、劳动部先后发布的关于劳动合同制规定、临时工管理规定、农民合同制职工管理规定、私营企业劳动管理规定以及中外合资企业劳动管理等规定。其后，国务院、劳动部又陆续作出了一系列新的规定，使工伤保险对象范围不断扩大。1994 年 7 月颁布的《中华人民共和国劳动法》规定我国一切企业以及与之形成劳动关系的一切劳动者，还有机关事业单位的劳动者和个体经济组织的劳动者，都要实行统一的社会保险制度。从此，我国工伤社会保险的范围大大扩展了。

想一想

平阴县的贾某给某个体工商户打工，为雇主接送孩子时发生车祸，致严重伤残，经市人社局认定为工伤。该个体工商户不服，认为只有国有单位员工才享受工伤保险，于是提起行政诉讼，要求撤销工伤认定。

问题：

个体工商户雇员贾某是否可以享受工伤保险待遇?

二、工伤保险基金的筹集

要发挥工伤保险制度的作用，保证工伤保险制度的顺利实施，必须有一个稳定的基金制度作为保障。只有这样才能保障劳动者或其遗属的基本权利，使其能够及时获得工伤补偿和抚恤，才能使发生工伤事故的用人单位不至于因工伤给付过多而陷于困境，才能保证社会的安全经济的发展。

所谓工伤保险基金是指为了建立工伤社会保险制度而筹集的基金。因为工伤保险是社会保险的一个组成部分，建立工伤保险基金是以社会保险的“大数法则”原则为依据的，即通过基金广泛筹集，使可能发生在少数人或少数单位、地区的危险，转而由多数人或多数单位、地区共同分担，使基金在人员、单位、地区之间调剂使用。这样，一旦发生工伤事故，社会保险经办机构才能按时足额发放各种待遇。目前世界上大多数国家都已建立了社会保险方式的工伤保险制度，用人单位必须向社会保险经办机构缴纳一定的工伤保险费。

工伤保险基金的筹集，从理论上来说，筹集的越多越能够保障劳动者或其遗属的基本权利，但是也要考虑到以下两个方面。

一方面，筹集的资金要能满足工伤社会保险给付的需要。工伤保险给付的需要主要有：①劳动者因工负伤和患职业病需要给付的医疗费、诊治、体检、住院、手术、休养、疗养等费用。②因工负伤和患职业病的劳动者住院接受治疗、住休养所或疗养院而需要给付的护理费和膳食补助费。③因工负伤和患职业病的劳动者必须赴外地接受诊断、手术、治疗、休息、疗养而需要给付的往返旅费。④因工负伤和患职业病的劳动者，在接受治疗期间，必须享有的生活费。⑤因工负伤和患职业病的劳动者，需要享有的一次性赔偿金和定期抚恤金。⑥劳动者伤残后的康复费用。⑦丧葬费。⑧一次性遗属抚恤费。⑨对因工死亡的劳动者供养的直系亲属给予的长期抚恤费。

另一方面，也要充分考虑企业（雇主）负担保险费的承受能力，不应该出现由于企业（雇主）缴纳工伤保险费而被迫提高企业产品价格，导致市场竞争力下降、利润下降的现象。

（一）工伤保险基金筹集的原则

1. 以支定收、收支基本平衡、留有适当储备的原则

由于工伤事故的发生带有很大的突发性、偶然性，所以在工伤保险基金的使用上应该留有余地，以防备突发性、恶性工伤事故发生后实行差别费率和浮动费率相对资金的需要。

2. 实行差别费率和浮动费率相结合的征收原则

差别费率是指社会保险机构在确定工伤保险费率时，根据不同行业、产业的事故风险和职业危害程度的类别以及发生工伤事故和职业病的频率确定不同比例的工伤保险费率。差别费率方法是国际通用的一种方法，它使每个行业、产业的工伤保险费率与该行业、产业的工伤事故发生频率直接挂钩，使工伤保险费的收缴合理化。比如对工伤事故发生频率较高的行业、产业确定较高的工伤保险费率，如采矿业、建筑业等；反之则确定较低的工伤保险费率，如商业、饮食服务业、旅游业等。

在我国，2015年《人力资源社会保障部财政部关于调整工伤保险费率政策的通知》规定，自2015年10月1日起，调整原有工伤保险费率政策。按照《国民经济行业分类》（GB/T 4754—2011）对行业的划分，根据不同行业的工伤风险程度，由低到高，依次将行业工伤风险类别划分为一类至八类。不同工伤风险类别的行业执行不同的工伤保险行业基准费率。各行业工伤风险类别对应的全国工伤保险行业基准费率为，一类至八类分别控制在该行业用人单位职工工资总额的0.2%、0.4%、0.7%、0.9%、1.1%、1.3%、1.6%、1.9%左右。

差别费率往往每隔一定时期要调整一次，调整期一般为5年。所谓浮动费率是指社

会保险机构在确定行业缴纳的工伤保险费率之后，根据每个参保企业上一年度安全生产的实际情况和工伤保险费用的支出情况，在评估的基础上，适当提高或降低下个年度工伤保险费率。对于那些安全生产情况好的企业，在达到一定标准后，社会保险机构可以将企业应缴的工伤保险费率降低，以达到奖励的作用。而对那些安全生产情况差、工伤事故多的企业，则以提高工伤保险费率的办法，达到惩罚的目的。浮动费率也是国际上通用的一种方法。调整的幅度，我国规定为本行业标准费率的5% ~40%，调整期为1年。

3. 用人单位缴费的原则

工伤保险基金全部由雇主缴纳，劳动者个人不承担缴费义务。我国规定，企业职工参加工伤保险，职工个人不缴纳工伤保险费，工伤保险费由企业按照企业职工工资总额的一定比例缴纳。这是因为劳动者所提供的劳动力是一种主要的生产要素，劳动力通过与生产资料相结合，能创造新价值，创造财富。职工为生产单位创造财富而发生工伤事故，往往是付出了鲜血与健康的代价，同时也给职工本人及其家属带来巨大的痛苦和不幸，不是劳动报酬所能补偿的，所以工伤保险不应该是受伤害职工的“自我保险”，而应由社会与企业负担劳动者因工伤事故所产生的费用。

（二）缴费基数

工伤保险缴费基数一般是指本单位工资总额，根据职工上年度月平均工资收入确定。单位缴费工资总额应等于本单位全部职工的缴费工资之和。在实践中，缴费工资经社会保险部门核定后全年不变。《工伤保险条例》（国务院令第586号）第六十四条规定：本条例所称工资总额，是指用人单位直接支付给本单位全部职工的劳动报酬总额。本条例所称本人工资，是指工伤职工因工作遭受事故伤害或者患职业病前12个月平均月缴费工资。本人工资高于统筹地区职工平均工资300%的，按照统筹地区职工平均工资的300%计算；本人工资低于统筹地区职工平均工资60%的，按照统筹地区职工平均工资的60%计算。

（三）费率

由于各行业在产业结构、生产类型、生产技术条件、管理水平等方面存在差异，表现出不同的职业伤害风险程度，为了体现保险费用公平负担，许多国家都根据不同行业的工伤风险程度确定行业差别费率，我国亦同。

我国根据不同行业的工伤风险程度确定行业的差别费率，并根据使用工伤保险基金、工伤发生率等情况在每个行业内确定费率档次。行业差别费率和行业内费率档次由国务院社会保险行政部门制定，报国务院批准后公布施行。社会保险经办机构根据用人单位使用工伤保险基金、工伤发生率和所属行业费率档次等情况，确定用人单位缴费费率。

根据不同行业的工伤风险程度，由低到高，依次将行业工伤风险类别划分为一类至八类（见表5-1）。不同工伤风险类别的行业执行不同的工伤保险行业基准费率。各行业工伤风险类别对应的全国工伤保险行业基准费率为，一类至八类分别控制在该行业用人单位职工工资总额的0.2%、0.4%、0.7%、0.9%、1.1%、1.3%、1.6%、1.9%左右。

表5-1　　工伤保险行业风险分类表

行业类别	行业基准费率	行业名称
一	0.2%	软件和信息技术服务业，货币金融服务，资本市场服务，保险业，其他金融业，科技推广和应用服务业，社会工作，广播、电视、电影和影视录音制作业，中国共产党机关，国家机构，人民政协、民主党派，社会保障，群众团体、社会团体和其他成员组织，基层群众自治组织，国际组织
二	0.4%	批发业，零售业，仓储业，邮政业，住宿业，餐饮业，电信、广播电视和卫星传输服务，互联网和相关服务，房地产业，租赁业，商务服务业，研究和试验发展，专业技术服务业，居民服务业，其他服务业，教育，卫生，新闻和出版业，文化艺术业
三	0.7%	农副食品加工业，食品制造业，酒、饮料和精制茶制造业，烟草制品业，纺织业，木材加工和木、竹、藤、棕、草制品业，文教、工美、体育和娱乐用品制造业，计算机、通信和其他电子设备制造业，仪器仪表制造业，其他制造业，水的生产和供应业，机动车、电子产品和日用产品修理业，水利管理业，生态保护和环境治理业，公共设施管理业，娱乐业
四	0.9%	农业，畜牧业，农、林、牧、渔服务业，纺织服装、服饰业，皮革、毛皮、羽毛及其制品和制鞋业，印刷和记录媒介复制业，医药制造业，化学纤维制造业，橡胶和塑料制品业，金属制品业，通用设备制造业，专用设备制造业，汽车制造业，铁路、船舶、航空航天和其他运输设备制造业，电气机械和器材制造业，废弃资源综合利用业，金属制品、机械和设备修理业，电力、热力生产和供应业，燃气生产和供应业，铁路运输业，航空运输业，管道运输业，体育
五	1.1%	林业，开采辅助活动，家具制造业，造纸和纸制品业，建筑安装业，建筑装饰和其他建筑业，道路运输业，水上运输业，装卸搬运和运输代理业
六	1.3%	渔业，化学原料和化学制品制造业，非金属矿物制品业，黑色金属冶炼和压延加工业，有色金属冶炼和压延加工业，房屋建筑业，土木工程建筑业
七	1.6%	石油和天然气开采业，其他采矿业，石油加工、炼焦和核燃料加工业
八	1.9%	煤炭开采和洗选业，黑色金属矿采选业，有色金属矿采选业，非金属矿采选业

通过费率浮动的办法确定每个行业内的费率档次。一类行业分为三个档次，即在基准费率的基础上，可向上浮动至120%、150%，二类至八类行业分为五个档次，即在基准费率的基础上，可分别向上浮动至120%、150%或向下浮动至80%、50%。

各统筹地区人力资源社会保障部门要会同财政部门，按照“以支定收、收支平衡”的原则，合理确定本地区工伤保险行业基准费率具体标准，并征求工会组织、用人单位代表的意见，报统筹地区人民政府批准后实施。基准费率的具体标准可根据统筹地区经济产业结构变动、工伤保险费使用等情况适时调整。

统筹地区社会保险经办机构根据用人单位工伤保险费使用、工伤发生率、职业病危害程度等因素，确定其工伤保险费率，并可依据上述因素变化情况，每1~3年确定其在所属行业不同费率档次间是否浮动。对符合浮动条件的用人单位，每次可上下浮动一档或两档。统筹地区工伤保险最低费率不低于本地区一类风险行业基准费率。费率浮动的具体办法由统筹地区人力资源社会保障部门商财政部门制定，并征求工会组织、用人单位代表的意见。

工作实例

长沙某工程机械股份公司，员工2 000人，企业人均缴费基数为3 000元。请问，企业每月需要缴纳多少工伤保险费？

工伤保险费 = 本单位职工工资总额 × 单位费率

= 2 000人 × 3 000（元） × 0.9% = 54 000（元）

案例分析

企业不缴纳工伤保险费需衡量风险

案情介绍：

2月13日，来自安徽的徐师傅应聘进入台州九泰金属制品有限公司。当月19日7时50分许，徐师傅在车间打磨作业，其左眼角不慎被突然飞出的磨光片划伤，随后立即送至临海市第一人民医院治疗。经诊断为左眉软组织挫裂伤、左视网膜淤血等。后转到台州医院和浙江大学医学院附属第二医院继续治疗。台州市劳动能力鉴定委员会鉴定其为八级伤残。突如其来的工伤事故，使还没给徐师傅缴纳工伤保险的该公司措手不及。请问医疗费用由谁承担呢？

案情分析：

企业未缴纳工伤保险费，侵犯了职工的合法权益。作为社保部门和保险公司不可能对该起工伤事故进行理赔。公司应该支付停工留薪期工资、一次性伤残补助金、一次性医疗补助金、一次性伤残就业补助金、交通费、伤残鉴定费等经济损失共计9万多元。

拓展阅读

香港特别行政区的工伤保险制度

香港特别行政区的工伤保险制度是雇主责任保险制。香港对于劳工的权益保障是相当重视的，1984－1993年，香港共制定了119项劳工法例，1997年更是制定和修订了多项劳工法例，其中《雇员补偿条例》是20世纪50年代制定并经过多次修订的最重要的劳工法律之一。

《雇员补偿条例》《职业安全及健康条例》《雇佣条例》《肺尘埃沉着病（补偿）条例》等多个与劳工权益有关的法律与法规保障工伤保险制度全面覆盖并且强制实施，任何雇主都必须履行其对雇员应当承担的工伤赔偿责任，而获得雇主的赔偿也是遭遇工伤事的劳工的法定权利。香港工伤保障采用“绝对责任”原则，任何雇主均须为其全体员工投保雇主责任保险，并为此承担全部费用；如果不履行投保义务，将被判有罪并受到刑事处分或罚款。政府劳工处负责统一管理并监督工伤保障的实施，但具体承办的不是政府机构，而是由有关商业保险公司依法承担具体的业务经办任务。

1. 待遇

工伤保障的待遇包括遗属保险金、工伤补助金、医疗补助金等。以雇员受伤害程度及其受伤害前的工资收入作为确定雇主承担工伤责任的依据；死亡或永久完全残疾则按全额赔偿。对因职业病导致的工伤赔偿问题另有具体的规定。除医疗待遇支付外，香港对受害雇员的死亡或伤残补偿是以受伤害雇员的月工资额为计算依据的，根据伤害的轻重程度支付若干个月的工资补偿，一般采取一次性支付的方式，这种方式往往难以保障工伤中死亡劳工的遗属和永久完全残疾劳工的生活。

2. 程序

雇员受伤或死亡后，由雇员或其代理人通知雇主或劳工处，法律规定雇主必须向劳工处或警署报告发生的意外伤亡事故，然后经过调查及身体检查程序进入赔偿处理程序。此外，香港还设有劳资审裁处，该机构属于司法机构，以便捷、不拘形式的方法，仲裁雇主与雇员之间各类不属于小额薪酬索赔的问题。仲裁处专责审裁职责范围内的纠纷，其中包括员工伤赔偿请求等。

3. 经验与不足

雇主责任保险是以有关劳工法律或法规为基础的，通过商业保险业务来实现劳工工伤权益保障。一旦发生雇主责任事件，将由承保这种风险的保险公司负责赔偿，从而使雇主将不确定的工伤赔偿风险转换为固定的雇主责任保险费支出的财务安排，这种财务安排亦符合政府对劳工权益保护的政策，最终目的是使雇员工伤保障权益得到保障。

雇主责任保险的责任范围是由雇主责任保险条款来规定的，它与香港《雇员补偿条例》所规定的保障范围存在着一定的区别。如香港《雇员补偿条例》规定除雇员自己故意行为导致的伤害雇主可以不负责任外，其他在工作中受到的伤害均须由雇主承担经济补偿责任。雇主责任保险中由保险公司承担的责任范围要小于《雇员补偿条例》规定的应当由雇主承担的责任范围，这些无法从保险公司得到赔偿的责任只能由雇主自己承担。因此雇主责任保险并不能完全解决工伤保障的问题。

雇主责任保险对于实施香港地区的《雇员补偿条例》及相关法律与法规、实现劳工工伤保障的权益起到了很好的作用，市场机制的引入亦提高了工伤保障制度的效率，同时也减轻了政府的事务性负担。但也应当看到，保险公司作为承办人，企业属性使其追求的只能是周期平衡，并在平衡中努力实现自己的利润目标，对劳工的保障仍然是不全面的，它还需要雇主直接承担起相应的责任，道德风险和逆向选择难以避免：保险公司以收紧风险为理由，不断大幅调高保险费，甚至不肯承保一些高风险行业的劳工保险；一些雇主为了逃避购买劳工保险的责任及为减少劳动力成本，迫使受聘的雇员由雇佣关系改为自雇形式，从而将购买劳工保险的责任转移到雇员身上，不少基层工人因工伤条例的漏洞而得不到保障。在劳工团体和政府的干预下，香港保险业联合会（简称“保联”）于2007年5月推出了“雇员补偿联保计划”，试图解决高风险行业在投保劳工保险时所面对的困难，使22个高风险行业参加“雇员补偿联保计划”，但所厘定的行业保费费率存在巨大差异，占雇员年薪的4.41%～87.79%不等。

劳工团体认为，该计划未能解决现行雇员补偿保险制度存在的问题，只有设立中央雇员补偿制度才可以有效保障所有工人，使其享有完善的职业健康保障。

资料来源：孙树菡，朱丽敏编著《社会保险学》

拓展阅读

国外工伤保险基金筹集

世界各国的工伤保险存在雇主责任制和社会保险制两大类型，因此，在基金筹集模式上的选择也有两种不同的思路。

（一）雇主责任制

雇主责任制下的工伤保险基金筹集的方式有三种具体办法。

1. 企业自保的办法，即政府立法规定由企业承担对职工工伤赔偿的责任，并对工伤保险待遇的给付作出原则规定，这种办法对待遇的标准并无统一规定，而是由用人单位在政府原则指导下，根据自身的经济赔偿能力，自行确定待遇给付标准，行政部门进行监督。

2. 由企业向商业保险公司投保的办法，即由政府立法规定企业必须参加工伤事故赔偿保险，并由雇主担负费用开支。工伤保险待遇给付应符合政府规定的最低标准。对于一些工伤风险较大、事故发生频率较高的行业，则规定其必须向商业保险公司投保，而且由政府指定某些有较高信誉的保险公司承办工伤保险业务。这实际上是一种“再保险”的方式，在一定程度上扩大了企业工伤保险基金的筹集范围，增强了抵御工伤风险的能力，提高了保障能力。

3. 由政府征收工伤保险准备基金的办法。即由政府立法规定企业必须参加工伤保险，费用由企业全部负担，并指定商业保险公司承办“再保险”业务。在此基础上，为了进一步增强保障能力，政府还强制性地向企业和工伤保险的承保商业保险公司征缴工伤保险准备基金，以备企业或商业保险公司一旦破产时能够确保向职工支付工伤保险待遇。

（二）社会保险制

社会保险制度下的工伤保险基金筹集主要有两种具体办法。

1. 社会统筹的办法。即由政府立法规定企业必须参加工伤保险，按时足额向社会保险管理机构缴纳工伤保险统筹费用，并由工伤保险机构负责进行工伤待遇的给付。企业应缴的统筹费用全部由企业或雇主负担，个人无须缴费。基金实行社会统筹时、一般采取“现收现付”的方式，根据大数定理，在一定的统筹范围内，预测各行业或地区综合性的工伤保险费用需求，在所有参加保险的企业之间实行合理分担，费用横向平衡调剂。这种方式是符合社会保险本质要求，是当今工伤保险费用筹集的发展方向。

2. 由政府规定统一的待遇项目与标准，由企业自行支付的办法。这种方法不同于雇主责任制的地方在于给付项目和标准由政府统一规定，企业无权更改，也不能向商业保险公司“再投保”。所需开支费用由企业全部负担，记入成本，个人不缴纳保费。

二、保险费的征收

国际上，征收基数用得最多的方法是工资总额。工资总额的大小直接影响到征收保险费的多少，所以计算基数的关键在于对工资总额的规定。德国工伤保险费的计算和征缴具有一定的典型性。德国工伤保险实施的缴费原则是“以支定收”，即工伤保险费征缴都采取延后一年滞后性费用收取的模式，以上年度的支出来决定本年度的收取。工伤保险费征缴的具体数额由工资总额、危险等级和现收现付的系数（即分摊系数）三个因素决定。德国工伤保险在行业（工作岗位）差别费率的基础上，对每个企业依照其上一年的工伤情况实行企业浮动费率，以作奖励。征收工伤保险费不得以营利为目的。工伤保险费的具体计算不作详细分析介绍。

三、工伤保险费率的确定

工伤保险基金的提缴，绝大多数国家都是以企业职工的工资总额为基数，按照规定的比例缴费，在费率的确定上主要有以下两种方式。

（一）统一费率制

统一费率制是按照法定统筹范围内的预测开支需求，与相同范围内企业的工资总额相比较，求出一个总的工伤保险费率，所有企业都按这一比例缴费。这种方式是在最大可能的范围内平均分散工伤风险，不考虑行业与企业工伤实际风险的差别。目前世界上110多个实行工伤保险的国家中，约有37%的国家采用此制度。

（二）差别费率制

差别费率制是对单个企业或某一行业单独确定工伤保险费的提缴比例。差别费率的确定，主要是根据对各行业或企业单位时间上的伤亡事故和职业病统计，以及工伤费用需求的预测而定。此种方式的目的是要在工伤保险基金的分组上体现对不同工伤事故发生率的企业、行业实行差别性的负担，以保证该行业、企业工伤保险基金的收支平衡，并适当促进其改进劳动安全保护措施，降低工伤赔付成本。目前世界各国实行此种费率者约占41%。

资料来源：才让加，祁恒珺编著《社会保险学》

任务二　工伤的认定

业务描述

陈群是某有色金属厂的职工，某日下夜班后回家时，发现相邻工厂的材料库起火，工厂职工和路过的群众正进行扑救，陈群立即参加救火，不幸被砸伤，造成骨折。事后陈群向自己所在单位提起工伤待遇申请，单位认为陈群不是为本单位救火，不能认定为工伤。

问题：

这种情况下是否应被认定为工伤？工伤的认定又有哪些规定？

一、工伤认定的概念

工伤认定是劳动行政部门依据法律的授权对职工因事故伤害（或者患职业病）是否属于工伤或者视同工伤给予定性的行政确认行为。

二、工伤认定的性质特点

第一，属于具体行政行为。

第二，属于行政确认行为。确认的结果有四种：是工伤，非工伤，视同工伤，不视同工伤。

第三，属于须申请的行政行为。“不申请，不认定”是工伤认定程序的特点。

第四，单位、职工或其直系亲属一方对工伤认定结论不服的，可以先申请行政复议，对复议结论不服的可以行政诉讼。行政复议属于前置程序。

三、认定依据

根据我国2011年1月1日实行的新修订的《工伤保险条例》，工伤一般包括因工伤亡事故和职业病，以下情形应当被认定为工伤。

（一）《工伤保险条例》第十四条规定，职工有下列情形之一的，应当认定为工伤

1. 在工作时间和工作场所内，因工作原因受到事故伤害

“工作时间”和“工作场所”是两个必须同时具备的条件，同时还得是“因工作原因”而受到的负伤、致残或者死亡。事故伤害是指职工在劳动过程中发生的人身伤害、急性中毒事故等类似伤害。

2. 工作时间前后在工作场所内，从事与工作有关的预备性或者收尾性工作受到事故伤害

此处“工作时间前后”是指非工作时间内，具体讲是开工前或收工后的一段时间，譬如上班时间为上午9点到12点以及下午14点到18点，但是职工提前在8点30分到岗或者下班后做完收尾工作时间到18点半等，均可以认定为“工作时间前后”，但是有一点特别重要，其目的必须是从事预备性或收尾性工作，比如为启动机器做准备工作，或者关闭机器后收拾与工作有关的机器、工具等。

3. 在工作时间和工作场所内，因履行工作职责受到暴力等意外伤害

此处“工作时间”和“工作场所”必须同时具备，并且必须是在履行本职工作，这里受到的伤害是“非工作原因”，是来自本单位或者外界的“暴力、意外等”所致。例如，有人在职工履行工作职责的时候蓄意对职工进行打击报复，对其人身进行直接攻击，致使职工负伤、致残或者死亡等。

4. 患职业病

职业病指的是企业、事业单位和个体经济组织的劳动者在职业活动中，因接触粉尘、放射性物质和其他有毒、有害物质等因素而引起的疾病。

5. 因工外出期间，由于工作原因受到伤害或者发生事故下落不明

“因工外出期间”含因工出差以及因工临时外出办理业务等，同时必须是在发生事故时正在履行工作职责，即因工作原因外出，受到伤害或者发生事故时下落不明。

6. 在上下班途中，受到非本人主要责任的交通事故或者城市轨道交通、客运轮渡、火车事故伤害

“上下班途中”是指从居住的住所到工作区域之间的必经路途，必要时间所发生的人身伤害事故。对于探亲访友时遇到的人身伤害事故，不能认定为工伤。受到机动车事故伤害的，还应该增加关于非法驾驶的问题，这种问题一般以驾驶二轮摩托车居多，对于非法驾驶（无证驾驶的）的，达到交通肇事程度的，不予认定工伤。2014年9月1日实施的《最高人民法院关于审理工伤保险行政案件若干问题的规定》对“上下班途中”作了进一步规定：①在合理时间内往返于工作地与住所地、经常居住地、单位宿舍的合理路线的上下班途中。②在合理时间内往返于工作地与配偶、父母、子女居住地的合理路线的上下班途中。③从事属于日常工作生活所需要的活动，且在合理时间和合理路线的上下班途中。④在合理时间内其他合理路线的上下班途中。

7. 法律、行政法规规定应当认定为工伤的其他情形

《工伤保险条例》第十四条是一条法律上的兜底条款规定，由于工伤事故的复杂性和不确定性不仅需要专门的法律、行政法规的规范性、强制性规定，也需其他法律法规作出相应调整，对于法律、行政法规规定为工伤的其他情形，也应当纳入本条例调整的工伤范畴中。

（二）《工伤保险条例》第十五条规定，职工有下列情形之一的，应当视同为工伤

1. 在工作时间和工作岗位，突发疾病死亡或者在48小时内经抢救无效死亡

若满足此点要求，两个条件须同时具备：“工作时间”和“工作岗位”；“突发疾病死亡”是指：

（1）职工突发与工作无关的疾病导致死亡。如果是与工作有关的疾病而导致死亡，应当按照《工伤保险条例》第十四条的规定认定工伤。

（2）在工作岗位上突发与工作无关并没有导致立即死亡的疾病，但是在48小时内经抢救无效死亡的，视同为工伤。

2. 在抢险救灾等维护国家利益、公共利益活动中受到伤害

3. 职工原在军队服役，因战、因工致残，已取得伤残军人证，到用人单位后旧伤复发

针对转业军人的保护，军人在战斗中或者在履行职责中负伤致残，依据《革命伤残军人评定伤残等级的条件》之规定，军人伤残对于经有关部门评残、取得伤残军人证的退伍军人，如果在用人单位旧病复发，视同为工伤。这主要考虑到革命军人为国家利益已经付出代价，为切实保障革命军人的利益而作出这样的规定。

（三）《工伤保险条例》第十六条规定：职工有下列情形之一的，不得认定为工伤或者视同工伤

（1）因故意犯罪。

（2）醉酒导致伤亡的。

（3）自残或者自杀的。

拓展阅读

“上下班”工伤认定新规解读

在自2014年9月1日起实施的《最高人民法院关于审理工伤保险行政案件若干问题的规定》中，对于“上下班途中”的工伤认定，作出了明确规定：在合理时间内往返于工作地与住所地、经常居住地、单位宿舍的合理路线的上下班途中；在合理时间内往返于工作地与配偶、父母、子女居住地的合理路线的上下班途中；从事属于日常工作生活所需要的活动，且在合理时间和合理路线的上下班途中；在合理时间内其他合理路线的上下班途中。

这个规定对“上下班途中”的认定，设置了明确的界限，因而在社会上备受关注，至今讨论不断。然而，“上下班途中”发生的“工伤”，却有三种情况需要厘清。换句话说，并不是所有的“上下班途中”的“工伤”，都能够享受工伤待遇。

在司法实践中，对于“上下班途中”工伤认定和是否享受工伤待遇要分几种情况。比如，职工在“上下班途中”发生交通事故，并不都可以认定为工伤，而只有受到非本人主要责任的交通事故伤害的，才能认定为工伤。再则，并不是认定了工伤，就能顺利享受工伤待遇，如果单位没有给职工买社保，就很难享受工伤待遇。

资料来源：凤凰网

案例分析

案例一：醉酒出事，不得认定为工伤

案情介绍：

张某是湖南省江华县烟草公司某烟草站的站长。2016年5月26日上午，张某前往其辖区的烟农家指导水灾后生产自救等相关事宜，中午张某在烟农家吃中餐时有饮酒情形，5月26日下午4点左右，张某驾车将烟农的受灾情况的有关资料送往江华县烟草公司，途中张某发生交通事故死亡，经检测，张某血液酒精含量为175.7mg/100ml，属于醉酒情形。

事后，张某家属以张某在因工外出期间发生意外死亡为由向永州市人社局提出工伤认定申请，要求享受工伤待遇。

张某醉酒出事，可否认定为工伤？

案情分析：

《工伤保险条例》中明确规定，醉酒和吸毒是工伤认定的排除情形，因此，因工外出期间应当严守工作制度和纪律约束，在工作时间不应饮酒，更不应醉酒。工作时间饮酒不仅违反中央和地方工作日禁酒的有关规定，也会对自身和他人的生命安全造成严重威胁。

资料来源：永州市人民政府网 http://www.yzcity.gov.cn/cnyz/bmkx/201811/f3f10b152eb14a08876011763316775f.shtml

案例二：在公司食堂吃完午餐回到办公室，突发疾病死亡，是否属于工伤？

案情介绍：

2017年陶炳炎入职蔡老板创办的一家物流公司，由于二人彼此熟悉且能合得来，入职后双方之间一直未签订劳动合同。出乎人们意料的是，陶炳炎到公司工作五六个月后，他的劳动关系还在原单位。2018年4月3日中午12时40分左右，陶炳炎在公司食堂吃完午餐回到办公室，刚一进门，他就突发疾病倒在地上。同事们赶紧拨打120急救电话，医生及时赶到后紧急处置一番便将他送到医院急诊室进行治疗。经抢救无效，陶炳炎于当日夜间11时50分死亡。医院的诊断结果是：陶炳炎系因心脏病突发猝死。

其妻子蒋女士向蔡老板提出："陶炳炎死亡应认定工伤。"蔡老板认为，其与陶炳炎是朋友，对其后事的处理已经做到尽善尽美，该给的补助待遇只多不少，没有认定工伤的必要。公司向人社局递交回复，称陶炳炎猝死系自身疾病所致，因其与公司没有建立劳动合同关系，故不具备认定工伤的基本条件。

陶炳炎在公司食堂吃饭后回到办公室，突发疾病死亡是否可以认定为工伤？

案情分析：

对于劳动关系，根据《劳动合同法》第7条规定：用人单位自用工之日起即与劳动者建立劳动关系。法律上劳动关系是否建立的认定，并不以必须存在书面的劳动合同为必要条件，只要双方之间存在用工的事实，劳动关系即为建立。本案中，陶炳炎系公司老板招用的总经理助理，虽然公司未与其签订劳动合同，但从其在公司处实际工作之日起，双方就已经建立了事实的劳动关系。公司以没有签订劳动合同进而否认与陶炳炎之间的劳动关系缺乏法律依据，应认定双方已经建立劳动关系。

对于能否视同为工伤，《工伤保险条例》第15条第1款规定：职工具有下列情形之一的，视同工伤：在工作时间和工作岗位，突发疾病死亡或者在48小时之内经抢救无效死亡的……。法院认为，这里的“突发疾病”，不论所引发疾病的具体原因是什么，只要是在工作时间内和工作岗位上发作的任何种类的疾病，且当即死亡或在48小时内经抢救无效死亡的均可以视同为工伤。

所谓工作时间是指法律规定或单位要求职工工作的时间，该时间包括职工在工作中为了解决基本生理需求的正常工休时间，而这样的正常的工休时间也是为了后面更好地工作，故应视为工作时间一种合理的延伸，也属于工作时间的一部分。所谓工作岗位，是指职工日常所在的工作岗位以及从事本单位工作时所在的工作岗位。

本案中，陶炳炎系在用完午餐后在办公室午休的时间内发生心源性猝死。其在午餐后在办公室进行短暂的午休，应当属于正常的工休时间。而其突发疾病的地点恰好又在其工作的办公室，也属于工作岗位的范畴。在这种前提下，其经抢救无效在48小时之内死亡，完全符合《工伤保险条例》第十五条第二款规定，应当视同为工伤。

资料来源：http：//www. ft22. com/rending/2019 - 4/9019. html

案例三：员工见义勇为受伤，视同工伤

案情介绍：

罗某系重庆市涪陵区某物业管理有限公司保安，2016年12月24日，罗某在物业公司服务的圆梦园小区上班（24小时值班）。8时30分左右，在小区附近有人对一过往行人实施抢劫，罗某听到呼喊声后立即拦住抢劫者的去路，要求其交出抢劫的物品，在与抢劫者搏斗的过程中，不慎从22步台阶上摔倒在巷道拐角的平台上受伤。重庆市涪陵区社会管理综合治理委员会对罗某的行为进行了表彰，并做出了《关于表彰罗某同志见义勇为行为的通报》。罗某于2017年6月12日向被告重庆市涪陵区人力资源和社会保障局（以下简称涪陵区人社局）提出工伤认定申请。

员工见义勇为受伤，可以视同为工伤吗？

案情分析：

根据国务院《工伤保险条例》第五条第二款规定，具有受理本行政区域内的工伤认定申请，并根据事实和法律作出是否工伤认定的行政管理职权。被告根据第三人罗某提供的重庆市涪陵区社会管理综合治理委员会《关于表彰罗某同志见义勇为行为的通报》，认定罗某在见义勇为中受伤，事实清楚，证据充分。罗某不顾个人安危与违法犯罪行为作斗争，既保护了他人的个人财产

和生命安全，也维护了社会治安秩序，弘扬了社会正气。法律对于见义勇为，应当予以大力提倡和鼓励。

《工伤保险条例》第十五条第一款第二项规定：“职工在抢险救灾等维护国家利益、公共利益活动中受到伤害的，视同工伤。”据此，虽然职工不是在工作地点、因工作原因受到伤害，但其是在维护国家利益、公共利益活动中受到伤害的，也应当按照工伤处理。公民见义勇为，跟违法犯罪行为作斗争，与抢险救灾一样，同样属于维护社会公共利益的行为，应当予以大力提倡和鼓励。因见义勇为、制止违法犯罪行为而受到伤害的，应当适用《工伤保险条例》第十五条第一款第二项的规定，即视同工伤。

《重庆市鼓励公民见义勇为条例》为重庆市地方性法规，其第十九条、第二十一条进一步明确规定，见义勇为受伤视同工伤，享受工伤待遇。该条例上述规定符合《工伤保险条例》的立法精神，有助于最大限度地保障劳动者的合法权益、最大限度地弘扬社会正气，在本案中应当予以适用。

资料来源：工伤赔偿法律网 http：//www.ft22.com/zhidao/8433.html 资料有删改

案例四：不承担责任，可以认定工伤

案情介绍：

25岁的胡小文和26岁的戴自强来自安徽滁州市，都供职于滁州光华物流公司。

某日，滁州光华物流公司货车司机周平驾驶A货车回到公司卸货场，将车停放至卸货位置，与另一辆B货车尾部相对，便于卸货。为了将车固定，周平在离开A货车时，将车拉上手刹制动，并将挡位放置在倒车挡上后才下班离开。随后，公司员工戴自强和胡小文等人开始对A货车上的货物进行装卸及配送到其余货车上。当天23时许，戴自强等人装卸完货物后，戴自强站在A货车与B货车之间，而胡小文则违反公司规定私自进入A货车驾驶室内，扭动插在钥匙孔里的钥匙将车启动。货车发动以后，胡小文错踩油门，导致货车急速后退，将戴自强压在两车之间。之后，戴自强被紧急送往医院抢救，于第二天死亡。

经滁州市交警支队认定，胡小文没有取得驾驶证而擅自启动货车导致事故发生，应承担事故全部责任，而戴自强不承担责任。戴自强于2016年9月1日到滁州光华物流公司担任业务员，工作期间，单位没有与戴自强签订劳动合同，也没有给戴自强缴纳社保。事发后，戴自强的父母起诉胡小文、滁州光华物流公司、A货车所有人郑某及承保公司某保险公司安徽省分公司，索赔各种费用共计73.4万元。

戴自强的死亡是否属于工伤事故？

案情分析：

在这起事故中，因为事故发生在工作场所内，是工作时间因工作原因受到事故伤害，所以可以认定戴自强被撞身亡属于工伤。假设这起事故不是发生在工作场所内，而是发生在上下班途中，因戴自强在事故中不承担责任，同样可以被认定为工伤。既然认定为工伤，就应该享受工伤待遇，但是，戴自强所在单位滁州光华物流公司没有给戴自强购买社保，所以戴自强不能顺利享受工伤待遇。然而，根据《工伤保险条例》第六十二条第二款“应当参加工伤保险而未参加工伤保险的用人单位职工发生工伤的，由该用人单位按照本条例规定的工伤保险待遇项目和标准支付费用”的规定，戴自强的家属可以通过法律程序，向戴自强所在单位追索戴自强应该享受的工伤待遇。

想一想

情形一：路某是石市某设备公司的员工，骑电动车下夜班途中经过一地道桥。地道桥限高杆被一辆超高车辆撞坏垂落，路某不小心撞上垂落的限高杆后摔伤，交通部门认定其不负主要责任。

情形二：某日，第八次沙尘天气再次席卷了华北大部分地区，局部地区风力达6~7级。就在当日，化肥厂劳资处办事员程林骑车冒着风沙前往劳动和社会保障局办理业务，途经平安路时，风力加大，树枝在风中呼呼作响，突然直径10余厘米的树枝被折断，恰巧砸在路过的程林身上，当即人倒车翻，其肩部被树枝砸伤脚踝部被车压伤。经医院诊断，程林右脚踝骨骨折，需进行住院治疗。

情形三：刘文奎系汽车销售公司业务员，2016年9月9日公司指派其到汽车制造厂联系业务，10日上午9时到汽车制造厂看样车，途中因急于赶路而违章穿行，被夏利出租汽车撞断双腿。此事故经当地公安交管部门处理，认定刘负事故主要责任。事后，刘向单位提出工伤保险待遇申请，单位以刘在交通事故中负主要责任为由，不同意认定工伤。

情形四：王志顺系汽车修理厂修理工，2017年6月10日9时在工作中，感到肺部疼痛难忍，脸色发青，于是向车间领导请假，到医院检查。经医院检查诊断为肺癌晚期，住院治疗30天，终因医治无效死于医院。王亲属向单位提出按因工处理，要求享受工伤保险待遇。

问题：

以上情形是否可以认定为工伤？

四、认定的流程

根据《工伤保险条例》和《工伤认定办法》的规定，工伤认定应符合相关流程。

1. 委托代理合同签订前

（1）详细听取受伤职工事发经过陈述，并作相应谈话记录，并要求委托人签字，事发经过的相关记录主要记录以下内容：①受伤职工身份情况。②用工单位的大致情况（一般要有单位名称）。③何时建立劳动关系，有无签订劳动合同，有无办理工伤保险。④工作岗位及相关职责。⑤工资报酬及培训情况。⑥劳动保护及相关防护措施。⑦发生工伤事故的时间、地点、原因、受伤部位。⑧治疗过程、住院时间、医疗费支付情况，受伤后用人单位态度及意见。⑨受伤职工家庭成员及大致情况。⑩受伤职工本人的要求及期望。

（2）核对相关病历、医院证明是否医疗终结，是否存在过医疗情形。

（3）到事故现场作调查与核对，在事故现场调查与核对时，应查明以下内容（路程较远的，应在办理委托手续后进行）：①用工单位的名称、单位或工程项目负责人的姓名及联系电话。②单位开办时间、工程的开工时间、竣工时间（应与受伤职工的第一次上班及受伤时间相吻合）。③工程发包单位诉讼，便于以后财产保全时暂扣工程款。④与目击证人（工友）取得联系，并留下联系方式，以便作调查笔录。⑤发生以下情形时应做相应的证据保全工作。一是用工单位或工程施工项目负责人明确表态不承认受伤职工是其职工或不在用人单位或工程施工地点受伤的；二是用人单位或工程施工负责人有殴打、恐吓、驱逐受伤职工情形的。

（4）仔细核对，确定是否向劳动监察部门或其他部门进行控诉或要求其主持调解。

（5）其他。如核对受伤事故发生之日起是否超过1年，如超出1年，则工伤认定超时效，劳动部门不会受理工伤认定。

2. 办理委托代理合同时

（1）详细向其告知调查、仲裁诉讼程序中律师能够做出具体事项。

（2）应明确委托人在办理委托代理合同后应配合律师做的具体事项。

（3）应告知委托人在仲裁或诉讼中有哪些风险及相关防范措施。

（4）应送达相关委托文书、质量监督卡等。

（5）对文化程度不高的委托人，还应详述委托合同的内容及律师收费办法等相关情况以免代理后发生争议。

（6）对于风险代理或予多交代理费的情形，应在委托合同中着重予以书面确认，避免发生分歧或争执。

（7）对于特别授权或办理委托手续后，委托人就回外地工作生活情形的，应在委托代理合同中明确律师的代理权限及特别授权事项。

3. 工伤认定程序（之前也可与对方调解）

（1）调查事故发生经过，作相关的证据固定工作，对于一些容易更失或被损毁的证据应及时保全，对一些流动性强或无固定职业的证人要及时作调查笔录。

（2）制作《工伤认定申请书》，并填写《工伤认定申请表》。

（3）向工伤事故发生地相关部门提交申请书及申请者，并提供以下材料：

①受伤职工的身份证复印件及用人单位工商登记材料。

②劳动合同复印件或可证明存在劳动关系或事实劳动关系的材料。

③事故发生时病历、诊断证明书、法院记录等医疗材料。

④如系机动车事故伤亡的，应提供交警部门的事故认定书或其他有效证明。

（4）及时与劳动部门联系，看是否需补充材料。

（5）领取工伤认定书或不予受理通知书。

如有对工伤认定申请、劳动部门的不支持的情形，应考虑如下：

①是否属其他案由，走其他程序。

②是否需提出重新认定申请或向劳动主管部门作出书面报告。

③是否需行政复议或行政诉讼。

具体工伤认定的流程及时限如图 5－1 所示。

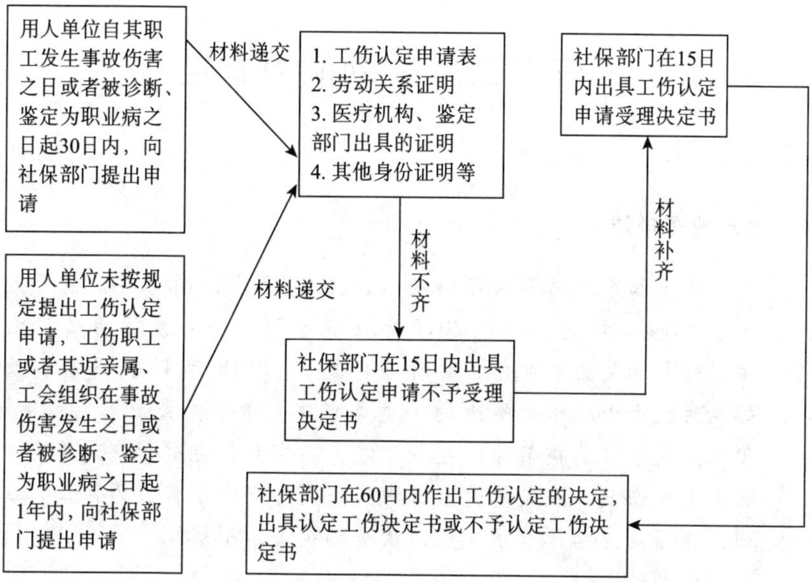

图 5－1　工伤认定流程

想一想

参加工伤保险后，企业还应担什么责任

刘某是某建筑公司的工人。该建筑公司给刘某缴纳了工伤保险费。某年 8 月，刘某在施工过程中肋骨全部断裂。此时的建筑公司正在申请建筑行业质量体系认证，为了保障认证工作顺利进行，企业隐瞒了刘某的工伤。5 个月后，刘某治愈出院，要求企业申报工伤认定。企业认为，刘某受伤已经超过 1 个月，企业再无权利申报。在请求企业申报工伤认定未果的情况下，经专业人士指点，刘某自己向劳动保障行政部门申报工伤认定。劳动保障行政部门受理后调查时，该公司认为刘某受伤不属于工伤并拒绝提供相关证据。劳动保障行政部门根据举证责任倒置的原则，作出了刘某属于工伤的认定结果。该企业不服，提出行政复议。刘某则依据工伤认定的结果，向劳动争议仲裁委员会提起申诉，要求该公司支付其停工留薪期间的工资、护理费、伙食补助费及企业未及时申报工伤给自己造成的工伤待遇损失。但该建筑公司认为，公司为刘某缴纳了工伤保险费，刘某的工伤待遇应当由工伤保险基金支付。

问题：

企业缴纳了工伤保险费后就不承担责任了吗?

任务三　劳动能力鉴定

☞ 业务描述

杨云和康美娜两人年龄相仿，均为27岁，同为某机械厂的工人。杨云于2014年结婚，并于2015年年底生下一个可爱的男孩。康美娜也已婚，只是和丈夫协商好，暂时不要孩子。2018年1月18日，杨云和康美娜在时，由于机械故障遭受了意外事故，幸亏抢救及时，没有生命危险，但二人的子宫均被摘除。经劳动能力鉴定委员会进行伤残鉴定后，判定杨云为七级伤残，康美娜为五级伤残。同为摘除子宫，为何二人伤残等级不同，杨云对此结果表示不服，康美娜也表示不解。

问题：

1. 上述制定是鉴定委员会处事不公吗?
2. 劳动能力鉴定的等级和标准是怎样的?

一、劳动能力鉴定的概念

劳动能力鉴定是指劳动者因工或非因工负伤以及患病后，劳动鉴定机构根据国家鉴定标准，运用有关政策和医学科学技术的方法、手段确定劳动者伤残程度和生活自理障碍程度的一种综合评定。它是给予受伤害职工保险待遇的基础和前提条件，也是工伤保险管理工作的重要内容。

二、受理范围

劳动能力鉴定的受理范围一般包括工伤伤残等级鉴定、因病办理病退鉴定及委托鉴定三大类。其中委托鉴定又有以下几种情况：

(1) 非法用工、童工及聘用退休人员发生工伤。

(2) 用人单位、工会组织委托超过工伤认定时限的。

(3) 因公负伤职工旧伤复发有争议的因果关系确认。

(4) 因公负伤与疾病界限不明的因果关系确认。

(5) 外省市劳动能力鉴定委员会委托进行劳动能力鉴定的。

（6）法院、劳动仲裁、信访等部门委托按工伤鉴定标准鉴定处理的。

三、申报条件

（一）一般要求

申报劳动能力鉴定所需的常规材料及要求一般包括如下：

（1）填写《劳动能力鉴定申请表》，并贴上本人近期一寸免冠照片，若由单位负责则在照片盖上单位公章；个人申请需提供单位名称、单位详细地址、单位联系人姓名及电话，并且当场通知单位联系人。

（2）工伤认定决定书原件及复印件。

（3）携带被鉴定人本人身份证原件复印件。

（4）提供完整连续的病历材料。

其中，住院的需要提供住院病历原件（持患者本人身份证到医院病案室复印病历，同时加盖医院病案管理专用章之后即病历原件），原件被鉴定中心保留，如需再用可以去病案室再提；未住院的需提供急诊或门诊的病历原件并复印件、诊断书及辅助检查报告单原件并复印件，审核原件保留复印件。

（二）特殊伤病

如遇特殊伤病情况，需额外提供申报资料，具体要求如下：

（1）精神疾病需额外提供由专门的精神病医院开具的《医学精神病鉴定书》原件及复印件。

（2）智能损伤需提供智商、记忆商测定报告。

（3）听力受损需提供听觉诱发电位检测报告。

（4）工伤职业病需提供指定医院出具的职业病诊断证明。

（三）申请工伤鉴定的医疗期规定

1. 申请工伤鉴定时需满足最低的医疗期

（1）1~2 个月：头皮裂伤，血肿。

（2）3 个月：颅骨，颅底骨折，头面部骨折，上肢骨折，肋骨骨折，横突、棘突、椎板骨折，截肢（指、趾），软组织挫伤，脑震荡，脏器挫伤保守治疗，烧伤（小面积、浅度），眼科一般性疾病（除外伤性白内障、视神经萎缩、球内异物外），耳鼻咽喉一般性疾病（除鼻及鼻窦良性肿瘤），口腔一般性疾病（除口腔额面部严重软组织挫伤）。

（3）6 个月：骨盆骨折，下肢骨折，椎体骨折，脑挫裂伤，脏器破裂手术，烧伤（大面积、深度），眼科（伤性白内障、视神经萎缩、球内异物外），鼻及鼻窦良性肿瘤，口腔额面部严重软组织挫伤。

（4）1 年：气管外伤，股骨颈骨折，脑出血。

（5）1.5 年：脊柱骨折并脊髓损伤。

2. 因病鉴定申请时需满足的医疗期规定

（1）癫痫病、脑外伤及一氧化碳中毒所致器质性精神疾病需病史 2 年以上。

(2) 普通精神疾病需病史5年以上；双相情感障碍虚年病史以上并且男性年龄需达到50周岁以上，女性要45周岁以上。

(3) 恶性肿瘤及癌症无病程要求。

(4) 其他疾病医疗期1年以上。

注意：同一疾病自上次鉴定结论作出之日起1年内不能重复申请因病鉴定（恶性肿瘤病情加重的除外），超过1年的需提供病情加重的病志资料。

四、鉴定标准

《工伤保险条例》中有关劳动能力鉴定的法律规定：职工发生工伤，经治疗伤情相对稳定后存在残疾、影响劳动能力的，应当进行劳动能力鉴定。根据《劳动能力鉴定 职工工伤与职业病致残等级》GB/T16180－2014规定，职工工伤与职业病致残分为10个等级，最重的为一级，最轻的为十级。

(1) 一级。器官缺失或功能完全丧失，其他器官不能代偿，存在特殊医疗依赖，或完全或大部分或部分生活自理障碍。

(2) 二级。器官严重缺损或畸形，有严重功能障碍或并发症，存在特殊医疗依赖，或大部分或部分生活自理障碍。

(3) 三级。器官严重缺损或畸形，有严重功能障碍或并发症，存在特殊医疗依赖，或部分生活自理障碍。

(4) 四级。器官严重缺损或畸形，有严重功能障碍或并发症，存在特殊医疗依赖，或部分生活自理障碍或无生活自理障碍。

(5) 五级。器官大部缺损或明显畸形，有较重功能障碍或并发症，存在一般医疗依赖，无生活自理障碍。

(6) 六级。器官大部缺损或明显畸形，有中等功能障碍或并发症，存在一般医疗依赖，无生活自理障碍。

(7) 七级。器官大部分缺损或畸形，有轻度功能障碍或并发症，存在一般医疗依赖，无生活自理障碍。

(8) 八级。器官部分缺损，形态异常，轻度功能障碍，存在一般医疗依赖，无生活自理障碍。

(9) 九级。器官部分缺损，形态异常，轻度功能障碍，无医疗依赖或者存在一般医疗依赖，无生活自理障碍。

(10) 十级。器官部分缺损，形态异常，无功能障碍，无医疗依赖或者存在一般医疗依赖，无生活自理障碍。

具体劳动能力鉴定流程如图5－2所示。

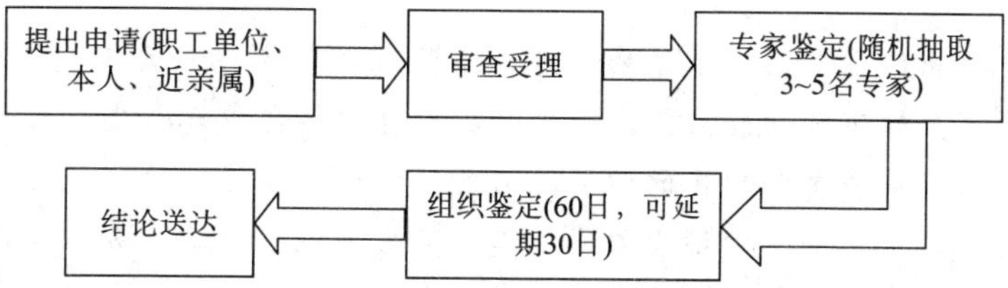

图 5－2 劳动能力鉴定流程

相关链接

《工伤保险条例》相关内容：劳动能力鉴定

第二十一条 职工发生工伤，经治疗伤情相对稳定后存在残疾、影响劳动能力的，应当进行劳动能力鉴定。

第二十二条 劳动能力鉴定是指劳动功能障碍程度和生活自理障碍程度的等级鉴定。

劳动功能障碍分为十个伤残等级，最重的为一级，最轻的为十级。

生活自理障碍分为三个等级：生活完全不能自理、生活大部分不能自理和生活部分不能自理。

劳动能力鉴定标准由国务院社会保险行政部门会同国务院卫生行政部门等部门制定。

第二十三条 劳动能力鉴定由用人单位、工伤职工或者其近亲属向设区的市级劳动能力鉴定委员会提出申请，并提供工伤认定决定和职工工伤医疗的有关资料。

第二十四条 省、自治区、直辖市劳动能力鉴定委员会和设区的市级劳动能力鉴定委员会分别由省、自治区、直辖市和设区的市级社会保险行政部门、卫生行政部门、工会组织、经办机构代表以及用人单位代表组成。

劳动能力鉴定委员会建立医疗卫生专家库。列入专家库的医疗卫生专业技术人员应当具备下列条件：

（一）具有医疗卫生高级专业技术职务任职资格

（二）掌握劳动能力鉴定的相关知识

（三）具有良好的职业品德

第二十五条 设区的市级劳动能力鉴定委员会收到劳动能力鉴定申请后，应当从其建立的医疗卫生专家库中随机抽取 3 名或者 5 名相关专家组成专家组，由专家组提出鉴定意见。设区的市级劳动能力鉴定委员会根据专家组的鉴定意见作出工伤职工劳动能力鉴定结论；必要时，可以委托具备资格的医疗机构协助进行有关的诊断。

设区的市级劳动能力鉴定委员会应当自收到劳动能力鉴定申请之日起 60 日内作出劳动能力鉴定结论，必要时，作出劳动能力鉴定结论的期限可以延长 30 日。劳动能力鉴定结论应当及时送达申请鉴定的单位和个人。

第二十六条 申请鉴定的单位或者个人对设区的市级劳动能力鉴定委员会

作出的鉴定结论不服的，可以在收到该鉴定结论之日起15日内向省、自治区、直辖市劳动能力鉴定委员会提出再次鉴定申请。省、自治区、直辖市劳动能力鉴定委员会作出的劳动能力鉴定结论为最终结论。

第二十七条　劳动能力鉴定工作应当客观、公正。劳动能力鉴定委员会组成人员或者参加鉴定的专家与当事人有利害关系的，应当回避。

第二十八条　自劳动能力鉴定结论作出之日起1年后，工伤职工或者其近亲属、所在单位或者经办机构认为伤残情况发生变化的，可以申请劳动能力复查鉴定。

第二十九条　劳动能力鉴定委员会依照本条例第二十六条和第二十八条的规定进行再次鉴定和复查鉴定的期限，依照本条例第二十五条第二款的规定执行。

任务四　享受工伤保险待遇

☞ **业务描述**

2018年10月9日，浙江省某高校学生高某经学校介绍，到柳州某食品公司实习，11月8日，高某在操作绞肉器时，不慎被绞肉器绞伤手指，经鉴定为九级伤残。高某多次向公司提出赔偿，都被拒绝。2018年底，高某向当地劳动仲裁部门提出申诉，但仲裁部门以“不存在劳动关系”为由驳回申诉。2019年1月高某向柳州市人民法院提起诉讼，要求该食品公司赔偿其残疾补助金、误工费、车旅费等共计53 000元。

问题：

1. 该食品公司是否需要承担赔偿责任？
2. 在赔偿中应如何计算赔款？

一、工伤保险待遇的概念

工伤保险待遇是指职工因工发生暂时或永久人身健康或生命损害的一种补救和补偿，其作用是使伤残者的医疗、生活有保障，使工亡者的遗属的基本生活得到保障。工伤保险待遇的高低、项目的多少，取决于国家或该地区的经济发展水平和人们的社会生活水平。工伤保险待遇主要内容包括医疗康复待遇、伤残待遇和死亡赔偿待遇。医疗康复待遇包括治疗费、药费、住院费用以及在规定的治疗期内的工资待遇。伤残待遇包括：一至十级工伤伤残职工的一次性伤残补助金；需要护理的，还可以享受生活护理费；需要安装辅助器具的，由基金支付费用。死亡待遇包括丧葬补助金、供养亲属抚恤金、一次性工亡补助金。

二、工伤保险的待遇确定原则

工伤保险待遇是职工在受到事故伤害和患职业病时获得的医疗救治和经济补偿，因此，必须保持一个相对公平和相对统一的待遇水平。所谓相对公平，就是在考虑制定工伤保险待遇的标准时，要充分考虑社会总体经济状况和职工总体工资收入，使工伤职工的待遇水平适度，即不能偏高，也不能偏低。所谓相对统一，就是要考虑全国各地的工伤职工分布情况和地区差异，在制定政策时，对工伤保险待遇的项目和享受待遇的条件方面不能各行其是。现行的工伤保险待遇，在待遇项目方面，国家统一进行了规定，而具体待遇标准则采取了中央和地方统筹兼顾的原则：一是要考虑相同等级的工伤职工，待遇支付比例要相同；二是要考虑工伤职工待遇与本地区职工生活水平相适应。所以，现行的工伤保险待遇，既有统一的规定，又与各地的实际工资水平相衔接，给地方一定的空间。

因此，工伤保险待遇制定应当遵循以下几条原则：一是要与生产力发展水平相适应。我国还属于发展中国家，有一定的经济基础，但待遇过高与生产力发展水平不相适应，会导致社会的矛盾。二是要切实维护和保障劳动者的基本权益。无论是工伤保险待遇的项目还是待遇水平都要从维护和保障劳动者的基本权益来考虑，使工伤职工得到必要的经济补偿。三是考虑新老政策的平稳过渡。这不仅牵扯到老工伤人员与新工伤人员的待遇水平衔接问题，还涉及工伤保险待遇项目的衔接。《条例》规定原有待遇水平不降低，保证了政策的平稳衔接。四是要有利于增强用人单位做好劳动保护和安全生产的责任。五是补偿与救助相结合。

工伤保险待遇的标准应当是随着经济发展和生活水平提高而变化，因此，工伤职工或供养亲属按月领取的长期待遇，是需要适时进行调整的。一般情况，调整工伤保险待遇是需要经过统筹地区人民政府批准的。

三、工伤保险待遇标准

（一）医疗费

职工治疗工伤应当在签订服务协议的医疗机构就医，情况紧急时可以先到就近的医疗机构急救。治疗工伤所需费用符合工伤保险诊疗项目目录、工伤保险药品目录、工伤保险住院服务标准的，从工伤保险基金支付。工伤保险诊疗项目目录、工伤保险药品目录、工伤保险住院服务标准，由国务院社会保险行政部门会同国务院卫生行政部门、食品药品监督管理部门等部门规定。工伤职工治疗非工伤引发的疾病，不享受工伤医疗待遇，按照基本医疗保险办法处理。

具体计算方法为：

医疗费赔偿额＝诊疗金额＋药品金额＋住院服务金额

（二）住院伙食补助费以及到统筹地区以外就医的交通、食宿费用

职工住院治疗工伤的伙食补助费，以及经医疗机构出具证明，报经办机构同意，工伤职工到统筹地区以外就医所需的交通、食宿费用从工伤保险基金支付，基金支付的具

体标准由统筹地区人民政府规定。

（三）康复治疗费

工伤职工到签订服务协议的医疗机构进行工伤康复的费用，符合规定的，从工伤保险基金支付。康复治疗费用需符合工伤保险诊疗项目目录、工伤保险药品目录、工伤保险住院服务标准。具体费用标准需依地方规定，康复治疗需经办机构组织专家评定。

（四）辅助器具费

参照各省、直辖市工伤辅助器具限额标准执行。若因日常生活或者就业需要，要安装假肢、矫形器、假眼、假牙和配置轮椅等辅助器具，需经劳动能力鉴定委员会确认。

具体计算方法为：

辅助器具费赔偿额 = 普通型器具的单价 × 数量

（五）停工留薪

停工留薪期原工资福利待遇不变，由所在单位按月支付。停工留薪期一般不超过 12 个月；伤情严重或者情况特殊，经设区的市级劳动能力鉴定委员会确认，可以适当延长，但延长不得超过 12 个月。工伤职工在停工留薪期满后仍需治疗的，继续享受工伤医疗待遇。停工留薪期根据医疗机构的诊断证明和各地的停工留薪期分类目录确定，但确定的部门和程序，依地方规定。

工作实例

2017 年 3 月，深圳市龙岗区某公司员工刘某，因工伤住院 60 天，出院后被评为伤残八级。刘某月工资 3 200 元。刘某认为，其停工住院期间的工资应是深圳市 2016 年度职工月平均工资 7 480 元的 60%，即 4 488 元。

根据《工伤保险条例》《广东省工伤保险条例》规定，员工工伤停工留薪期间的工资福利待遇不变，由所在单位按月支付。在刘某住院期间，公司按其原工资 3 200 元的标准继续支付刘某工资。

（六）护理费

生活不能自理的工伤职工在停工留薪期需要护理的，由所在单位负责。工伤职工已经评定伤残等级并经劳动能力鉴定委员会确认需要生活护理的，从工伤保险基金按月支付生活护理费。生活护理费按照生活完全不能自理、生活大部分不能自理或者生活部分不能自理三个不同等级支付，其标准分别为统筹地区上年度职工月平均工资的 50%、40% 或者 30%。

（七）伤残待遇

1. 职工因工致残被鉴定为一级至四级伤残的，保留劳动关系，退出工作岗位，享受以下待遇：

（1）从工伤保险基金按伤残等级支付一次性伤残补助金，标准为：一级伤残为 27 个月的本人工资，二级伤残为 25 个月的本人工资，三级伤残为 23 个月的本人工资，四级伤残为21个月的本人工资；

（2）从工伤保险基金按月支付伤残津贴，标准为：一级伤残为本人工资的90%，二级伤残为本人工资的85%，三级伤残为本人工资的80%，四级伤残为本人工资的75%。伤残津贴实际金额低于当地最低工资标准的，由工伤保险基金补足差额；

（3）工伤职工达到退休年龄并办理退休手续后，停发伤残津贴，按照国家有关规定享受基本养老保险待遇。基本养老保险待遇低于伤残津贴的，由工伤保险基金补足差额。

职工因工致残被鉴定为一级至四级伤残的，由用人单位和职工个人以伤残津贴为基数，缴纳基本医疗保险费。

此处的本人工资，是指工伤职工因工作遭受事故伤害或者患职业病前12个月平均月缴费工资。本人工资高于统筹地区职工平均工资300%的，按照统筹地区职工平均工资的300%计算；本人工资低于统筹地区职工平均工资60%的，按照统筹地区职工平均工资的60%计算。

工作实例

王某为某炼油厂职工，在一次工伤事故中遭受严重伤害，后经劳动能力鉴定委员会鉴定，被评定为一级伤残，在该事故发生前，王某在单位的工资为2 000元/月，王某所在的地区当地职工平均工资为3 500元/月，王某的工资低于职工月平均工资的60%即2 100元，应当按照2 100元而不是其实际工资2 000元计算。

王某可以领取一次性伤残补助金2 100元/月 ×27 = 56 700（元）

2. 职工因工致残被鉴定为五级、六级伤残的，享受以下待遇

（1）从工伤保险基金按伤残等级支付一次性伤残补助金，标准为：五级伤残为18个月的本人工资，六级伤残为16个月的本人工资；

（2）保留与用人单位的劳动关系，由用人单位安排适当工作。难以安排工作的，由用人单位按月发给伤残津贴，标准为：五级伤残为本人工资的70%，六级伤残为本人工资的60%，并由用人单位按照规定为其缴纳应缴纳的各项社会保险费。伤残津贴实际金额低于当地最低工资标准的，由用人单位补足差额。

经工伤职工本人提出，该职工可以与用人单位解除或者终止劳动关系，由工伤保险基金支付一次性工伤医疗补助金，由用人单位支付一次性伤残就业补助金。一次性工伤医疗补助金和一次性伤残就业补助金的具体标准由省、自治区、直辖市人民政府规定。

3. 职工因工致残被鉴定为七级至十级伤残的，享受以下待遇

（1）从工伤保险基金按伤残等级支付一次性伤残补助金，标准为：七级伤残为13个月的本人工资，八级伤残为11个月的本人工资，九级伤残为9个月的本人工资，十级伤残为7个月的本人工资；

（2）劳动、聘用合同期满终止，或者职工本人提出解除劳动、聘用合同的，由工伤保险基金支付一次性工伤医疗补助金，由用人单位支付一次性伤残就业补助金。一次性工伤医疗补助金和一次性伤残就业补助金的具体标准由省、自治区、直辖市人民政府规定。

（八）工亡待遇标准

职工因工死亡，其近亲属按照下列规定从工伤保险基金领取丧葬补助金、供养亲属抚恤金和一次性工亡补助金。

（1）丧葬补助金为6个月的统筹地区上年度职工月平均工资。

（2）供养亲属抚恤金按照职工本人工资的一定比例发给由因工死亡职工生前提供主要生活来源、无劳动能力的亲属。

供养亲属抚恤金的标准为：配偶每月40%，其他亲属每人每月30%，孤寡老人或者孤儿每人每月在上述标准的基础上增加10%。核定的各供养亲属的抚恤金之和不应高于因工死亡职工生前的工资。供养亲属的具体范围由国务院社会保险行政部门规定。

（3）一次性工亡补助金标准为上一年度全国城镇居民人均可支配收入的20倍。伤残职工在停工留薪期内因工伤导致死亡的，其近亲属享受前述丧葬补助金的待遇。一级至四级伤残职工在停工留薪期满后死亡的，其近亲属可以享受前述丧葬补助金及供养亲属抚恤金的待遇。其中供养亲属范围包括如下：

①职工的配偶、子女、父母、祖父母、外祖父母、孙子女、外孙子女、兄弟姐妹。

②子女，包括婚生子女、非婚生子女、养子女和有抚养关系的继子女，其中，婚生子女、非婚生子女包括遗腹子女。

③父母，包括生父母、养父母和有抚养关系的继父母。

④兄弟姐妹，包括同父母的兄弟姐妹、同父异母或者同母异父的兄弟姐妹、养兄弟姐妹、有抚养关系的继兄弟姐妹。

具体支付标准见表5－2。

表5－2　工伤待遇支付一览表

<table>
<tr><th></th><th>一级</th><th>二级</th><th>三级</th><th>四级</th><th>五级</th><th>六级</th><th>七级</th><th>八级</th><th>九级</th><th>十级</th><th>死亡</th></tr>
<tr><td>劳动关系状况</td><td colspan="4">保留劳动关系，退出工作岗位</td><td colspan="2">除本人提出或违纪，不能终止或解除劳动关系</td><td colspan="4">合同到期，可以终止劳动关系</td><td></td></tr>
<tr><td>医药费</td><td colspan="11">全部报销</td></tr>
<tr><td>停工留薪期</td><td colspan="10">按照伤情给予1～24个月的停工留薪期，留薪期内本人工资按月发放。</td><td></td></tr>
<tr><td>伤残津贴（按月支付）</td><td>本人工资×90%</td><td>本人工资×85%</td><td>本人工资×80%</td><td>本人工资×75%</td><td>难以安排工作的，发给本人工资×70%</td><td>难以安排工作的，发给本人工资×60%</td><td colspan="4"></td><td></td></tr>
<tr><td>一次性伤残补助金</td><td>本人工资×27</td><td>本人工资×25</td><td>本人工资×23</td><td>本人工资×21</td><td>本人工资×18</td><td>本人工资×16</td><td>本人工资×13</td><td>本人工资×11</td><td>本人工资×9</td><td>本人工资×7</td><td></td></tr>
<tr><td>一次性工伤医疗补助金和伤残就业补助金</td><td></td><td></td><td></td><td></td><td colspan="6">具体标准由省、自治区、直辖市人民政府规定</td><td></td></tr>
</table>

续表

	一级	二级	三级	四级	五级	六级	七级	八级	九级	十级	死亡
丧葬补助金											上一年度职工月平均工资×6
供养亲属抚恤金											配偶 = 本人工资×40%；其他亲属 = 本人工资×30%
一次性工亡补助金											上一年度全国城镇居民人均可支配收入的20倍

备注：（1）本人工资是指工伤职工因工作遭受事故伤害或者患职业病前12个月平均月缴费工资。本人工资高于社会平均工资300%的，按社会平均工资的300%计算；本人工资低于社会平均工资60%的，按社会平均工资的60%计算。（2）以上阴影部分所列金额为企业支付，其他所列金额为社保基金支付。

工作实例

2018年全国城镇居民人均可支配收入28 228元。2019年小刘因工死亡，其家人可以领到多少一次性工亡补助金？

2019年一次性工亡补助金：28 228元×20＝564 560（元）。

想一想

王某，某国企职工。王某所在的企业从2009年参加工伤保险，但是，随着企业效益的下滑，工伤保险缴费不足。从2009年7月至2016年9月这86个月内，企业只缴纳了20个月的工伤保险费。从2015年7月起，企业就一直未缴纳工伤保险费。2016年10月，王某在工作中负伤，被鉴定为五级伤残。请思考，下列说法哪些是正确的？

（1）我国的《工伤保险条例》强调权利与义务对应的原则。

（2）我国的《工伤保险条例》规定，职工只有按照规定缴纳了工伤保险费，工伤的医疗费用和应享受的工伤保险待遇才由工伤保险基金支付。

（3）我国的《工伤保险条例》规定，用人单位只有按照规定缴纳了工伤保险费，工伤职工的医疗费用和应享受的工伤保险待遇才由工伤保险基金支付。

（4）我国的《工伤保险条例》规定，用人单位不按规定缴纳工伤保险费，工伤职工的医疗费用和应享受的工伤保险待遇均由用人单位支出。

(5) 我国的《工伤保险条例》规定，工伤保险基金由用人单位缴纳的工伤保险费、工伤保险基金的利息和依法纳入工伤保险基金的其他资金构成。

(6) 案例中的王某在工作中负伤，且被鉴定为五级伤残，应当享受相应的工伤保险待遇。

(7) 案例中王某的工伤待遇应该由社会保险经办机构从工伤保险基金中支付。

(8) 案例中王某的有关工伤方面的费用应由本人承担。

(9) 案例中王某的工伤待遇应该由所在单位承担。

拓展阅读

工伤职工的“停工留薪期”工资怎么发?

劳动者因事故伤害或者职业病问题，需要停止工作，进行医疗活动。那么职工可以申请停工留薪。而停工留薪期是多久？停工留薪期间，工资怎么办？

一、什么是停工留薪期?

所谓停工留薪期，是指职工因遭受事故伤害或者患职业病需要暂停工作，接受工伤医疗，并享受有关待遇的期限。

二、停工留薪期是多久?

停工留薪期，是指工伤职工遭受事故伤害，停止工作，接受工伤医疗的期限，包括住院治疗和出院后休养期间。停工留薪期一般不超过12个月，伤情严重或者情况特殊，经劳动能力鉴定委员会确认可以延长，但延长期限不得超过12个月。

关于停工留薪期的确定，《工伤保险条例》没有明确的规定，根据各省、直辖市、自治区的规定，一般按以下办法确定：

(1) 部分地区社会保险行政部门和卫生行政部门制定有《工伤职工停工留薪期管理办法》《工伤职工停工留薪期分类目录》(如福建省、北京市、山东省、重庆市等)，对各类伤情停工留薪期期限进行了规定。在这些地区，由工伤职工条件治疗工伤医疗机构书面休假证明，由用人单位按《停工留薪期分类目录》确定，书面通知本人。工伤职工或者用人单位有异议的，以及停工留薪期期限满12个月的，提交设区的市级劳动能力鉴定委员会确认。

(2) 在没有制定有《工伤职工停工留薪期分类目录》的地区，凭职工就诊的签订服务协议的医疗机构，或者签订服务协议的工伤康复机构出具的休假证明确定。停工留薪期超过12个月的，以及有争议的，需经设区的市劳动能力鉴定委员会确认。

三、停工留薪期间，工资怎么办？

《工伤保险条例》第33条规定，职工因工作遭受事故伤害或者患职业病需要暂停工作接受工伤医疗的，在停工留薪期内，原工资福利待遇不变，由所在单位按月支付。

关于此处的"原工资"，《工伤保险条例》未定义，各地规定大致有以下三种计算方法：

（1）遭受事故伤害前加班费之外的工资（河南省人力资源和社会保障厅《关于工伤保险若干问题意见》）；

（2）受伤前12个月平均工资（《广东省工伤保险条例》）；

（3）受伤前12个月加班费之外的平均工资《浙江省高级人民法院民一庭〈关于审理劳动争议纠纷案件若干疑难问题的解答（2012.12）〉》。

停工留薪期满后仍需治疗的，继续享受工伤医疗待遇。但工资福利各地规定不同，一些省市规定继续享受"原工资福利待遇"，一些省市规定由所在单位按不低于当地最低工资标准发给生活津贴。

生活不能自理的工伤职工需要护理的，由所在单位负责。是否需要护理按治疗工伤医疗机构建议，所在单位既可以派人护理，也可以支付护理费由工伤职工自行找人护理。所在单位支付护理费的，所在省市有规定标准的，从其标准；没有规定标准的，参照当地同类情形护工标准或者按照所在单位职工月平均工资确定。

停工留薪期内因工伤导致死亡的，按因工死亡处理享受全部的工亡待遇。

四、各地不同的《工伤职工停工留薪期管理办法》

工伤职工的停工留薪期管理，维护当事人的合法权益，福建、北京、山东、吉林、广东、重庆等相当一部分省、直辖市、自治区制定《工伤职工停工留薪期管理办法》，规定了确定工伤职工停工留薪期的程序、条件、待遇、争议处理，附件《停工留薪期分类目录》则对各类伤情停工留薪期期限做了规定。

按管理办法规定，企业职工因工负伤或者患职业病需要停止工作接受治疗的，实行停工留薪期。停工留薪期是指工伤职工负伤或者患职业病停止工作接受治疗，继续享受原工资福利的期限。

企业根据工伤医疗服务机构确诊的诊断证明，对照《工伤职工停工留薪期分类目录》确定停工留薪期，对于多处伤害部位或不同组织器官都受到伤害的，以伤害部位对应最长的停工留薪期确定。

对伤害部位和伤害程度未列入《北京市停工留薪期分类目录》的，以临床治愈或伤情相对稳定的时间确定其停工留薪期。具体期限由用人单位或社会保险经办机构根据经治医疗机构的诊断证明确定，并书面通知工伤职工本人。

工伤职工停工留薪期到期，存在残疾，影响劳动能力的，应当进行劳动能力鉴定，按鉴定结论适用法律法规享受工伤保险待遇。

工伤职工停工留薪期到期重返工作岗位或从事其他工作经劳动能力鉴定委员会确认属旧伤复发的，应当同时确认旧伤复发的停工留薪期期限，享受停工留薪期待遇。工伤职工停工留薪期满，拒不进行劳动能力鉴定的，停止享受工伤保险待遇。

资料来源：保险资讯网 http：//www. baoxianzx. com/shebao/49288. html

案例分析

职工发生工伤，已经获得民事赔偿，是否还可以享受工伤保险待遇?

农民周某生于1953年12月11日，2016年5月入职一家鞋业公司做车鞋帮工。2017年12月的一天，周某下班途中，骑自行车违反信号灯指示与一辆轿车发生碰撞，造成周某受伤。经交警大队认定，周某与轿车车主分别承担事故的同等责任。事发后，周某被送往医院治疗。人力资源和社会保障局认定周某与轿车车主及保险公司达成调解，并实际获得赔偿47万元，该款项已包含医疗费、后续医疗费、护理费、鉴定费、交通费等。后就工伤赔偿问题，周某与鞋业公司未达成协议。经仲裁和法院审理，判决鞋业公司支付周某一次性工伤保险长期待遇、停工留薪期福利等费用。

问题一：周某骑自行车违反信号灯指示与轿车发生碰撞，承担事故的同等责任，属于工伤吗?

答：《工伤保险条例》第十四条第六项规定，在上下班途中，受到非本人主要责任的交通事故或者城市轨道交通、客运轮渡、火车事故伤害的，应该认定为工伤。这对交通事故中的工伤认定明确了三个条件：上下班途中、非本人主要责任、交通事故。根据最高法司法解释对“上下班途中”四种情形的规定，周某的行为符合在合理时间内往返于工作地与住所地、经常居住地、单位宿舍的合理路线的。同时，根据交通部门出具的《道路交通事故责任认定书》划分的责任确定，交通事故中负担同等责任的也可以认定工伤。因此，本案中，周某在下班途中发生交通事故，交警部门认定其承担事故的同等责任，符合工伤认定的规定。

问题二：周某入职时已经超过法定退休年龄，已退休的务工农民适用工伤条例吗?

答：最高人民法院《关于超过法定退休年龄的进城务工农民在工作时间内因公伤亡的，能否认定工伤的答复》中认为，用人单位聘用的超过法定退休年龄的务工农民，在工作时间、因工作原因伤亡的，适用《工伤保险条例》的有关规定进行工伤认定。本案中，周某入职后，为鞋业公司有偿提供劳动，双方之间存在劳动关系，应当适用《工伤保险条例》进行工伤认定。需要说明的是，这只是对农民工而言，对于超过法定退休年龄的其他人员，如果未领取养老保险或退休金，则与用人单位系劳动关系，应当认定工伤；如果已经领取养老保险或退休金，则与用人单位系劳务关系，不能认定工伤。

问题三：在工伤处理过程中，如果已经获得民事赔偿，是否还可以享受工伤待遇？

答：与工伤不同，用人单位以外的第三人与受害人之间属于普通的平等主体之间的侵权民事法律关系，属于不同的法律范畴和法律关系，不能因第三人承担了民事赔偿责任，就剥夺职工应得到的工伤保险待遇。因此，职工因劳动关系以外的第三人侵权造成人身损害，同时构成工伤的，应该依法享受工伤保险待遇。当然，如职工获得侵权赔偿，用人单位承担的工伤保险责任相对应项目中应扣除第三人支付的下列五项费用：医疗费，残疾辅助器具费，工伤职工在停工留薪期间发生的护理费、交通费、住院伙食补助费。因此，本案周某虽已实际获得侵权赔偿，但仍然可以享受工伤保险待遇。

资料来源：工伤赔偿法律网 http：//www. ft22. com/pingxi/8807. html

四、停止待遇

享受工伤保险待遇有一定的条件，比如必须由社会保险行政部门认定为工伤，享受伤残待遇必须由鉴定机构进行伤残等级的鉴定等。如果条件不成立或者丧失后，那么职工的工伤保险待遇就可能终止或者丧失。《工伤保险条例》和《社会保险法》都规定了工伤保险待遇停止的情形，并且两者的规定是一致的。

1. 丧失享受待遇条件的

工伤保险制度是以工伤职工为特定的保护对象的，其目的在于使工伤职工因遭受意外伤害或者患职业病丧失或者部分丧失劳动能力时能够获得医疗救治和经济补助。在工伤保险待遇期间，如果工伤职工的情况发生了变化，不再具备享受工伤保险待遇的条件（如劳动能力得以完全恢复而无需工伤保险制度来提供保障时），就应当停止工伤保险待遇。此外，工亡职工的亲属，在某些情形下，也可能丧失享受有关待遇的条件，如享受供养亲属抚恤金的工亡职工的子女达到了一定的年龄或就业后，丧失享受抚恤待遇的条件；亲属死亡的，丧失享受遗属抚恤待遇的条件等。

2. 拒不接受劳动能力鉴定的

劳动能力的鉴定是确定工伤保险待遇的基础和前提条件。不同的伤残等级所享受的工伤保险待遇是不同的。伤残等级以及生活自理能力的确定必须通过劳动能力鉴定活动来确定。劳动能力鉴定结论是确定不同程度的补偿、合理调换工作岗位和恢复工作等的科学依据。如果工伤职工没有正当理由，拒不接受劳动能力鉴定，则会产生工伤保险待遇无法确定的结果，这也同时反映了这些工伤职工并不愿意接受工伤保险制度提供的帮助。鉴于此，既然工伤职工拒不接受劳动能力鉴定，那么就不应再享受工伤保险待遇。

3. 拒绝治疗的

提供医疗救治，帮助工伤职工恢复劳动能力，是工伤保险制度的重要目的之一，因而职工遭受工伤事故或患职业病后，有享受工伤医疗待遇的权利，也有积极配合医疗救治的义务。如果无正当理由拒绝治疗，就有悖于《工伤保险条例》第一条“促进职业康复”的宗旨。规定拒绝治疗的工伤职工不得再继续享受工伤保险待遇，就是为了促使工伤职工积极接受治疗，尽可能地恢复劳动能力，以提高自己的生活质量，而不是一味地消极依靠社会救助。但是，如果确有事实和证据证明这种治疗有害于工伤职工，而不是促进职业康复的，不应排除工伤职工的工伤保险待遇。

拓展阅读

工伤保险与商业人身保险（意外伤害保险）的区别

1. 保险的目的不同

工伤保险不以营利为目的。它是政府实施的一项社会保障措施，是在企业职工发生工伤事故或职业病导致负伤、致残、死亡后，对受害者或其遗属提供的医疗保障和基本生活保障等。工伤保险的保险目的是保障受伤害职工的合法权益，以便妥善处理事故和恢复生产，维护正常的生产、生活秩序，维护社会安定。

商业保险公司的人身意外伤害保险则以营利为目的。商业保险公司设立人身意外伤害保险，是为了追求利润最大化。有时，保险公司会出于营利的考虑，不愿接受那些职业危险性很大的企业和职工参加人身意外伤害保险。

2. 实施对象不同

工伤保险的实施对象是所有企业的职工，包括危险性较大的建筑业、采矿业、冶金业等行业的职工，只要是与属于工伤保险实施范围的企业有劳动关系的职工都是工伤保险的实施对象。所以，工伤保险的被保险人与企业之间的关系是一种劳动关系。

人身意外伤害保险的实施对象是符合保险合同规定条件的自然人，保险人与被保险人之间的关系是一种经济关系，双方根据保险合同产生权利与义务。只要是符合保险合同规定条件的人都可以投保。

3. 实施方式不同

工伤保险的实施方式是强制实施的，它是社会保险经办机构依据国家法律，强制属于实施对象的企业必须参加的社会保险。

商业保险公司的人身意外伤害保险的实施方式是自愿的。投保人或被保险人自愿投保，保险人与被保险人双方在自愿的基础上签订保险合同，并遵循契约自由的原则，即自愿投保。

4. 基金的来源不同

工伤保险基金的来源是企事业单位根据政府确定的一定费率缴纳的工伤保险费，职工个人不缴纳保险费，企业可以将保险费用列入成本。当发生重大恶性伤亡事故，工伤保险基金不足以应付所需的保险待遇支出时，国家财政应给予一定的补贴。

商业保险公司的人身意外伤害保险的基金来源是投保人根据保险合同的有关条款规定而缴纳的保险费。不管是投保的企业雇主还是个人，在享有领取保险金权利的同时，必须履行缴纳保险费的义务。国家对商业保险公司不给予任何补贴。

5. 保障水平不同

工伤保险待遇是在劳动者为社会尽了劳动义务发生工伤以后发放的，它的保障水平是根据整个社会的经济发展水平和各方面的承受能力确定的。在支付工伤保险待遇时，要考虑劳动者基本的生活需要，还要考虑劳动者过去劳动贡献的大小。工伤保险提供的保障水平仅是保障劳动者及其家属的基本生活需要。

人身意外伤害保险是一种商业保险，保险金额是由保险人和投保人双方约定的，并写在保险合同里，投保人按规定缴纳保险费，当发生保险事故时，保险人按合同规定的金额支付保险金。所以，人身意外伤害保险所提供的保障水平是依据保险人与投保人签订的保险合同和投保人缴纳保险费的多少而定的，多投多保，少投少保，不投不保。被保险人要符合保险合同所规定的风险水平的要求，保障水平的高低就看投保人的投保金额的多少，即看投保人的缴费能力的大小。

6. 管理体制不同

工伤保险是由国家劳动和社会保障部门和社会保险经办机构管理，保险的权利义务关系属于社会保险法规的调整范畴。

人身意外伤害保险，则是由金融系统的商业保险公司管理，保险的权利义务关系属于保险法、合同法的调整范畴。

资料来源：向日葵保险网

拓展阅读

工伤保险不同于医疗保险

王某在某企业上班期间，手指被机器全部挤断。企业要求其不要申请工伤保险，走医保，并由企业承担其余费用，并为其发放生活费。于是王某就没有申请工伤保险。两年后企业停业，王某生活费没了着落，才申请工伤保险，因超过申请期限，请求未获支持。

工伤保险和医疗保险同属社会保险，但在发生工伤事故后，工伤保险比医疗保险更能保护劳动者的权益：工伤住院、康复期间享受正常工资待遇（即职工拿自己以前的平均工资），而走医保一般拿的是基本工资；工伤报销全部医疗费用，而医保需要个人负担一部分；工伤住院期间用人单位需要承担护理费和住院伙食补贴，如果与用人单位解除劳动合同，还将得到一次性工伤医疗补助金、一次性就业补助金，而这些医保都没有。

资料来源：新浪新闻

模块练习

一、选择题

1. 工伤认定属于行政确认行为。确认的结果有（　　）种。

A. 2　　　　B. 3

C. 4　　　　D. 5

2. 以下关于工伤认定，说法错误的是（　　）。

A. 在工作时间和工作场所内，因工作原因受到事故伤害的属于工伤

B. “工作时间前后”是指非工作时间内，具体讲是开工前或收工后的一段时间

C. 在上下班途中，受到本人主要责任的交通事故或者城市轨道交通、客运轮渡、火车事故伤害的属于工伤

D. “因工外出期间”含因工出差以及因工临时外出办理业务等，同时必须是在发生事故时正在履行工作职责

3. 在劳动能力鉴定中，劳动功能障碍分为（　　）个等级。

A. 7　　B. 8

C. 10　　D. 12

4. 职工因工致残被鉴定为一级至四级伤残的，保留劳动关系，退出工作岗位，享受（　　）的待遇。

A. 用人单位按月发给伤残津贴

B. 工伤保险基金按月支付伤残津贴

C. 用人单位支付一次性伤残补助金

D. 工伤保险基金支付一次性伤残就业补助金

5. 因工伤与疾病界限不明发生争议的，由哪个主管部门确认（　　）。

A. 由定点医疗机构确认

B. 由劳动能力鉴定委员会确认

C. 由工伤保险经办机构确认

D. 由上级主管部门确认

二、判断题

1. 由于工伤事故的发生带有很大的突发性、偶然性，难以预料，所以在工伤保险基金的使用上应该留有余地。（　　）

2. 在上下班途中，受到非本人主要责任的交通事故或者城市轨道交通、客运轮渡、火车事故伤害的不属于工伤。（　　）

3. 在抢险救灾等维护国家利益、公共利益活动中受到伤害的属于视同工伤。（　　）

4. 职工发生工伤，经治疗伤情相对稳定后存在残疾、影响劳动能力的，应当进行劳动能力鉴定。（　　）

5. 职工因工作原因受到事故伤害或者患职业病，且经工伤认定的，享受工伤保险待遇；其中，经劳动能力鉴定丧失劳动能力的，享受伤残待遇。（　　）

项目小结

工伤，又称为产业伤害、职业伤害、工业伤害、工作伤害，是指工作中的意外事故或职业病所致的伤残或死亡。工伤包括两个方面内容，即由工作引起并在工作过程中发生的事故伤害和职业病伤害。企业在生产经营中需识别和防范工伤风险。工伤保险是指劳动者在工作时间，因工作而受伤、患病、残疾或死亡，劳动者或其遗属能从国家和社会获得医疗、生活保障及必要的经济补偿的一种社会保险制度。工伤保险在实施过程中遵循无过错责任，个人不缴费，待遇标准从优，以及工伤保险与工伤预防、工伤康复相结合原则四项原则。

在我国，工伤保险的覆盖范围包括中华人民共和国境内的企业、事业单位、社会团体、民办非企业单位、基金会、律师事务所、会计师事务所等组织和有雇工的个体工商户。基金筹集遵循以支定收、收支基本平衡、留有适当储备等原则；实行差别费率和浮动费率相结合的征收原则及用人单位缴费的原则。工伤保险缴费基数一般是指本单位工资总额，根据职工上年度月平均工资收入确定。根据各行业的风险程度不同，基准费率分别控制在用人单位职工工资总额的0.2% ~1.9%不等。

工伤认定是劳动行政部门依据法律的授权对职工因事故伤害（或者患职业病）是否属于工伤或者视同工伤给予定性的行政确认行为。在本项目中还介绍了认定工伤、视同工伤的具体情况及工伤认定的流程。劳动能力鉴定是指劳动者因工或非因工负伤以及患病后，劳动鉴定机构根据国家鉴定标准，运用有关政策和医学科学技术的方法、手段确定劳动者伤残程度和生活自理障碍程度的一种综合评定。劳动能力鉴定的受理范围一般包括：工伤伤残等级鉴定，因病办理病退鉴定及委托鉴定三大类。劳动功能障碍分为十个伤残等级，最重的为一级，最轻的为十级。工伤保险待遇是指职工因工发生暂时或永久人身健康或生命损害的一种补救和补偿，其作用是使伤残者的医疗、生活有保障，使工亡者的遗属的基本生活得到保障。在本项目中还介绍了工伤保险的待遇确定原则和待遇标准。

问题讨论

1. 请查找相关资料，了解我国工伤保险现状及问题。

2. 请利用网络或家庭资源调查家乡所在地的工伤保险制度。

3. 张海超，某年6月到郑州振东耐磨材料有限公司上班，先后从事过杂工、破碎、开压力机等有害工作。工作3年多后，他被多家医院诊断为尘肺，但郑州职业病防治所却为其作出了肺结核的诊断。为寻求真相，这位28岁的年轻人只好跑到郑州大学第一附属医院，不顾医生劝阻“开胸验肺”，以此悲壮之举揭穿了谎言。一个农民工以如此极端的方式与命运抗争，与其说是个人的无奈，不如说是社会的悲哀。

为何张海超要冒着生命危险开胸验肺？其暴露出我国工伤保险存在哪些问题？

推荐阅读

1. 网络搜索并仔细阅读《工伤保险条例》

2. 网络搜索并仔细阅读《劳动能力鉴定标准》

3. 登录各地人力资源与社会保障公共服务网，了解各地具体政策

4. 丁学娜《社会保险实务实训教程》，西安电子科技大学出版社，2018

5. 孙树菡，朱丽敏《社会保险学》，中国人民大学出版社，2019

习题与实训

分析题

1. 黄某是高速公路上一名临时工，在执行公务期间受伤，住院140多天，其中有100天左右生活完全不能自理，在住院期间包括出院后一直由家人护理。经法院鉴定伤残等级为八级。请问黄某能否以此为依据向用人单位要求赔偿？

2. 陈某自2016年1月19日起开始在苏州市沧浪区美味小吃店打工。2017年7月30日，陈某的正常下班时间为21时，当晚19时30分左右，陈某因咽喉痛向其领班请假去医院看病，19时40分左右陈某离开。20时左右，因朋友生日，陈某至朋友家送了个红包，坐了大约10分钟后离去。当晚21时20分，陈某至苏州大学附属第一医院就诊，向医生陈述其“已咽痛2天”，诊治过程中，由于病情突然加重，于7月31日0时05分经抢救无效死亡。经检验，陈某死因为急性喉炎、喉头水肿窒息，呼吸衰竭而猝死。陈某死亡后，其父向被告苏州市劳动和社会保障局申报工伤。请问该案中是否能被认定为工伤？为什么？

6 项目六 失业保险

学习目标

知识学习目标：

- □ 了解失业
- □ 理解失业保险的基本内涵
- □ 掌握失业保险的覆盖范围、费用负担、领取条件、失业保险金给付

技能训练目标：

- □ 能计算失业保险费
- □ 能计算失业保险金及失业保险金领取期限

工作任务

1. 认识失业，了解失业保险的内涵
2. 掌握我国失业保险制度

案例导入

不可忽视的失业保险

2018年12月，吕萍与某公司解除劳动合同，此前她已在公司工作了将近10年，吕萍说："刚开始到公司听说失业保险要个人缴费，而且觉得工作稳定，所以觉得没有必要参加，公司也没给自己上。"直到2017年11月公司才开始缴纳失业保险费。根据缴纳的时间规定，她可以领取的失保金期限为4个月。吕萍在欣喜的同时又感到些许遗憾。这份失保金可以在一定程度上提高生活水平，这是值得欣喜的。但吕萍作为一名"4050"① 失业人员，重新找工作存在一定困难。如果公司一开始就替她缴纳失业保险费，那么她现在领取失业保险金的期限为24个月，这样她可以有更多的时间寻找合适的工作。

模块一 初识失业保险

任务描述

小张是一名销售人员，因为连续两个季度没有完成销售业绩，被公司解雇。他正在寻找新工作。

小王是一名钳工，在金融危机的影响下，公司订单减少业务下滑，小王不幸被公司裁员。

王阿姨是针织厂一名老工人，该公司本来有1 800名工人，是典型的低技术劳动密集型企业，在镇政府的引导和推动下，投入5 000万元进行设备升级，不但产值增加一倍，而且工厂里1 800多名普通工人也缩减为400多技术工人。王阿姨失业了。

问题：

1. 他们的失业有何区别?
2. 失业保险可以起到什么作用?

① 指40岁以上女性、50岁以上男性劳动者有就业意愿但就业能力缺乏的失业者。

任务一　认识失业

☞ 业务描述

王阿姨是针织厂一名老工人，该公司本来有 1 800 名工人，是典型的低技术劳动密集型企业，在镇政府的引导和推动下，投入 5 000 万元进行设备升级，不但产值增加一倍，而且工厂里 1 800 多名普通工人也缩减为 400 多技术工人。王阿姨失业了。

问题：

王阿姨属于哪种类型的失业？

一、失业

失业始终是经济增长过程中挥之不去的阴影，往往被成是当代社会最为顽固的问题之一。它造成劳动者收入中断，不仅影响了劳动者本人的生活，在很多情况下，还影响了其家庭的生活，使老年、儿童等家庭成员得不到应有的赡养和抚养，而这些弱势群体往往又没有足够劳动能力而获得体面生活。另外大量失业者的存在不仅影响到个人生活，也影响社会安定。

（一）失业的概念

失业是指有劳动能力的劳动年龄人口愿意接受现行的工资水平和工作条件，但仍然没有工作的状态。失业的界定与就业的界定是一个问题的两个方面。

国际劳工组织对就业进行了定义，认为凡在一定年龄范围之内，正在从事有报酬或有收入职业的，属于就业；有职业但因疾病、事故、劳动争议、休假或气候不良、机件损坏等原因而中断工作的，也属于就业；自营职业者以及协助家庭经营企业或农场而没有报酬的家庭成员，工作时间占正常工作日 1/3 以上者，也属于就业。

但在就业范围之外并不等于就是失业。未就业者包括大量从事家务劳动的人员以及在军队服役和在校学习的劳动年龄人口。按照国际劳工组织定义，一定年龄范围之内的劳动年龄人口，同时满足下述三个条件的才能视为失业：

（1）本人无工作，没有从事有报酬的职业或自营职业。

（2）本人当前具有劳动能力，可以工作。

（3）本人正在采取各种方式寻找工作。

这样定义失业就将其与无业以及那些正在服役及学习的劳动年龄人口区分开来。

大部分国家把 16 岁 ~65 岁的人口称为劳动年龄人口，所有劳动年龄人口根据其是否就业，划分为三种状态，即就业人口、失业人口、不在劳动力人口。所谓不在劳动力人口是既非就业、又非失业的人口，即客观上丧失工作岗位、主观上又不愿工作的人口。

（二）我国的失业

1. 我国失业的标准

（1）统计意义上的失业。我国在传统计划经济体制下并不承认社会主义制度会产生失业，因而也没人使用失业的概念，对于这类问题，我们是以待业概念取而代之，即等待就业。直到我国社会主义市场经济建立，才使用了失业的概念。不过我国的失业统计工作对于失业者的定义仍然沿用传统计划经济体制下待业的概念。我国统计意义上的失业是指城镇非农业户口在劳动年龄内（男16岁~50岁、女16岁~45岁）有劳动能力、无业而要求就业并在当地劳动部门所属的劳动服务公司进行失业登记的人员。我国关于失业的概念有以下几个特点：①失业人员主要指城镇非农业户口的劳动者，而不包括农村劳动者，因而，大量进城务工的民工并不在失业人员统计之列，农民更不存在失业问题。②失业人员的年龄限于男16岁~50岁，女16岁~45岁，该年龄的上限比我国法定退休年龄低。

（2）劳动保障意义的失业。原国家劳动部于1994年对失业进行了界定。其定义是："失业是指在规定的年龄内，具有劳动能力，在调查期内无业，并以某种方式寻找工作的人员。它包括：①16岁以上各类学校毕业或肄业的学生中初次寻找工作尚未找到工作者。②企业宣布破产后尚未找到工作的人员。③被企业终止解除合同或辞退后，尚未找到工作的人员。④辞去原单位工作后，尚未找到工作的人员。⑤符合失业定义的其他人员。"

（3）社会保险意义上的失业。我国人社部门对失业一词的界定是：失业是指劳动者在有劳动能力并确实在寻找工作的情况下不能得到适宜职业而失去收入的状态。

2. 失业与下岗

20世纪末中国面临的城镇失业问题主要表现为两种形式：一是传统上的失业，包括因各种原因失去工作的城镇劳动力和无法获得就业机会的城镇新成长劳动力；二是国有企业、城市集体企业及其他公有经济部门的下岗职工。"下岗"问题，是在中国经济体制改革特别是企业改革过程中发生的一种特殊形式的失业。下岗人员事实上已经失去了工作机会，从经济学意义上讲无疑就是失业，但其仍保持着和原企业的劳动合同关系，这也是单位人事体制的遗留问题。

3. 我国失业统计方法

失业率是反映一个国家或地区失业状况的主要指标，一般以失业人数同在业人数与失业人数之和的比例反映失业率。即：

$$\text{失业率}=\frac{\text{失业人口}}{\text{失业人口}+\text{在业人口}}\times 100\%$$

我国使用的城镇登记失业率，是计算城镇登记失业人数同城镇在业人数与城镇登记失业人数之和的比例。即：

$$\text{城镇登记失业率}=\frac{\text{城镇登记失业人口}}{\text{城镇登记失业人口}+\text{在业人口}}\times 100\%$$

由于登记统计复杂，登记失业率的统计是以每一日历年的最后一天的失业人数来计算的，而没有采用国际上通行的月度失业率统计方法。从上述方面看，登记失业率很难真实地反映失业的状况。

2018 年以后我国国家统计局不但使用了城镇登记失业率，也与国际接轨使用城镇调查失业率作为失业的统计指标。调查失业率通过合理的抽样方法从总体中获得样本，也因根据抽样方法的合理性认定样本失业率的参考价值。

$$\text{城镇调查失业率}=\frac{\text{城镇调查失业人口}}{\text{城镇调查失业人口}+\text{城镇调查在业人口}}\times 100\%$$

二、失业类型和原因

经济学理论中有大量针对失业的研究，这里我们按原因介绍三种类型的失业——摩擦性失业、结构性失业和周期性失业。

摩擦性失业是由于劳动力市场运转不完善而出现的失业。因为劳动者在寻找工作或改变工作时，不能得到完全的就业信息，对已经存在着的、适合自己的工作岗位不能及时得到了解，对得到的信息也不能作出完全正确的判断。例如：雇主或者企业给出的工资是否能被接受；雇主或企业在寻找劳动者时也缺乏完整的信息，也不能对得到的信息作出完全正确的判断。这样，当劳动者从一个职业、行业或地区转到另一个职业、行业或地区时，总要花费一些时间。不仅寻找工作需要时间，从一个地区流动到另一个地区也需要时间。这些都属于摩擦性失业，摩擦性失业反映的是市场经济中劳动力这种资源的配置，劳动力不断地从衰落的企业、行业、地区转移到发达的企业、行业、地区，从对个人或社会较少有益之处流动到对个人或者社会较多更有益的地方。

结构性失业是指劳动力供给与需求之间长期失调所引起的一种失业，它可能是因为劳动者所经受的训练和技术水平不符合劳动力市场的需求，经济结构的变动要求劳动力的流动能够迅速适应这项变动，但由于劳动力固有的一些难以改变的技术结构、地区结构和性别结构，很难适应经济结构的这种变动，从而出现了失业。在这种情况下，失业与岗位并存，一方面存在无人符合条件的岗位，另一方面又存在无法找到工作的人。如第二次世界大战后的新技术革命引发的一种社会经济现象，一方面，那些受过高等教育、专门从事科学技术研究工作的人，不断地创造着新的知识、技术并将其推广到生产领域，极大地提高了劳动生产率和资本的有机构成；另一方面，在直接从事生产活动的劳动者中，有些人由于受教育、训练较少，不能适应新产生的工作岗位的要求。于是就出现了这样的一种局面：一部分新兴产业或者部门需要高技术专门人才，但因适合的劳动力供不应求而产生大量的职业空位；而一些传统产业却因为需求持续下降而需要解雇大量的工人，这些人由于缺少专门的知识和技能，不能迅速顺利地转移就业，结果成为失业人员。

周期性失业是指由于经济的周期性波动而导致的失业。在市场经济条件下，经济的运行往往呈现出周期性的波动，有人把这种波动周期划分为扩张和收缩两个阶段，也有人把这种波动周期划分为繁荣、衰退、萧条、复苏四个阶段。在经济的这种周期性波动中，在收缩或衰退和萧条阶段，失业会明显增加，这时增加的失业即周期性失业。如果经济波动剧烈，产生了严重的经济危机，则会导致大量的工人失业，这种失业往往是无法预料的，持续期也很难确定。这种失业往往与资本主义国家周期性的经济危机联系在一起。

摩擦性失业是不可避免的，所以经济社会中存在一定比例的失业是正常的，这个比例过去一般定为1%。只有结构性失业和周期性失业是真正的失业，是政府在管理经济的过程中必须关注的。长期来看，研究人员更关注结构性失业，而短期的研究则集中于周期性失业。

除了被迫失业，我们还可能主动选择失业，自愿性失业是指由于劳动者受多方面因素的影响，拒绝接受现有的工资水平和劳动就业条件而造成的失业。劳动者自愿性失业受各方面的影响。例如：受自己的知识水平、认识能力、周围环境等的影响，认为现有的工资水平与自己付出的劳动所应该获得的劳动报酬不相符，他们宁愿在家失业，也不愿意做这种低于自己应得工资收入的工作。另外，人们不满足自己现有的工作专业或者工作条件，离开原来的工作岗位而去寻找更理想的工作岗位所造成的失业也属于这种情况。这种劳动力的流动，不是经济中难以避免的，而是劳动者自己造成的。因此也有人称这种失业为选择性失业。

三、失业的影响

（一）对劳动者及其家庭

失业对个人、家庭、社会、国家都会带来严重的影响。对个人来说，如果是自愿性失业，则会给其本人带来更多的空闲时间享受生活，如有的人主张工作一段时间，然后辞职旅游。但如果是非自愿失业，则是一个人的不幸，不但会使其收入减少，生活水平下降，更重要的是，长时间持续非自愿失业给人们造成巨大的心理痛苦和创伤，给精神上带来大的打击，甚至会引起精神颓废、吸毒、自杀、家庭破裂等种种人类悲剧，这些是不能用确定的货币来衡量的。据心理学家的研究，失业所造成的创伤不亚于直系亲属的去世、离婚或学业上的重大失败。

（二）对政府和国民经济

对政府来说，失业不但增加了社会福利支出，又减少了税收来源。如果失业率过高还会影响社会的安定，并带来其他社会问题，因此还需要花更多的成本处理失业问题。从整个国民经济看，失业是人力资源的浪费和损失。而由于职工与工作岗位的分离，劳动技能因不使用而消退，工作意志被消磨，因此这种损失是不可逆转的。失业不仅减少了当下的实际国民收入，也削弱了未来国民收入增长的潜力。

如果没有失业，更多的资源就可以投入生产，整个社会的产量可以更大，民众的生活水平就可以更高，显然失业率越高造成的损失就越大。高失业率所造成的损失是现代经济中有据可查的最大损失。它比垄断造成的效率损失大许多倍，甚至比一些战争的损失还大。20世纪90年代俄罗斯实施“休克疗法”后，经济出现大度滑坡，1995年的失业率达到20%，失业严重影响了民众的健康状况，据估计俄罗斯男性的预期寿命在1990年至1995年间下降了7岁。

想一想

每次技术革新都会给社会就业结构带来改变，被视为第四次工业革命核心领域的人工智能（AI）时代正快速到来，并成为国内外竞争的新焦点，越来越多的人开始担心人工智能在将来是否会取代他们的工作岗位。从人脸识别到自动付款，从无人商店到自动驾驶。现如今，人工智能已经多层次渗入到我们的日常生活。可以预测，随着人类智能时代的来临，目前的社会分工、文化、习惯等生活的各个方面都可能因此而发生非常大的变化。人工智能也会导致失业，人工智能所带来的失业是属于哪种类型的失业呢？

任务二　认识失业保险

业务描述

销售员小张，钳工小王，纺织女工王阿姨因为失业而陷入经济上的困境，心情低落。

问题：

我们如何为可能到来的失业及其带来的损失做准备呢？

一、失业保险

（一）失业保险的定义及特点

失业保险是社会保险制度中的重要组成部分。它是指国家通过建立失业保险基金对因失业而暂时中断生活来源的劳动者在法定期间内给予失业保险金，以维持失业者基本生活需要促进其再就业的一项社会保险制度。

失业保险除具有其他社会保险项目共同的特征外，也有不同于其他社会保险的特征，具体如下：

（1）失业保险的保障对象是在劳动年龄范围内、具有劳动能力和就业意愿的劳动者。其他社会保险的保障对象为全体劳动者。

（2）享受失业保险待遇的前提是劳动者失业，而享受其他社会保险待遇的前提是劳动者因暂时或永久丧失劳动能力而失去生活来源。

（3）享受失业保险待遇有一定的期限，超过法定的期限，即使劳动者的失业状态依然持续，也不能享受社会保险待遇。

（4）失业保险不仅向失业者提供基本生活保障，而且为促进失业者重新就业提供服务。其他社会保险项目则不具备专门的促进就业功能。

(二) 失业保险的作用

1. 有利于建立社会主义市场经济体制和培育统一的劳动力市场

市场经济的最大特征是通过市场来实现资源的合理配置，建立起发达的生产要素市场，包括资金市场、商品市场和劳动力市场等。企业的生产主要取决于市场的需求，而市场的波动性使得生产对劳动力的需求也会发生不断的变化，这种变化必然会导致对劳动力需求不足或过剩的情况，这就要求有一定比例的失业人员存在，以适应市场的变化。

因此，必须建立起统一的劳动力市场，打破各种所有制的限制，使劳动力能够合理流动，为企业生产提供足够的和合格的劳动力。要保证能够长期维持市场运行所需要的劳动力结构，必须建立起失业保险制度，使从生产领域游离出来的失业人员得到必要的保障，以适应市场经济对劳动力的需求。

2. 有利于保障失业劳动者的基本生活

竞争机制是市场经济的重要内容，市场通过竞争的优胜劣汰来实现资源的优化配置。一方面，企业作为市场的主体要参与市场竞争，如果企业的经营方式落后，产品没有竞争力，企业必然要被市场淘汰，其职工也会加入到失业行列。另一方面，伴随劳动力市场的建立，劳动者个人之间也必然形成竞争机制，竞争就业，竞争上岗，没有良好素质或不适应需求的劳动者也必然遭淘汰，成为失业人员。劳动者因失业而退出工作岗位，失去了工资收入，使得其本人和家庭陷于生存困难。因此，必须对失业劳动者提供失业保险，保证其本人及其家庭的基本生活。

3. 有利于促进失业劳动者的再就业

近年来，世界各发达国家的失业保险制度已从传统的救济失业向促进就业转化。一些国家因失业率长期居高不下，对失业保险金支出不堪重负，许多国家开始改变失业救济的办法。如缩短失业人员领取失业金的期限，以促使失业者尽快就业；或者通过颁布立法以改良失业保险，如法国于1967年通过了对失业保护制度进行改革的法令，提出失业补偿的目的应适应技术变革的基础结构的前景，失业人员应加强专业技能以适应这种变化。日本于1975年颁布了《雇佣保险法》，取代了1947年的《失业保险法》，将促进就业作为失业保险的首要目的。许多国家越来越重视失业保险预防失业和促进就业的功能。

二、就业扶持政策

就业扶持主要是通过政府干预劳动力市场以优惠政策鼓励积极就业，提供全方位就业服务等来推动失业者的再就业。在很多发达国家，就业扶持计划和失业保险有统一规划、资金运用。就业扶持的主要做法包括：创造就业岗位，实行职业轮换，通过减免税收、小额信贷、就业补贴等政策鼓励企业提供就业岗位和失业者自我创业。就业扶持政策也是各发达国家失业保险政策提质增效的主要发力点。

（一）以优惠政策鼓励失业者创办企业

许多国家以发放补贴、贷款的方式扶持失业者创办小企业，以创造就业岗位。例如在法国，失业者凡兴办或接管企业或从事其他不靠工资谋生的正当职业，一定时期内有权享受国家补助，补助金按失业者的类别和失业时间长短而有所不同；如果为他人创造了有工资的就业机会，补助还可以增加。韩国在亚洲金融危机后也启动了“创造就业计划”，希望通过政府财政补贴企业，以要求企业保持岗位数量。

（二）开发社区工作

组织失业者从事社区服务，一方面可以使失业者获得临时工作和收入；其次可以使地方公共事业获益；最后，以工作福利代替生活福利，将失业保险由生存标准转变为自我实现和社会标准，提高了失业者的地位。许多国家采取这一形式创造就业岗位。例如，法国的“区域作业方案”是以16岁~21岁离校青少年为对象，要求每星期工作20个小时以上，工作项目在社区范围内，如整理社区环境、整理校园、帮助无人照顾的老年人等。其工资待遇由主办地方筹集，另外中央政府也有一定补助。

（三）家政服务就业

家政服务是一个很有潜力的就业领域。随着国民收入水平提高、工作节奏加快、双职工家庭增加、人口老龄化、生活观念转变等，家政服务的需求也随之增大。社区家政服务在很多国家已经成为一个产业。据统计，意大利从事家政服务的工人约占全部劳动力的4%。法国规定，家庭雇用一个家政服务人员支出的50%由政府补贴。

（四）鼓励劳动力跨地区流动

由于地区之间劳动力供求不平衡，人口多的地区不一定经济发达就业机会多，这就造成了失业者在地区之间的流动。因此劳动力跨地区流动可以解决一个地区的失业问题和另一地区的劳动力不足问题。然而劳动力流动需要付出成本，如运输成本和机会成本，为鼓励地区间流动，许多国家制定了一系列优惠的政策，如向在地区间流动的失业者支付调动奖金、家具运费、安置费、旅费和两地分居补贴；向流动到劳动力短缺地区工作的人支付一系列补贴，包括本人和家庭成员的旅费、旅途补贴、家具搬运费、安家费，旅途期间及搬家期间可取全额工资。

（五）扶持就业困难群体

社会中总存在一个就业困难群体，为此各国政府都采取了一定措施，帮助他们实现再就业。就业困难群体寻找工作不断受挫往往会失去信心，加上社会保险削弱了其找工作的积极性，因而恢复就业困难群体的就业积极性，缩短失业时间就需要有一定力度的措施。例如，美国推出名为“经济增长和工作创造”的经济振兴方案，其中包括“个人再就业账户”政策。政策规定，符合条件的失业者可以获得一个一定额度的个人账户，账户资金用于支付个人再就业所需要的开支，如果能在13周内实现再就业，账户上的余额将作为对个人的奖励。

（六）就业信息服务

就业信息服务是促进就业的基础措施。目前，各国政府也越来越重视这方面的工作。信息包括两方面：一是有关失业者的信息，二是有关空置岗位的信息。许多国家政府建有专门机构负责就业信息的收集、处理，实行全国联网的就业信息管理，并建立失业申报登记制度和企业岗位空缺登记制度。信息管理部门负责整理信息并把信息放到网上供需要者查询，求职者通过网络可以直接获取劳动力市场信息，方便就业。

除上述有关就业扶持的政策外，还有一些手段可以促进就业，如缩短就业者个人工作时间，把就业机会分给更多的人；降低退休年龄，提前退休空出就业岗位；提供临时工作岗位等。

拓展阅读

失业保险制度的前身——济贫制度

在市场经济条件下，只有自己的劳动力可以在市场上进行交换的劳动者，一旦找不到买主，他便失去了生活资料的来源。贫困并不完全是由于当事人的懒惰、道德上有缺陷所致。可是，即使到了19世纪，在英国社会占主导地位的看法，还是把城市里由于失业而陷入贫困状态的人看作是流浪汉、流民，是道德上有缺陷的人。

早在1740年的济贫法令，就把流民分为三种类型并进行区别对待：第一种是懒惰和不守秩序者，包括威胁要将其妻子和孩子留给教区者、要返回其曾经合法地被移出的教区者、没有生计而又拒绝劳动者以及在其所生活的教区乞讨者，这种流民将被判送入感化院1个月；第二种是无赖和懒汉，其中通过虚假手段骗取救济者将被送入监狱，那些盗猎者、刺客以及没有执照的杂耍者等将被送入监狱从事至少6个月的劳动；第三种是那些不可救药的无赖，包括诈骗产品者、被判懒汉或者无赖送入监狱后逃跑者以及隐瞒自己真实身份者，将由各郡警官加以逮捕，如警官没有履行职责将其逮捕，将被罚款10先令。1744年，英国政府再次颁布法令，法令再次宣布将流民分为懒惰和不守秩序者、无赖和懒汉、不可救药的无赖三种类型，并将三种类型中的每一类流民又分为三种人群，任何治安法官可以命令警官或其同事对流民当众鞭笞，或者送入感化院直到下一个巡回法庭宣布其获释，或者治安法官认为短于该期限的合适期限。

对于流民和贫困问题有人建议，对于14~15岁的体格健壮的流浪者应罚其在海军中服役3年，其他郡的体格健壮的流浪者则必须在贫民习艺所劳动3年，不足14岁的小乞丐应受鞭笞并送进劳动工艺学校。还有人建议建立两个不同的机构，一个是郡济贫院，主要针对品行良好者，并在其中建有救济患病者和老人的救济所；一个是针对流民的感化院，在感化院的宿舍和工作坊旁边还要设有地牢和禁食房。

资料来源：丁建定，论18世纪英国济贫法制度，《学习与实践》，2011年6月

模块练习

判断题

1. 大学毕业没工作就是失业。 ( )

2. 是否失业与不但与年龄有关也与性别有关。 ( )

3. 我国国家统计局公布城镇调查失业率和城镇登记失业率体现失业状况。 ( )

4. 经济学解释失业时用结构性失业解释个人由于不喜欢已有的工作而失业。 ( )

5. 失业难以削弱了未来国民收入增长的潜力。 ( )

6. 失业保险不利于促进失业劳动者的再就业。 ( )

7. 失业保险由保险公司设立。 ( )

8. 政府设立劳动力市场可以减少失业。 ( )

9. 19 世纪英国的济贫制度认为工作的人比失业者更高尚。 ( )

10. 失业保险保障对象是在劳动年龄范围内、具有劳动能力、就业意愿的部分劳动者。 ( )

模块二 我国失业保险制度

任务描述

我国的失业保险可以追溯到新中国成立初期，为了解决旧中国遗留下来的失业问题，当时的政务院在 1950 年 6 月发布了《关于救济失业工人的指示》，劳动部也于 1950 年 7 月发布了《救济失业工人暂行办法》，同时国家设立了统率全国失业救济工作的专门机构——失业救济委员会。1951 年政务院发布了《中华人民共和国劳动保险条例》，但这一阶段的失业保险工作最终被政府强有力的就业安置工作所湮没，并不能算我国严格意义上的失业保险制度的开始。我国的失业保险制度真正开始于改革开放以后，其标志是国务院于 1980 年颁布的《国营企业职工待业保险暂行规定》，这一法规的颁布对推进我国经济体制改革起到了不可忽视的作用。经过十年多的实践，1993 年国务院发布了《国有企业职工待业保险规定》，对原有的暂行规定作了进一步的修改和完善，以期更好地适应市场经济的要求。国务院于 1999 年 1 月颁布了《失业保险条例》及《社会保险费征缴暂行条例》，这标志着我国的失业保险制度又迈进了一个新的阶段。

问题：

我国对失业保险在参保、缴费、待遇享受方面有哪些具体规定呢?

任务一 明确失业保险的覆盖范围与费用负担

☞ 业务描述

小王在湖南长沙某私营服装厂从事会计工作。

小李某大学毕业生，刚毕业还未找到工作。

小张是某企业一名80后农民工，被企业招收为合同制工人。

问题：

1. 他们是否需要参加失业保险?
2. 我国的失业保险制度覆盖了哪些人群?

一、失业保险覆盖范围

(一) 企业职工

企业职工是劳动者中的绝大多数，也是失业保险的主要对象。有关失业，改革开放以来我国出现过至少三种提法，待业、下岗和失业。三种提法分别指特定群体人员的失业，其中的待业和下岗针对国企职工。与大多数国家的失业保险制度发展一样，我国失业保险的覆盖范围也是逐步扩大的。

1986年我国颁布了《国营企业职工待业保险暂行规定》，将待业保险作为当时国有企业推行劳动合同制改革的配套措施，仅适用于4种类型的国有企业职工，即宣告破产的企业职工，濒临破产的企业法定整顿期间被精简的职工，企业终止、解除劳动合同的工人，企业辞退的职工。1993年《国有企业职工待业保险规定》将实施对象扩大为7类，增加了按照国家有关规定被撤销、解散企业的职工，按照国家规定停产整顿企业被精简的职工，依照法律、法规或按省、自治区、直辖市人民政府规定享受待业保险的其他职工。

下岗职工问题最早出现于20世纪90年代初期，有的地方叫“停薪留职”，有的地方叫“厂内待业”，有的叫“放长假”、“两不找”等。20世纪90年代中后期，随着这一群体总量的增长，下岗职工问题作为一种社会经济现象开始突显，并且引起广泛关注。正是由于国企职工下岗和失业两种失业人群的存在，我国失业保险制度的构建采取了二元形态，即失业保险制度和下岗职工基本生活保障制度。从性质和目标上说，这两种制度都是当前我们所说的失业保险制度。1998年鉴于国有企业分流富余人员的压力加大，而失业保险支撑能力尚显不足的实际情况，国家建立了国有企业下岗职工基本生活保障制度，这时下岗成为描述国有企业失业的一种官方语言。有下岗职工的国有企业普遍建立再就业服务中心，为下岗职工发放基本生活费，标准略高于当地失业保险金标准，中心还为下岗职工缴纳养老、医疗、失业等社会保险费。下岗职工领取基本生活费的期限最长为3年；期满后未实现再就业的，可以按规定享受失业保险待遇，家庭人均收入低于当地城市居民最低生活保障标准的，可以按规定申请享受城市居民最低生活保障待遇。从2001年开始，实行国有企业下岗职工基本生活保障制度向失业保险并轨，国有企业不再建立新的再就业服务中心；企业新的减员原则上也不再进入中心，由企业依法与其解除劳动关系，按规定享受失业保险待遇。

1999年1月22日施行的《失业保险条例》进一步扩大了失业保险覆盖范围，将城镇事业单位、国有企业、城镇集体企业、外商投资企业、城镇私营企业以及其他城镇企业职工均纳入失业保险的范围。当前我国失业保险的覆盖范围由此确定，待业、下岗等特定失业人群的描述方法也重新归于失业一词。

《失业保险条例》第二条规定："城镇企业事业单位、城镇企业事业单位职工依照本条例的规定，缴纳失业保险费。城镇企业事业单位失业人员依照本条例的规定，享受失业保险待遇。本条所称城镇企业，是指国有企业、城镇集体企业、外商投资企业、城镇私营企业以及其他城镇企业。"该条例第三十二条规定："省、自治区、直辖市人民政府根据当地实际情况，可以决定本条例适用于本行政区域内的社会团体及其专职人员、民办非企业单位及其职工、有雇工的城镇个体工商户及其雇工。"

2010年颁布的《社会保险法》对《失业保险条例》（1999年）的适用范围做了修改，将适用范围从"城镇企事业单位"扩展到"中华人民共和国境内的用人单位和个人"。

（二）农民工

农民工又是一个很特殊的群体，统计上对于失业的定义针对的是城镇非农户口人员，因此农民身份的农民工并不会存在失业。但是随着经济发展，一方面二代三代农民工对进入城市成为市民的需求越来越迫切，很多农民工并不为获得额外收入才成为职工或工人，而是希望留在城市生活，因而他们并不符合从事农业的前提假设，应当为这个群体提供同等的社会保险服务。如长沙在2009年实行的《统一农民合同制工人与城镇职工失业保险费费率及失业保险待遇标准等有关暂行规定》就明确了"全市行政区域内城镇企业、事业、民办非企业单位和社会团体签订1年以上劳动合同的农民合同制工人，实行与城镇职工相同的失业保险缴费政策"。另一方面，农村户口带来的拥有土地使用收益权的特殊性又使得农民工的社会保险起点高于当下无地又无固定工作的市民，因而有的地区采取了"差异模式"（即一次性生活补助模式）。

拓展阅读

公务员是否有“失业保险”

我们一直说的“铁饭碗”公务员并不是没有失业问题，《中华人民共和国公务员法》第八十三条规定：“公务员有下列情形之一的，予以辞退：(一) 在年度考核中，连续两年被确定为不称职的；(二) 不胜任现职工作，又不接受其他安排的；(三) 因所在机关调整、撤销、合并或者缩减编制员名额需要调整工作，本人拒绝合理安排的；(四) 不履行公务员义务，不遵守公务员纪律，经教育仍无转变，不适合继续在机关工作，又不宜给予开除处分的；(五) 旷工或者因公外出、请假期满无正当理由逾期不归连续超过十五天，或者一年内累计超过三十天的。”因此国家公务员是可能在有就业意愿和劳动能力的同时处于失业状态的，而国家公务员并不参加社会保险中的失业保险。目前只有深圳市等极个别开放城市规定了国家公务员的失业保险。

1995年7月18日人事部根据《国家公务员暂行条例》发布了《国家公务员辞职辞退暂行规定》，从此公务员有了正式的退出机制“被辞退的国家公务员，按国家有关规定享受失业保险或者按有关规定领取一定的辞退费”。2006年实施的《中华人民共和国公务员法》明确提出了“国家建立公务员保险制度，保障公务员在退休、患病、工伤、生育、失业等情况下获得帮助和补偿。”同时又进一步规定了“被辞退的公务员，可以领取辞退费或者根据国家有关规定享受失业保险。”

资料来源：找法网

拓展阅读

《广东省失业保险条例》节选

本省行政区域内下列单位和人员应当参加失业保险：

(一) 企业、非参照公务员法管理的事业单位和社会团体、民办非企业单位、基金会、律师事务所、会计师事务所等组织及其职工；

(二) 与劳动者建立劳动关系的国家机关、参照公务员法管理的事业单位和社会团体及与其建立劳动关系的劳动者；

(三) 有非军籍职工的军队、武警部队所属用人单位及其非军籍职工；

(四) 有雇工的个体经济组织及其雇工；

(五) 法律、法规、规章规定的其他单位和人员。

想一想

2019年3月的一天，湖北省某高校劳资处收到了劳动保障部门的失业保险催缴通知单。通知单中核定了该高校2017年以来的失业保险金和滞纳金总额。劳资处任处长觉得不服，马上打电话到劳动保障部门称其学校是事业单位，不存在失业人员，怎么还要缴失业保险。

问题：

事业单位需要参加失业保险吗？

二、费用负担

我国的失业保险费用由个人、用人单位和国家共同负担。根据《中华人民共和国社会保险法》第四十四条的规定："职工应当参加失业保险，由用人单位和职工按照国家规定共同缴纳。"《失业保险条例》第五条也规定用以支付失业保险待遇的失业保险基金由下列各项构成：①城镇企业事业单位、城镇企业事业单位职工缴纳的失业保险费。②失业保险基金的利息。③财政补贴。④依法纳入失业保险基金的其他资金。

根据《失业保险条例》第六条："城镇企业事业单位按照本单位工资总额的2%缴纳失业保险费。城镇企业事业单位职工按照本人工资的1%缴纳失业保险费。城镇企业事业单位招用的农民合同制工人本人不缴纳失业保险费。"这就进一步明确了失业保险的缴费标准。

2019年国务院办公厅印发《降低社会保险费率综合方案的通知》，通知要求自2019年5月1日起，实施失业保险总费率1%的省，延长阶段性降低失业保险费率的期限至2020年4月30日。同年4月湖南省人民政府办公厅也印发了《湖南省降低社会保险费率实施方案》，其中明确了省内失业保险费率下降方案，2019年5月1日起至2020年4月30日，全省失业保险总费率按1%执行，其中单位费率0.7%，个人费率0.3%。

工作实例

张小姐所在的长沙某服装公司按照规定为职工办理了失业保险，2019年张小姐的缴费工资为3 000元。

张小姐每月交纳失业保险费：$3\ 000 \times 0.3\% = 9$（元）

企业每月为张小姐缴纳失业保险费：$3\ 000 \times 0.7\% = 21$（元）

想一想

广东省某企业招用了几十名农民合同制工人，今年8月，其中5名农民合同制工人合同到期后没有能与该企业续订劳动合同，处于失业状态。当他们发现与他们一起失业的城镇职工能每月从社会保险经办机构领取失业保险金后，也到社会保险经办机构申请领取失业保险待遇。社会保险经办机构告诉他们，他们原来所在的企业在他们就业时没有为他们缴纳失业保险费，也就是没有将支付给他们的工资计入缴纳失业保险费的基数，因此，他们无资格申请领取失业保险待遇。于是，这5人向劳动争议仲裁委员会申请仲裁，要求他们原来所在的企业为他们补缴失业保险费，以便他们也能按规定享受失业保险待遇。劳动仲裁委员会根据该市有关失业保险的规定裁定，农民合同制工人不在失业保险制度的覆盖范围之内，企业不应为他们缴纳失业保险费。这5人不服仲裁，向人民法院起诉，要求撤销劳动争议仲裁委员会的裁决，并要求企业为他们补缴失业保险费。法院根据有关法律和行政规定，判决企业应当将支付给农民合同制工人的工资纳入缴纳失业保险费的基数，即为农民合同制工人缴纳失业保险费。

问题：

1. 该事件涉及哪些现行法律法规。
2. 法院根据哪些理由如何判决。

任务二　享受失业保险待遇的条件

业务描述

张强是一家机械公司的技术员，与公司签订有10年期的劳动合同。自进入该公司工作时起，公司按照有关规定，一直为张强缴纳养老、失业等社会保险费。5年后他递交了辞职报告，他希望领取失业保险金。社会保险经办机构却拒绝了张强提出的关于其享受失业保险金的请求。

问题：

1. 为什么张强不能享受失业保险？
2. 享受失业保险待遇需要满足哪些条件？

一、领取失业保险金的条件

根据《失业保险条例》的规定，同时具备下列条件的人员可以享受失业保险待遇。

（一）按时缴纳失业保险费

失业保险和其他保险一样是一种风险共担方式，保险缴费形成了承担风险和补偿的基金，因此缴费是参与风险共担的前提条件，领取失业保险待遇者是按时缴纳失业保险费者。根据《失业保险条例》的要求，职工失业后想要领取失业保险金，除了按时缴费还必须在失业前连续缴纳失业保险费满 1 年。

（二）非本人意愿中断就业

在讨论失业保险时，我们根据失业者的主观意愿将失业分为自愿失业和非自愿失业。非自愿失业即在当前条件下，劳动者个人不愿意中断就业时失业。自愿失业则是劳动者自愿离职而导致的失业。各国一般都只将非自愿失业者纳入到失业保险的领取范围。实践中，一般把非本人意愿中断就业限定为劳动合同终止，被用人单位解除劳动合同、被用人单位开除、除名、辞退的，还包括因用人单位用工不当依法解除劳动合同。

（三）已进行失业登记，有求职要求

为了了解失业人员的基本情况，确认其资格，办理失业登记是失业人员领取失业保险金必经的程序。另外失业保险待遇的对象是有劳动能力的非自愿失业者，非自愿失业即有就业意愿和能力，因此领取失业保险待遇要求有求职要求。

办理失业登记主要有两个目的：一是为了让公共服务机构掌握失业人员的情况，提供及时的就业服务和再就业培训；二是提供给发放失业保险待遇提供依据。

有求职要求有很多代表方式，例如接受相关部门组织的就业培训、介绍的工作，以及积极寻找就业岗位。

拓展阅读

《失业保险金申领发放办法》节选

第四条　失业人员符合《条例》第十四条规定条件的，可以申请领取失业保险金，享受其他失业保险待遇。其中，非因本人意愿中断就业的是指下列人员：

（一）终止劳动合同的；

（二）被用人单位解除劳动合同的；

（三）被用人单位开除、除名和辞退的；

（四）根据《中华人民共和国劳动法》第三十二条第二、三项与用人单位解除劳动合同的；

（五）法律、行政法规另有规定的。

……

第七条　失业人员申领失业保险金应填写《失业保险金申领表》，并出示下列证明材料：

（一）本人身份证明；

（二）所在单位出具的终止或者解除劳动合同的证明；

（三）失业登记；

（四）省级劳动保障行政部门规定的其他材料

想一想

李某，毕业于某大学计算机系。由于找不到工作，李某失业在家。

问题：

李某是否可以申请领取失业保险金？

二、丧失领取失业保险待遇资格情形

根据《失业保险条例》规定，失业人员在领取失业保险金期间有下列情形之一的，停止领取失业保险金，并同时停止享受其他失业保险待遇。

（一）重新就业

失业保险是针对劳动者与就业岗位分离状态即失业时，对劳动者的基本生活予以照顾的制度安排。在重新就业时就已经实现了劳动者与就业岗位的匹配和结合，那么就已经不是失业的状态了，因此不再有领取失业保险待遇的资格。

（二）应征服兵役

在我国，不分民族、职业、家庭出身、宗教信仰和教育水平，都有服兵役的义务。失业人员在享受失业保险待遇期间如应征入伍，将根据有关规定享受服务国防安全的生活保障。士兵作为一种工作任务，确立了劳动者和岗位的联系，因而也不再享有领取失业保险待遇的资格。

（三）移居境外

首先，失业者移居境外，并不代表其劳动能力将与特定工作岗位匹配，但由于移居需要花费一定的时间和费用成本，因而可以认为移居境外的劳动者并不愿意接受国内的就业岗位或就业机会。失业保险有调控国内失业率以及解放一国生产力的目标，移居国外既跨越了调控的界限，因此要除去其失业保险待遇资格。

（四）享受基本养老保险待遇

根据养老保险的有关规定，失业人员失业前参加基本养老保险并按规定缴费的，在其享受失业保险待遇期间，养老保险关系暂时中断，其缴费年限和个人账户可以存续，待重新就业后，应当接续养老保险关系。失业人员达到退休年龄时可以从享受失业保险直接过渡到享受养老保险，按其缴费年限享受养老保险待遇，基本生活由养老保险金予以保障，在这种情况下，应当停止其享受失业保险待遇。

（五）被判刑收监执行

失业人员在享受失业保险待遇期间，触犯刑律构成犯罪的，或违反有关行政法规给予行政处罚的，应根据对其处罚结果确定是否停止其享受失业保险待遇。对被判刑收监执行的，不存在基本生活问题，应停止其享受失业保险待遇；对判处缓刑或其他行政处罚的，应当继续支付失业保险待遇。

（六）没有正当理由拒绝接受当地人民政府指定部门或者机构介绍的适当工作机会或提供的就业培训

建立失业保险制度的目的是为了保障失业人员的基本生活，促进失业人员再就业。在保障失业人员基本生活的同时，政府和社会还应根据失业人员自身特点、求职意愿和市场需求，为其提供就业服务，创造就业条件。在这种情况下，失业人员应主动接受政府和社会提供的就业岗位，尽快实现再就业。这不仅可以从根本上解决失业人员的基本生活问题，也可以减轻失业保险基金不必要的支出，增强承受能力。为了鼓励失业人员尽快实现再就业，对无正当理由，拒不接受当地人民政府指定的部门或者机构介绍的工作的，停止其享受失业保险待遇。失业人员可以根据自己的意愿在当地人民政府指定的部门或者机构范围内选择就业服务机构。当地人民政府指定的部门和机构，可以是劳动保障部门所属的就业服务机构，也可以是其他部门、组织或私人开办的就业服务机构。考虑到目前从事就业服务工作的部门或机构情况较为复杂，规定由当地人民政府指定的部门或机构，可以保证为失业人员提供优质高效的服务。《失业保险条例》规定失业人员只对不接受当地人民政府指定的部门或机构提供的职业介绍服务的行为承担责任。执行这一规定，关键是要明确什么情况属于无正当理由。理由是否正当应根据具体情况予以确定。一般来讲，无正当理由拒绝介绍的工作应为与失业人员的年龄、身体状况、受教育程度、工作经历、工作能力及求职意愿基本相符的工作。需要说明的是，这一规定只适用于介绍工作，而不适用于拒绝职业培训等其他就业服务的行为。

（七）法律、行政法规规定的其他情形

这是一条概括性规定，主要是考虑到出现上述情形以外的情况，确需停止失业人员享受失业保险待遇时，可由法律、行政法规另行规定。从目前情况看，法律、行政法规尚未规定其他情形。这一规定还表明，除法律、行政法规有权规定停止享受失业保险待遇的情形外，部门规章、地方性法规和地方规章及政策均不能对此作出规定。

任务三　享受失业保险待遇

☞ 业务描述

小王在湖南长沙某私营服装厂从事会计工作，公司为小王办理了3年的失业保险。2018年12月由于公司效益下滑，小王被公司解雇。

问题：

1. 小王可以享受哪些失业保险待遇?
2. 小王可以享受多长时间的失业保险待遇?

一、失业保险待遇内容

(一) 失业保险金

失业保险金，是指失业保险经办机构依法支付给符合条件的失业人员的基本生活费用，是对失业人员在失业期间失去工资收入的一种临时补偿，目的是为了保障失业人员的基本生活需要。失业保险金依法从失业保险基金中列支。失业保险金的给付主要包括给付标准和给付期限两方面的限制条件。失业保险金的给付不但关系到失业期间劳动者的生活水平，也关系到失业者对于再就业的态度，因而确定失业保险待遇水平必须考虑失业人员基本生活、促进就业、缴费和待遇的权利义务平衡三个方面的问题。

首先，劳动者失去了劳动收入就如同失去了水源的池塘迟早会干涸。收入中断时生活开支不能中断，这就导致生活水平下降和个人的储蓄耗尽，要保证在失业期间的体面生活就要提供能维持基本生活的收入来源。其次，在市场经济条件下，个人的就业状况不仅仅与个人的天赋、努力程度有关，也与其所就职的企业的经营状况以及所在国家的经济环境有关，因而给予因非个人原因导致失业的劳动者物质经济帮助是对劳动意愿的保护和支持，是推行市场经济制度政府的必要任务。但是高于失业前工资水平的失业保险金给付会变相鼓励人们保持或者主动去追求失业的状态并以失业保险金度日。最后，职工参加失业保险的主要义务是交纳失业保险费，同时保险这种风险分摊技术也要求缴费义务与获得待遇的权利对等，无人获益的制度没有人愿意参加，人人都能获利的制度则不可持续。

我国地区经济差异大，难以形成全国统一的具体标准，因而待遇水平一般由省级政府决定。《社会保险法》第四十七条规定："失业保险金的标准，由省、自治区、直辖市人民政府确定，不得低于城市居民最低生活保障标准。"

一般而言失业保险金的给付标准参照最低工资标准而设定，具体由省级人民政府确定。例如，黑龙江省规定，失业保险金标准为当地同期最低工资标准的70%；湖南省规定，失业保险金的标准为当地同期最低工资标准的 80%。北京等地还结合缴费年限确定待遇标准，如北京市规定，失业保险金发放标准为本市最低工资标准的 70% ~ 90%，见表 6 - 1。

表 6 - 1　北京市失业保险金发放标准

累计缴费年限	按最低工资标准的计发比例
不满 5 年	70%
满 5 年不满 10 年	75%
满 10 年不满 15 年	80%
满 15 年不满 20 年	85%
满 20 年	90%

《失业保险条例》第十八条规定："失业保险金的标准，按照低于当地最低工资标准、高于城市居民最低生活保障标准的水平，由省、自治区、直辖市人民政府确定。"有关失业保险金水平曾经有过争议，所在家庭人口多、个人失业前工资较高的情况按统一的低于最低工资标准给付并不合理。最低生活保障制度是社会救济的重要内容，根据 1997 年《国务院关于在全国建立城市居民最低生活保障制度的通知》的要求，各地区已经建立了城市居民最低生活保障制度。城市居民最低生活保障标准由各地人民政府根据当地基本生活必需品价格的变化和财政承受能力自行确定，并且随着生活必需品的价格变化和人民生活水平的提高适时调整。与失业保险相比，最低生活保障制度仅维持个人的生存或基本生活，获得最低生活保障也不需要缴纳任何费用。因此失业保险金理应高于最低生活保障。

由于农民工的特殊工作性质，《长沙市失业保险办法》第二十五条规定："已足额缴纳失业保险费的用人单位招用的农民合同制工人连续工作满 1 年以上、劳动合同期满未续签或者提前解除劳动合同的，可向失业保险经办机构申请一次性生活补助金。连续工作时间每满 1 年，按就业地标准支付 1 个月的失业保险金，但最多不得支付超过 6 个月的失业保险金。"

失业保险金申领流程，如图 6 - 1 所示。

做一做

2018 年湖南省第一档最低工资标准即长沙市芙蓉区、天心区、岳麓区、开福区、雨花区、望城区、长沙高新区、长沙经开区最低月工资标准为 1 580 元/月，假设最低工资标准年均增长 3%，长沙失业保险金的标准为当地同期最低工资标准的 80%，请计算 2019 年的长沙市失业保险给付标准。

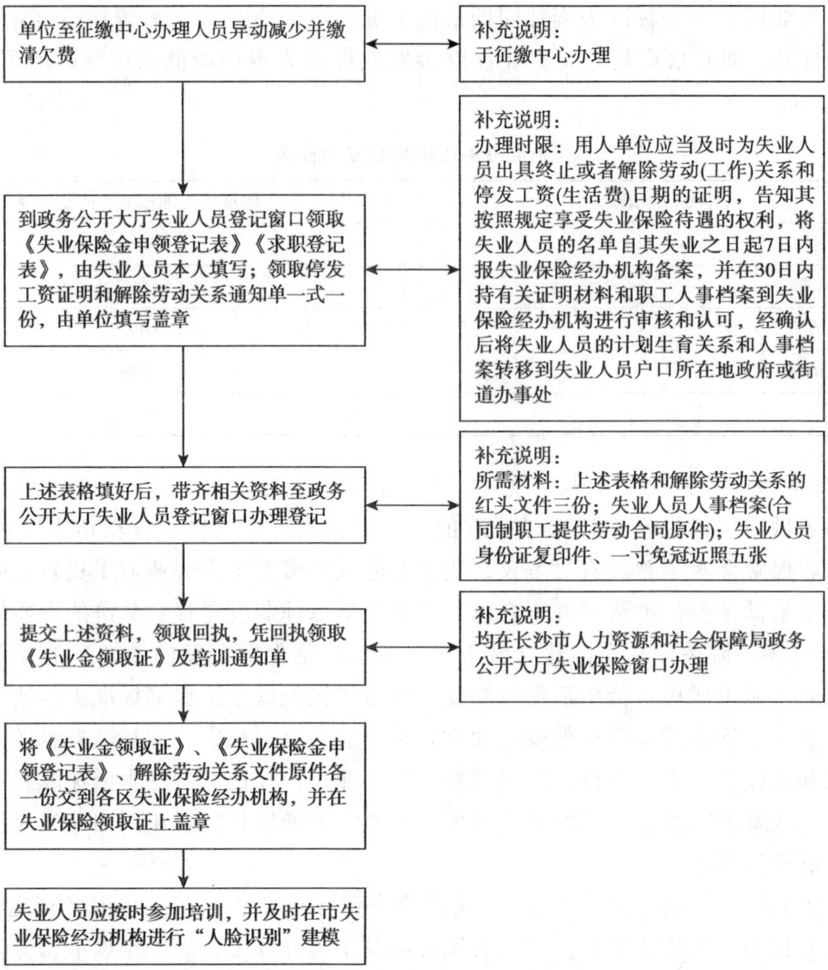

图6-1　失业保险金申领流程

拓展阅读

《湖南省离校后未就业高校毕业生就业见习补贴办法》湘劳社工字〔2009〕110号。为高校毕业生就业单位提供了类似于工资等同于失业保险待遇的补贴以提升就业率。领取见习补贴必须符合以下条件：（1）离校后2年内未就业且进行了失业登记的湖南籍高校毕业生；（2）在经市州以上人事、劳动保障部门认定挂牌的见习基地进行就业见习；（3）见习单位发放了不低于当地最低工资标准的生活补贴。见习补贴标准按照当地最低工资标准的80%执行；见习补贴期限最长不超过1年。见习补贴采取先发后补的方式。见习期间，由见习单位按不低于当地最低工资标准先发给高校毕业生生活补贴，并为其办理人身意外伤害险，再由当地政府根据有关规定按季对见习单位给予补助。见习单位安排见习人员在法定工作时间以外工作的，参照劳动保障有关法律法规规定发放额外补贴。高校毕业生就业见习补贴从就业专项资金中列支（独立于失业保险基金的专项基金）。

（二）医疗保险待遇

改革开放之前，我国的医疗保险主要由面向公职人员的公费医疗和面向职工的劳保医疗提供，所有的医疗保险待遇都依附于单位，即国家或企业。一旦离开了工作岗位也就失去了如同职业福利一样的医疗保险待遇，因此失业者没有医疗保险。随着改革开放和市场化，有的地区建立了职工医疗保险个人账户制度，在职工失业时也有医疗保险金，但其承担能力十分有限。从另一方面来看，因病致贫、返贫是难以解决贫困问题的重要原因，尤其失业人员已经失去了主要的收入来源，他们主要依靠储蓄维持生活，疾病的到来不仅限制了其基本生活开支，也削弱了他们的劳动能力。因而让失业人员参加医疗保险就显得十分重要。《失业保险条例》第十九条规定："失业人员在领取失业保险金期间患病就医的，可以按照规定向社会保险经办机构申请领取医疗补助金。医疗补助金的标准由省、自治区、直辖市人民政府规定。"为了保障失业人员失业期间的医疗保险待遇，社会保险对这一制度进行了调整。《社会保险法》第四十八条规定："失业人员在领取失业保险金期间，参加职工基本医疗保险，享受基本医疗保险待遇。失业人员应当缴纳的基本医疗保险费从失业保险基金中支付，个人不缴纳基本医疗保险费。"

2002 年的《长沙市失业保险办法》第二十八条规定："失业人员在领取失业保险金期间，每月可以领取等于个人月失业保险金 5% 的门诊医疗费。失业人员患病在失业保险经办机构规定的医院住院治疗的，在本人可领取的失业保险金数额范围内凭医疗费报销单据向失业保险经办机构申领住院医疗补助金，但最高不得超过其月失业保险金标准的 24 倍。失业人员在领取失业保险金期间患病住院，经医院诊断为危重病人的，按前款规定给予补助后，个人及其家庭负担医疗费仍有困难的，由本人申请，经失业保险经办机构审查批准，可给予适当补助。"

2011 年，人力资源和社会保障部下发了《关于领取失业保险金人员参加职工基本医疗保险有关问题的通知》，进一步明确了失业人员需要参加医疗保险，"领取失业保险金人员参加职工医保应缴纳的基本医疗保险费从失业保险基金中支付，个人不缴费。领取失业保险金人员参加职工医保的缴费率原则上按照统筹地区的缴费率确定。缴费基数可参照统筹地区上年度职工平均工资的一定比例确定，最低比例不低于 60%。失业保险经办机构为领取失业保险金人员缴纳基本医疗保险费的期限与领取失业保险金期限相一致。"且"加职工医保的缴费年限与其失业前参加职工医保的缴费年限累计计算"。

（三）死亡待遇

我国有为死亡职工发放丧葬补助和抚恤金的传统，所以我国的失业保险制度也包含了这方面的内容。《失业保险条例》第二十条规定："失业人员在领取失业保险金期间死亡的，参照当地对在职职工的规定，对其家属一次性发给丧葬补助金和抚恤金。"失业人员在领取失业保险金期间死亡的，其家属可持失业人员死亡证明、领取人身份证明、与失业人员的关系证明，按规定向经办机构领取一次性丧葬补助金和其供养配偶、直系亲属的抚恤金，失业人员当月尚未领取的失业保险金可由其家属一并领取。

《长沙市失业保险办法》第二十九条规定："失业人员在领取失业保险金期间死亡的，按照在职职工同等待遇对其家属发给丧葬补助金和一次性抚恤金。其中，丧葬补助金为3个月的失业保险金，抚恤金按供养直系亲属的人数确定：供养1人，为14个月的失业保险金；供养2人，为18个月的失业保险金；供养3人及3人以上，为22个月的失业保险金。”

《社会保险法》第四十九条规定：“失业人员在领取失业保险金期间死亡的，参照当地对在职职工死亡的规定，向其遗属发给一次性丧葬补助金和抚恤金。所需资金从失业保险基金中支付。”在我国社会保险有关死亡丧葬补助金的规定主要有三种，养老保险、工伤保险和失业保险；若同时满足多种死亡待遇领取条件，遗属也只能选择其中一项领取。

（四）职业培训和职业介绍

对于失业者来说有生活来源不如自食其力重新就业，《失业保险条例》的第一条就明确了失业保险条例的制定是为了“保障失业人员的基本生活，促进其再就业”。促进再就业主要的直接推手就是职业培训、职业介绍。职业培训和职业介绍主要包括职业培训服务、职业介绍服务以及就业指导三个方面。

《失业保险条例》第十条第四款规定失业保险基金可用于“领取失业保险金期间接受职业培训、职业介绍的补贴，补贴的办法和标准由省、自治区、直辖市人民政府规定”。职业培训服务是失业人员在领取失业保险待遇期间，失业保险经办机构的人员就安排失业人员接受职业培训或为其提供培训补贴，让其提高自己的技能，或掌握一种新的技能，所需费用由失业保险基金开支。职业介绍服务是失业人员在领取失业保险待遇期间，可以不受任何限制到职业介绍机构进行求职，即可以到公共职业介绍机构，也可以到私人职业介绍机构。为了鼓励职业介绍机构为失业人员提供职业介绍机会，职业指导服务是失业人员在领取失业保险待遇期间，如果在求职中遇到困难和障碍，或者想知道更多的与职业有关的知识，或者想创办自己经济实体，自谋职业，皆可以到失业保险经办机构指定的职业指导机构接受职业指导。

本着促进就业的目标，就业培训的对象范围一般会大于传统意义的失业者。如《湖南省就业技能培训补贴实施办法》第一条就将培训对象定义为“全省境内，在法定劳动年龄（16周岁至退休年龄）内，有劳动能力和就业（培训）愿望的城镇登记失业人员、农村转移就业劳动者、毕业年度内未就业高校毕业生（含省外籍）、城乡未继续升学的应届初、高中毕业生四类人员”。根据本条例规定范围内的人员参加汽车驾驶员培训，如在6个月内获得资格证书并就业，即可获得1 200元的培训补贴。

（五）生育补助

生育后代是人类延续发展的自然现象，自然不会因为失业而完全停止，因此也有失业期间生育的情况，但是由于处于失业状态不符合生育保险的领取条件，所以有失业保险提供相应待遇，以保障这一自然现象的顺利完成。

《长沙市失业保险金申领发放办法》第二十一至二十三条规定：“符合国家计划生育政策规定的女性失业人员，在领取失业保险金期间生育的，可申请领取生育补助金。补助金标准为平产按本人失业保险金月标准3个月补助，难产按本人失业保险金月标准4个月补助。”

案例分析

失业保险金可以代替经济补偿金吗?

案情介绍:

小段在一家汽车零部件制造厂从事车间管理工作。2012年3月，工厂召开职工代表大会表示，厂里效益开始滑坡，需要裁减一部分人员。厂里将负责为这批被裁减的人员办理失业登记，享受失业保险待遇。裁减人员名单下发时，小段发现自己也成了其中一名。在职代会上，厂方只表示将办理失业登记，并没有提到其他的补偿。据他了解，用人单位解除劳动关系是有经济补偿的。于是，小段来到工厂劳资部门询问，劳资部门工作人员的答复是："工厂已经为你缴纳了失业保险费，既然以后可以领取失业金，就相当于已经给你补偿了，没有其他的经济补偿金。"对于单位拒绝支付经济补偿金，小段申请了劳动争议仲裁。

案情分析:

本案涉及的问题是劳动者领取失业保险金后能否获得经济补偿金的问题。根据《违反和解除劳动合同的经济补偿办法》（劳部发［1994］481号）第9条的规定："用人单位濒临破产进行法定整顿期间或者生产经营状况发生严重困难，必须裁减人员的，用人单位按被裁减人员在本单位工作的年限支付经济补偿金。在本单位工作的时间每满一年，发给相当于一个月工资的经济补偿金。"这里的经济补偿金和劳动者所享受的失业保险待遇是完全不同的，两者不能等同，也不能互相代替。单位不能因劳动者领取了失业保险金而拒付或克扣经济补偿金，失业保险机构也不得以劳动者领取了经济补偿金为由，停发或减发失业保险金。

拓展阅读

湖南省失业保险参保职工技能提升补贴实施办法（节选）

为充分发挥失业保险制度功能，引导和促进失业保险参保职工提高职业技能水平和职业转换能力，从源头上预防失业、稳定就业。根据《国务院关于做好当前和今后一段时期就业创业工作的意见》（国发〔2017〕28号）、《人力资源社会保障部 财政部关于失业保险支持参保职工提升职业技能有关问题的通知》（人社部发〔2017〕40号）精神，结合我省实际，制定本办法。

一、申领对象和条件

同时符合以下条件的企业在职职工，均可申领技能提升补贴：

（1）依法参加失业保险，累计缴纳失业保险费36个月（含36个月）以上的。

（2）自2017年1月1日起取得初级（五级）、中级（四级）、高级（三级）职业资格证书或职业技能等级证书的。

二、补贴标准

技能提升补贴根据企业职工取得的职业资格证书或职业技能等级证书的等级给予适当补贴，适时调整，补贴标准全省范围内统一。

(1) 职工取得初级（五级）职业资格证书或职业技能等级证书的，补贴标准为1 000元；职工取得中级（四级）职业资格证书或职业技能等级证书的，补贴标准为1 500元；职工取得高级（三级）职业资格证书或职业技能等级证书的，补贴标准为2 000元；

(2) 职工取得的职业资格证书或职业技能等级证书属于我省技能岗位紧缺职业（工种）的（以省人社厅发文公布的职业（工种）为准），补贴标准按本办法规定标准上浮10%执行。同一职业（工种）同一等级只能申请并享受一次技能提升补贴。

……

三、办理程序

①申请。职工应在职业资格证书或职业技能等级证书核发之日起12个月内，到本人失业保险参保地失业保险经办机构申领技能提升补贴，逾期不予受理。

……

④发放。经审核通过后，失业保险经办机构应将技能提升培训补贴资金直接发放到申请人本人的社会保障（银行）卡。

资料来源：湖南省人社厅. 湖南省关于印发《湖南省失业保险参保职工技能提升补贴实施办法》的通知. http: //www. mohrss. gov. cn/sybxs/SYBXzhanchixingdong/201804/t20180425_ 292998. html

二、失业保险金领取期限

世界各国的失业保险金都不能无时限领取，我国的失业保险金领取时间也有期限限制。根据失业和再就业状况，分为最长期限、累计缴费期限和再次失业领取期限，三种限制。

（一）最长期限

最长期限是根据失业人员失业前用人单位和本人累计缴费期限确定的最长领取时限。《社会保险法》第四十六条规定了三档领取失业保险金的期限，分别为12个月、18个月和24个月。这三档期限为最长期限，并非实际领取期限，实际期限根据失业人员的重新就业情况确定，可以少于或等于最长期限。

（二）累计缴费期限

累计计算缴费期限有利于促进劳动力的合理流动，促进用人单位和职工参加失业保险的积极性。《失业保险条例》第十七条规定：“失业人员失业前所在单位和本人按照规定累计缴费时间满1年不足5年的，领取失业保险金的期限最长为12个月；累计缴费时间满5年不足10年的，领取失业保险金的期限最长为18个月；累计缴费时间10年以上的，领取失业保险金的期限最长为24个月。重新就业后，再次失业的，缴费时间重新计算，领取失业保险金的期限可以与前次失业应领取而尚未领取的失业保险金的期限合并计算，但是最长不得超过24个月。”

《失业保险条例》中关于缴费时间满1年不足5年的，领取失业保险金的最长期限为12个月的规定，不能理解为缴费时间达到上述要求的失业人员都能领取12个月的失业保险金。在具体操作过程中，各地可以在同一档次内，根据失业人员缴费时间的长短，相应拉开其领取失业保险金期限的差距。例如《长沙市失业保险办法》第二十三条规定：“失业人员领取失业保险金的期限，根据其被失业前累计缴纳失业保险费年限计算：累计缴纳失业保险费满1年但不满2年的，领取失业保险金期限为4个月；以后每增加1年缴费年限，增发两个月的失业保险金，但最长期限不得超过24个月。”

长沙市失业保险金最长领取期限，见表6－2。

表6－2　长沙市失业保险金最长领取期限

累计缴费年限	最长领取期限
1年	4个月
2年	6个月
3年	8个月
……	……
10年	24个月

（三）再次失业情况下失业保险金的领取

职工失业后，按照规定领取失业保险金。在此期间，职工如果重新就业，则应停止领取失业保险金，并重新开始缴纳失业保险费，重新计算缴费时间。这样，失业人员实际领取失业保险金的期限有可能会少于可以领取的最长期限，即会存在一个剩余期限。如果职工重新就业后又再次失业，可以根据重新计算的缴费时间来领取失业保险金。除此之外，如果再次失业人员还有前次失业期间剩余的领取失业保险金期限，则可根据本条规定，将再次失业后领取失业保险金的期限与前次应当领取而未领取的失业保险金期限合并计算，但合并后的期限最长也不能超过24个月。根据《长沙市失业保险条例》第二十三条之规定“失业人员在领取失业保险金期间就业的，剩余的失业保险金停止发放，但剩余的期限可以保留。重新就业且缴纳失业保险费满1年后又再次失业的，核定其享受待遇期限时，可将剩余的期限合并计算。但合并计算后，失业人员领取失业保险金的期限最长仍不得超过24个月。”

做一做

2019年7月，王某（41岁），因连续旷工15天被单位除名。王某失业后，开始领取失业保险金。本来他可以领取24个月的失业保险金，可刚领了6个月，正赶上一家企业招用车工，王某恰巧是6级车工，就被招了进去。工作了3年后，王某所在的企业因严重污染环境被政府关闭，王某再次失业。这次，社会保险经办机构为王某核定了24个月的失业保险金。王某认为，他应该领取26个月（8个月加上原来的18个月）的失业保险金。

问题：

王某的要求是否合理？为什么？

三、失业保险跨地区转移

《失业保险条例》规定，城镇企业事业单位成建制跨统筹地区转移，失业人员跨统筹地区流动的，失业保险关系随之转迁。这样规定主要是考虑城镇企业事业单位成建制跨统筹地区转移前已按规定参加了失业保险，并缴纳了失业保险费。失业从员在跨统筹地区流动前已享受失业保险待遇。单位和失业人员不能因其转移和流动而中止失业保险关系，否则就会损害其合法权益。单位转移和失业人员流动后，原失业保险关系所在统筹地区的失业保险经办机构应当将其失业保险关系转至迁入的统筹地区，迁入地的失业保险经办机构应当接续其失业保险关系。

拓展阅读

我国失业保险现状

2017年末全国参加失业保险人数为18 784万人，比上年末增加695万人。其中，参加失业保险的农民工人数为4 897万人，比上年末增加238万人。年末全国领取失业保险金人数为220万人，比上年末减少10万人。全年共为458万名失业人员发放了不同期限的失业保险金，比上年减少26万人。失业保险金月均水平1 111元，比上年增长5.7%。全年共为领取失业保险金人员代缴基本医疗保险费85亿元，同比增长6.8%。全年共为66万名劳动合同期满未续订或者提前解除劳动合同的农民合同制工人支付了一次性生活补助。全年共向45万户参保企业发放稳岗补贴198亿元，惠及职工5 192万人。共向11万参保职工发放技能提升补贴3亿元。共有16个省份和新疆兵团发放价格临时补贴7 282万元。全年失业保险基金收入1 113亿元，比上年下降9.5%，支出894亿元，比上年下降8.4%。年末失业保险基金累计结余5 552亿元。

资料来源：2017年度人力资源和社会保障事业发展统计公报

模块练习

一、选择题

1. 我国失业保险中失业保险金为与当地月最低工资标准的（　　）。

A. 80%　　B. 90%

C. 100%　　D. 120%

2. 有下列哪些情形的，可以按照国家规定享受失业保险待遇（　　）。

A. 按时缴纳失业保险费　　B. 已进行失业登记

C. 非本人意愿中断就业　　D. 女职工生育享受产假

二、填空题

1. （　　）应当参加失业保险。
2. 参保（　　）后失业可以领取失业保险待遇。
3. 满足（　　）这些条件后可以领取失业保险待遇。
4. 失业保险待遇包括（　　）。
5. 失业保险待遇最多可以领取（　　）。

项目小结

失业是指有劳动能力的劳动年龄人口愿意接受现行的工资水平和工作条件但仍然没有工作的状态。

失业保险是社会保险制度中的重要组成部分。它是指国家通过建立失业保险基金对因失业而暂时中断生活来源的劳动者在法定期间内给予失业保险金，以维持失业者基本生活需要，促进其再就业的一项社会保险制度。

我国失业保险的覆盖范围包括城镇企业事业单位及城镇企业事业单位职工。城镇企业事业单位招用的农民合同制工人本人不缴纳失业保险费。失业保险待遇包括失业保险金、医疗、死亡待遇等。领取失业保险待遇需要满足三个条件：按时缴纳失业保险费；非本人意愿中断就业；已进行失业登记，有求职要求。劳动者一旦重新就业、应征服兵役、移居境外、开始享受养老保险待遇、被判刑收监或没有正当理由拒绝接受当地人民政府指定部门或者机构介绍的适当工作机会或提供的就业培训的情况下待遇终止。

问题讨论

1. 请查找相关资料，了解我国失业保险的现状及问题。
2. 请利用网络或家庭资源调查应对失业的方式。
3. 请查找相关资料，了解我国失业保险制度改革发展趋势。

推荐阅读

1. 杨伟民主编，《失业保险》，中国人民大学出版社，2000年

2. 各地人力资源与社会保障公共服务网

3. 周建文编著，张新民、张照新丛书总主编，《失有所助：失业保险》，中国民主法制出版社，2016年7月

习题与实训

计算题

1. 2016年，刘先生因公司裁员失业，单位为其办理了1年的失业保险。刘先生失业后，开始领取失业保险金。刚领了2个月的失业保险金后，刘先生重新就业，新公司为其办理了1年的失业保险后破产倒闭，刘先生再次失业。请问刘先生可以领取几个月的失业保险金？

2. 小王在湖南长沙某服装厂从事会计工作，于2018年12月被公司解雇。公司为小王办理了3年的失业保险。2018年至2019年，湖南省长沙市月最低工资标准（适用于全日制劳动者）档次调整为1 580元/月。小王想知道每月可领取的失业保险金为多少？可以领取多少个月？

7 项目七 生育保险

学习目标

知识学习目标：

□ 掌握生育保险的概念
□ 掌握生育保险的特点
□ 了解生育保险的基本内容
□ 了解生育保险基金筹集
□ 掌握生育保险待遇

技能训练目标：

□ 能分析生育风险
□ 能分析生育保险待遇案例

工作任务

1. 认识生育风险，了解生育保险
2. 明确我国生育保险的覆盖范围
3. 缴纳生育保险费
4. 掌握生育保险待遇

导入案例

躲不掉的生育保险责任

2018年11月24日，蓝艳进入原告方圆公司工作，担任公司实验室的资料员。蓝艳入职后，未与方圆公司签订合同，方圆公司也未给其缴纳社会保险。

2019年4月16日起，蓝艳离开工作岗位怀孕待产。

2019年4月20日，方圆公司发文《关于辞退临时工蓝艳的决定》，给予被告作辞退处理。

2019年5月24日至28日，蓝艳在都安瑶族自治县人民医院住院，其间于5月25日生育小孩，住院总金额为2 576.50元。

在蓝艳工作期间，公司未与其签订劳动合同，未给其缴纳社会保险费，生育小孩期间未为其发放工资。蓝艳生育后遭到公司辞退，为维护自身权益向劳动仲裁机构申请仲裁。仲裁委员会作出仲裁裁决：①原告支付被告未签订劳动合同双倍工资差额部分14 700元；②原告支付被告一个月工资的经济补偿金2 100元；③原告支付被告生育津贴9 800元；④原告支付被告生育医疗费1 000元。

资料来源：110法律咨询网 http：//www.110.com/ziliao/

模块一 初识生育保险

任务描述

生育问题是有关人类繁衍生存和劳动力再生产的社会大事，女性养育子女，不仅是家庭的私事，也是社会的大事。现代社会，女性走出家门，从事经济活动是一个大的趋势，但女性从事经济活动后，从怀孕一段时间后到生育、抚养孩子，其间无法从事工作，导致收入损失。这也是一个大的社会课题。

问题：

生育保险如何解决女性生儿育女与从事经济活动的矛盾？

任务一 认识生育风险

☞ 业务描述

人类通过生育得以繁衍生息，由于特殊的生理结构需求，女性需承担生育的义务。而现代社会，女性参与经济活动后，生育这一人类自然过程将让女性及其家庭承担更多的风险。

问题：

女性在生育过程中存在哪些风险？

从生物学的观点来看，生育是人类生殖过程的最后阶段，也是一个婴儿脱离母体降临人世成为社会一员的开始。现代社会，广大女性纷纷走出家门，从事有利于社会也有利于女性自身独立的事业，即从事物质资料生产活动，从事各种各样的服务活动。这样就使得女性除要承担家庭生育者的角色外，还要承担起工业劳动者的角色，这也使得生育风险从单个个人和家庭需面临的风险逐渐转变成为一种社会风险，因此如何防范和规避这个风险也就成为一个必须面对的社会课题。生儿育女是女性的神圣天职，如果让女性抛弃其经济活动，重新回到家庭，专司生儿育女，意味着社会的倒退，也是广大女性不愿接受的；而让女性抛弃生儿育女活动，一心一意从事经济活动，也是绝对行不通的，因为人类需要女性承担起不断延续后代的重任，让人类社会得以永续存在和发展下来。因此生育在现代社会是必需的，这也让女性及其家庭在作出生育决定后面临着一定的风险：①女性在怀孕、分娩、育婴期间，部分或全部不能参加劳动，失去劳动收入；②生育又需增加医疗保健费用支出；③生育期间，女性在体力、心理和精神上承受负担和消耗，甚至有生命或肌体伤残的危险。据有关资料表明，世界上每年有50万女性死于分娩或分娩并发症，还有不少女性由于生育而留下伤残。

任务二 了解生育保险

☞ 业务描述

现代社会，女性作为劳动者无疑会因为家庭的生育计划与劳动时间产生冲突，给自己和家庭带来一定的经济损失。因此，国家和政府设定生育保险让女性工作者在怀孕、育婴，需要抚育孩子而暂时失去收入之际，能从国家和社会获得一定程度的补偿，从而继续维持其基本的生活水平，一方面确保生儿育女的活动继续进行下去，另一方面也保障了女性日后重回工作岗位的权利和可能。

问题：

什么是生育保险?

一、生育保险的概念

生育保险是对妇女劳动者因生育子女而暂时丧失劳动能力、中断工作所造成的经济损失及增加的额外支出，由国家和社会给予物质帮助的一项社会保险制度，是社会保险体系中的一个重要组成部分。生育保险对参加生育保险并符合计划生育规定的职工，在生育或流产时所花费的手术费、住院费、检查费、药费等费用进行补偿，也包括对女职工在规定的生育假期内因未从事劳动而不能获得工资收入的补偿。实行社会生育保险，不仅可以帮助怀孕、分娩女职工解决实际困难，也可以减少女职工比例较高的企业的负担，有利于企业的公平竞争和妇女权益的保障，其目的在于保障女性劳动者在生育期间的生活和医疗需求，使她们在生育期间能够具备良好的生活和医疗条件，为其尽快恢复体力创造必要的条件。

生育保险所提供的待遇主要由生育津贴、生育医疗服务补偿、生育补助及带薪产假四项内容组成。

（1）生育津贴，即在法定的生育休假期间对生育者的工资收入损失给予经济补偿。

（2）生育医疗服务补偿，即承担由医疗服务机构向生育妇女提供的产前检查、妊娠、分娩及产后的一系列医疗保健和必要的住院治疗服务，以及对新生儿的保健服务等引起的费用。

（3）生育补助，即除基本的生育津贴之外的，由政府对生育保险对象及其家属的生育费用给予经济补助，主要有产前补助、出生补助、护理津贴等，如“婴儿津贴”和“保姆津贴”等。

（4）带薪产假，即生育保险受保人依照国家法律、法规规定，在怀孕、分娩以及产后的一定时期内所享受的带薪假期，包括母育假（产假）、父育假（母亲产假期间的父亲育儿假）和育儿假（母亲产假后父母双亲任何一方的育儿休假）。

各国生育保险制度的具体内容会因国情不同而有所不同，像“父育假”等政策主要在欧盟国家实行。

二、生育保险的主要特征

生育保险作为国家通过立法形式所强制实施的一项社会保险项目，具有社会保险的一般特点，如强制性、普遍性、共济性、社会效益性等，但作为一个专门针对生育期女性的经济和物质补偿制度，生育保险有其自身的特点。

（一）生育保险的对象范围有限性

生育保险是为法定范围内的女性劳动者提供的社会保障，其行为对象是特定的，具有对象范围有限性的特征。生育保险的对象有许多限定条件，是已婚妇女且是即将生育的劳动妇女，但不是所有生育子女的女性均可以得到社会保障，一般必须同时具备两个条件：一是已婚且有工作的女性，二是已参加生育保险。但是，一些发达国家生育保险的受益者，已经扩大至包括男性在内的所有人，例如在女性生育后，要给予男性配偶一定的带薪休假，我国《企业职工生育保险试行办法》第二条规定：“其适用于城镇企业及其职工。”2010 年颁布的我国《社会保险法》第五十四条规定：“用人单位已经缴纳生育保险费的，其职工享受生育保险待遇；职工未就业配偶按照国家规定享受生育医疗费用待遇。所需资金从生育保险基金中支付。”也就是说我国生育保险的实施范围包括在职女性职工和男性职工的未就业配偶。但从整体上来说，生育保险的覆盖范围仍然有限。

（二）待遇享受时间的特殊性

第一，生育保险待遇在享受时间上有明确的期限性。生育保险待遇的享受期限是根据产妇体力和劳动能力恢复所需要的时间来确定的，并与产假同步。产假结束，受保者可以恢复工作，取得正常的劳动收入，生育保险待遇的发放也就相应结束。

第二，生育保险待遇享受时间上的短期性。由于生育形成的社会风险是由正常的生理因素所引起的，它不需要特殊的复杂治疗，只要求一定的恢复时间和必要的营养，因此，生育保险待遇的发放也具有短期性的特征，一般来说享受时间均不超过半年。

第三，在风险发生前后的一段时间都可以享受生育保险待遇。其他社会保险项目一般是在风险发生后才享受保险待遇，但生育保险却不同，它的受保对象在生育前的一段时间就开始享受生育保险待遇，直到生育后的法定产假期结束。

（三）生育保险待遇的特殊性

通常社会保险只具有善后的功能，而生育保险则是针对女职工生育子女全过程的社会保险。因为女职工怀孕后，在临产分娩前的一段时间，已经行动不便，不能正常工作；分娩以后也需要休息一段时间以便恢复身体和照顾婴儿。所以，生育保险的假期包括产前和产后两个阶段，孕妇可自愿决定产假是产前产后混合使用还是全部用于产后。

而且，生育的分娩者不论其妊娠期的长短或流产与否，也不问其胎儿的生死与否，都可享受生育保险待遇。生育保险通过产假、医疗服务和生育补贴等方式，既弥补了女职工生育期间因不能从事劳动而丧失的工资收入，也保障了国家所需的劳动力再生产的需要，因而生育保险待遇往往比一般的社会保险待遇的标准高。

（四）生育保险具有较为典型的社会性

生育保险以女性职工的生育为连接点，将女性职工的个人利益、家庭利益以及社会整体利益融合起来，为其提供相应的生育保险待遇，如收入补偿和生育休假。这样既保证了生育者个人生育期间的生活维持和健康养护，也维持其家庭收入，不会因为其生育停止工作而受到重大影响，同时通过收入维持和休假来确保生育子女的健康，从而维护社会的整体素质。

相关知识

母婴安康保险

母婴安康保险是以保险约定医院接受入院的临产产妇和胎儿为被保险人的商业性质的生育保险。一般在预约入院时办理保险手续，也有在怀孕1个月后就办理保险手续的。一次缴清保费，保费根据产妇的身体状况分为两个档次。自办理保险手续之日起到出院为止，在怀孕或在分娩过程中，一旦产妇身故或婴儿夭亡，保险人承担给付保险金的责任。

保险金额分产妇和婴儿两部分，产妇身故保险金额较高，婴儿夭亡保险金额较低。这种保险特别实用于初育妇女和按政策规定可以生育二胎的妇女。

三、生育保险与医疗保险的联系与区别

医疗保险与生育保险都是为暂时丧失劳动能力的人提供保障，两者的给付形式都是现金补助和提供医疗服务。生育保险的享受者在享受期内，如果出现特殊情况，可能同时享受两种待遇，即医疗保险待遇和生育保险待遇。但两者也存在着区别。

1. 享受保险的对象方面

生育保险享受的对象是女性劳动者，少部分地区包括男性配偶；而医疗保险享受的对象是全体职工。

2. 享受保险的时间方面

生育事件的发生取决于育龄妇女年龄、结婚时间、生育顺序（胎次）等；疾病没有年龄的限制，无论哪一个年龄段都可能发生，在享受次数上也没有限制。

3. 疗养和休息方面

生育保险着重生育期间的保护，重在休息和增加营养，基本上以保健和监测为主。正常的分娩无需进行治疗，只要求定期对产妇进行身体检查，以及对产妇和胎儿进行监护，以保证正常分娩；而医疗保险享受者主要目的是进行治疗，以及必要的检查、药物、理疗和手术等方面的医疗手段的实现，以达到患者痊愈，早日走向工作岗位的目的。

4. 国家对于生育假期的享受期限有明确规定

国家对于医疗保险享受者没有时间限制。对于生育假期的享受期限，国家有明确规定，正常产假为 98 天，并且严格规定产前假为 15 天。医疗保险对享受者的假期没有时间限制，一般以病愈为期限。

5. 生育保险的待遇保障标准一般高于医疗保险待遇

我国医疗保险实行统筹基金和个人账户相结合的原则，职工个人要缴纳保险费，建立个人账户；而生育保险职工个人不缴纳保险费。

拓展阅读

生育保险和基本医疗保险合并实施

2019 年 3 月 25 日，国务院办公厅公布《关于全面推进生育保险和职工基本医疗保险合并实施的意见》，生育保险基金并入职工基本医疗保险基金，统一征缴，统筹层次一致。这也意味着从 2016 年启动的生育保险和基本医疗保险合并实施，经试点后正式落地。

1. 按两项保险收支建立费率调整机制

按照实施意见，生育保险和基本医疗保险两项保险合并实施，实现参保同步登记、基金合并运行、征缴管理一致、监督管理统一、经办服务一体化。

所谓统一参保登记，即参加职工基本医疗保险的在职职工同步参加生育保险。实施过程中要完善参保范围，结合全民参保登记计划摸清底数，促进实现应保尽保。

实施意见提出，生育保险基金并入职工基本医疗保险基金，统一征缴，统筹层次一致。按照用人单位参加生育保险和职工基本医疗保险的缴费比例之和确定新的用人单位职工基本医疗保险费率，个人不缴纳生育保险费。同时，根据职工基本医疗保险基金支出情况和生育待遇的需求，按照收支平衡的原则，建立费率确定和调整机制。

2. 生育医疗费用由医保直接结算

职工基本医疗保险基金严格执行社会保险基金财务制度，不再单列生育保险基金收入，在职工基本医疗保险统筹基金待遇支出中设置生育待遇支出项目。探索建立健全基金风险预警机制，坚持基金运行情况公开，加强内部控制，强化基金行政监督和社会监督，确保基金安全运行。

两项保险合并实施后实行统一定点医疗服务管理。医疗保险经办机构与定点医疗机构签订相关医疗服务协议时，要将生育医疗服务有关要求和指标增加到协议内容中，并充分利用协议管理，强化对生育医疗服务的监控。执行基本医疗保险、工伤保险、生育保险药品目录以及基本医疗保险诊疗项目和医疗服务设施范围。

实施意见提出，促进生育医疗服务行为规范。将生育医疗费用纳入医保支付方式改革范围，推动住院分娩等医疗费用按病种、产前检查按人头等方式付费。生育医疗费用原则上实行医疗保险经办机构与定点医疗机构直接结算。充分利用医保智能监控系统，强化监控和审核，控制生育医疗费用不合理增长。

资料来源：搜狐网

四、生育保险的原则

生育保险是社会保险的重要成分，成为保护女职工身体健康、促进社会安定的主要措施之一，因此建立生育保险既要遵循社会保险的一般原则，又要体现生育保险的特殊性。

(一) 强制性原则

由于生育保险对国家社会的作用有其特殊性，因此生育保险的实施范围和待遇水平必须由国家法律、法规进行规定，并通过国家强制力加以实施。所有符合条件的劳动者或单位必须依法参加生育保险、缴纳生育保险费用、享受相应的保险待遇。只有这样才能保证生育保险制度的实施，避免逆向选择，真正做到生育保险的广覆盖；依法提供生育保险待遇，女职工的权益才能得到根本保障；对于拖欠的生育保险费才能依法追缴。

(二) 普遍性原则

生育保险要遵循保险的“大数法则”，参加保险的人数越多，建立的生育保险基金也越多，承担风险的能力也就越大。因此要集合社会力量，按照相应的法律法规，在较大社会范围内筹集基金。在我国就是要尽可能扩大生育保险的覆盖范围，提高单位和劳动者生育保险的参保率，使城镇各类用人单位所有符合条件的女职工在因生育而暂时不能劳动时，都能得到基本的生活保障和医疗保障。只有大多数人得到了保障，社会才能稳定。

(三) 共济性原则

生育保险在整个社会范围内通过企业单位缴纳生育保险费，建立生育保险基金。生育保险基金实行互助共济、调剂使用，均衡社会负担，为企业单位参与市场竞争创造公平的环境条件。这对于女职工较多的企业以及停产和半停产企业的女职工起到有力的保障和支持作用。另外互济作用还有利于缓解女性就业困难。

(四) 权利与义务相等原则

生育保险虽然带有一定的福利性质，但是生育津贴需要资金支持，医疗服务需要购买。生育保险的待遇虽然比其他保险要高，但权利和义务对等在生育保险中仍然适用。不依法参加生育保险，不依法缴纳生育保险费者，不能享受生育保险待遇。参保单位和职工有参保的义务，也有享受待遇的权利。因此谁参保谁受益，权利和义务对等同样重要。

(五) 基本保障原则

生育保险的保障范围要与社会经济发展水平一致，以保障生育期间的基本生活和基本医疗服务为原则，缴纳的保险费一般只能维持基本生活和基本医疗费用的支出。生育保险的保障范围包括产假、生育津贴、医疗服务三个方面。产假的时间不能过长，也不能过短，要根据生育期的生理变化来确定，要有利于母亲的身体康复和下一代的健康。生育津贴要考虑当时社会职工的一般待遇水平，过高不能承受，过低不能起到保障作用。医疗服务的保障范围应该符合国家基本医疗保险的有关规定，不能因为待遇高于其他保险而有所超越。

（六）公平与效率相结合原则

公平与效率是一对矛盾体，强调公平，往往会导致效率下降；强调效率，往往失去公平。在生育保险中公平性主要体现在待遇方面：一是不同单位缴纳的生育保险费可能不同，但是享受的保险待遇一样；二是无论生育事件有多小，都享受相应的待遇；三是生育保险面前人人平等，不存在特权阶层和特权人物。效率是指生育保险基金的筹集和使用效率。前者主要是指参保单位缴纳生育保险费数额大小，越大说明筹集基金的效率越高，但同时也要考虑单位的负担能力。生育保险基金的使用效率主要体现在合理使用上，如需要确定生育津贴的合理支付额度、生育医疗费用的支付范围、医疗费用个人支付比例等，以规避风险，保证基金安全。

五、生育保险的作用

女性生育是一种自然行为，又是一种社会行为。生育保险的宗旨在于通过向职业女性提供生育津贴、医疗服务和产假，帮助她们恢复劳动能力，重返工作岗位。

（一）生育保险有利于保障女性劳动者的合法权益

由女性的生理特点所决定，生育活动由女性承担，女性在生育和哺育子女期间，会导致劳动的暂时中断，这些都可能给所在企业和单位造成一定经济损失，女性自然附着的“生育成本”，使得企业雇佣女性的成本高于男性的成本。在市场经济条件下，企业在追求效率和利润的经济目标的驱使下，必然出现对女性劳动力的就业歧视，甚至会出现解雇或其他损害女性权益的行为。女性作为市场经济条件下的弱势群体，其生育的社会价值的实现在很大程度上需要合理公正的社会保障制度来保证。国家制定相应的生育保险政策对于保障女性与男性享有平等的就业权益具有一定的积极作用。

（二）生育保险保证女性职工的身体健康和劳动能力的恢复

女性职工在怀孕和生育期间，体力消耗很大，需要休息、补充营养、保护和护理。生育行为是有风险的，生育使女性在体力、心理和精神上要承受巨大的负担和消耗，甚至有生命或机体伤残的危险。实行生育保险，就能保证女性职工在生育期间得到及时的检查、治疗和保护，从而降低生育带来的风险。女性职工在怀孕、分娩、育婴期间部分或全部不能参加劳动，失去劳动收入，同时生育又需要增加医疗保健费用的支出。实行生育保险，向职业女性提供医疗服务、生育津贴和带薪假期，使生育妇女在生育期间获得基本的生活保障，迅速恢复身体，既有利于职业女性顺利进行人类再生产，又可使其日后更好地从事社会生产。

（三）生育保险有利于延续后代，有利于提高人口素质

妇女生育使人类社会再生产得以进行。妇女生育后，其子女需要哺育和精心的照顾，这一阶段对儿童的生理和心理健康起到至关重要的作用。建立生育保险制度，女性职工享有生育津贴，就使女性职工在生育期间的健康、营养和保健得到相应的保障，保证了母婴的身心健康，有利于下一代的健康成长。生育保险使女性劳动者在生育前后能

够享受带薪假期，在时间和精力上为提高人口素质和婴儿的早期教育提供了物质保障。

（四）生育保险有利于国家人口政策的顺利贯彻实施

生育保险作为一种二次分配制度，它受到国家政策特别是人口政策的约束。在一些发达国家，由于人口负增长，人口出生率很低，为此，这些国家制定了一系列人口政策，其中包括生育保险政策，鼓励生育，其生育保险的保护范围较广，待遇标准也较高。如法国、波兰等国家根据生育的胎次分别规定不同长度的产假，生育的胎次越多，享受的假期越长。我国由于人口压力过大，实行计划生育、控制人口数量、提高人口素质是我国的基本国策，相应的生育保险的享受条件也较为严格。国家规定不符合国家生育政策的非法生育一律不能享受生育保险待遇，而对于符合计划生育政策的家庭，特别是农村家庭，还实行相应的奖励政策。

（五）生育保险使妇女生育的社会价值得到社会的承认

生育不仅是一种个人或家庭行为，而且是一种社会行为，妇女生育能够使人类社会自身实现可持续的发展，妇女生育是对人类作出的巨大贡献。妇女生育的这种社会价值应该得到社会的承认。显然，通过建立生育社会保险制度，能够体现妇女生育的社会价值。此外，完善的生育保险制度在均衡企业负担、促进企业公平竞争等方面也有积极的作用。

模块练习

一、选择题

1. 生育医疗费用不包括因怀孕、生育而发生的（　　）。

A. 检查费　　B. 接生费

C. 营养费　　D. 住院费

2. 计划生育的医疗费用不包括何种费用（　　）。

A. 放置宫内节育器　　B. 取出宫内节育器

C. 流产术　　D. 住院费

3. 生育保险所提供的待遇主要由生育津贴、生育医疗服务补偿、生育补助及（　　）四项内容组成。

A. 带薪产假　　B. 女职工护理假

C. 女职工哺乳假　　D. 女职工产检假

4. 不属于生育保险原则的是（　　）。

A. 强制性　　B. 社会性

C. 互济性　　D. 私有性

5. 生育保险的主要特征，说法不正确的是（　　）。

A. 生育保险的对象范围有限性

B. 待遇享受时间的较短

C. 生育保险待遇往往比一般的社会保险待遇的标准低

D. 生育保险具有较为典型的社会性

二、判断题

1. 生育保险待遇在享受时间上有明确的期限性。 ( )
2. 生育津贴，即在生产过程中产生的医疗费用的补偿。 ( )
3. 生育风险包括妇女在怀孕、分娩、育婴期间部分或全部不能参加劳动，失去劳动收入。 ( )
4. 生育保险的待遇保障标准一般高于医疗保险待遇。 ( )
5. 生育保险享受的对象和医疗保险享受的对象都是全体职工。 ( )

模块二 我国生育保险制度

任务描述

张小姐是某企业的正式员工，其所在的单位为其办理了生育保险。年初，张小姐得知自己已经怀孕。对许多家庭来说，生孩子可是一笔不小的花费，怀孕期间的各种检查费用，生产时的分娩、住院，这些都需要钱。张小姐和许多准妈妈一样很关心从怀孕到生产的费用。

问题：

1. 哪些人可以参加生育保险？
2. 张小姐参加生育保险的保费由谁承担？
3. 张小姐未来生孩子可以报销多少费用？

任务一 明确生育保险覆盖范围

☞ 业务描述

刘先生今年45岁，孩子已经20岁，最近在一家出租车公司当上了司机，单位要他每月交35元购买生育保险。

问题：

1. 公司做法是否合理？
2. 刘先生需要参加生育保险吗？

一、生育保险制度的历史沿革

生育保险是指职业妇女因生育而暂时中断劳动，由国家或单位为其提供生活保障和物质帮助的一项社会制度。其宗旨在于通过向生育女职工提供生育津贴、产假以及医疗服务等方面的待遇，保障她们因生育而暂时丧失劳动能力时的基本经济收入和医疗保健，帮助生育女职工恢复劳动能力，重返工作岗位，并使婴儿得到必要的照顾和哺育，从而体现国家和社会对处在这一特殊时期的女性所给予的支持和爱护。同时，这一制度通过将妇女生育负担由用人单位责任转化为全社会责任，平衡企业之间的负担，减轻用人单位聘用妇女的成本，促进消除就业性别歧视。

我国生育保险制度建立于1951年政务院颁布的《劳动保险条例》，实行劳动保险的企业女工人和女职工以及男职工的妻子，均可享受不同程度的生育保险待遇：正常生产享受56天的产假，产假期间工资按原标准发放并发给生育补助费，医疗费用由企业行政方面或资方负担。1955年，国务院发布《关于女工作人员生产假期的通知》，对机关、事业单位女职工生育保险作了规定，其基本内容和《劳动保险条例》中企业女职工所享受的生育保险待遇是一致的。1988年，国务院颁布《女职工劳动保护规定》，将生育待遇的覆盖范围扩大到我国境内的一切国家机关、人民团体、企业和事业单位，将产假延长到90天，并明确不得在女职工怀孕期、产期、哺乳期降低其基本工资或者解除劳动合同，将保障期限从生育期扩大到婴儿哺乳期，再次提高了生育保险待遇。

随着市场经济的建立和发展，原有生育保险制度和市场经济条件下的企业制度不相适应。例如，由于社会分工、行业特点造成女职工分布不均衡，由此导致企业之间生育费用负担畸轻畸重，进而导致女职工生育期间的权益难以兑现，妇女平等就业权难以保障。

为此，各地开始探索生育保险制度改革试点。根据各地实践，1994年12月，原劳动部颁布《企业职工生育保险试行办法》（劳部发［1994］504号），将原有的用人单位负责管理的生育保险制度转变为实行生育保险社会统筹。

二、生育保险的覆盖范围

目前，我国生育保险的现状是实行两种制度并存。

第一种是新中国成立初期延续下来的传统生育保险制度。传统生育保险制度的法律依据是1988年国务院颁布的《女职工劳动保护规定》，其覆盖范围包括国家机关、人民团体、企业和事业单位的女职工。具体待遇标准按照《劳动部关于女职工生育待遇若干问题的通知》（劳险字［1988］2号）执行，即职工生育后，由所在单位负担职工的生育产假工资，报销生育医疗费，生育保险的管理由职工所在单位负责。这种传统的生育保险制度的特点是：生育保险有关待遇由财政或者用人单位负担，具体管理由用人单位负责。

第二种是生育保险社会统筹制度。根据《企业职工生育保险试行办法》的规定，我国生育保险的覆盖范围是中华人民共和国境内一切国家机关、人民团体、企业、事业单位的女职工。企业包括全民、集体、中外合资、合作、独资、乡镇、农村联户企业以及私营和城镇街道企业。参加生育保险社会统筹的用人单位，应向当地社会保险经办机构缴纳生育保险费，职工个人不缴费。参保单位女职工生育或流产后，其生育津贴和生育医疗费由生育保险基金支付。从实践来看，在全国30个省、自治区、直辖市颁布的生育保险政策中，有15个地方规定将机关、事业单位、社会团体、民办非企业、个体工商户等单位纳入生育保险覆盖范围。

为了进一步提高生育保险制度社会统筹的范围，《社会保险法》第53条规定，职工应当参加生育保险。这里的职工主要是指企业职工和机关、社会团体和事业单位的劳动合同制职工。

拓展阅读

生育保险参保现状

截至2017年底，全国参加生育保险人数为19 300万人，比2016年末增加849万人。全年共有1 113万人次享受了生育保险待遇，比2016年增加199万人次。2017年生育保险基金收入642亿元，支出744亿元，分别比上年增长23.1%和40.1%。2017年末生育保险基金累计结存564亿元。

资料来源：2017年度人力资源和社会保障事业发展统计公报

任务二　生育保险基金的筹集

业务描述

张小姐所在的服装公司按照规定以公司职工工资总额0.8%的比例按月向社保机构缴纳生育保险费。同时，公司自行规定每个女职工应负担一部分保险费，即按女职工月工资0.8%的比例向其征收生育保险费，用于冲抵公司缴纳的部分生育保险费。

问题：

企业能要求员工个人缴纳生育保险费吗？

一、生育保险基金的概念

生育保险基金是整个社会保险基金中的一个组成部分，是依据国家法律专门为生育职工支付有关待遇而筹集的款项。其主要作用是为生育而暂时离开工作岗位的女职工支付医疗费用和生育津贴。生育保险基金主要由参加统筹的单位缴纳，职工个人不缴纳生育保险费。

生育保险和国家计划生育政策相关联，因此，预见性强，风险不大。生育保险基金以年度收支基本平衡为目标，一般不留有大量结余。基金管理机构在基金测算过程中，以当地职工计划生育指标数、工资标准、生育医疗费用支付情况等为参考依据，估算生育保险基金的筹资比例，统筹规划该地区的生育保险基金运作流程。生育保险基金由各地社会保险经办机构负责管理，同级财政、审计以及社会保险监督机构负责监督。

二、生育保险基金筹集的原则与方式

第一，根据《企业职工生育保险试行办法》规定，生育保险按照“以支定收、收支平衡”的原则筹集资金，由参加统筹的用人单位按照其工资总额的一定比例缴纳生育保险费，职工个人不缴纳生育保险费。考虑到全国地区间经济发展水平差异大、生育费用支付不平衡的因素，规定具体筹资比例由当地人民政府根据计划内生育人数和生育津贴、生育医疗费用等确定，但最高比例不超过职工工资总额的1%。法律明确规定，职工个人不缴纳生育保险费，但对于企业的缴存比例没有统一的规定，由各地政府根据当地的实际情况确定。根据2019年3月25日国务院办公厅公布的《关于全面推进生育保险和职工基本医疗保险合并实施的意见》，生育保险和职工医疗保险合并后，将按照用人单位参加生育保险和职工基本医疗保险的缴费比例之和确定新的用人单位职工基本医疗保险费率，个人不缴纳生育保险费。如原来单位费率，职工医保为7%，生育保险0.6%，这样合并为7.6%，比较简化。而对于职工个人来说，依然不用缴纳生育保险费，只需要缴纳医疗保险费，缴费比例不会有变化。具体见表7－1。

表7－1　2019年部分地区生育保险缴费比例

生育保险	北京		上海		广州		长沙	
缴费比例	单位	个人	单位	个人	单位	个人	单位	个人
	0.8%	不缴费	1%	不缴费	0.85	不缴费	0.7%	不缴费

注：此处仅考虑生育保险的缴费比例。

工作实例

张小姐所在的服装公司按照规定以公司职工工资总额0.8%的比例按月向社保机构缴纳生育保险费。企业上年度职工工资总额为200万元。

企业每月为员工缴纳生育保险费：200万元×0.8%＝1.6（万元）

案例分析

企业向职工征收生育保险费是否合理

案情介绍：

福建省某合资企业，按照省政府规定2017年参加当地的生育保险，并按照要求以企业中方职工工资总额的0.7%的比例，按月向当地社会保险机构缴纳生育保险费。企业自行规定按照每个职工月工资0.3%的比例，向职工个人征收生育保险费。该企业职工认为，国家规定职工个人不缴纳生育保险费用。因此，向劳动仲裁部门反映此情况，劳动部门与企业就这一问题进行协商。

案情分析：

原劳动部颁布的《企业职工生育保险试行办法》（劳部发［1994］504号）和福建省人民政府颁布的《福建省企业职工生育保险规定》明确规定，企业按照其工资总额的一定比例向社会保险经办机构缴纳生育保险费，建立生育保险基金。职工个人不缴纳生育保险费。该企业向职工个人征收生育保险费显然违反国家规定，应予以纠正。企业应撤销向职工征收生育保险费的决定；企业退还已经向职工征收的生育保险费。

第二，生育保险基金按照属地原则组织，实行社会统筹。所谓社会统筹，就是以法律为依据，由社会保险机构在一定地区范围内筹集资金，实行统一征集、统一管理、统一使用，并由此建立起生育保险基金。社会统筹是根据社会保险的“大数法则”，在较大范围内筹集生育保险基金，通过互助互济的方法，将发生在少数人和少数单位的风险，转由多数人和多数单位共同分担，以此对因生育而暂时丧失劳动能力的女职工提供物质帮助，保证她们的基本生活，维护其合法权益；同时，也可以缓解企业之间因女职工分布不均所造成的生育费用负担畸轻畸重的矛盾，为企业公平地参与市场竞争创造条件。

妇女生育是人类自身的再生产，是妇女为人类社会发展所作出的特殊贡献，没有人类自身的生产，人类社会的发展就不复存在。因此，妇女生育不单单是一个家庭的问题，也不是具体某一个单位的事情，从妇女生育能使人类延续存在和发展这种社会意义而言，生育保险费用应当实行社会统筹，从社会角度履行对生育妇女给予补偿的责任。

在筹资体制和管理方式上，我国的生育保险长期沿用的是企业保险的模式。随着社会主义市场经济体制的建立和劳动用工制度的改革，这种模式的弊病日益突现。一是难以使企业平等地参与市场竞争。由于社会分工、行业特点造成女职工分布不均衡，有些企业女职工高达职工总数的60%～70%，而有些企业则不足10%，由此导致了企业之间生育费用负担畸轻畸重。女职工人数多的企业因需支出较多的生育费用而负担沉重，难以与其他企业平等参与市场竞争，从而影响这些企业的发展。二是难以保障妇女的平等就业权。在市场经济条件下，企业把追求经济效益作为自身生存和发展的重要目标，由于生育费用的支出，增加了企业的经营成本，在追求利润最大化的驱使下，用人单位不愿录用女职工，甚至连大、中专女毕业生也被拒之门外。招聘工作中的性别歧视增加了女性的就业难度。即使是已经就业的女职工，在工作时如履薄冰，因为企业在转换经营机制、优化组合、减人增效时，首当其冲的就是女职工。在企业保险模式下，女职工难以获得与男职工平等的就业权已是不争的事实。三是难以保障女职工生育期间享受的社会保险权。一些效益滑坡甚至濒临破产的企业，无力保证女职工生育期间保险待遇的兑现，女职工的合法权益得不到应有的保障，造成生育女职工生活困难。这种状况不仅影响了母婴的身心健康，也影响了社会的安定团结。由此可见，生育保险要真正得到发展并实现其应有的作用，就必须与企业保险模式决裂，实行社会统筹。

三、生育保险基金管理

生育保险基金是国家和社会为保证女职工在生育期内的基本生活需要，解决她们的后顾之忧而专门设立的，是生育保险的物质基础，对生育保险的正常运转有举足轻重的作用。为此，应做好以下几方面的工作：①在“以支定收、收支基本平衡”的原则下，确定好本地区生育保险基金的征缴比例。②重视基金的保值增值，稳定生育保险的来源。③建立和健全财务管理制度及相关监督机制，严格财务纪律和手续。④提高基金管理人员素质，以确保基金的正常运转和应有效用。

任务三　享受生育保险待遇

业务描述

张小姐于2018年年底在当地省妇幼保健院剖腹产生育一男孩，产前检查费用1 600元，住院5天共花费4 800元。

问题：

生育保险可以报销多少费用呢？

一、生育保险待遇的享受条件

在我国生育保险待遇是以缴纳保险费和缴费年限作为享受的前提条件。权利与义务相对应，是社会保险制度赖以存在的前提条件。只有用人单位依法缴纳了生育保险费并达到最低时限，其职工才能享受生育保险待遇。例如：广州规定参保职工参加生育保险累计缴费满1年以上，目前继续参保才能享受待遇。长沙规定参保职工从参加生育保险的下月起连续缴费10个月后，方能享受生育保险待遇。

想一想

尹某系外省市来沪从业人员，于2018年2月27日应聘于上海某有限公司，签订了《职工劳动合同》，合同约定"第二条招聘入职：被告在应聘过程中必须书面向原告客观反映自己的基本情况、家庭状况、工作经历、身体状况（包括疾病健康状况、女性职工身孕情况等），如有隐瞒或不实，视作以欺诈手段订立本合同，本合同无效"等内容。

尹某于2018年5月12日登记结婚。2018年10月31日尹某至上海市普陀区妇婴保健院检查，诊断为孕34周，同时医院出具《病情证明单》，建议自2018年11月3日至17日休息。2018年12月1日，尹某以剖宫产方式（难产）分娩。2018年10月31日，某公司出具书面通知，认为被告在2018年2月27日向公司填写的信息等内容属于虚假内容，使公司在不真实的意思表示下与被告签订了《职工劳动合同》。根据《职工劳动合同》第二条的约定，2018年2月签订的劳动合同无效，请尹某接到通知后速办移交手续。尹某工作期间，某公司为尹某缴纳了2018年3月、4月及2018年6月至10月的上海市外来从业人员综合保险费。尹某提起诉讼。

问题：

尹某刚入职就怀孕，能否享受生育保险待遇？

二、生育保险待遇的项目

（一）产假

产假是指在职妇女产期前后的休假待遇，享受产假的主要是女职工。生育是人类繁衍生存和劳动力再生产的行为，既是一种自然行为，又是一种社会行为。职业妇女既要从事经济活动，又要担负生育子女的天职，实际上是为社会作出了双重贡献。国家和社会有必要通过制度安排，使生育女职工从开始怀孕就得到生活、身体等方面的照顾，使她们能安心在家休养，逐步恢复身体健康，以便投入日后的工作。这对于保护妇女及婴儿的身体健康具有十分重要的意义。

据 1951 年《劳动保险条例》和 1955 年《国务院关于女工作人员生产假期的通知》规定，女职工生育享受产假 56 天；难产或双生增加产假 14 天；怀孕 3 个月以内流产的可以休产假 15 天，3 个月以上不满 7 个月流产时，给予 30 天的产假。

1988 年，国务院颁布《女职工劳动保护规定》，将正常产假由原来的 56 天延长到 90 天，其中产前假 15 天，难产的增加产假 15 天；多胞胎生育的，每多生育一个婴儿，增加产假 15 天。同年，原劳动部发布了《关于女职工生育待遇若干问题的通知》，规定女职工怀孕不满 4 个月流产的，产假为 15 ~ 30 天；怀孕满 4 个月以上流产的，产假为 42 天，产假期间工资照发。1994 年颁布的《劳动法》规定，女职工生育享受不少于 90 天的产假。2012 年公布实施的《女职工劳动保护特别规定》将生育产假从 90 天延长至 98 天。

根据 1982 年《中共中央、国务院关于进一步做好计划生育工作的指示》规定，按法定结婚年龄推迟 3 年以上结婚为晚婚，妇女 24 周岁以上生育的为晚育。我国《婚姻法》规定的法定婚龄为男 22 周岁，女 20 周岁。因此，晚婚就是在法定婚龄基础上，男女青年超过法定结婚年龄 3 年以上初次结婚，即男子年满 25 周岁或者女子年满 23 周岁结婚的。晚育，就是适当推迟婚后初育的年龄，即妇女 24 周岁以上生育子女的。

2002 年实施的《人口与计划生育法》规定，公民晚婚晚育，可以获得延长婚假、生育假的奖励或者其他福利待遇。这里所说的"生育假"，实质上就是产假。目前，在《劳动法》规定的女职工享受不少于 90 天的法定产假基础上，有 30 个省、自治区、直辖市对晚育的妇女规定了晚育假，即在法定产假的基础上给予适当延长产假的奖励，各省奖励的时间差距较大。多数地方规定晚育假 10 ~ 30 天；有些地方规定增加 45 ~ 90 天；最长的是西藏，规定增加 9 个月。此外，还有 14 个地方规定，在给予女方晚育假的同时，给予男方一定期限的护理假，一般为 7 ~ 10 天。

根据 2012 年公布实施的《女职工劳动保护特别规定（草案）》中的产假规定，女职工若顺产生育单胎，可享有 98 天的产假，其中产前休息 15 天，产后休息 83 天。难产者增加 15 天产假；多胞胎生育者，每多生育一个婴儿，增加 15 天产假。

2015 年《人口与计划生育法》修订，其中第二十五条规定，符合法律、法规规定生育子女的夫妻，可以获得延长生育假的奖励或者其他福利待遇。29 省份在修订计生条例时，也取消了晚育假，将产假的计算方式调整为"国家规定假期 98 天 + 生育奖励假"。目前，全国已有 29 个省（区、市）修订了地方人口与计划生育条例，30 省（区、市）修改了产假时间，各地均不同程度地增加女性的产假时长。同时，我国除香港、澳门、台湾地区以外，其他31个省自治区直辖市均已修订各自的计划生育条例设置了陪产假，又名陪护假，即依法登记的夫妻，女方在享受产假期间，男方享受的有一定时间看护、照料对方的权利，各省市的陪产假期限为7~30天不等。

表7-2 全国各地区产假、护理假汇总一览表

省份	产假	护理假
吉林	158天（女职工经本人申请，单位同意，可延长产假至1年）	15天
重庆	128天（经本人申请，单位批准，产假期满后可继续休假至子女1周岁止）	15天
北京	128天（女职工经所在机关、企事业单位、社会团体和其他组织同意，可以增加假期1~3个月）	15天
海南	98天+3个月	15天
河南	98天+3个月	1个月
黑龙江	180天（含国家基本产假98天）	15天
福建	158~180天（含国家基本产假98天）	15天
陕西	158天（女职工参加孕前检查的，在法定产假的基础假上增加产假10天）	15天（夫妻异地居住的给予男方护理假20天）
甘肃	180天（含国家基本产假98天）	30天
山西	158天（符合相关规定的农业人口，村民委员会可以给予一定的奖励）	15天
云南	158天	30天
内蒙古	158天	25天
河北	158天	15天
青海	158天	15天
贵州	158天	15天
辽宁	158天	15天
山东	158天	7天
安徽	158天	10天（夫妻异地生活的，男方享受护理假为20天）
宁夏	158天	25天
四川	158天	20天
江西	158天	15天
湖南	158天	20天
广西	148天	25天
江苏	128天（用人单位根据具体情况，可以给予其他优惠待遇）	15天
上海	128天	10天

续表

省份	产假	护理假
广东	178 天	15 天
湖北	128 天	15 天
天津	128 天（不能增加生育假（产假）的给予 1 个月基本工资或者实得工资的奖励）	7 天
浙江	128 天（用人单位根据具体情况，可以给予其他优惠待遇）	15 天
新疆	158 天	15 天
西藏	女职工实行晚婚晚育并领取“独生子女证”的给予延长产假优待，最长为 1 年，没有（具体规定奖励产假的天数）	无具体规定

资料来源：搜狐网

想一想

小蒋是北京某合资公司的员工。2017 年 12 月她发现怀孕，遂到医院检查。医院诊断的预产期是 2018 年 10 月。小蒋由于身体不适，便在离预产期还有 20 天的时候请了产假，并向所在公司人力资源部出示了医院开具的预产期证明。在过了预产期 5 天后小蒋在医院顺利生产，并在产后休息了 75 天后回到公司上班。上班后公司通知她，由于她产前产后一共休息了 108 天，超过了产假 98 天的期限，所以有 10 天属无故旷工，所以就扣发了她一个月的工资。小蒋认为自己并没有违反单位的劳动纪律，休假已经向公司出具了预产期证明，公司不能算她旷工而扣她的工资。

问题：

小蒋休产假超期公司能否扣发其工资？

拓展阅读

2012 年《女职工劳动保护特别规定》节选

第七条　女职工生育享受 98 天产假，其中产前可以休假 15 天；难产的，增加产假 15 天；生育多胞胎的，每多生育 1 个婴儿，增加产假 15 天。

女职工怀孕未满 4 个月流产的，享受 15 天产假；怀孕满 4 个月流产的，享受 42 天产假。

第八条　女职工产假期间的生育津贴，对已经参加生育保险的，按照用人单位上年度职工月平均工资的标准由生育保险基金支付；对未参加生育保险的，按照女职工产假前工资的标准由用人单位支付。

女职工生育或者流产的医疗费用，按照生育保险规定的项目和标准，对已经参加生育保险的，由生育保险基金支付；对未参加生育保险的，由用人单位支付。

第九条　对哺乳未满1周岁婴儿的女职工，用人单位不得延长劳动时间或者安排夜班劳动。

用人单位应当在每天的劳动时间内为哺乳期女职工安排1小时哺乳时间；女职工生育多胞胎的，每多哺乳1个婴儿每天增加1小时哺乳时间。

案例分析

企业可否规定产假时间

案情介绍：

女职工A某被一家公司录用。双方签订劳动合同期限为4年。签订合同的第3年A某开始休产假。原公司合同规定："女职工符合计划生育规定生育的，产假为56天"。A某没有按照公司的规定休产假，而是按照国家规定休息了98天。当A某上班时，公司根据内部规定，认定超出56天的假期为旷工，并给予除名处理。A某认为旷工一事不是事实，向有关部门提出申述。

案情分析：

2012年公布实施的《女职工劳动保护特别规定》中的产假规定，女职工若顺产生育单胎，可享有98天的产假，该公司与A某签订的劳动合同中关于女职工产假为56天的规定，违反了《劳动法》和《女职工劳动保护规定》，属于无效合同，A某有权利享受98天的产假，不应视为旷工。

结论：(1) 撤销该公司对A某的除名处理决定；(2) 补发按照旷工处理期间的有关待遇。

拓展阅读

产假的类型

休产假享受生育保险待遇，由社保统筹基金报销相关医疗费和发放生育津贴；职业女性没有参加生育保险的，由用人单位承担。因为对于职业女性在怀孕时是可以享受产假的，那么产假的类型有哪些？

1. 必须享受的假

产假：98天+80天奖励假+15天/30天（难产）+15天（多胞胎每多生一个婴儿）

产前检查：女职工妊娠期间在医疗保健机构约定的劳动时间内进行产前检查（包括妊娠12周内的初查），应算作劳动时间。（有些企业将怀孕女职工在劳动时间内进行产前检查的时间计为病假、缺勤等，侵害女职工的合法权益）

产前工间休息：怀孕7个月以上，每天工间休息一小时，不得安排夜班劳动。

授乳时间：婴儿1周岁内每天两次授乳时间，每次30分钟，也可合并使用。

2. 可以请的假

产前假：怀孕7个月以上，如工作许可，经本人申请，单位批准，可请产前假2个半月。部分属于地方法规规定必须给假的情况，单位应批准其休假。如上海市规定“经二级以上医疗保健机构证明有习惯性流产史、严重的妊娠综合症、妊娠合并症等可能影响正常生育的，本人提出申请，用人单位应当批准其产前假。”

3. 哺乳假：女职工生育后，若有困难且工作许可，由本人提出申请，经单位批准，可请哺乳假6个半月。

4. 保胎假：医生开证明，按病假待遇。

晚育假、晚育护理假遇法定节假日顺延。

产假98天是包括双休日和国定假日的晚育假，根据各省、自治区、直辖市的规定处理。例如，广东省为15天，上海市为30天。晚育假包括双休日，但不包括法定节假日。

5. 授乳时间哺乳假

女职工生育后．在其婴儿1周岁内应照顾其在每班劳动时间内授乳两次（包括人工喂养）。每次单胎授乳时间为30分钟，亦可将两次授乳时间合并使用。多胞胎生育者，每多生一胎，每次哺乳时间增加30分钟。女职工生育后，若有困难且工作许可．由本人提出申请，经单位批准，可谓哺乳假6个半月。（上海市女职工劳动保护办法第十六条）

资料来源：华律网 https：//www. 66law. cn/laws/275192. aspx

拓展阅读

世界各国产假天数

国际劳工组组织《生育保障公约》规定，妇女产假应该不少于14周。世界各国国情和体制不同，产假由此也长短不一。

英国：1年产假。头6个星期可领取90%的工资，以后的33个星期，每周可领取最多112.75英镑，再以后的13个星期，不领取工资。

法国：妈妈生第一个孩子时，可享受20周100%工资的产假；生第二个孩子时，妈妈可以领取40个星期的100%工资；妈妈生的孩子越多，产假期间领取全额工资的时间就越长，同时享受的津贴/补助和税收减免就越多。

德国：享受每月最高1 500欧元，67%工资的10个月产假。

西班牙：享受领取100%工资的是16个星期产假，之后的3周产假，不领取工资。

古巴：可以享受长达至少52周的全薪产假。

丹麦、瑞典、斯洛文尼亚：52周。

芬兰：33周。

捷克共和国：28周。

匈牙利：24周。

意大利：20周。

加拿大：17周。

西班牙和罗马尼亚：16周。

韩国：90天，100%的工资。

意大利：享受领取100%工资的5个月产假，之后的6个月产假，可领取30%的工资。

澳大利亚：享受12个月的产假，但是不能领取工资。澳大利亚爸爸也享受2~4周产假，澳大利亚人力短缺严重，政府鼓励大家生孩子。

爱尔兰：享受领取75%工资的26个星期产假，之后的14周产假，不领取工资。

资料来源：百度文库

（二）生育津贴

1. 概念

生育津贴也称产假工资，是指根据国家法律、法规规定对职业妇女因生育而离开工作岗位期间所给予的生活费用，是对工资收入的替代。因此，在实行生育保险社会统筹的地区，生育津贴由生育保险基金以职工所在单位上年度职工月平均工资的标准支付，支付期限一般与产假期限相一致，期限不少于98天。

2. 享受生育津贴的情形

（1）产假。产假，是指女性在分娩前后一段时间内的特殊休假待遇。前部分已作了详细介绍，这里不再赘述。

（2）享受计划生育手术休假。计划生育手术主要是指公民为实行计划生育而采取的避孕、节育和补救措施。据统计，全国每年进行的计划生育手术能达到2 600万台。公民在进行这些手术时，身心不可避免地会受到不同程度的损害，有的还可能因为操作不当而引起手术并发症，理应得到国家的经济奖励和补偿。因此，《人口与计划生育法》规定，公民实行计划生育手术，享受国家规定的休假，地方人民政府可以给予奖励。

（3）法律、法规规定的其他情形。随着社会的进步和社会保障立法的发展，除了女职工生育享受产假、职工享受计划生育手术休假两种情形外，今后可能会出现新的享受生育津贴的情形。同时，我国幅员辽阔，不同地区经济社会发展水平、人口结构差别较大，在符合国家统一规定的前提下，各地可以依据本地区经济、社会、资源、环境实际情况以及人口发展状况确定生育津贴的具体支付范围。例如，有的地区允许女职工生育后，给予男职工一定带薪假期，以照顾生育后的妻子。为了使生育津贴的规定更科学、更合理，充分考虑到当前经济社会发展的实际情况和群众的现实利益，《社会保险法》规定了“法律、法规规定的其他情形”。

3. 生育津贴的期限和标准

生育津贴的领取期限一般与产假的期限一致。关于生育津贴的支付标准，过去是按照女职工本人产前标准工资计发。由于工资制度改革，标准工资的概念逐步淡化，在制定生育津贴给付标准时，一方面要考虑不降低女职工的生活水平，另一方面要照顾不同行业的工资差异，调动所有企业参加生育保险的积极性。因此，《企业职工生育保险试行办法》规定，女职工产假期间的生育津贴按照本企业上年度职工月平均工资计发，由生育保险基金支付。我国目前生育津贴的计算公式为：

上年度用人单位职工生育保险月人均缴费基数 ÷ 30(天) × 产假天数

其中，生育津贴低于本人工资标准的，差额部分由企业补足。

在实践中，经核定的生育津贴、男配偶假期工资，由社会保险经办机构拨到单位，由单位管理和发放，但用人单位从业人员未就业的配偶不享受生育津贴。如《海南省城镇从业人员生育保险条例（草案）》规定：生育津贴按日计发，按月支付，生育津贴日标准为用人单位为其缴纳的前12个月生育保险费月平均缴费基数除以30；由社会保险经办机构按规定拨付给用人单位的生育津贴，用人单位应当及时足额发放。从业人员享受的生育津贴低于其实际工资的，由用人单位予以补足；高于其实际工资的，用人单位不得截留。

《中华人民共和国个人所得税法》规定生育女根据国家有关规定制定的生育保险办法取得的生育津贴、生育医疗费或其他属于生育保险性质的津贴、补贴，免征个人所得税。

工作实例

刘小姐所在地区的产假天数为98天，当地奖励性产假为30天，刘小姐刚顺产一个婴儿，单位员工的上一社保年度月平均工资为8 000元，刘小姐上一社保年度月工资是10 000元，刘小姐可以领到多少的生育津贴。

生育津贴的领取金额 = 分娩当月单位平均缴纳工资基数 ÷ 30 × 产假天数

刘小姐能领取的生育津贴金额为：8 000 ÷ 30 × 128 = 34 133（元），这部分由社保基金支付。但由于刘小姐的工资高于单位员工的平均工资，因此超出的部分2 000 ÷ 30 × 128 = 8 533元由单位支付，总共领取的生育津贴金额为42 666元。

（三）生育医疗费用

1. 概念

生育医疗费用包括生育的医疗费用和计划生育的医疗费用。纳入职工生育保险范围的生育医疗费用实行“定额补贴、实时结算和零星报销相结合”的补偿办法，由职工生育保险基金支付；超出职工生育保险范围的，由参保人员自行承担。

2. 生育保险医疗费用支付范围与方式

生育的医疗费用支付范围包括产前检查的医疗费用和分娩的医疗费用。医疗保险中，支付医疗费用的方式有：按服务项目付费、总额预付、按人头付费、按服务单元付费和按病种付费等。从理论上，这些支付方式都可以应用于生育保险。目前，我国生育保险支付医疗费用主要有按服务项目付费和定额付费两种方式。

(1) 按项目付费。按服务项目付费是对医疗服务过程中所设计的每一个服务项目制定价格。参保人员在享受医疗服务时逐一对服务项目计费或付费，然后由医疗保险经办机构向参保人或者定点医疗机构依照规定比例偿付发生的医疗费用。这是一种运用最早而又最常用的一种付费方式，也是我国当前医疗服务付费的基本方法。

一般生育保险支付的医疗费用包括：女职工因怀孕、生育发生的检查费、接生费、手术费、住院费、药费；计划生育的医疗费用；法律、法规规定的其他项目费用。

(2) 定额支付。定额支付是指按照提供某一种服务的平均价格支付费用。在我国，生育保险主要采用定额支付的付费方式。例如：某地区自然分娩定额支付1 800元，剖宫产定额支付3 600 元。超出定额支付标准的费用均列入参保职工自负金额，其构成职工本人要求特需服务项目和医疗项目收费导致超过定额标准之外的费用，但不包括婴儿发生的医疗费用。以长沙市为例，女职工生育统筹金支付标准见表7－3。

表7－3　　长沙市女职工生育统筹金支付标准　　单位：元

阴道自然分娩无并发症（含侧切）	2 000	剖宫产无并发症	3 600
阴道自然分娩并产后出血	2 400	剖宫产并产后出血	4 000
阴道自然分娩并产后出血（输血不少于2个单位）	3 200	剖宫产并产后出血（输血不少于2个单位）	4 400
阴道难产无产时并发症	2 400	难产性剖宫产	4 000
阴道难产并产后出血	2 800	难产性剖宫产并产后出血	4 400
阴道难产并产后出血（输血不少于2个单位）	3 600	难产性剖宫产并产后出血（输血不少于2个单位）	4 800
妊娠合并症、并发症阴道分娩	3 200	妊娠合并症、并发症剖宫产	4 400
妊娠合并症、并发症阴道分娩并产后出血	3 600	妊娠合并症、并发症剖宫产并产后出血	4 800
妊娠合并症、并发症阴道分娩并产后出血（输血不少于2个单位）	4 000	妊娠合并症、并发症剖宫产并产后出血（输血不少于2个单位）	5 200
无适应症剖宫产	2 400	围产期疾病治疗	2 000

工作实例

李小姐是A市某企业的一名会计，在A市参加了生育保险。今年2月份李小姐顺产生育一男孩，产前检查花费1 200元，在市妇幼保健院住院花费生育医疗费用3 200元，按照A市女职工生育统筹金支付标准自然分娩可以报销2 400元，产前检查费用可以报销700元，生育保险可以为李小姐报销3 100元的费用，并且可以实现出院结算。李小姐出院只需要支付100元现金。

案例分析

生育后的医疗费用可否报销

案情介绍：

杨小姐是北京某企业的职工，2017 年 9 月休产假一个月，但是生育过后，由于护理不当，引起了其他疾病。在这种情况下，由于生育引起的其他疾病的医疗费用是否由生育保险基金支付？

案情分析：

根据法律规定，女职工生育出院后，因生育引起疾病的医疗费，由生育保险基金支付；其他疾病的医疗费，按照医疗保险待遇的规定办理。女职工产假期满后，因病需要休息治疗的，按照有关病假待遇和医疗保险待遇规定办理。所以只要杨小姐能证明疾病是由生育引起的，医疗费用就由生育保险基金支付。

异地生育如何报销

案情介绍：

杨芳是在广州打工的四川人，在广州参加了生育保险，但是想回四川生孩子坐月子，毕竟有家人的照顾。请问杨芳在四川住院生孩子的费用可以在四川报销吗？

案情分析：

杨芳在四川生孩子，属于异地分娩，因为我国还没有实现全国统筹，所以其所产生的医疗费用，由参保人员先行垫付后，再到广州市医保局报销。

3. 职工未就业配偶的生育医疗费用待遇

我国《社会保险法》第五十四条规定："职工未就业配偶按照国家规定享受生育医疗费用待遇。"这里所说的生育医疗费用待遇，主要是指参保职工未就业配偶因生育发生的医疗费用。夫妻双方均参加生育保险，女方符合享受条件的，由女方享受，男方不再享受生育医疗补助。

（1）参加城镇居民基本医疗保险的未就业妇女，其生育医疗费用可以按照规定从城镇居民基本医疗保险基金中支付。根据《人力资源和社会保障部办公厅关于妥善解决城镇居民生育医疗费用的通知》（人社厅发［2009］97 号）规定，各地要将城镇居民基本医疗保险参保人员住院分娩发生的符合规定的医疗费用纳入城镇居民基本医疗保险基金支付范围。开展门诊统筹的地区，可将参保居民符合规定的产前检查费用纳入基金支付范围。

（2）参加新型农村合作医疗的农村妇女，其生育医疗费用可以按照规定从新型农村合作医疗基金中支付。2003 年，国务院发布的《关于建立新型农村合作医疗制度的意见》，明确农村妇女住院分娩的医疗费用由新型农村合作医疗制度解决。

（3）中西部地区分娩补助计划。2009 年，卫生部、财政部印发了《关于进一步加强农村孕产妇住院分娩工作的指导意见》，规定实施农村孕产妇住院分娩补助政策，对农村孕产妇住院分娩所需费用予以财政补助。参加新型农村合作医疗的农村孕产妇在财政补助之外的住院分娩费用，可按当地新型农村合作医疗制度的规定给予补偿。对个人负担较重的贫困孕产妇，可由农村医疗救助制度按规定给予救助。

工作实例

王先生是长沙A公司的技术人员，单位为职工办理了生育保险。王太太为全职太太，今年王太太顺产一男婴且为第一胎。假设长沙上年度平均生育医疗费用为2 565元。根据长沙市规定，用人单位男职工无固定收入的配偶生育第一胎，可享受一次性生育补助金，标准为本统筹地区规定的分娩医疗费用支付标准的50%，一次性生育补助金从生育保险基金支付。

问题：

王先生可以报销多少费用？

王先生配偶可领取一次性补助金 =2 565 ×50% =1 283（元）

相关知识

表7-4　我国女职工产假、生育津贴和补助的演变过程

年份	生产假期（天）			生育津贴			生育补助		
	正常产	小产	难产及多胎	正常产	小产	难产及多胎	正常产	小产	难产及多胎
1951	56	15～30	未规定增加产假	本人工资100%	本人工资100%	本人工资100%	5尺红布		难产5尺布，多胞胎10尺布
1953	56	20～30	增加产假14天	本人工资100%	本人工资100%	本人工资100%	4元		难产4元，多胞胎8元
1988	90天，其中产前休假15天	根据医务部门证明给假	难产增加15天，多胞胎每多一个增加产假15天	本人工资100%	本人工资100%	本人工资100%			
1994	90天，其中产前休假15天	根据医务部门证明给假	难产增加15天，多胞胎每多一个增加产假15天	本企业职工上年月平均工资100%	同左	同左			
2012	98天，其中产前休假15天	根据医务部门证明给假	难产增加15天，多胞胎每多一个增加产假15天	本企业职工上年月平均工资100%	同左	同左			

拓展阅读

外国生育保险制度

实行生育保险是全世界妇女最迫切、最普遍的一种需要，已受到各国政府的普遍重视。一个多世纪以来，随着参与工业生产的妇女人数激增，生育保险已发展成为对在职女职工表示关注的一项国际性措施。最早的生育保险国际公约是1919年国际劳工组织颁布的《生育保护公约》（第3号公约）。第二次世界大战以后，生育保险在世界范围得到迅速发展。国际劳工组织在1952年重新修订了《生育保护公约》（第103号公约），同时颁布了指导实施工作的《生育保护建议书》（第95号建议书），公约和建议书已普遍被各国接受。各国还根据本国的实际情况和其他社会保险制度的体系，建立了生育保险制度，并都得到了较好的实施。

1. 国际劳工公约和建议书所阐述的生育保险的内容

国际劳工组织大会在1952年修改通过的《生育保护公约》以及《生育保护建议书》，对生育保护作了国际认同的规定，并提出了相应的建议。其主要内容包括：

（1）生育保护范围。生育保护适用于受雇于工业企业，商业、运输、服务等非工业企业及从事农业生产的妇女，包括在家工作的有薪妇女。

（2）产假。公约规定，妇女产假至少12周，其中应有产后的强制休假期，并建议产假可延长至14周。如果预产期不准或因怀孕、生产带来疾病，产假应该予以延长。

（3）现金补助和医疗护理。公约规定，产假期间，妇女有权享有足以维护本人及孩子恰当水平的生活现金补助，以及包括预产期护理、生产、产后护理和住院费在内的医疗补助，并有权自由选择医生和医院。在条件许可的情况下，生育保险所提供的医疗津贴应包括普通医生和专科医生的门诊和住院护理、产科医生和合格助产士在家的医疗服务等费用。生育现金补助的计算，以过去收入为基础，至少应为其过去收入的2/3。

（4）生育妇女工作权。禁止解雇处于产假期间的妇女。哺乳期间，妇女享有每天两次各半小时的休息喂奶权，喂奶妇女有权为此中断工作（暂时），中断时间应计算在工时之内。

2. 英国的生育保险制度

英国的生育保险与疾病保险合并立法，实行社会保险（现金补助）和普遍保障（医疗照顾）双重制度。周收入在35.5英镑及以上的受雇人员和年收入在1 846英镑以上的独立劳动者，都有资格参加生育保险，享受生育补助金。

（1）生育现金补助金的给付条件。任何纳税年度缴纳的保险费，至少为该年度较低周收入限度的25倍；在适当的纳税年度，缴纳的保险费或视同缴纳的保险费，至少为该年度较低周收入的25倍。

（2）生育补助给付标准。受保人（周收入低于30英镑者）一周为27.25

英镑，每一子女为7.65英镑。共给付18周，产前11周，产后7周。

（3）生育津贴。生育津贴一次给付25英镑。

3. 德国的生育保险制度

德国在1887年的《疾病保险法》中，已把妇女生育保险纳入其中，发给分娩补助金。至1965年，德国将原来列入疾病保险的分娩补助金改为生育补助金，列为独立的保险项目，自1969年起开始实行，并增加了对孕妇产前产后的照顾及待产母亲和哺乳妇女在工作场所被保护照顾服务的规定。

（1）生育保险补助金的给付条件。在分娩前投保满12个月或在分娩前10个月至前4个月期间，实际从事工作的受保生育妇女均可得到生育保险补助金。

（2）生育保险补助金的给付标准。按被保险人工资的100%发给，共发14周，产前6周、产后8周。如遇早产或一胎以上时，在产后则发给12周。此后4个月内，每天最高发给17马克。无权享受规定补助者，一次性支付150马克。每一胎为50～100马克，依据保险基金财务情况而定；男性被保险人之妻生产，每胎可领30～150马克的补贴，也可依据保险基金财务情况而定；女性被保险人在怀孕期间，可享受免费医疗服务及各种产前检查，所需的助产照顾服务或药品，均可免费提供。

4. 日本的生育保险制度

日本女职工生育保险制度规定，在产前、产后各给假期42天。产假期间的工资待遇按本人月工资的60%～80%发给，另发半个月到一个月工资的生育补助费和育婴津贴。对于正常分娩的女职工，由保险机构付给生育补助金（最低保证额为6万～10万日元）。孪生子女付给双份生育补助费。难产者，按伤病医疗对象，由保险机构支付所需费用。

资料来源：费梅苹编著，《社会保障概论》第4版，华东理工大学出版社，2011年12月

拓展阅读

生育保险与商业母婴保险的区别

通常我们说的生育保险是社会保险的一部分，为参保的生育女性提供生育津贴、生育医疗服务补偿、生育补助及带薪产假等待遇。

商业保险中有很多为女性提供孕期保障的产品，例如“平安孕安保障计划”、“阳光人寿母婴安康保障计划”，这类产品的保障范围常常涵盖了胎儿，因此常被称作“母婴保险”或“妇婴保险”。为孕妇和新生儿提供保障的商业保险主要有两种：一种是专门的母婴保险；另一种则是附加母婴保险。母婴保险作为孕妇的专属保险，其特点在于针对一些女性妊娠疾病和新生儿先天性疾病给予保障，前者如弥漫性脉管凝血症、宫外孕、绒毛膜癌及恶性葡萄胎，后者如先天性脑积水或唇裂等。

资料来源：百度百科

模块练习

一、单选题

1. 职工有下列哪些情形的，可以按照国家规定领取生育津贴（　　）。

A. 女职工生育享受产假　　B. 女职工护理假

C. 女职工哺乳期间　　D. 女职工怀孕期间

2. 按我国生育保险制度规定，生育保险费的提取比例最高不得超过工资总额的（　　）。

A. 0.50%　　B. 1.00%

C. 2.00%　　D. 3.00%

3. 关于生育保险筹集资金，以下说法错误的是（　　）。

A. 生育保险筹资按照“以支定收、收支平衡”的原则

B. 个人不缴纳生育保险费

C. 生育保险费由政府承担

D. 生育保险费由企业承担

4. 生育医疗费用不包括因怀孕、生育而发生的（　　）。

A. 检查费　　B. 接生费

C. 营养费　　D. 住院费

5. 我国规定的正常产假为（　　）天。

A. 90　　B. 95

C. 98　　D. 108

二、判断题

1. 生育医疗费用应承担因怀孕、生育而发生的检查费、接生费、营养费、住院费等。（　　）

2. 生育津贴根据当地职工上年度月平均工资计发。（　　）

3. 我国女性只要是因为生育导致劳动中断就能领取生育津贴。（　　）

4. 女职工申报生育医疗费用及生育津贴必须在正常参保状态下进行。（　　）

5. 生育医疗费用全部由职工生育保险基金支付，个人不需要承担。（　　）

项目小结

生育保险是对妇女劳动者因生育子女而暂时丧失劳动能力、中断工作所造成的经济损失及增加的额外支出，由国家和社会给予物质帮助的一种

社会保险制度，是社会保险体系中的一个重要组成部分。生育保险主要为生育的职工给予必要的经济补偿和医疗保健，生育保险的实施不仅仅能够保障女职工的基本生活，也是对妇女生育价值的认可和提高人口素质的需要。

生育保险基金是整个社会保险基金中的一个组成部分，是依据国家法律专门为生育职工支付有关待遇而筹集的款项。其主要作用是为生育而暂时离开工作岗位的女职工支付医疗费用和生育津贴。我国生育保险按照“以支定收、收支平衡”的原则筹集资金，由参加统筹的用人单位按照其工资总额的一定比例缴纳生育保险费，职工个人不缴纳生育保险费。

我国生育保险待遇是以缴纳保险费和投保年限作为享受的前提条件。生育保险待遇项目包括产假、生育津贴和生育医疗费用，生育保险待遇所需资金从生育保险基金中支付，用于保障女职工产假期间的基本生活需要和女职工怀孕、分娩期间以及职工实施节育手术时的基本医疗保健需要。

问题讨论

1. 查找相关资料，了解我国生育保险的现状及问题及发展趋势。

2. 查找相关资料，了解母婴保险与母婴安康保险产品特点，请思考在参加了生育保险的基础上，购买母婴保险与母婴安康保险的意义。

推荐阅读

1. 吉林省社会医疗保险管理局，《吉林省医疗工伤生育保险经办管理实务教程》，吉林科学技术出版社，2016年8月1日

2. 网络搜索并仔细阅读《女职工劳动保护特别规定》(中华人民共和国国务院令，第619号)

3. 网络搜索并仔细阅读《企业职工生育保险办法》

4. 网络搜索并仔细阅读《湖南省城镇职工生育保险办法》

5. 网络搜索并仔细阅读《湖南省人民政府关于修改〈湖南省城镇职工生育保险办法〉的决定》

习题与实训

一、分析题

1. 王女士2014年7月到2018年3月一直在上海工作，所在公司一直按时缴纳生育保险，2018年4月离职公司中止缴纳生育保险，同年9月来长沙找工作，并在此期间怀孕，预产期为2019年1月，现就职公司从2018年10月为其办理社会保险，王女士是否可以把中间断保部分补上，

领取生育津贴，为什么？

2. 李女士在长沙某服装加工企业工作。2018 年 11 月，李女士分娩，产假期满后因孩子太小，她向公司请假 1 个月，公司准假。1 个月后，李女士还想继续请假，但是公司没有批准，并要求她立即回公司上班。李女士没有回公司上班。20 天后，公司做出与其解除劳动合同的决定。李女士以处于哺乳期为由为自己辩解。请问李女士公司的做法是否正确？

二、计算题

王小姐和刘小姐在同一单位工作，王小姐分娩前 12 个月的月平均工资为 6 000 元，刘小姐为 4 000 元，她们所在单位上年月平均工资是 5 000 元，她们均顺产休了 98 天的产假，请计算王小姐和刘小姐应获得的社会保险经办机构划拨的生育津贴金额，并计算王小姐和刘小姐休产假期间的实际月收入。

附　录

中华人民共和国社会保险法

（2010年10月28日第十一届全国人民代表大会常务委员会第十七次会议通过）

（根据2018年12月29日第十三届全国人民代表大会常务委员会第七次会议《关于修改〈中华人民共和国社会保险法〉的决定》修正）

目　录

第一章　总　　则

第一条　为了规范社会保险关系，维护公民参加社会保险和享受社会保险待遇的合法权益，使公民共享发展成果，促进社会和谐稳定，根据宪法，制定本法。

第二条　国家建立基本养老保险、基本医疗保险、工伤保险、失业保险、生育保险等社会保险制度，保障公民在年老、疾病、工伤、失业、生育等情况下依法从国家和社会获得物质帮助的权利。

第三条　社会保险制度坚持广覆盖、保基本、多层次、可持续的方针，社会保险水平应当与经济社会发展水平相适应。

第四条　中华人民共和国境内的用人单位和个人依法缴纳社会保险费，有权查询缴费记录、个人权益记录，要求社会保险经办机构提供社会保险咨询等相关服务。

个人依法享受社会保险待遇，有权监督本单位为其缴费情况。

第五条　县级以上人民政府将社会保险事业纳入国民经济和社会发展规划。

国家多渠道筹集社会保险资金。县级以上人民政府对社会保险事业给予必要的经费支持。

国家通过税收优惠政策支持社会保险事业。

第六条 国家对社会保险基金实行严格监管。

国务院和省、自治区、直辖市人民政府建立健全社会保险基金监督管理制度，保障社会保险基金安全、有效运行。

县级以上人民政府采取措施，鼓励和支持社会各方面参与社会保险基金的监督。

第七条 国务院社会保险行政部门负责全国的社会保险管理工作，国务院其他有关部门在各自的职责范围内负责有关的社会保险工作。

县级以上地方人民政府社会保险行政部门负责本行政区域的社会保险管理工作，县级以上地方人民政府其他有关部门在各自的职责范围内负责有关的社会保险工作。

第八条 社会保险经办机构提供社会保险服务，负责社会保险登记、个人权益记录、社会保险待遇支付等工作。

第九条 工会依法维护职工的合法权益，有权参与社会保险重大事项的研究，参加社会保险监督委员会，对与职工社会保险权益有关的事项进行监督。

第二章 基本养老保险

第十条 职工应当参加基本养老保险，由用人单位和职工共同缴纳基本养老保险费。

无雇工的个体工商户、未在用人单位参加基本养老保险的非全日制从业人员以及其他灵活就业人员可以参加基本养老保险，由个人缴纳基本养老保险费。

公务员和参照公务员法管理的工作人员养老保险的办法由国务院规定。

第十一条 基本养老保险实行社会统筹与个人账户相结合。

基本养老保险基金由用人单位和个人缴费以及政府补贴等组成。

第十二条 用人单位应当按照国家规定的本单位职工工资总额的比例缴纳基本养老保险费，记入基本养老保险统筹基金。

职工应当按照国家规定的本人工资的比例缴纳基本养老保险费，记入个人账户。

无雇工的个体工商户、未在用人单位参加基本养老保险的非全日制从业人员以及其他灵活就业人员参加基本养老保险的，应当按照国家规定缴纳基本养老保险费，分别记入基本养老保险统筹基金和个人账户。

第十三条 国有企业、事业单位职工参加基本养老保险前，视同缴费年限期间应当缴纳的基本养老保险费由政府承担。

基本养老保险基金出现支付不足时，政府给予补贴。

第十四条 个人账户不得提前支取，记账利率不得低于银行定期存款利率，免征利息税。个人死亡的，个人账户余额可以继承。

第十五条 基本养老金由统筹养老金和个人账户养老金组成。

基本养老金根据个人累计缴费年限、缴费工资、当地职工平均工资、个人账户金额、城镇人口平均预期寿命等因素确定。

第十六条 参加基本养老保险的个人，达到法定退休年龄时累计缴费满十五年的，按月领取基本养老金。

参加基本养老保险的个人，达到法定退休年龄时累计缴费不足十五年的，可以缴费至满十五年，按月领取基本养老金；也可以转入新型农村社会养老保险或者城镇居民社会养老保险，按照国务院规定享受相应的养老保险待遇。

第十七条 参加基本养老保险的个人，因病或者非因工死亡的，其遗属可以领取丧葬补助金和抚恤金；在未达到法定退休年龄时因病或者非因工致残完全丧失劳动能力的，可以领取病残津贴。所需资金从基本养老保险基金中支付。

第十八条 国家建立基本养老金正常调整机制。根据职工平均工资增长、物价上涨情况，适时提高基本养老保险待遇水平。

第十九条 个人跨统筹地区就业的，其基本养老保险关系随本人转移，缴费年限累计计算。个人达到法定退休年龄时，基本养老金分段计算、统一支付。具体办法由国务院规定。

第二十条 国家建立和完善新型农村社会养老保险制度。

新型农村社会养老保险实行个人缴费、集体补助和政府补贴相结合。

第二十一条 新型农村社会养老保险待遇由基础养老金和个人账户养老金组成。

参加新型农村社会养老保险的农村居民，符合国家规定条件的，按月领取新型农村社会养老保险待遇。

第二十二条 国家建立和完善城镇居民社会养老保险制度。

省、自治区、直辖市人民政府根据实际情况，可以将城镇居民社会养老保险和新型农村社会养老保险合并实施。

第三章 基本医疗保险

第二十三条 职工应当参加职工基本医疗保险，由用人单位和职工按照国家规定共同缴纳基本医疗保险费。

无雇工的个体工商户、未在用人单位参加职工基本医疗保险的非全日制从业人员以及其他灵活就业人员可以参加职工基本医疗保险，由个人按照国家规定缴纳基本医疗保险费。

第二十四条 国家建立和完善新型农村合作医疗制度。

新型农村合作医疗的管理办法，由国务院规定。

第二十五条 国家建立和完善城镇居民基本医疗保险制度。

城镇居民基本医疗保险实行个人缴费和政府补贴相结合。

享受最低生活保障的人、丧失劳动能力的残疾人、低收入家庭六十周岁以上的老年人和未成年人等所需个人缴费部分，由政府给予补贴。

第二十六条 职工基本医疗保险、新型农村合作医疗和城镇居民基本医疗保险的待遇标准按照国家规定执行。

第二十七条 参加职工基本医疗保险的个人，达到法定退休年龄时累计缴费达到国家规定年限的，退休后不再缴纳基本医疗保险费，按照国家规定享受基本医疗保险待遇；未达到国家规定年限的，可以缴费至国家规定年限。

第二十八条 符合基本医疗保险药品目录、诊疗项目、医疗服务设施标准以及急诊、抢救的医疗费用，按照国家规定从基本医疗保险基金中支付。

第二十九条 参保人员医疗费用中应当由基本医疗保险基金支付的部分，由社会保险经办机构与医疗机构、药品经营单位直接结算。

社会保险行政部门和卫生行政部门应当建立异地就医医疗费用结算制度，方便参保人员享受基本医疗保险待遇。

第三十条 下列医疗费用不纳入基本医疗保险基金支付范围：

（一）应当从工伤保险基金中支付的；

（二）应当由第三人负担的；

（三）应当由公共卫生负担的；

（四）在境外就医的。

医疗费用依法应当由第三人负担，第三人不支付或者无法确定第三人的，由基本医疗保险基金先行支付。基本医疗保险基金先行支付后，有权向第三人追偿。

第三十一条 社会保险经办机构根据管理服务的需要，可以与医疗机构、药品经营单位签订服务协议，规范医疗服务行为。

医疗机构应当为参保人员提供合理、必要的医疗服务。

第三十二条 个人跨统筹地区就业的，其基本医疗保险关系随本人转移，缴费年限累计计算。

第四章 工伤保险

第三十三条 职工应当参加工伤保险，由用人单位缴纳工伤保险费，职工不缴纳工伤保险费。

第三十四条 国家根据不同行业的工伤风险程度确定行业的差别费率，并根据使用工伤保险基金、工伤发生率等情况在每个行业内确定费率档次。行业差别费率和行业内费率档次由国务院社会保险行政部门制定，报国务院批准后公布施行。

社会保险经办机构根据用人单位使用工伤保险基金、工伤发生率和所属行业费率档次等情况，确定用人单位缴费费率。

第三十五条 用人单位应当按照本单位职工工资总额，根据社会保险经办机构确定的费率缴纳工伤保险费。

第三十六条 职工因工作原因受到事故伤害或者患职业病，且经工伤认定的，享受工伤保险待遇；其中，经劳动能力鉴定丧失劳动能力的，享受伤残待遇。

工伤认定和劳动能力鉴定应当简捷、方便。

第三十七条 职工因下列情形之一导致本人在工作中伤亡的，不认定为工伤：

（一）故意犯罪；

（二）醉酒或者吸毒；

（三）自残或者自杀；

（四）法律、行政法规规定的其他情形。

第三十八条 因工伤发生的下列费用，按照国家规定从工伤保险基金中支付：

（一）治疗工伤的医疗费用和康复费用；

（二）住院伙食补助费；

（三）到统筹地区以外就医的交通食宿费；

（四）安装配置伤残辅助器具所需费用；

（五）生活不能自理的，经劳动能力鉴定委员会确认的生活护理费；

（六）一次性伤残补助金和一至四级伤残职工按月领取的伤残津贴；

（七）终止或者解除劳动合同时，应当享受的一次性医疗补助金；

（八）因工死亡的，其遗属领取的丧葬补助金、供养亲属抚恤金和因工死亡补助金；

（九）劳动能力鉴定费。

第三十九条 因工伤发生的下列费用，按照国家规定由用人单位支付：

（一）治疗工伤期间的工资福利；

（二）五级、六级伤残职工按月领取的伤残津贴；

（三）终止或者解除劳动合同时，应当享受的一次性伤残就业补助金。

第四十条 工伤职工符合领取基本养老金条件的，停发伤残津贴，享受基本养老保险待遇。基本养老保险待遇低于伤残津贴的，从工伤保险基金中补足差额。

第四十一条 职工所在用人单位未依法缴纳工伤保险费，发生工伤事故的，由用人单位支付工伤保险待遇。用人单位不支付的，从工伤保险基金中先行支付。

从工伤保险基金中先行支付的工伤保险待遇应当由用人单位偿还。用人单位不偿还的，社会保险经办机构可以依照本法第六十三条的规定追偿。

第四十二条 由于第三人的原因造成工伤，第三人不支付工伤医疗费用或者无法确定第三人的，由工伤保险基金先行支付。工伤保险基金先行支付后，有权向第三人追偿。

第四十三条 工伤职工有下列情形之一的，停止享受工伤保险待遇：

（一）丧失享受待遇条件的；

（二）拒不接受劳动能力鉴定的；

（三）拒绝治疗的。

第五章 失业保险

第四十四条 职工应当参加失业保险，由用人单位和职工按照国家规定共同缴纳失业保险费。

第四十五条 失业人员符合下列条件的，从失业保险基金中领取失业保险金：

（一）失业前用人单位和本人已经缴纳失业保险费满一年的；

（二）非因本人意愿中断就业的；

（三）已经进行失业登记，并有求职要求的。

第四十六条 失业人员失业前用人单位和本人累计缴费满一年不足五年的，领取失业保险金的期限最长为十二个月；累计缴费满五年不足十年的，领取失业保险金的期限最长为十八个月；累计缴费十年以上的，领取失业保险金的期限最长为二十四个月。重新就业后，再次失业的，缴费时间重新计算，领取失业保险金的期限与前次失业应当领取而尚未领取的失业保险金的期限合并计算，最长不超过二十四个月。

第四十七条 失业保险金的标准，由省、自治区、直辖市人民政府确定，不得低于城市居民最低生活保障标准。

第四十八条 失业人员在领取失业保险金期间，参加职工基本医疗保险，享受基本医疗保险待遇。

失业人员应当缴纳的基本医疗保险费从失业保险基金中支付，个人不缴纳基本医疗保险费。

第四十九条 失业人员在领取失业保险金期间死亡的，参照当地对在职职工死亡的规定，向其遗属发给一次性丧葬补助金和抚恤金。所需资金从失业保险基金中支付。

个人死亡同时符合领取基本养老保险丧葬补助金、工伤保险丧葬补助金和失业保险丧葬补助金条件的，其遗属只能选择领取其中的一项。

第五十条 用人单位应当及时为失业人员出具终止或者解除劳动关系的证明，并将失业人员的名单自终止或者解除劳动关系之日起十五日内告知社会保险经办机构。

失业人员应当持本单位为其出具的终止或者解除劳动关系的证明，及时到指定的公共就业服务机构办理失业登记。

失业人员凭失业登记证明和个人身份证明，到社会保险经办机构办理领取失业保险金的手续。失业保险金领取期限自办理失业登记之日起计算。

第五十一条 失业人员在领取失业保险金期间有下列情形之一的，停止领取失业保险金，并同时停止享受其他失业保险待遇：

（一）重新就业的；

（二）应征服兵役的；

（三）移居境外的；

（四）享受基本养老保险待遇的；

（五）无正当理由，拒不接受当地人民政府指定部门或者机构介绍的适当工作或者提供的培训的。

第五十二条 职工跨统筹地区就业的，其失业保险关系随本人转移，缴费年限累计计算。

第六章 生育保险

第五十三条 职工应当参加生育保险，由用人单位按照国家规定缴纳生育保险费，职工不缴纳生育保险费。

第五十四条 用人单位已经缴纳生育保险费的，其职工享受生育保险待遇；职工未就业配偶按照国家规定享受生育医疗费用待遇。所需资金从生育保险基金中支付。

生育保险待遇包括生育医疗费用和生育津贴。

第五十五条 生育医疗费用包括下列各项：

（一）生育的医疗费用；

（二）计划生育的医疗费用；

（三）法律、法规规定的其他项目费用。

第五十六条 职工有下列情形之一的，可以按照国家规定享受生育津贴：

（一）女职工生育享受产假；

（二）享受计划生育手术休假；

（三）法律、法规规定的其他情形。

生育津贴按照职工所在用人单位上年度职工月平均工资计发。

第七章 社会保险费征缴

第五十七条 用人单位应当自成立之日起三十日内凭营业执照、登记证书或者单位印章，向当地社会保险经办机构申请办理社会保险登记。社会保险经办机构应当自收到申请之日起十五日内予以审核，发给社会保险登记证件。

用人单位的社会保险登记事项发生变更或者用人单位依法终止的，应当自变更或者终止之日起三十日内，到社会保险经办机构办理变更或者注销社会保险登记。

市场监督管理部门、民政部门和机构编制管理机关应当及时向社会保险经办机构通报用人单位的成立、终止情况，公安机关应当及时向社会保险经办机构通报个人的出生、死亡以及户口登记、迁移、注销等情况。

第五十八条 用人单位应当自用工之日起三十日内为其职工向社会保险经办机构申请办理社会保险登记。未办理社会保险登记的，由社会保险经办机构核定其应当缴纳的社会保险费。

自愿参加社会保险的无雇工的个体工商户、未在用人单位参加社会保险的非全日制从业人员以及其他灵活就业人员，应当向社会保险经办机构申请办理社会保险登记。

国家建立全国统一的个人社会保障号码。个人社会保障号码为公民身份号码。

第五十九条 县级以上人民政府加强社会保险费的征收工作。

社会保险费实行统一征收，实施步骤和具体办法由国务院规定。

第六十条 用人单位应当自行申报、按时足额缴纳社会保险费，非因不可抗力等法定事由不得缓缴、减免。职工应当缴纳的社会保险费由用人单位代扣代缴，用人单位应当按月将缴纳社会保险费的明细情况告知本人。

无雇工的个体工商户、未在用人单位参加社会保险的非全日制从业人员以及其他灵活就业人员，可以直接向社会保险费征收机构缴纳社会保险费。

第六十一条 社会保险费征收机构应当依法按时足额征收社会保险费，并将缴费情况定期告知用人单位和个人。

第六十二条 用人单位未按规定申报应当缴纳的社会保险费数额的，按照该单位上月缴费额的百分之一百一十确定应当缴纳数额；缴费单位补办申报手续后，由社会保险费征收机构按照规定结算。

第六十三条 用人单位未按时足额缴纳社会保险费的，由社会保险费征收机构责令其限期缴纳或者补足。

用人单位逾期仍未缴纳或者补足社会保险费的，社会保险费征收机构可以向银行和其他金融机构查询其存款账户；并可以申请县级以上有关行政部门作出划拨社会保险费的决定，书面通知其开户银行或者其他金融机构划拨社会保险费。用人单位账户余额少于应当缴纳的社会保险费的，社会保险费征收机构可以要求该用人单位提供担保，签订延期缴费协议。

用人单位未足额缴纳社会保险费且未提供担保的，社会保险费征收机构可以申请人民法院扣押、查封、拍卖其价值相当于应当缴纳社会保险费的财产，以拍卖所得抵缴社会保险费。

第八章 社会保险基金

第六十四条 社会保险基金包括基本养老保险基金、基本医疗保险基金、工伤保险基金、失业保险基金和生育保险基金。除基本医疗保险基金与生育保险基金合并建账及核算外，其他各项社会保险基金按照社会保险险种分别建账，分账核算。社会保险基金执行国家统一的会计制度。

社会保险基金专款专用，任何组织和个人不得侵占或者挪用。

基本养老保险基金逐步实行全国统筹，其他社会保险基金逐步实行省级统筹，具体时间、步骤由国务院规定。

第六十五条 社会保险基金通过预算实现收支平衡。

县级以上人民政府在社会保险基金出现支付不足时，给予补贴。

第六十六条 社会保险基金按照统筹层次设立预算。除基本医疗保险基金与生育保险基金预算合并编制外，其他社会保险基金预算按照社会保险项目分别编制。

第六十七条 社会保险基金预算、决算草案的编制、审核和批准，依照法律和国务院规定执行。

第六十八条 社会保险基金存入财政专户，具体管理办法由国务院规定。

第六十九条 社会保险基金在保证安全的前提下，按照国务院规定投资运营实现保值增值。

社会保险基金不得违规投资运营，不得用于平衡其他政府预算，不得用于兴建、改建办公场所和支付人员经费、运行费用、管理费用，或者违反法律、行政法规规定挪作其他用途。

第七十条 社会保险经办机构应当定期向社会公布参加社会保险情况以及社会保险基金的收入、支出、结余和收益情况。

第七十一条 国家设立全国社会保障基金，由中央财政预算拨款以及国务院批准的其他方式筹集的资金构成，用于社会保障支出的补充、调剂。全国社会保障基金由全国社会保障基金管理运营机构负责管理运营，在保证安全的前提下实现保值增值。

全国社会保障基金应当定期向社会公布收支、管理和投资运营的情况。国务院财政部门、社会保险行政部门、审计机关对全国社会保障基金的收支、管理和投资运营情况实施监督。

第九章 社会保险经办

第七十二条 统筹地区设立社会保险经办机构。社会保险经办机构根据工作需要，经所在地的社会保险行政部门和机构编制管理机关批准，可以在本统筹地区设立分支机构和服务网点。

社会保险经办机构的人员经费和经办社会保险发生的基本运行费用、管理费用，由同级财政按照国家规定予以保障。

第七十三条 社会保险经办机构应当建立健全业务、财务、安全和风险管理制度。

社会保险经办机构应当按时足额支付社会保险待遇。

第七十四条 社会保险经办机构通过业务经办、统计、调查获取社会保险工作所需的数据，有关单位和个人应当及时、如实提供。

社会保险经办机构应当及时为用人单位建立档案，完整、准确地记录参加社会保险的人员、缴费等社会保险数据，妥善保管登记、申报的原始凭证和支付结算的会计凭证。

社会保险经办机构应当及时、完整、准确地记录参加社会保险的个人缴费和用人单位为其缴费，以及享受社会保险待遇等个人权益记录，定期将个人权益记录单免费寄送本人。

用人单位和个人可以免费向社会保险经办机构查询、核对其缴费和享受社会保险待遇记录，要求社会保险经办机构提供社会保险咨询等相关服务。

第七十五条 全国社会保险信息系统按照国家统一规划，由县级以上人民政府按照分级负责的原则共同建设。

第十章 社会保险监督

第七十六条 各级人民代表大会常务委员会听取和审议本级人民政府对社会保险基金的收支、管理、投资运营以及监督检查情况的专项工作报告，组织对本法实施情况的执法检查等，依法行使监督职权。

第七十七条 县级以上人民政府社会保险行政部门应当加强对用人单位和个人遵守社会保险法律、法规情况的监督检查。

社会保险行政部门实施监督检查时，被检查的用人单位和个人应当如实提供与社会保险有关的资料，不得拒绝检查或者谎报、瞒报。

第七十八条 财政部门、审计机关按照各自职责，对社会保险基金的收支、管理和投资运营情况实施监督。

第七十九条 社会保险行政部门对社会保险基金的收支、管理和投资运营情况进行监督检查，发现存在问题的，应当提出整改建议，依法作出处理决定或者向有关行政部门提出处理建议。社会保险基金检查结果应当定期向社会公布。

社会保险行政部门对社会保险基金实施监督检查，有权采取下列措施：

（一）查阅、记录、复制与社会保险基金收支、管理和投资运营相关的资料，对可能被转移、隐匿或者灭失的资料予以封存；

（二）询问与调查事项有关的单位和个人，要求其对与调查事项有关的问题作出说明、提供有关证明材料；

（三）对隐匿、转移、侵占、挪用社会保险基金的行为予以制止并责令改正。

第八十条 统筹地区人民政府成立由用人单位代表、参保人员代表，以及工会代表、专家等组成的社会保险监督委员会，掌握、分析社会保险基金的收支、管理和投资运营情况，对社会保险工作提出咨询意见和建议，实施社会监督。

社会保险经办机构应当定期向社会保险监督委员会汇报社会保险基金的收支、管理和投资运营情况。社会保险监督委员会可以聘请会计师事务所对社会保险基金的收支、管理和投资运营情况进行年度审计和专项审计。审计结果应当向社会公开。

社会保险监督委员会发现社会保险基金收支、管理和投资运营中存在问题的，有权提出改正建议；对社会保险经办机构及其工作人员的违法行为，有权向有关部门提出依法处理建议。

第八十一条 社会保险行政部门和其他有关行政部门、社会保险经办机构、社会保险费征收机构及其工作人员，应当依法为用人单位和个人的信息保密，不得以任何形式泄露。

第八十二条 任何组织或者个人有权对违反社会保险法律、法规的行为进行举报、投诉。

社会保险行政部门、卫生行政部门、社会保险经办机构、社会保险费征收机构和财政部门、审计机关对属于本部门、本机构职责范围的举报、投诉，应当依法处理；对不属于本部门、本机构职责范围的，应当书面通知并移交有权处理的部门、机构处理。有权处理的部门、机构应当及时处理，不得推诿。

第八十三条 用人单位或者个人认为社会保险费征收机构的行为侵害自己合法权益的，可以依法申请行政复议或者提起行政诉讼。

用人单位或者个人对社会保险经办机构不依法办理社会保险登记、核定社会保险费、支付社会保险待遇、办理社会保险转移接续手续或者侵害其他社会保险权益的行为，可以依法申请行政复议或者提起行政诉讼。

个人与所在用人单位发生社会保险争议的，可以依法申请调解、仲裁，提起诉讼。用人单位侵害个人社会保险权益的，个人也可以要求社会保险行政部门或者社会保险费征收机构依法处理。

第十一章 法律责任

第八十四条 用人单位不办理社会保险登记的，由社会保险行政部门责令限期改正；逾期不改正的，对用人单位处应缴社会保险费数额一倍以上三倍以下的罚款，对其直接负责的主管人员和其他直接责任人员处五百元以上三千元以下的罚款。

第八十五条 用人单位拒不出具终止或者解除劳动关系证明的，依照《中华人民共和国劳动合同法》的规定处理。

第八十六条 用人单位未按时足额缴纳社会保险费的，由社会保险费征收机构责令限期缴纳或者补足，并自欠缴之日起，按日加收万分之五的滞纳金；逾期仍不缴纳的，由有关行政部门处欠缴数额一倍以上三倍以下的罚款。

第八十七条 社会保险经办机构以及医疗机构、药品经营单位等社会保险服务机构以欺诈、伪造证明材料或者其他手段骗取社会保险基金支出的，由社会保险行政部门责令退回骗取的社会保险金，处骗取金额二倍以上五倍以下的罚款；属于社会保险服务机构的，解除服务协议；直接负责的主管人员和其他直接责任人员有执业资格的，依法吊销其执业资格。

第八十八条 以欺诈、伪造证明材料或者其他手段骗取社会保险待遇的，由社会保险行政部门责令退回骗取的社会保险金，处骗取金额二倍以上五倍以下的罚款。

第八十九条 社会保险经办机构及其工作人员有下列行为之一的，由社会保险行政部门责令改正；给社会保险基金、用人单位或者个人造成损失的，依法承担赔偿责任；对直接负责的主管人员和其他直接责任人员依法给予处分：

（一）未履行社会保险法定职责的；

（二）未将社会保险基金存入财政专户的；

（三）克扣或者拒不按时支付社会保险待遇的；

（四）丢失或者篡改缴费记录、享受社会保险待遇记录等社会保险数据、个人权益记录的；

（五）有违反社会保险法律、法规的其他行为的。

第九十条 社会保险费征收机构擅自更改社会保险费缴费基数、费率，导致少收或者多收社会保险费的，由有关行政部门责令其追缴应当缴纳的社会保险费或者退还不应当缴纳的社会保险费；对直接负责的主管人员和其他直接责任人员依法给予处分。

第九十一条 违反本法规定，隐匿、转移、侵占、挪用社会保险基金或者违规投资运营的，由社会保险行政部门、财政部门、审计机关责令追回；有违法所得的，没收违法所得；对直接负责的主管人员和其他直接责任人员依法给予处分。

第九十二条 社会保险行政部门和其他有关行政部门、社会保险经办机构、社会保险费征收机构及其工作人员泄露用人单位和个人信息的，对直接负责的主管人员和其他直接责任人员依法给予处分；给用人单位或者个人造成损失的，应当承担赔偿责任。

第九十三条 国家工作人员在社会保险管理、监督工作中滥用职权、玩忽职守、徇私舞弊的，依法给予处分。

第九十四条 违反本法规定，构成犯罪的，依法追究刑事责任。

第十二章 附 则

第九十五条 进城务工的农村居民依照本法规定参加社会保险。

第九十六条 征收农村集体所有的土地，应当足额安排被征地农民的社会保险费，按照国务院规定将被征地农民纳入相应的社会保险制度。

第九十七条 外国人在中国境内就业的，参照本法规定参加社会保险。

第九十八条 本法自2011年7月1日起施行。

《国务院关于完善企业职工基本养老保险制度的决定》（国发［2005］38号）

各省、自治区、直辖市人民政府，国务院各部委、各直属机构：

近年来，各地区和有关部门按照党中央、国务院关于完善企业职工基本养老保险制度的部署和要求，以确保企业离退休人员基本养老金按时足额发放为中心，努力扩大基本养老保险覆盖范围，切实加强基本养老保险基金征缴，积极推进企业退休人员社会化管理服务，各项工作取得明显成效，为促进改革、发展和维护社会稳定发挥了重要作用。但是，随着人口老龄化、就业方式多样化和城市化的发展，现行企业职工基本养老保险制度还存在个人账户没有做实、计发办法不尽合理、覆盖范围不够广泛等不适应的问题，需要加以改革和完善。为此，在充分调查研究和总结东北三省完善城镇社会保障体系试点经验的基础上，国务院对完善企业职工基本养老保险制度作出如下决定：

一、完善企业职工基本养老保险制度的指导思想和主要任务。以邓小平理论和“三个代表”重要思想为指导，认真贯彻党的十六大和十六届三中、四中、五中全会精神，按照落实科学发展观和构建社会主义和谐社会的要求，统筹考虑当前和长远的关系，坚持覆盖广泛、水平适当、结构合理、基金平衡的原则，完善政策，健全机制，加强管理，建立起适合我国国情，实现可持续发展的基本养老保险制度。主要任务是：确保基本养老金按时足额发放，保障离退休人员基本生活；逐步做实个人账户，完善社会统筹与个人账户相结合的基本制度；统一城镇个体工商户和灵活就业人员参保缴费政策，扩大覆盖范围；改革基本养老金计发办法，建立参保缴费的激励约束机制；根据经济发展水平和各方面承受能力，合理确定基本养老金水平；建立多层次养老保险体系，划清中央与地方、政府与企业及个人的责任；加强基本养老保险基金征缴和监管，完善多渠道筹资机制；进一步做好退休人员社会化管理工作，提高服务水平。

二、确保基本养老金按时足额发放。要继续把确保企业离退休人员基本养老金按时足额发放作为首要任务，进一步完善各项政策和工作机制，确保离退休人员基本养老金按时足额发放，不得发生新的基本养老金拖欠，切实保障离退休人员的合法权益。对过去拖欠的基本养老金，各地要根据《中共中央办公厅 国务院办公厅关于进一步做好补发拖欠基本养老金和企业调整工资工作的通知》要求，认真加以解决。

三、扩大基本养老保险覆盖范围。城镇各类企业职工、个体工商户和灵活就业人员都要参加企业职工基本养老保险。当前及今后一个时期，要以非公有制企业、城镇个体工商户和灵活就业人员参保工作为重点，扩大基本养老保险覆盖范围。要进一步落实国家有关社会保险补贴政策，帮助就业困难人员参保缴费。城镇个体工商户和灵活就业人员参加基本养老保险的缴费基数为当地上年度在岗职工平均工资，缴费比例为20%，其中8%记入个人账户，退休后按企业职工基本养老金计发办法计发基本养老金。

四、逐步做实个人账户。做实个人账户，积累基本养老保险基金，是应对人口老龄化的重要举措，也是实现企业职工基本养老保险制度可持续发展的重要保证。要继续抓好东北三省做实个人账户试点工作，抓紧研究制订其他地区扩大做实个人账户试点的具体方案，报国务院批准后实施。国家制订个人账户基金管理和投资运营办法，实现保值增值。

五、加强基本养老保险基金征缴与监管。要全面落实《社会保险费征缴暂行条例》的各项规定，严格执行社会保险登记和缴费申报制度，强化社会保险稽核和劳动保障监察执法工作，努力提高征缴率。凡是参加企业职工基本养老保险的单位和个人，都必须按时足额缴纳基本养老保险费；对拒缴、瞒报少缴基本养老保险费的，要依法处理；对欠缴基本养老保险费的，要采取各种措施，加大追缴力度，确保基本养老保险基金应收尽收。各地要按照建立公共财政的要求，积极调整财政支出结构，加大对社会保障的资金投入。

基本养老保险基金要纳入财政专户，实行收支两条线管理，严禁挤占挪用。要制定和完善社会保险基金监督管理的法律法规，实现依法监督。各省、自治区、直辖市人民政府要完善工作机制，保证基金监管制度的顺利实施。要继续发挥审计监督、社会监督和舆论监督的作用，共同维护基金安全。

六、改革基本养老金计发办法。为与做实个人账户相衔接，从2006年1月1日起，个人账户的规模统一由本人缴费工资的11%调整为8%，全部由个人缴费形成，单位缴费不再划入个人账户。同时，进一步完善鼓励职工参保缴费的激励约束机制，相应调整基本养老金计发办法。

《国务院关于建立统一的企业职工基本养老保险制度的决定》（国发［1997］26号）实

施后参加工作、缴费年限（含视同缴费年限，下同）累计满 15 年的人员，退休后按月发给基本养老金。基本养老金由基础养老金和个人账户养老金组成。退休时的基础养老金月标准以当地上年度在岗职工月平均工资和本人指数化月平均缴费工资的平均值为基数，缴费每满 1 年发给 1%。个人账户养老金月标准为个人账户储存额除以计发月数，计发月数根据职工退休时城镇人口平均预期寿命、本人退休年龄、利息等因素确定。

国发［1997］26 号文件实施前参加工作，本决定实施后退休且缴费年限累计满 15 年的人员，在发给基础养老金和个人账户养老金的基础上，再发给过渡性养老金。各省、自治区、直辖市人民政府要按照待遇水平合理衔接、新老政策平稳过渡的原则，在认真测算的基础上，制订具体的过渡办法，并报劳动保障部、财政部备案。

本决定实施后到达退休年龄但缴费年限累计不满 15 年的人员，不发给基础养老金；个人账户储存额一次性支付给本人，终止基本养老保险关系。

本决定实施前已经离退休的人员，仍按国家原来的规定发给基本养老金，同时执行基本养老金调整办法。

七、建立基本养老金正常调整机制。根据职工工资和物价变动等情况，国务院适时调整企业退休人员基本养老金水平，调整幅度为省、自治区、直辖市当地企业在岗职工平均工资年增长率的一定比例。各地根据本地实际情况提出具体调整方案，报劳动保障部、财政部审批后实施。

八、加快提高统筹层次。进一步加强省级基金预算管理，明确省、市、县各级人民政府的责任，建立健全省级基金调剂制度，加大基金调剂力度。在完善市级统筹的基础上，尽快提高统筹层次，实现省级统筹，为构建全国统一的劳动力市场和促进人员合理流动创造条件。

九、发展企业年金。为建立多层次的养老保险体系，增强企业的人才竞争能力，更好地保障企业职工退休后的生活，具备条件的企业可为职工建立企业年金。企业年金基金实行完全积累，采取市场化的方式进行管理和运营。要切实做好企业年金基金监管工作，实现规范运作，切实维护企业和职工的利益。

十、做好退休人员社会化管理服务工作。要按照建立独立于企业事业单位之外社会保障体系的要求，继续做好企业退休人员社会化管理工作。要加强街道、社区劳动保障工作平台建设，加快公共老年服务设施和服务网络建设，条件具备的地方，可开展老年护理服务，兴建退休人员公寓，为退休人员提供更多更好的服务，不断提高退休人员的生活质量。

十一、不断提高社会保险管理服务水平。要高度重视社会保险经办能力建设，加快社会保障信息服务网络建设步伐，建立高效运转的经办管理服务体系，把社会保险的政策落到实处。各级社会保险经办机构要完善管理制度，制定技术标准，规范业务流程，实现规范化、信息化和专业化管理。同时，要加强人员培训，提高政治和业务素质，不断提高工作效率和服务质量。

完善企业职工基本养老保险制度是构建社会主义和谐社会的重要内容，事关改革发展稳定的大局。各地区和有关部门要高度重视，加强领导，精心组织实施，研究制订具体的实施意见和办法，并报劳动保障部备案。劳动保障部要会同有关部门加强指导和监督检查，及时研究解决工作中遇到的问题，确保本决定的贯彻实施。

本决定自发布之日起实施，已有规定与本决定不一致的，按本决定执行。

《国务院关于建立城镇职工基本医疗保险制度的决定》（国发［1998］44号）

加快医疗保险制度改革，保障职工基本医疗，是建立社会主义市场经济体制的客观要求和重要保障。在认真总结近年来各地医疗保险制度改革试点经验的基础上，国务院决定，在全国范围内进行城镇职工医疗保险制度改革。

一、改革的任务和原则

医疗保险制度改革的主要任务是建立城镇职工基本医疗保险制度，即适应社会主义市场经济体制，根据财政、企业和个人的承受能力，建立保障职工基本医疗需求的社会医疗保险制度。

建立城镇职工基本医疗保险制度的原则是：基本医疗保险的水平要与社会主义初级阶段生产力发展水平相适应；城镇所有用人单位及其职工都要参加基本医疗保险，实行属地管理；基本医疗保险费由用人单位和职工双方共同负担；基本医疗保险基金实行社会统筹和个人账户相结合。

二、覆盖范围和缴费办法

城镇所有用人单位，包括企业（国有企业、集体企业、外商投资企业、私营企业等）、机关、事业单位、社会团体、民办非企业单位及其职工，都要参加基本医疗保险。乡镇企业及其职工、城镇个体经济组织业主及其从业人员是否参加基本医疗保险，由各省、自治区、直辖市人民政府决定。

基本医疗保险原则上以地级以上行政区（包括地、市、州、盟）为统筹单位，也可以县（市）为统筹单位，北京、天津、上海3个直辖市原则上在全市范围内实行统筹（以下简称统筹地区）。所有用人单位及其职工都要按照属地管理原则参加所在统筹地区的基本医疗保险，执行统一政策，实行基本医疗保险基金的统一筹集、使用和管理。铁路、电力、远洋运输等跨地区、生产流动性较大的企业及其职工，可以相对集中的方式异地参加统筹地区的基本医疗保险。

基本医疗保险费由用人单位和职工共同缴纳。用人单位缴费率应控制在职工工资总额的6%左右，职工缴费率一般为本人工资收入的2%。随着经济发展，用人单位和职工缴费率可作相应调整。

三、建立基本医疗保险统筹基金和个人账户

要建立基本医疗保险统筹基金和个人账户。基本医疗保险基金由统筹基金和个人账户构成。职工个人缴纳的基本医疗保险费，全部计入个人账户。用人单位缴纳的基本医疗保险费

分为两部分，一部分用于建立统筹基金，一部分划入个人账户。划入个人账户的比例一般为用人单位缴费的30%左右，具体比例由统筹地区根据个人账户的支付范围和职工年龄等因素确定。

统筹基金和个人账户要划定各自的支付范围，分别核算，不得互相挤占。要确定统筹基金的起付标准和最高支付限额，起付标准原则上控制在当地职工年平均工资的10%左右，最高支付限额原则上控制在当地职工年平均工资的4倍左右。起付标准以下的医疗费用，从个人账户中支付或由个人自付。起付标准以上、最高支付限额以下的医疗费用，主要从统筹基金中支付，个人也要负担一定比例。超过最高支付限额的医疗费用，可以通过商业医疗保险等途径解决。统筹基金的具体起付标准、最高支付限额以及在起付标准以上和最高支付限额以下医疗费用的个人负担比例，由统筹地区根据以收定支、收支平衡的原则确定。

四、健全基本医疗保险基金的管理和监督机制

基本医疗保险基金纳入财政专户管理，专款专用，不得挤占挪用。

社会保险经办机构负责基本医疗保险基金的筹集、管理和支付，并要建立健全预决算制度、财务会计制度和内部审计制度。社会保险经办机构的事业经费不得从基金中提取，由各级财政预算解决。

基本医疗保险基金的银行计息办法：当年筹集的部分，按活期存款利率计息；上年结转的基金本息，按3个月期整存整取银行存款利率计息；存入社会保障财政专户的沉淀资金，比照3年期零存整取储蓄存款利率计息，并不低于该档次利率水平。个人账户的本金和利息归个人所有，可以结转使用和继承。

各级劳动保障和财政部门，要加强对基本医疗保险基金的监督管理。审计部门要定期对社会保险经办机构的基金收支情况和管理情况进行审计。统筹地区应设立由政府有关部门代表、用人单位代表、医疗机构代表、工会代表和有关专家参加的医疗保险基金监督组织，加强对基本医疗保险基金的社会监督。

五、加强医疗服务管理

要确定基本医疗保险的服务范围和标准。劳动保障部会同卫生部、财政部等有关部门制定基本医疗服务的范围、标准和医药费用结算办法，制定国家基本医疗保险药品目录、诊疗项目、医疗服务设施标准及相应的管理办法。各省、自治区、直辖市劳动保障行政管理部门根据国家规定，会同有关部门制定本地区相应的实施标准和办法。

基本医疗保险实行定点医疗机构（包括中医医院）和定点药店管理。劳动保障部会同卫生部、财政部等有关部门制定定点医疗机构和定点药店的资格审定办法。社会保险经办机构要根据中西医并举，基层、专科和综合医疗机构兼顾，方便职工就医的原则，负责确定定点医疗机构和定点药店，并同定点医疗机构和定点药店签订合同，明确各自的责任、权利和义务。在确定定点医疗机构和定点药店时，要引进竞争机制，职工可选择若干定点医疗机构就医、购药，也可持处方在若干定点药店购药。国家药品监督管理局会同有关部门制定定点药店购药药事事故处理办法。

各地要认真贯彻《中共中央、国务院关于卫生改革与发展的决定》（中发［1997］3号）精神，积极推进医药卫生体制改革，以较少的经费投入，使人民群众得到良好的医疗

服务，促进医药卫生事业的健康发展。要建立医药分开核算、分别管理的制度，形成医疗服务和药品流通的竞争机制，合理控制医药费用水平；要加强医疗机构和药店的内部管理，规范医药服务行为，减员增效，降低医药成本；要理顺医疗服务价格，在实行医药分开核算、分别管理，降低药品收入占医疗总收入比重的基础上，合理提高医疗技术劳务价格；要加强业务技术培训和职业道德教育，提高医药服务人员的素质和服务质量；要合理调整医疗机构布局，优化医疗卫生资源配置，积极发展社区卫生服务，将社区卫生服务中的基本医疗服务项目纳入基本医疗保险范围。卫生部会同有关部门制定医疗机构改革方案和发展社区卫生服务的有关政策。国家经贸委等部门要认真配合做好药品流通体制改革工作。

六、妥善解决有关人员的医疗待遇

离休人员、老红军的医疗待遇不变，医疗费用按原资金渠道解决，支付确有困难的，由同级人民政府帮助解决。离休人员、老红军的医疗管理办法由省、自治区、直辖市人民政府制定。

二等乙级以上革命伤残军人的医疗待遇不变，医疗费用按原资金渠道解决，由社会保险经办机构单独列账管理。医疗费支付不足部分，由当地人民政府帮助解决。

退休人员参加基本医疗保险，个人不缴纳基本医疗保险费。对退休人员个人账户的计入金额和个人负担医疗费的比例给予适当照顾。

国家公务员在参加基本医疗保险的基础上，享受医疗补助政策。具体办法另行制定。

为了不降低一些特定行业职工现有的医疗消费水平，在参加基本医疗保险的基础上，作为过渡措施，允许建立企业补充医疗保险。企业补充医疗保险费在工资总额4%以内的部分，从职工福利费中列支，福利费不足列支的部分，经同级财政部门核准后列入成本。

国有企业下岗职工的基本医疗保险费，包括单位缴费和个人缴费，均由再就业服务中心按照当地上年度职工平均工资的60%为基数缴纳。

七、加强组织领导

医疗保险制度改革政策性强，涉及广大职工的切身利益，关系到国民经济发展和社会稳定。各级人民政府要切实加强领导，统一思想，提高认识，做好宣传工作和政治思想工作，使广大职工和社会各方面都积极支持和参与这项改革。各地要按照建立城镇职工基本医疗保险制度的任务、原则和要求，结合本地实际，精心组织实施，保证新旧制度的平稳过渡。

建立城镇职工基本医疗保险制度工作从1999年初开始启动，1999年底基本完成。各省、自治区、直辖市人民政府要按照本决定的要求，制定医疗保险制度改革的总体规划，报劳动保障部备案。统筹地区要根据规划要求，制定基本医疗保险实施方案，报省、自治区、直辖市人民政府审批后执行。

劳动保障部要加强对建立城镇职工基本医疗保险制度工作的指导和检查，及时研究解决工作中出现的问题。财政、卫生、药品监督管理等有关部门要积极参与，密切配合，共同努力，确保城镇职工基本医疗保险制度改革工作的顺利进行。

《工伤保险条例》

(2003年4月27日中华人民共和国国务院令第375号公布　根据2010年12月20日《国务院关于修改〈工伤保险条例〉的决定》修订)

第一章　总　　则

第一条　为了保障因工作遭受事故伤害或者患职业病的职工获得医疗救治和经济补偿，促进工伤预防和职业康复，分散用人单位的工伤风险，制定本条例。

第二条　中华人民共和国境内的企业、事业单位、社会团体、民办非企业单位、基金会、律师事务所、会计师事务所等组织和有雇工的个体工商户（以下称用人单位）应当依照本条例规定参加工伤保险，为本单位全部职工或者雇工（以下称职工）缴纳工伤保险费。

中华人民共和国境内的企业、事业单位、社会团体、民办非企业单位、基金会、律师事务所、会计师事务所等组织的职工和个体工商户的雇工，均有依照本条例的规定享受工伤保险待遇的权利。

第三条　工伤保险费的征缴按照《社会保险费征缴暂行条例》关于基本养老保险费、基本医疗保险费、失业保险费的征缴规定执行。

第四条　用人单位应当将参加工伤保险的有关情况在本单位内公示。

用人单位和职工应当遵守有关安全生产和职业病防治的法律法规，执行安全卫生规程和标准，预防工伤事故发生，避免和减少职业病危害。

职工发生工伤时，用人单位应当采取措施使工伤职工得到及时救治。

第五条　国务院社会保险行政部门负责全国的工伤保险工作。

县级以上地方各级人民政府社会保险行政部门负责本行政区域内的工伤保险工作。

社会保险行政部门按照国务院有关规定设立的社会保险经办机构（以下称经办机构）具体承办工伤保险事务。

第六条　社会保险行政部门等部门制定工伤保险的政策、标准，应当征求工会组织、用人单位代表的意见。

第二章　工伤保险基金

第七条　工伤保险基金由用人单位缴纳的工伤保险费、工伤保险基金的利息和依法纳入工伤保险基金的其他资金构成。

第八条　工伤保险费根据以支定收、收支平衡的原则，确定费率。

国家根据不同行业的工伤风险程度确定行业的差别费率，并根据工伤保险费使用、工伤发生率等情况在每个行业内确定若干费率档次。行业差别费率及行业内费率档次由国务院社会保险行政部门制定，报国务院批准后公布施行。

统筹地区经办机构根据用人单位工伤保险费使用、工伤发生率等情况，适用所属行业内相应的费率档次确定单位缴费费率。

第九条　国务院社会保险行政部门应当定期了解全国各统筹地区工伤保险基金收支情况，及时提出调整行业差别费率及行业内费率档次的方案，报国务院批准后公布施行。

第十条　用人单位应当按时缴纳工伤保险费。职工个人不缴纳工伤保险费。

用人单位缴纳工伤保险费的数额为本单位职工工资总额乘以单位缴费费率之积。

对难以按照工资总额缴纳工伤保险费的行业，其缴纳工伤保险费的具体方式，由国务院社会保险行政部门规定。

第十一条　工伤保险基金逐步实行省级统筹。

跨地区、生产流动性较大的行业，可以采取相对集中的方式异地参加统筹地区的工伤保险。具体办法由国务院社会保险行政部门会同有关行业的主管部门制定。

第十二条　工伤保险基金存入社会保障基金财政专户，用于本条例规定的工伤保险待遇，劳动能力鉴定，工伤预防的宣传、培训等费用，以及法律、法规规定的用于工伤保险的其他费用的支付。

工伤预防费用的提取比例、使用和管理的具体办法，由国务院社会保险行政部门会同国务院财政、卫生行政、安全生产监督管理等部门规定。

任何单位或者个人不得将工伤保险基金用于投资运营、兴建或者改建办公场所、发放奖金，或者挪作其他用途。

第十三条　工伤保险基金应当留有一定比例的储备金，用于统筹地区重大事故的工伤保险待遇支付；储备金不足支付的，由统筹地区的人民政府垫付。储备金占基金总额的具体比例和储备金的使用办法，由省、自治区、直辖市人民政府规定。

第三章　工伤认定

第十四条　职工有下列情形之一的，应当认定为工伤：

（一）在工作时间和工作场所内，因工作原因受到事故伤害的；

（二）工作时间前后在工作场所内，从事与工作有关的预备性或者收尾性工作受到事故伤害的；

（三）在工作时间和工作场所内，因履行工作职责受到暴力等意外伤害的；

（四）患职业病的；

（五）因工外出期间，由于工作原因受到伤害或者发生事故下落不明的；

（六）在上下班途中，受到非本人主要责任的交通事故或者城市轨道交通、客运轮渡、火车事故伤害的；

（七）法律、行政法规规定应当认定为工伤的其他情形。

第十五条　职工有下列情形之一的，视同工伤：

（一）在工作时间和工作岗位，突发疾病死亡或者在48小时之内经抢救无效死亡的；

（二）在抢险救灾等维护国家利益、公共利益活动中受到伤害的；

（三）职工原在军队服役，因战、因公负伤致残，已取得革命伤残军人证，到用人单位后旧伤复发的。

职工有前款第（一）项、第（二）项情形的，按照本条例的有关规定享受工伤保险待遇；职工有前款第（三）项情形的，按照本条例的有关规定享受除一次性伤残补助金以外的工伤保险待遇。

第十六条 职工符合本条例第十四条、第十五条的规定，但是有下列情形之一的，不得认定为工伤或者视同工伤：

（一）故意犯罪的；

（二）醉酒或者吸毒的；

（三）自残或者自杀的。

第十七条 职工发生事故伤害或者按照职业病防治法规定被诊断、鉴定为职业病，所在单位应当自事故伤害发生之日或者被诊断、鉴定为职业病之日起30日内，向统筹地区社会保险行政部门提出工伤认定申请。遇有特殊情况，经报社会保险行政部门同意，申请时限可以适当延长。

用人单位未按前款规定提出工伤认定申请的，工伤职工或者其近亲属、工会组织在事故伤害发生之日或者被诊断、鉴定为职业病之日起1年内，可以直接向用人单位所在地统筹地区社会保险行政部门提出工伤认定申请。

按照本条第一款规定应当由省级社会保险行政部门进行工伤认定的事项，根据属地原则由用人单位所在地的设区的市级社会保险行政部门办理。

用人单位未在本条第一款规定的时限内提交工伤认定申请，在此期间发生符合本条例规定的工伤待遇等有关费用由该用人单位负担。

第十八条 提出工伤认定申请应当提交下列材料：

（一）工伤认定申请表；

（二）与用人单位存在劳动关系（包括事实劳动关系）的证明材料；

（三）医疗诊断证明或者职业病诊断证明书（或者职业病诊断鉴定书）。

工伤认定申请表应当包括事故发生的时间、地点、原因以及职工伤害程度等基本情况。

工伤认定申请人提供材料不完整的，社会保险行政部门应当一次性书面告知工伤认定申请人需要补正的全部材料。申请人按照书面告知要求补正材料后，社会保险行政部门应当受理。

第十九条 社会保险行政部门受理工伤认定申请后，根据审核需要可以对事故伤害进行调查核实，用人单位、职工、工会组织、医疗机构以及有关部门应当予以协助。职业病诊断和诊断争议的鉴定，依照职业病防治法的有关规定执行。对依法取得职业病诊断证明书或者职业病诊断鉴定书的，社会保险行政部门不再进行调查核实。

职工或者其近亲属认为是工伤，用人单位不认为是工伤的，由用人单位承担举证责任。

第二十条 社会保险行政部门应当自受理工伤认定申请之日起60日内作出工伤认定的决定，并书面通知申请工伤认定的职工或者其近亲属和该职工所在单位。

社会保险行政部门对受理的事实清楚、权利义务明确的工伤认定申请，应当在15日内作出工伤认定的决定。

作出工伤认定决定需要以司法机关或者有关行政主管部门的结论为依据的，在司法机关或者有关行政主管部门尚未作出结论期间，作出工伤认定决定的时限中止。

社会保险行政部门工作人员与工伤认定申请人有利害关系的，应当回避。

第四章 劳动能力鉴定

第二十一条 职工发生工伤，经治疗伤情相对稳定后存在残疾、影响劳动能力的，应当进行劳动能力鉴定。

第二十二条 劳动能力鉴定是指劳动功能障碍程度和生活自理障碍程度的等级鉴定。

劳动功能障碍分为10个伤残等级，最重的为一级，最轻的为十级。

生活自理障碍分为3个等级：生活完全不能自理、生活大部分不能自理和生活部分不能自理。

劳动能力鉴定标准由国务院社会保险行政部门会同国务院卫生行政部门等部门制定。

第二十三条 劳动能力鉴定由用人单位、工伤职工或者其近亲属向设区的市级劳动能力鉴定委员会提出申请，并提供工伤认定决定和职工工伤医疗的有关资料。

第二十四条 省、自治区、直辖市劳动能力鉴定委员会和设区的市级劳动能力鉴定委员会分别由省、自治区、直辖市和设区的市级社会保险行政部门、卫生行政部门、工会组织、经办机构代表以及用人单位代表组成。

劳动能力鉴定委员会建立医疗卫生专家库。列入专家库的医疗卫生专业技术人员应当具备下列条件：

（一）具有医疗卫生高级专业技术职务任职资格；

（二）掌握劳动能力鉴定的相关知识；

（三）具有良好的职业品德。

第二十五条 设区的市级劳动能力鉴定委员会收到劳动能力鉴定申请后，应当从其建立的医疗卫生专家库中随机抽取3名或者5名相关专家组成专家组，由专家组提出鉴定意见。设区的市级劳动能力鉴定委员会根据专家组的鉴定意见作出工伤职工劳动能力鉴定结论；必要时，可以委托具备资格的医疗机构协助进行有关的诊断。

设区的市级劳动能力鉴定委员会应当自收到劳动能力鉴定申请之日起60日内作出劳动能力鉴定结论，必要时，作出劳动能力鉴定结论的期限可以延长30日。劳动能力鉴定结论应当及时送达申请鉴定的单位和个人。

第二十六条 申请鉴定的单位或者个人对设区的市级劳动能力鉴定委员会作出的鉴定结论不服的，可以在收到该鉴定结论之日起15日内向省、自治区、直辖市劳动能力鉴定委员会提出再次鉴定申请。省、自治区、直辖市劳动能力鉴定委员会作出的劳动能力鉴定结论为最终结论。

第二十七条 劳动能力鉴定工作应当客观、公正。劳动能力鉴定委员会组成人员或者参加鉴定的专家与当事人有利害关系的，应当回避。

第二十八条 自劳动能力鉴定结论作出之日起1年后，工伤职工或者其近亲属、所在单位或者经办机构认为伤残情况发生变化的，可以申请劳动能力复查鉴定。

第二十九条 劳动能力鉴定委员会依照本条例第二十六条和第二十八条的规定进行再次鉴定和复查鉴定的期限，依照本条例第二十五条第二款的规定执行。

第五章 工伤保险待遇

第三十条 职工因工作遭受事故伤害或者患职业病进行治疗，享受工伤医疗待遇。

职工治疗工伤应当在签订服务协议的医疗机构就医，情况紧急时可以先到就近的医疗机构急救。

治疗工伤所需费用符合工伤保险诊疗项目目录、工伤保险药品目录、工伤保险住院服务标准的，从工伤保险基金支付。工伤保险诊疗项目目录、工伤保险药品目录、工伤保险住院服务标准，由国务院社会保险行政部门会同国务院卫生行政部门、食品药品监督管理部门等部门规定。

职工住院治疗工伤的伙食补助费，以及经医疗机构出具证明，报经办机构同意，工伤职工到统筹地区以外就医所需的交通、食宿费用从工伤保险基金支付，基金支付的具体标准由统筹地区人民政府规定。

工伤职工治疗非工伤引发的疾病，不享受工伤医疗待遇，按照基本医疗保险办法处理。

工伤职工到签订服务协议的医疗机构进行工伤康复的费用，符合规定的，从工伤保险基金支付。

第三十一条 社会保险行政部门作出认定为工伤的决定后发生行政复议、行政诉讼的，行政复议和行政诉讼期间不停止支付工伤职工治疗工伤的医疗费用。

第三十二条 工伤职工因日常生活或者就业需要，经劳动能力鉴定委员会确认，可以安装假肢、矫形器、假眼、假牙和配置轮椅等辅助器具，所需费用按照国家规定的标准从工伤保险基金支付。

第三十三条 职工因工作遭受事故伤害或者患职业病需要暂停工作接受工伤医疗的，在停工留薪期内，原工资福利待遇不变，由所在单位按月支付。

停工留薪期一般不超过12个月。伤情严重或者情况特殊，经设区的市级劳动能力鉴定委员会确认，可以适当延长，但延长不得超过12个月。工伤职工评定伤残等级后，停发原待遇，按照本章的有关规定享受伤残待遇。工伤职工在停工留薪期满后仍需治疗的，继续享受工伤医疗待遇。

生活不能自理的工伤职工在停工留薪期需要护理的，由所在单位负责。

第三十四条 工伤职工已经评定伤残等级并经劳动能力鉴定委员会确认需要生活护理的，从工伤保险基金按月支付生活护理费。

生活护理费按照生活完全不能自理、生活大部分不能自理或者生活部分不能自理3个不同等级支付，其标准分别为统筹地区上年度职工月平均工资的50%、40%或者30%。

第三十五条 职工因工致残被鉴定为一级至四级伤残的，保留劳动关系，退出工作岗位，享受以下待遇：

（一）从工伤保险基金按伤残等级支付一次性伤残补助金，标准为：一级伤残为27个月的本人工资，二级伤残为25个月的本人工资，三级伤残为23个月的本人工资，四级伤残为21个月的本人工资；

（二）从工伤保险基金按月支付伤残津贴，标准为：一级伤残为本人工资的90%，二级伤残为本人工资的85%，三级伤残为本人工资的80%，四级伤残为本人工资的75%。伤残津贴实际金额低于当地最低工资标准的，由工伤保险基金补足差额；

（三）工伤职工达到退休年龄并办理退休手续后，停发伤残津贴，按照国家有关规定享受基本养老保险待遇。基本养老保险待遇低于伤残津贴的，由工伤保险基金补足差额。

职工因工致残被鉴定为一级至四级伤残的，由用人单位和职工个人以伤残津贴为基数，缴纳基本医疗保险费。

第三十六条　职工因工致残被鉴定为五级、六级伤残的，享受以下待遇：

（一）从工伤保险基金按伤残等级支付一次性伤残补助金，标准为：五级伤残为18个月的本人工资，六级伤残为16个月的本人工资；

（二）保留与用人单位的劳动关系，由用人单位安排适当工作。难以安排工作的，由用人单位按月发给伤残津贴，标准为：五级伤残为本人工资的70%，六级伤残为本人工资的60%，并由用人单位按照规定为其缴纳应缴纳的各项社会保险费。伤残津贴实际金额低于当地最低工资标准的，由用人单位补足差额。

经工伤职工本人提出，该职工可以与用人单位解除或者终止劳动关系，由工伤保险基金支付一次性工伤医疗补助金，由用人单位支付一次性伤残就业补助金。一次性工伤医疗补助金和一次性伤残就业补助金的具体标准由省、自治区、直辖市人民政府规定。

第三十七条　职工因工致残被鉴定为七级至十级伤残的，享受以下待遇：

（一）从工伤保险基金按伤残等级支付一次性伤残补助金，标准为：七级伤残为13个月的本人工资，八级伤残为11个月的本人工资，九级伤残为9个月的本人工资，十级伤残为7个月的本人工资；

（二）劳动、聘用合同期满终止，或者职工本人提出解除劳动、聘用合同的，由工伤保险基金支付一次性工伤医疗补助金，由用人单位支付一次性伤残就业补助金。一次性工伤医疗补助金和一次性伤残就业补助金的具体标准由省、自治区、直辖市人民政府规定。

第三十八条　工伤职工工伤复发，确认需要治疗的，享受本条例第三十条、第三十二条和第三十三条规定的工伤待遇。

第三十九条　职工因工死亡，其近亲属按照下列规定从工伤保险基金领取丧葬补助金、供养亲属抚恤金和一次性工亡补助金：

（一）丧葬补助金为6个月的统筹地区上年度职工月平均工资；

（二）供养亲属抚恤金按照职工本人工资的一定比例发给由因工死亡职工生前提供主要生活来源、无劳动能力的亲属。标准为：配偶每月40%，其他亲属每人每月30%，孤寡老人或者孤儿每人每月在上述标准的基础上增加10%。核定的各供养亲属的抚恤金之和不应高于因工死亡职工生前的工资。供养亲属的具体范围由国务院社会保险行政部门规定；

（三）一次性工亡补助金标准为上一年度全国城镇居民人均可支配收入（2009年全年城镇居民人均可支配收入17 175元）的20倍。

伤残职工在停工留薪期内因工伤导致死亡的，其近亲属享受本条第一款规定的待遇。

一级至四级伤残职工在停工留薪期满后死亡的，其近亲属可以享受本条第一款第（一）项、第（二）项规定的待遇。

第四十条　伤残津贴、供养亲属抚恤金、生活护理费由统筹地区社会保险行政部门根据职工平均工资和生活费用变化等情况适时调整。调整办法由省、自治区、直辖市人民政府规定。

第四十一条　职工因工外出期间发生事故或者在抢险救灾中下落不明的，从事故发生当月起3个月内照发工资，从第4个月起停发工资，由工伤保险基金向其供养亲属按月支付供养亲属抚恤金。生活有困难的，可以预支一次性工亡补助金的50%。职工被人民法院宣告死亡的，按照本条例第三十九条职工因工死亡的规定处理。

第四十二条 工伤职工有下列情形之一的，停止享受工伤保险待遇：

（一）丧失享受待遇条件的；

（二）拒不接受劳动能力鉴定的；

（三）拒绝治疗的。

第四十三条 用人单位分立、合并、转让的，承继单位应当承担原用人单位的工伤保险责任；原用人单位已经参加工伤保险的，承继单位应当到当地经办机构办理工伤保险变更登记。

用人单位实行承包经营的，工伤保险责任由职工劳动关系所在单位承担。

职工被借调期间受到工伤事故伤害的，由原用人单位承担工伤保险责任，但原用人单位与借调单位可以约定补偿办法。

企业破产的，在破产清算时依法拨付应当由单位支付的工伤保险待遇费用。

第四十四条 职工被派遣出境工作，依据前往国家或者地区的法律应当参加当地工伤保险的，参加当地工伤保险，其国内工伤保险关系中止；不能参加当地工伤保险的，其国内工伤保险关系不中止。

第四十五条 职工再次发生工伤，根据规定应当享受伤残津贴的，按照新认定的伤残等级享受伤残津贴待遇。

第六章 监督管理

第四十六条 经办机构具体承办工伤保险事务，履行下列职责：

（一）根据省、自治区、直辖市人民政府规定，征收工伤保险费；

（二）核查用人单位的工资总额和职工人数，办理工伤保险登记，并负责保存用人单位缴费和职工享受工伤保险待遇情况的记录；

（三）进行工伤保险的调查、统计；

（四）按照规定管理工伤保险基金的支出；

（五）按照规定核定工伤保险待遇；

（六）为工伤职工或者其近亲属免费提供咨询服务。

第四十七条 经办机构与医疗机构、辅助器具配置机构在平等协商的基础上签订服务协议，并公布签订服务协议的医疗机构、辅助器具配置机构的名单。具体办法由国务院社会保险行政部门分别会同国务院卫生行政部门、民政部门等部门制定。

第四十八条 经办机构按照协议和国家有关目录、标准对工伤职工医疗费用、康复费用、辅助器具费用的使用情况进行核查，并按时足额结算费用。

第四十九条 经办机构应当定期公布工伤保险基金的收支情况，及时向社会保险行政部门提出调整费率的建议。

第五十条 社会保险行政部门、经办机构应当定期听取工伤职工、医疗机构、辅助器具配置机构以及社会各界对改进工伤保险工作的意见。

第五十一条 社会保险行政部门依法对工伤保险费的征缴和工伤保险基金的支付情况进行监督检查。

财政部门和审计机关依法对工伤保险基金的收支、管理情况进行监督。

第五十二条 任何组织和个人对有关工伤保险的违法行为，有权举报。社会保险行政部门对举报应当及时调查，按照规定处理，并为举报人保密。

第五十三条 工会组织依法维护工伤职工的合法权益，对用人单位的工伤保险工作实行监督。

第五十四条 职工与用人单位发生工伤待遇方面的争议，按照处理劳动争议的有关规定处理。

第五十五条 有下列情形之一的，有关单位或者个人可以依法申请行政复议，也可以依法向人民法院提起行政诉讼：

（一）申请工伤认定的职工或者其近亲属、该职工所在单位对工伤认定申请不予受理的决定不服的；

（二）申请工伤认定的职工或者其近亲属、该职工所在单位对工伤认定结论不服的；

（三）用人单位对经办机构确定的单位缴费费率不服的；

（四）签订服务协议的医疗机构、辅助器具配置机构认为经办机构未履行有关协议或者规定的；

（五）工伤职工或者其近亲属对经办机构核定的工伤保险待遇有异议的。

第七章 法律责任

第五十六条 单位或者个人违反本条例第十二条规定挪用工伤保险基金，构成犯罪的，依法追究刑事责任；尚不构成犯罪的，依法给予处分或者纪律处分。被挪用的基金由社会保险行政部门追回，并入工伤保险基金；没收的违法所得依法上缴国库。

第五十七条 社会保险行政部门工作人员有下列情形之一的，依法给予处分；情节严重，构成犯罪的，依法追究刑事责任：

（一）无正当理由不受理工伤认定申请，或者弄虚作假将不符合工伤条件的人员认定为工伤职工的；

（二）未妥善保管申请工伤认定的证据材料，致使有关证据灭失的；

（三）收受当事人财物的。

第五十八条 经办机构有下列行为之一的，由社会保险行政部门责令改正，对直接负责的主管人员和其他责任人员依法给予纪律处分；情节严重，构成犯罪的，依法追究刑事责任；造成当事人经济损失的，由经办机构依法承担赔偿责任：

（一）未按规定保存用人单位缴费和职工享受工伤保险待遇情况记录的；

（二）不按规定核定工伤保险待遇的；

（三）收受当事人财物的。

第五十九条 医疗机构、辅助器具配置机构不按服务协议提供服务的，经办机构可以解除服务协议。

经办机构不按时足额结算费用的，由社会保险行政部门责令改正；医疗机构、辅助器具配置机构可以解除服务协议。

第六十条 用人单位、工伤职工或者其近亲属骗取工伤保险待遇，医疗机构、辅助器具配置机构骗取工伤保险基金支出的，由社会保险行政部门责令退还，处骗取金额 2 倍以上 5 倍以下的罚款；情节严重，构成犯罪的，依法追究刑事责任。

第六十一条 从事劳动能力鉴定的组织或者个人有下列情形之一的，由社会保险行政部门门责令改正，处2 000元以上1万元以下的罚款；情节严重，构成犯罪的，依法追究刑事责任：

（一）提供虚假鉴定意见的；

（二）提供虚假诊断证明的；

（三）收受当事人财物的。

第六十二条 用人单位依照本条例规定应当参加工伤保险而未参加的，由社会保险行政部门责令限期参加，补缴应当缴纳的工伤保险费，并自欠缴之日起，按日加收万分之五的滞纳金；逾期仍不缴纳的，处欠缴数额1倍以上3倍以下的罚款。

依照本条例规定应当参加工伤保险而未参加工伤保险的用人单位职工发生工伤的，由该用人单位按照本条例规定的工伤保险待遇项目和标准支付费用。

用人单位参加工伤保险并补缴应当缴纳的工伤保险费、滞纳金后，由工伤保险基金和用人单位依照本条例的规定支付新发生的费用。

第六十三条 用人单位违反本条例第十九条的规定，拒不协助社会保险行政部门对事故进行调查核实的，由社会保险行政部门责令改正，处2 000元以上2万元以下的罚款。

第八章 附 则

第六十四条 本条例所称工资总额，是指用人单位直接支付给本单位全部职工的劳动报酬总额。

本条例所称本人工资，是指工伤职工因工作遭受事故伤害或者患职业病前12个月平均月缴费工资。本人工资高于统筹地区职工平均工资300%的，按照统筹地区职工平均工资的300%计算；本人工资低于统筹地区职工平均工资60%的，按照统筹地区职工平均工资的60%计算。

第六十五条 公务员和参照公务员法管理的事业单位、社会团体的工作人员因工作遭受事故伤害或者患职业病的，由所在单位支付费用。具体办法由国务院社会保险行政部门会同国务院财政部门规定。

第六十六条 无营业执照或者未经依法登记、备案的单位以及被依法吊销营业执照或者撤销登记、备案的单位的职工受到事故伤害或者患职业病的，由该单位向伤残职工或者死亡职工的近亲属给予一次性赔偿，赔偿标准不得低于本条例规定的工伤保险待遇；用人单位不得使用童工，用人单位使用童工造成童工伤残、死亡的，由该单位向童工或者童工的近亲属给予一次性赔偿，赔偿标准不得低于本条例规定的工伤保险待遇。具体办法由国务院社会保险行政部门规定。

前款规定的伤残职工或者死亡职工的近亲属就赔偿数额与单位发生争议的，以及前款规定的童工或者童工的近亲属就赔偿数额与单位发生争议的，按照处理劳动争议的有关规定处理。

第六十七条 本条例自2004年1月1日起施行。本条例施行前已受到事故伤害或者患职业病的职工尚未完成工伤认定的，按照本条例的规定执行。

生育保险办法（征求意见稿）

意见反馈截止时间为2012年12月21日。

第一章 总 则

第一条 为了保障职工生育期间获得经济补偿和基本医疗服务，均衡用人单位生育费用负担，促进公平就业，根据《中华人民共和国社会保险法》，制定本办法。

第二条 中华人民共和国境内的国家机关、企业、事业单位、有雇工的个体经济组织以及其他社会组织（以下称用人单位）及其职工或者雇工（以下称职工），应当参加生育保险。用人单位缴纳生育保险费，职工不缴纳生育保险费。

第三条 国务院社会保险行政部门负责全国的生育保险工作。县级以上地方人民政府社会保险行政部门负责本行政区域内的生育保险管理工作。

第二章 生育保险基金

第四条 生育保险基金由用人单位缴纳的生育保险费、生育保险基金的利息收入和依法纳入生育保险基金的其他资金构成。

第五条 生育保险基金按照“以支定收、收支平衡”的原则筹集和使用。

第六条 用人单位按照本单位职工工资总额的一定比例缴纳生育保险费，缴费比例一般不超过0.5%，具体缴费比例由各统筹地区根据当地实际情况测算后提出，报省、自治区、直辖市批准后实施。超过工资总额0.5%的，应当报人力资源社会保障部备案。

第七条 生育保险费的征缴按照社会保险费征缴规定执行。

第八条 生育保险基金实行地（市）级统筹，逐步实行省级统筹。

第九条 生育保险基金存入财政专户并实行预算管理，执行国家社会保险基金管理办法。

第三章 生育保险待遇

第十条 职工所在用人单位依法为其缴纳生育保险费的，职工可以按照国家规定享受生育保险待遇。

第十一条 生育保险待遇包括生育医疗费用和生育津贴。

第十二条 生育医疗费用包括生育的医疗费用、计划生育的医疗费用和法律、法规规定的应当由生育保险基金支付的其他项目费用。

生育的医疗费用指女职工在孕产期内因怀孕、分娩发生的医疗费用，包括诊治妊娠合并症、并发症的医疗费用。

计划生育的医疗费用指职工放置或者取出宫内节育器、施行输卵管或者输精管结扎及复通手术、实施人工流产术或者引产术等发生的医疗费用。

第十三条 参加生育保险的人员在协议医疗服务机构发生的生育医疗费用，符合生育保险药品目录、诊疗项目及医疗服务设施标准的，由生育保险基金支付。

需急诊、抢救的，可在非协议医疗服务机构就医。

第十四条 生育津贴是女职工按照国家规定享受产假或者计划生育手术休假期间获得的工资性补偿，按照职工所在用人单位上年度职工月平均工资的标准计发。

第十五条 生育津贴支付期限按照《女职工劳动保护特别规定》中关于产假的规定执行。女职工生育享受98天产假；难产的，增加产假15天；生育多胞胎的，每多生育1个婴儿，增加产假15天。女职工怀孕未满4个月流产的，享受15天产假；怀孕满4个月流产的，享受42天产假。

第十六条 按照国家规定由公共卫生服务项目或者基本医疗保险基金等支付的生育医疗费用，生育保险基金不再支付。

第四章 管理和监督

第十七条 社会保险经办机构具体承办生育保险事务。

社会保险经办机构的人员经费和经办生育保险发生的基本运行费用、管理费用，由同级财政按照国家规定予以保障。

第十八条 社会保险经办机构应当根据参加生育保险人员生育和计划生育医疗服务需求，与医疗服务机构签订生育保险服务协议，明确双方的权利、义务和责任，并按照协议进行监督、管理。

第十九条 协议医疗服务机构应当遵守生育保险有关规定，严格履行服务协议，及时为参加生育保险人员提供合理、必要的医疗服务。

第二十条 职工就医发生的应当由生育保险基金支付的生育医疗费用，由社会保险经办机构与协议医疗服务机构直接结算。

第二十一条 参加生育保险人员异地生育，其生育医疗费用结算范围和标准按照参保地有关规定执行。具体管理办法由统筹地区根据当地实际情况制定。

第二十二条 社会保险行政部门应当加强对用人单位和个人遵守社会保险法律、法规、规章情况的监督检查。

社会保险行政部门对生育保险基金收支、管理情况进行监督检查。发现存在问题的，应当提出整改建议，依法作出处理决定或者向有关行政部门提出处理建议。检查结果应当定期向社会公布。

第二十三条 任何组织或者个人有权对生育保险违法行为进行举报、投诉。社会保险行政部门应当及时依法处理。

第五章 法律责任

第二十四条 因用人单位未依法为职工缴纳生育保险费，造成职工不能享受生育保险待遇的，由用人单位按照本办法规定的项目和标准支付其生育保险待遇。

对未依法为其职工缴纳生育保险费的用人单位，按照社会保险法第六十三条、第八十六条等有关规定处理。

第二十五条 用人单位、协议医疗服务机构等单位或者个人，以欺诈、伪造证明材料或者其他手段骗取生育保险基金或者待遇的，由社会保险行政部门责令退回，处骗取金额二倍以上五倍以下的罚款；属于社会保险服务机构的，解除服务协议，并承担相应的法律责任；构成犯罪的，依法追究刑事责任。

第六章 附 则

第二十六条 本办法自 2012 年 月 日起施行。原劳动部 1994 年 12 月 14 日发布的《企业职工生育保险试行办法》（劳部发〔1994〕504 号）同时废止。

失业保险条例（修订草案征求意见稿）

意见反馈截止时间为 2017 年 12 月 10 日。

第一章 总 则

第一条 为了保障失业人员的基本生活，预防失业，促进就业，制定本条例。

第二条 中华人民共和国境内的企业、事业单位、社会团体、民办非企业单位、基金会、律师事务所、会计师事务所等组织（以下称用人单位）及其职工应当依照本条例规定参加失业保险，缴纳失业保险费。

失业人员依照本条例的规定，享受失业保险待遇。

第三条 国务院人力资源社会保障行政部门负责全国的失业保险工作。县级以上地方各级人民政府人力资源社会保障行政部门负责本行政区域内的失业保险工作。

人力资源社会保障行政部门按照国务院规定设立的经办失业保险业务的社会保险经办机构依照本条例的规定，具体承办失业保险工作。

第四条 失业保险费按照国家有关规定征缴。

第二章 失业保险基金

第五条 失业保险基金由下列各项构成：

（一）用人单位和职工缴纳的失业保险费；

（二）失业保险基金的利息；

（三）财政补贴；

（四）依法纳入失业保险基金的其他资金。

第六条 失业保险费由用人单位和职工分别按照本单位工资总额和本人工资的一定比例

缴纳，用人单位和职工的缴费比例之和不得超过2%，具体缴费比例由省、自治区、直辖市人民政府规定。在省、自治区、直辖市行政区域内，用人单位和职工的缴费比例应当统一。

第七条 失业保险基金在直辖市实行全市统筹，在省、自治区逐步实行省级统筹。

第八条 省、自治区可以建立失业保险调剂金。

失业保险调剂金以统筹地区依法应当征收的失业保险费为基数，按照省、自治区人民政府规定的比例筹集。

统筹地区的失业保险基金不敷使用时，由失业保险调剂金调剂、地方财政补贴。

失业保险调剂金的筹集、调剂使用以及地方财政补贴的具体办法，由省、自治区人民政府规定。

第九条 失业保险基金用于下列支出：

（一）失业保险金；

（二）领取失业保险金期间失业人员应当缴纳的基本养老保险费和基本医疗保险费；

（三）技能提升补贴；

（四）在上年失业保险基金滚存结余具备12个月以上支付能力的统筹地区，失业人员领取失业保险金期间可以享受职业培训补贴、职业技能鉴定补贴、创业补贴；

（五）领取失业保险金期间死亡的失业人员的丧葬补助金和其供养的配偶、直系亲属的抚恤金；

（六）稳定岗位补贴；

（七）国务院规定或者批准的与失业保险有关的其他费用。

技能提升补贴、职业培训补贴、职业技能鉴定补贴、创业补贴的标准和办法，由国务院人力资源社会保障行政部门会同国务院财政部门规定。

第十条 失业保险基金应当存入财政部门在银行开设的社会保障基金财政专户，实行收支两条线管理。

失业保险基金银行存款实行统一计息办法。对存入收入户和支出户的活期存款实行优惠利率，按三个月整存整取定期存款基准利率计息。对存入财政专户的存款，利率比照同期居民储蓄存款利率管理。失业保险基金管理和投资运营按照国务院有关规定执行。

失业保险基金专款专用，不得挪作他用，不得用于平衡财政收支。

第十一条 失业保险基金预算、决算草案的编制、审核和批准，依照法律行政法规执行。

第十二条 失业保险基金的财务管理和会计核算按照国家有关规定执行。

第三章 失业保险待遇

第十三条 具备下列条件的失业人员，可以领取失业保险金：

（一）按照规定参加失业保险，用人单位和本人已按照规定履行缴费义务满1年的；

（二）非因本人意愿中断就业的；

（三）已办理失业登记，并有求职要求的。

失业人员在领取失业保险金期间，按照规定同时享受其他失业保险待遇。

第十四条 失业人员在领取失业保险金期间有下列情形之一的，停止领取失业保险金，并同时停止享受其他失业保险待遇：

（一）重新就业的；

（二）应征服兵役的；

（三）移居境外的；

（四）享受基本养老保险待遇的；

（五）无正当理由，拒不接受当地人民政府指定的部门或者机构介绍的适当工作或者提供的培训的。

失业人员在领取失业保险金期间被判刑收监执行的，中止领取失业保险金。中止情形消除后，失业人员可以按照现行标准继续领取其应当领取而尚未领取的失业保险金。

第十五条 用人单位应当及时为失业人员出具终止或者解除劳动关系的证明，告知其按照规定享受失业保险待遇的权利，并将失业人员的名单自终止或者解除劳动关系之日起15日内告知社会保险经办机构。

职工失业后，应当持本单位为其出具的终止或者解除劳动关系的证明，及时到指定的公共就业服务机构办理失业登记。失业保险金领取期限自办理失业登记之日起计算。

失业人员凭失业登记证明和个人身份证明，到参保地社会保险经办机构办理领取失业保险金的手续。失业保险金由社会保险经办机构通过银行按月发放。

第十六条 失业人员失业前用人单位和本人按照规定累计缴费时间满1年不足5年的，领取失业保险金的期限最长为12个月；累计缴费满5年不足10年的，领取失业保险金的期限最长为18个月；累计缴费满10年以上的，领取失业保险金的期限最长为24个月。重新就业后，再次失业的，缴费时间重新计算。再次失业领取失业保险金的期限与前次失业应当领取而尚未领取的失业保险金的期限合并计算，但是最长不得超过24个月。

第十七条 失业保险金的标准，按照低于当地最低工资标准、高于城市居民最低生活保障标准的水平，由省、自治区、直辖市人民政府确定。

第十八条 失业人员在领取失业保险金期间，以个人身份自愿参加基本养老保险。

失业人员在领取失业保险金期间，参加职工基本医疗保险，享受基本医疗保险待遇。

失业人员应当缴纳的基本养老保险费和基本医疗保险费从失业保险基金中支付，个人不缴纳基本养老保险费和基本医疗保险费。

第十九条 失业人员在领取失业保险金期间死亡的，参照当地对在职职工的规定，向其遗属发给一次性丧葬补助金和抚恤金。

第二十条 用人单位依法参加失业保险并缴纳失业保险费的，当出现劳动合同法第四十一条规定情形，或者因重大突发事件、自然灾害等原因造成阶段性停工停产时，采取措施稳定岗位，不裁员或者少裁员的，可以享受稳定岗位补贴，具体办法由省、自治区、直辖市人民政府规定。

第二十一条 职工跨统筹地区就业的，其失业保险关系随本人转移，缴费年限累计计算。其中，跨省、自治区、直辖市就业的，失业保险基金随本人转移；在省、自治区范围内跨统筹地区就业的，失业保险基金的处理办法，由省、自治区人民政府人力资源社会保障行政部门规定。

第二十二条 失业人员符合最低生活保障条件的，按照规定享受最低生活保障待遇。

第四章 管理和监督

第二十三条 人力资源社会保障行政部门管理失业保险工作，履行下列职责：

（一）贯彻实施失业保险法律、法规；

（二）指导社会保险经办机构的工作；

（三）对失业保险费的征收和失业保险待遇的支付以及失业保险基金管理和投资运营情况进行监督检查。

第二十四条 社会保险经办机构具体承办失业保险工作，按照规定履行下列职责：

（一）负责失业人员的登记、调查、统计；

（二）负责失业保险基金的管理；

（三）负责核定并支付失业保险待遇；

（四）为失业人员提供免费的咨询服务；

（五）建立用人单位和职工缴费、失业保险待遇领取情况等权益记录；

（六）发放技能提升补贴、职业培训补贴、职业技能鉴定补贴、创业补贴、稳定岗位补贴；

（七）负责失业监测预警数据的采集、汇总、分析；

（八）国家规定的与失业保险有关的其他职责。

第二十五条 财政部门和审计机关依法对失业保险基金的收支、管理和投资运营情况进行监督。

第二十六条 社会保险经办机构经办失业保险业务的支出通过政府预算安排。

第五章 罚　　则

第二十七条 以欺诈、伪造证明材料或者其他手段骗取失业保险待遇的，由人力资源社会保障行政部门责令退回，处骗取金额2倍以上5倍以下的罚款。

第二十八条 社会保险经办机构及其工作人员有下列行为之一的，由人力资源社会保障行政部门责令改正；给失业保险基金、用人单位或者个人造成损失的，依法承担赔偿责任；对直接负责的主管人员和其他直接责任人员依法给予处分：

（一）未履行失业保险法定职责的；

（二）未将失业保险基金存入财政专户的；

（三）克扣或者拒不按时支付失业保险待遇的；

（四）丢失或者篡改缴费记录、享受失业保险待遇记录等失业保险数据、个人权益记录的；

（五）有违反失业保险法律、法规的其他行为的。

第二十九条 用人单位未按时足额缴纳失业保险费的，由社会保险费征收机构责令限期缴纳或者补足，并自欠缴之日起，按日加收万分之五的滞纳金；逾期仍不缴纳的，由有关行政部门处欠缴数额1倍以上3倍以下的罚款。

第三十条 国家工作人员在失业保险管理、监督工作中滥用职权、玩忽职守、徇私舞弊的，依法给予处分。

第三十一条 隐匿、转移、侵占、挪用失业保险基金的，由人力资源社会保障行政部门、财政部门、审计机关责令追回；有违法所得的，没收违法所得；对直接负责的主管人员和其他直接责任人员依法给予处分。

第三十二条 违反本条例规定，构成犯罪的，依法追究刑事责任。

第六章 附 则

第三十三条 省、自治区、直辖市人民政府根据当地实际情况，可以决定本条例适用于本行政区域内的有雇工的个体工商户及其雇工。

第三十四条 本条例自发布之日起施行。1999 年 1 月 22 日国务院发布的《失业保险条例》同时废止。

参考文献

[1] 邵文娟，奚伟东．社会保险理论与实务．北京．清华大学出版社．2019.01

[2] 孙树菡，朱丽敏．社会保险学（第三版）（新编21世纪公共管理系列教材）．中国人民大学出版社．2019.03

[3] 丁学娜．社会保险实务实训教程．西安电子科技大学出版社．2018.03

[4] 葛蔼灵等．中国养老服务的政策选择．中国财政经济出版社．2019.03

[5] 史潮．社会保险学．科学出版社．2018.05

[6] 刘同芗，王志忠．社会保险学．科学出版社．2018.01

[7] 李兵．社会保险．北京：中国人民大学出版社，2012

[8] 方鹏骞．中国全民医疗保险体系构建和制度安排研究．人民出版社．2019

[9] 杨燕绥．《健康保险与医改体系》．中国财政经济出版社．2018

[10] 贾洪波．中国基本医疗保险制度改革关键问题研究．北京大学出版社，2013

[11] 国务院法制办公室编．中华人民共和国社会保险法注解与配套．中国法制出版社，2011.05.

[12] 周丽霞．HR全程法律顾问——企业人力资源管理高效工业指南．中国法制出版社，2013.05.

[13] 周贤日．劳动法和社会保障法．中国法制出版社，2012.08.

[14]《社会保险法》(2010)

[15]《在中国境内就业的外国人参加社会保险暂行办法》(2011)

[16]《社会保险费征缴暂行条例》(2005)

[17]《国务院关于建立统一的企业职工基本养老保险制度的决定》(1997)

[18]《国务院关于开展城镇居民社会养老保险试点的指导意见》(2011)

[19]《国务院关于开展新型农村社会养老保险试点的指导意见》(2009)

[20]《关于建立统一的城乡居民基本养老保险制度的意见》(2014)

[21]《国务院关于建立城镇职工基本医疗保险制度的决定》(1998)

[22]《关于建立新型农村合作医疗制度的意见》(2003)
[23]《国务院关于开展城镇居民基本医疗保险试点的指导意见》(2007)
[24]《关于做好2019年城乡居民基本医疗保障工作的通知》(2019)
[25]《工伤保险条例》(2011)
[26]《职业病防治法》
[27]《劳动能力鉴定标准》